U0138014

中华文史名著精选精译精注

章培恒 安平秋 马樟根 ————— 主编

二十四史

（附清史稿）

08

旧五代史

新五代史

宋史

凤凰出版社

目　录

旧五代史

新五代史

宋 史

旧五代史

贾二强　译注

黄永年　审阅

导　言

这是一册"二十四史"里的《旧五代史》的选译。

五代，在我国历史上是处于唐、宋之间承前启后的过渡时代。大家都知道，盛极一时的唐代到中期以后就逐渐衰落下去。当时在全国各地设置了四十多个节度使或观察使，也就是通常所说的"藩镇"。开始时，除河北地区的幽州、成德、魏博以及淄青四镇闹半独立，其余的藩镇基本上是服从中央、拥护中央的。当时中央有一支多至二十万人的神策军也足以震慑藩镇。到黄巢起义军打进京城长安，神策军瓦解没有再能恢复，藩镇就普遍闹独立，而唐朝的命运也就告终了。灭掉唐朝，建立五代中第一个朝代后梁的，就是原黄巢起义军的将领、后来成为宣武军节度使的朱温，他把宣武军的治所汴州作为都城。第二个朝代后唐的开国皇帝是河东节度使、少数民族沙陀族人李存勖，他灭掉后梁就近建都洛阳。以下三个朝代的开国皇帝后晋的沙陀族人石敬瑭、后汉的沙陀族人刘知远、后周的汉人郭威，也都是前一朝的节度使最后夺取政权，他们的都城仍回到汴州。这五个朝代实际统治的不过以现在的河南、山东两省为基础，有时加上河北、山西，还有陕西、甘肃、宁夏、内蒙古、湖北、江苏、安徽等省的一部分。其他广大地区先后成立过十个政权即所谓十国，所以通常把这个时代称为五代十国。十国是吴、南唐、吴越、楚、闽、南汉、前蜀、后蜀、荆南和北汉，这些政权的建立者也都是先做节度使再称帝称王。直到宋太祖削平这些政权，又把节度使的兵权集中到中央，中国才重新回到统一的局面，出现了在经济、文化上都超越过去的新时代。研究中国历史的人，对唐代和宋代都是十分关注的。但要了解唐代的结局、宋代的建立，就不能不知道这段五代十国的历史。所以"二十四史"里的《旧五代史》和《新五代史》，仍旧受到人们的重视。

先着重介绍《旧五代史》的纂修。修史的首要条件是必须具备丰富的资料，这在当时并不是一个难题，因为我国古代对于搜集积累资料有一套办法，到唐朝还形成了完备的史馆制度。所谓史馆，是宰相衙署之一中书省下属的机构，史馆设有史官，通常由几位朝官或专门负责记载皇帝日常活动的官员起居郎兼任，并由朝廷指派一名宰相主管史馆事务，叫监修国史。史馆的基本职责除搜集积累各种有关资料外，还要修成本朝的史书，本朝的史书有实录和国史两种。实录是按年月日顺序详记本朝大事的编年史，每个皇帝修一部，一般是在皇帝死后修撰。国史是根据实录改写而成的本朝纪传体史书。实录和国史就成为下一个朝代编写正式的纪传体史书的基础。五代虽说是一个动荡不安的时代，可是修史的优良传统并没有中断，梁、唐、晋、汉、周都设置了史馆，并且还修成了各朝的实录，为北宋纂修《五代史》，准备了良好的条件。

宋太祖开宝六年（973）四月，卢多逊、扈蒙、张澹、李穆、李昉、刘兼、李九龄等人奉命开始纂修《五代史》，以参政（即副宰相）薛居正监修。由于有五代各朝的实录以及时人范质所撰的一部编年体史书《五代通录》作为基础，修史工作进行得十分顺利，到开宝七年（974）闰十月，仅用了一年半时间，就修成了一百五十卷的《五代史》。

修史工作顺利完成的另一个重要因素是当时参与其事的人员还基本称职。挂名监修的薛居正，同这个时期的其他一些官僚一样，本是几朝元老，历官后晋、后汉、后周，入宋以后，任职户部侍郎、许州知州、枢密直学士、朗州知州、兵部侍郎、参知政事、门下侍郎、平章事（即宰相）等。作为一名行政官僚，他并没有什么突出的政绩，但主持完成《五代史》的纂修，算是做了一项值得称道的文化事业。其他人员中，以李昉最为著名,他曾在后汉、后周时历任直弘文馆、集贤殿修撰、史馆修撰、判馆事(实际主持史馆日常工作)等职,宋太宗时做到宰相、监修国史。李昉在北宋初年的一些大型文化建设项目中发挥了重要作用,如世人艳称的北宋官修四大书里的《太平御览》《太平广记》《文苑英华》三部,都是由他主持完成的。此外,参与纂修的另一些人员,也并非尸位素餐的无能之辈,如卢多逊,史书中记载他"博涉经史,聪明强力,文辞敏给";扈蒙"少能文","多著述",除《五代史》外,还修定了《古今本草》,并参与编修《太平广记》《文苑英华》;张澹"幼而好学,有才藻",后晋时曾任史馆修撰;李穆"幼能属文",在宋太宗时还参与纂修了《太祖实录》以及《太平广记》。纂修《五代史》,这些人确实称得上是一批适当的人选了,《五代史》能够顺利成书,与他们的恪尽职守是分不开的。

　　再说另一部《新五代史》。原来,北宋初年纂修成《五代史》之后,过了几十年,统治集团中有人对它感到不满意,主要是认为纂修者多是从五代过来的旧臣,书中没有能体现北宋统治者的观念,而且内容繁芜,文章也太平淡,于是提出重新撰写一部《五代史》。在北宋中期,以古文家著称的欧阳修,经过十几年的努力,终于又修成一部七十四卷的五代史,当时叫《五代史记》。宋神宗熙宁五年(1072)欧阳修死后,这部书被征入朝廷,到熙宁十年(1077),朝廷正式颁行。世人为了区别这两部《五代史》,把原先薛居正等纂修的那部叫《旧五代史》,而把欧阳修后来修成的这部就叫《新五代史》。

　　这两部五代史的优劣短长,不妨作一个粗略的比较。从形式上看,《新五代史》与《旧五代史》最明显的区别是前者模仿《史记》的办法,将五代打通,帝王统统置于前面的本纪,而各色人物的列传也归于一处;《旧五代史》则是模仿《三国志》,梁、唐、晋、汉、周各为一书。两相比较,前者显得更为谨严。不过这一改进对于读者来说,并不具有特别重要的意义。第二个重大区别是《新五代史》讲究所谓"书法",即按照所谓

《春秋》的办法，在遣词用字中表达出严格的是非善恶标准。显而易见，这一大改进在今天并没有实质价值。第三个区别，用欧阳发为其父所撰《事迹》中的话说，就是"减旧史之半而事迹添数倍，文省而事备"，对于这一点，确实需要认真看待。《新五代史》的确增添了不少史事，比如有关十国的事迹，就大大超过了《旧五代史》，但说"事迹添数倍"，则显然是夸大之辞。至于"文省"，则是以大量减省《旧五代史》原有内容为代价。就卷帙篇幅而言，《新五代史》仅及《旧五代史》的一半，一些具体部分的详略就更为悬殊，比如《旧五代史》的本纪共有六十一卷，而《新五代史》仅十二卷，不到前者的五分之一。从《新五代史》删削的内容来看，有相当一部分是诏令奏议等一些整篇文字，如《旧五代史·周世宗本纪》显德二年收录了禁毁佛寺及私度僧尼的诏令，全文八百余字，《新五代史》概括成为十九个字，而这是关系到后周所实行的以富国为目的的一项重要改革措施；《冯道传》全文收录他自撰的《长乐老自叙》，如实地反映出冯道这样一个五代时期典型官僚的心境，而《新五代史》用"著书数百言，陈己更事四姓及契丹所得阶勋官爵以为荣"，并略举文中数语一带而过。这种例子，还有很多。欧阳修确实是一代文宗，对于文句的锤炼推敲已臻炉火纯青，但是作史毕竟有别于作文，一味追求文笔简净以致损害史事的完整翔实，无论如何也不能说是高明的做法。而且欧阳修认为五代是乱世，礼乐文章不足取法，因而在专记典章制度的志的部分，只作了《司天考》和《职方考》二篇，对于《旧五代史》原有的《礼》《乐》《食货》《刑法》《选举》《职官》等志，则一概缺略，这就更不像一位谨严的史家所为了。所以今天研究五代史仍要以《旧五代史》为主，《新五代史》只起辅助的作用。

但《新五代史》行世以后，由于体例较为整齐，是非观念分明，又符合一般读史的人避繁就简的心理，加上欧阳修的文名，后来讲究做古文的人常要读它，因此逐渐风行而压倒了《旧五代史》。北宋灭亡后，北方的金朝在章宗泰和七年(1207)明令把《新五代史》列于学官而摈弃《旧五代史》，南方的南宋由于理学日益兴盛，《新五代史》的所谓"春秋笔法"迎合了这一趋势，从而也占据了显要地位，南宋人对宋以前历代的纪传体史习称为"十七史"，其中就只有《新五代史》而没有《旧五代史》。到明代时，《旧五代史》的传本已十分稀少，清代以后就完全失传。幸亏明初官修的《永乐大典》中保存了大量的引文，到清朝乾隆年间官修《四库全书》时，馆臣利用《永乐大典》重新辑出了《旧五代史》。对辑成此书做出主要贡献的是邵晋涵，他是当时著名学者钱大昕的学生，长于史学。重辑《旧五代史》，除《永乐大典》以外，还利用了《册府元龟》《太平御览》《通鉴考异》《通鉴注》《五代会要》等多种古书，按照宋人所记载的体例和分卷情况，重新编定为一百五十卷，大体上恢复了原貌。

现在的《旧五代史》全书分为四个部分，第一部分专记五代，分为《梁书》《唐书》《晋书》《汉书》《周书》，每书各有本纪、列传，共一百三十一卷；第二部分是关于其他割据政权即所谓十国及十国以外的某些割据势力的内容，又分为《世袭列传》二卷和《僭伪列传》三卷，前者是虽割据一方但仍向中原王朝称臣的势力，后者则是自立为帝者；第三部分为《外国传》二卷，这在别的正史里有时又叫《四夷传》或《四裔传》，专记周边的国家以及边境地区的少数民族；第四部分为记载典章制度之类的十志，共十二卷。邵晋涵辑《旧五代史》时，在原文下面都用小字标明了出处，如《永乐大典》卷几、《册府元龟》卷几等，对有关史实的考订也用小字附注在正文之下。但可惜的是在乾隆四十九年(1784)武英殿刻印时，把原辑本中的出处全部删去，还把一些当时认为有碍清朝尊严的字句随意加以篡改。此后直到民国初年的一百几十年间，世上流传的《旧五代史》，就是这个武英殿本以及源出殿本的各种本子。民国十年(1921)，熊罗宿根据原来修《四库全书》时的进呈写定本予以影印，民国十四年(1925)刘承干嘉业堂又将原卢氏抱经堂旧藏抄本加以校补刊刻，这两种本子都保留了本来的出处，从此邵晋涵原辑本的庐山真面才广为人见。后来商务印书馆影印百衲本"二十四史"，《旧五代史》选用的就是刘氏嘉业堂本。1976年中华书局出版的点校本《旧五代史》，以熊氏影印本作为底本，并利用多种版本进行了校勘，是目前比较好的一种本子。

这次选译，依次选了《梁书》《唐书》《晋书》《汉书》《周书》《世袭列传》《僭伪列传》里的十五篇纪传，专记典章制度的志，由于专业性强，对一般读者来说，既无必要也缺少兴味，因而没有入选。入选的十五篇中有两篇本纪，即《梁太祖本纪》和《周世宗本纪》，通过这一前一后两位最高统治者的生平事迹及在位时的大事，可以大致看到这段历史发展的轨迹。人物传记有《梁书》的李振、王彦章，《唐书》的曹皇后、周德威、张全义，《晋书》的景延广、杨光远，《汉书》的史弘肇、苏逢吉和《周书》的贾纬，基本上是五代在政治、军事、文化等各方面重要而有代表性的人物。《世袭列传》和《僭伪列传》部分分别选译了吴越的钱氏家族和幽州刘守光父子、前蜀王氏。这里还需要说明的是，丛书已选译并出版了《新五代史》，所以在确定以上这些篇目时，除《梁太祖本纪》一篇，由于朱温其人的特殊地位且《旧五代史》记事又特别详明得以入选外，其他各篇均未和《新五代史选译》重复，如果读者把丛书中的这两本书放在一起阅读，相信会对这一段历史有更全面的了解。入选的篇章，一般也不作全译而只译其中比较重要而又精彩的部分，那些索然无味的空话、套话及流水账式的记事等则予省略，以避免繁碎，使其更具可读性。

为了方便读者阅读，对于原文里的人名、官名、地名等专名和一些生僻的字和词，作了简要的注释。在译文方面则采取了忠实于原文的直译的方法，以帮助读者理解原文。另外，在全书的最后附了《五代十国简表》，可供阅读本书时参考。

贾二强

梁书·太祖本纪

导读

　　朱温是一个颇具争议的人物。《旧五代史》里的这篇本纪，详细地记载了朱温的生平经历，从中可以清楚地了解他的品性和作为。

　　这篇本纪共有七卷之多，假如全部译出篇幅就过长，好在还可以分成两部分，第一、二卷和第三卷的前半是讲他如何起家夺取天下；第三卷的后半至第七卷则是他做皇帝以后的编年大事记。这里只选译了前一部分，将他投靠又背叛黄巢、参与兼并战争至当上皇帝的情节一一译出，这样有较强的可读性。至于后一部分流水账式的记事，就从略了。（选自卷一至三）

原文

　　太祖神武元圣孝皇帝①，姓朱氏，讳晃，本名温，宋州砀山人②。其先舜司徒虎之后③。高祖黯④，曾祖茂琳，祖信，父诚。帝即诚之第三子，母曰文惠王皇后⑤。以唐大中六年岁在壬申十月二十一日夜⑥，生于砀山县午沟里。……昆仲三人⑦，俱未冠而孤⑧，母携

翻译

　　太祖神武元圣孝皇帝，姓朱，名讳叫晃，原来名叫温，是宋州砀山人。他的祖先是虞舜司徒朱虎的后代。高祖名黯，曾祖名茂琳，祖名信，父名诚，太祖皇帝就是朱诚的第三个儿子，母是文惠王皇后。于唐大中六年（852）壬申岁十月二十一日夜，出生在砀山县的午沟里。……兄弟三人，都没成年时父亲就死了。母亲带了他们寄住在萧县人刘崇的家里。太祖皇帝年长以后，不从事生产，以雄强勇武自负，同里的人大多

养寄于萧县人刘崇之家⑨。帝既壮，不事生业，以雄勇自负，里人多厌之。崇以其慵惰⑩，每加谴杖。唯崇母自幼怜之，亲为栉发⑪，尝诫家人曰："朱三非常人也，汝辈当善待之。"……

唐僖宗乾符中⑫，关东荐饥⑬，群贼啸聚，黄巢因之起于曹、濮⑭，饥民愿附者凡数万。帝乃辞崇家，与仲兄存俱入巢军⑮。以力战屡捷，得补为队长⑯。

唐广明元年十二月甲申⑰，黄巢陷长安，遣帝领兵屯于东渭桥⑱。是时，夏州节度使诸葛爽率所部屯于栎阳⑲，巢命帝招谕爽，爽遂降于巢。

厌恶他。刘崇因为他懒惰，常责罚棍打。只有刘崇的母亲在他小时候就爱怜他，亲手为他梳理头发，曾经告诫家里人说："朱三不是平常人，你们应当好好对待他。"……

唐僖宗乾符年间，关东地区接连发生饥荒，群盗啸聚，黄巢乘机在曹、濮之间起事，饥民甘愿归附的有几万人。太祖皇帝于是辞别了刘崇家，与二兄朱存都投入黄巢的部队。由于努力作战多次取胜，得以补任为队长。

唐广明元年（881）十二月五日，黄巢攻占了长安，指派太祖皇帝带领兵士驻扎在东渭桥。这时，夏州节度使诸葛爽率领本部的军队驻扎在栎阳，黄巢命令太祖皇帝招抚诸葛爽，诸葛爽就投降了黄巢。

注释 ①太祖：朱温的庙号，即在皇帝家庙太庙里立室奉祀而题的名号。神武元圣孝皇帝：朱温的尊号。尊号是皇帝生前所上的，有时死后又追改。 ②宋州：治所宋城，在今河南商丘南。砀（dàng）山：县名，今属安徽。 ③舜：传说中的远古圣王。司徒：古代主管教化的官员。虎：朱虎，传说是舜时人，为所谓"八元"即八位才德之士里的一位。这应是朱温发迹后为了抬高身份而编造的谱系。 ④高祖：祖父的祖父。 ⑤文惠王皇后：朱温称帝后给生母王氏上的尊号。 ⑥大中：

唐宣宗的年号(847—860)。壬申:我国古代用天干配地支的办法纪年,大中六年即是壬申年。 ⑦ 昆仲:称他人兄弟的敬词。 ⑧ 冠:古代男子年满二十行成人礼,要结发戴冠,叫冠。这里是指成年。孤:幼年丧父叫孤。 ⑨ 萧县:今属安徽。 ⑩ 慵(yōng)惰:懒惰。 ⑪ 栉(zhì)发:梳理头发。 ⑫ 乾符:唐僖宗的年号(874—879)。 ⑬ 关东:当时把今陕西潼关以东的地区叫关东,包括今河南、河北和山东等地。荐饥:连年饥荒。 ⑭ 曹:曹州。治所济阴,在今山东定陶西南。濮(pú):濮州。治所鄄(juàn)城,在今山东鄄城北。 ⑮ 仲兄:二哥。 ⑯ 队长:下级军官。 ⑰ 广明:唐僖宗的年号(880—881)。 ⑱ 东渭桥:渭水上的一座桥梁,在长安东北,是当时长安附近的交通要冲之一。 ⑲ 夏州:治所朔方,在今陕西靖边东北。节度使:唐睿宗、玄宗时开始设置的一种官职,在地方上掌握辖区内的军政大权,后来成为地方上的最高长官,因当初设置时只是作为一种临时性的差使,所以叫作"使",其他类似带"使"的官职,也都是这种性质。诸葛爽:新、旧《唐书》有传。栎(yuè)阳:县名,在今陕西临潼北。

原文

中和……二年二月①,巢以帝为同州防御使②,使自攻取。帝乃自丹州南行③,以击左冯翊④,拔之,遂据其郡。时河中节度使王重荣屯兵数万⑤,纠合诸侯⑥,以图兴复。帝时与之邻封,屡为重荣所败,遂请济师于巢。表章十上,为伪左军使孟楷所蔽⑦,不达。又闻巢军势蹙⑦,诸校离心,帝知其必

翻译

中和……二年(882)二月,黄巢叫太祖皇帝做同州防御使,让他自己去攻占同州。太祖皇帝就从丹州向南进军,去攻打左冯翊,打下了它,于是占据这座州城。这时河中节度使王重荣屯兵几万,纠集各地藩镇,图谋复兴唐室。太祖皇帝当时和他相邻,多次被他打败,于是向黄巢请求援兵。十次递上表章,都被黄巢的左军使孟楷扣下,没有能递上去。又听说黄巢的军队情况困迫,部下将领都有异心,太祖皇帝知道他一定要失败。九月,太祖皇帝就和左

败。九月，帝遂与左右定计，斩伪监军使严实⑧，举郡降于重荣。重荣即日飞章上奏⑨，时僖宗在蜀⑩，览表而喜曰："是天赐予也！"乃诏授帝左金吾卫大将军⑪，充河中行营副招讨使，仍赐名全忠。自是率所部与河中兵士偕行，所向无不克捷。

右心腹设定计谋，杀掉了黄巢的监军使严实，带着州城投降了王重荣。王重荣当天就急送奏章上报朝廷，这时僖宗在成都府，看过奏章之后高兴地说："这是天赐给我的啊！"于是下诏任命太祖皇帝为左金吾卫大将军，充任河中行营副招讨使，并赐名叫全忠。从这时起他率领部下与河中的士兵共同行动，所到之处没有不获胜的。

注释 ① 中和：唐僖宗的年号(881—884)。 ② 同州：治所冯翊(píng yì)，今陕西大荔。 ③ 丹州：治所义川，今陕西宜川。 ④ 左冯翊：冯翊原为汉代政区名，左为方位，与右相对。面向南则东为左，古时常以东为左，此地因在陕西关中东部，故称左冯翊，这里代指同州。 ⑤ 河中：府名，治所河东，今山西永济蒲州镇。 ⑥ 诸侯：原指周代王室分封的各国国君，这里指各藩镇。 ⑦ 蹙(cù)：困迫。 ⑧ 监军使：即监军。唐代自玄宗始，在军队中用宦官为监军，以便监视主将，控制军事行动。黄巢农民军在形式上沿用了唐的这一制度。⑨ 飞章：急送表章。 ⑩ 蜀：蜀郡的简称，秦灭蜀国以后设置，历代多沿用，加上这一地区三国时为蜀汉所统治，故也作为习称。这时正式名称已改为成都府。 ⑪ 左金吾卫大将军：唐设置卫、骁骑卫、武卫、威卫、领军卫、金吾卫、监门卫、千牛卫为掌管宫禁宿卫的禁军，各分左右，共十六卫。左右卫各置大将军一人为长官。因品级为正三品，所以也多作为有功大将的加衔。

原文

三年三月，僖宗制授帝宣武军节度使①。……四月，巢军自蓝关南走②，帝与

翻译

三年(883)三月，唐僖宗颁布制书任命太祖皇帝为宣武军节度使。……四月，黄巢的军队从蓝关向南撤退，太

诸侯之师俱收长安。乃率部下一旅之众仗节东下③，七月丁卯，入于梁苑④。是时帝年三十有二。……是岁十二月，帝领兵于鹿邑与巢众相遇⑤，纵兵击之，斩首二千余级。乃引兵入亳州⑥，因是兼有谯郡之地⑦。

四年春……是时陈州四面贼寨相望⑧。……帝分兵翦扑，大小凡四十战。……黄巢遁去，遂入陈州。……是时河东节度使李克用奉僖宗诏⑨，统骑军数千同谋破贼，与帝合势于中牟北邀击之⑩，贼众大败于王满渡⑪，多束手来降。……遂逐残寇，东至于冤句⑫。

五月甲戌，帝与晋军振旅归汴⑬，馆克用于上源驿⑭。既而备犒宴之礼，克用乘醉任气，帝不平之。是夜，命甲士围而攻之，会大雨雷电，克用因得于电光中逾垣遁去，惟杀其部下数百

祖皇帝和其他藩镇的军队一起收复了长安。然后率领部下的几百名兵士带着节度使的符节向东进军，七月三日进入汴州。这时太祖皇帝三十二岁。……这一年的十二月，太祖皇帝带领士兵在鹿邑和黄巢的军队相遇，纵兵攻击，斩取了二千多首级。于是带兵进入亳州，因此据有了亳州的地盘。

四年（884）春……这时陈州周围黄巢军队的营寨一处挨着一处互相都能看到。……太祖皇帝发兵分路扑灭，经过大小四十多次战斗。……黄巢逃走，于是进占了陈州。……这时河东节度使李克用奉唐僖宗的诏命，统领着几千骑兵共同策划平定黄巢，和太祖皇帝合兵在中牟的北边截击，黄巢的军队大败于王满渡，很多人都放弃抵抗前来投降。……于是追赶黄巢的残部，向东到达了冤句。

五月十四日，太祖皇帝和河东军队整兵回到汴州，安置李克用住在上源驿。然后备办了酒宴来慰劳，李克用趁着酒醉发脾气，太祖皇帝愤愤不平。当天夜里，命令武装的士兵包围攻打，正巧天降大雨电闪雷鸣，李克用得以在电光中翻墙逃走，只杀掉了他部下几百人。……

这年，黄巢虽已死去，但蔡州的秦宗

人而已。……

是岁，黄巢虽殁⑮，而蔡州秦宗权继为巨孽⑯，有众数万，攻陷邻郡，杀掠吏民，屠害之酷，更甚巢贼。……

权接着成为大害，拥有兵众几万人，攻占相邻州县，杀伤抢掠官吏百姓，残害的酷烈，更超过了黄巢。……

注释 ① 宣武军：方镇名，治所汴州，今河南开封。 ② 蓝关：又名蓝田关、峣（yáo）关，故址在今陕西商洛西北，为古代关中通往东南方向的交通要隘。 ③ 一旅：古代一旅为五百人。这里是指数百人。仗节：带着节度使的符节。 ④ 梁苑：也叫梁园、兔园。原是汉梁孝王刘武所造的一处园林，故址在今河南商丘东，这里是汴州的代称。 ⑤ 鹿邑：县名，在今安徽鹿邑西。 ⑥ 亳州：治所谯（qiáo）县，今安徽亳州。 ⑦ 谯郡：亳州的旧称，故用来作为亳州的代称。 ⑧ 陈州：治所宛丘，今河南淮阳。 ⑨ 河东：方镇名，治所太原，今山西太原西南晋源。李克用：即后来后唐追尊的太祖武皇帝，《新唐书》有传，《旧五代史》有纪。 ⑩ 中牟：县名，在今河南中牟东。邀击：截击。 ⑪ 王满渡：当时汴河上的一处渡口。 ⑫ 冤句：县名，在今山东菏泽西南。 ⑬ 晋军：指河东的军队。振旅：整顿军队。汴：汴州，治所浚仪，今河南开封。 ⑭ 上源驿：驿指驿站，上源驿是设在汴州的一处驿站。 ⑮ 殁（mò）：死亡。 ⑯ 蔡州：治所汝阳，今河南汝南。秦宗权：原唐朝的蔡州刺史，黄巢退出长安转战到该地时他战败投降，黄巢失败后成为祸害一方的割据势力。巨孽（niè）：大害。

原文

光启……三年春二月乙巳①，承制以朱珍为淄州刺史②，俾募兵于东道③。……珍既至淄、棣④，旬日之内，应募者万余人。又潜袭青

翻译

光启……三年（887）春二月一日，根据朝廷的命令叫朱珍做淄州刺史，让他到东面去招募军队。……朱珍来到淄州、棣州以后，十来天时间里，响应招募的有一万多人。又偷袭青州，缴获了一千匹马，还配有这么多铠甲。然后鼓

州⑤，获马千匹，铠甲称是。乃鼓行而归⑥，四月辛亥，达于夷门⑦。帝喜曰："吾事济矣！"是时，贼将张晊屯于北郊⑧，秦贤屯于版桥⑨，各有众数万，树栅相连二十余里，其势甚盛。帝谓诸将曰："此贼方今息师蓄锐以俟时⑩，必来攻我。况宗权度我兵少，又未知珍来，谓吾畏惧，止于坚守而已。今出不意，不如先击之。"乃亲引兵攻秦贤寨，将士踊跃争先，贼果不备，连拔四寨，斩首万余级⑪，时贼众以为神助。庚午，贼将卢瑭领万余人于圃田北万胜戍⑫，夹汴水为营⑬，跨河为梁，以扼运路。帝择精锐以袭之。是日昏雾四合，兵及贼垒方觉，遂突入掩杀，赴水死者甚众，卢瑭自投于河。河南诸贼连败，不敢复驻，皆并在张晊寨。自是蔡寇皆怀震慑⑭，往往军中自相惊

行回军，四月八日这天，到达了夷门。太祖皇帝高兴地说："我的事情成功了！"这时，叛军的将领张晊驻扎在北郊，秦贤驻扎在版桥，各有几万兵士，建立的栅栏相互连接有二十多里，兵势十分强盛。太祖皇帝对各将领说："这些反贼眼下正在休息，军队养精蓄锐等待时机，一定要来攻打我军。况且秦宗权猜测我们兵少，又不知道朱珍回来，认为我害怕，只是坚守罢了。如今出其不意，不如先进攻他。"就亲自带兵攻打秦贤的营寨，将士都奋勇争先，叛军果然没有防备，连续打下了四座营寨，斩下一万多首级，时叛军认为有神在帮助。四月二十七日，叛军将领卢瑭率领一万多人在圃田北面的万胜戍，沿着汴水两岸扎下营寨，在河上架起桥梁，以便控制运输的通道。太祖皇帝挑选精锐的兵士去袭击。当天浓雾笼罩，兵士到叛军的营垒前他们才发觉，于是冲入掩杀，敌人躲避跳进河里淹死的很多，卢瑭也自投于河。河南的叛军连遭失败，不敢继续停留，都聚到张晊的营寨。从此蔡州叛军都感到震惊恐惧，军中往往自相惊扰动乱。……五月三日，太祖皇帝的军队从酸枣门出兵，自卯时到午时，用短兵器交战，叛军大败，追杀二十多里，死尸纵横枕叠。秦宗权耻于战败，

乱。……五月丙子,出酸枣门⑮,自卯至午⑯,短兵相接,贼众大败,追斩二十余里,僵仆相枕。宗权耻败,益纵其虐,乃自郑州亲领突将数人⑰,径入张晊寨。……辛巳,兖、郓、滑军士皆来赴援⑱,乃陈兵于汴水之上,旌旗器甲甚盛。……翌日⑲,分布诸军,齐攻贼寨,自寅至申⑳,斩首二万余级。会夜收军,获牛马、辎重、生口、器甲不可胜计㉑。是夜宗权、晊遁去。……

更加施虐,从郑州亲自带着几名突将,直入张晊的营寨。……八日,兖州、郓州、滑州的军队都前来增援,然后在汴水岸边列阵,旌旗兵甲十分雄壮。……第二天,太祖皇帝指挥各路军队,一齐进攻叛军营寨,从寅时到申时,斩杀了两万多首级。正好天色已晚,收回军队,缴获的牛马、辎重、生口、兵器甲胄数都数不过来。当天夜间秦宗权、张晊逃走。……

注释 ①光启:唐僖宗的年号(885—887)。 ②淄(zī)州:治所淄川,在今山东淄博西南。刺史:州的最高行政长官。 ③俾(bǐ):使,派。 ④棣(dì):棣州,治所厌次,在今山东惠民东南。 ⑤青州:治所益都,今属山东。 ⑥鼓行:古时行军击鼓则进,因称军队行进为鼓行。 ⑦夷门:本战国时魏国都城大梁的东门,多用来作为汴州开封的别称。 ⑧晊:音 zhì。 ⑨版桥:又作板桥,在汴州城西。 ⑩俟(sì):等待。 ⑪斩首……级:古代秦国的法律规定,在战争中斩得一个人头赐爵一级,后来就把斩下的人头叫首级,也简称为级。 ⑫圃田:即圃田泽,又作甫田泽,古泽名,在今河南中牟西,宋代以后渐淤废。万胜戍:也叫万胜镇,在今河南中牟西北。 ⑬汴水:当时把隋代开凿的通济渠从黄河到淮河的一段叫汴水。 ⑭震慑(shè):震惊恐惧。 ⑮酸枣:汴州北边的一座城门。 ⑯自卯至午:我国古代一昼夜分为十二个时辰,自卯至午相当于早上的六七点钟至中午的十二点、一点钟。 ⑰郑州:治所管城,今河南郑州。突将:能冲突的勇将。 ⑱兖:兖州,治所瑕丘,今山东兖州。 郓:郓州,治所须昌,在今山东东平西北。 滑:滑州,治所白马,在今河南滑县东。 ⑲ 翌(yì)日:第二天。 ⑳ 自寅至申:相当于凌晨四五点钟到下午四五点钟。 ㉑ 辎(zī)重:各种军用物资。生口:指俘虏来的人。

原文

十二月,僖宗遣使赐帝铁券①,又命翰林承旨刘崇望撰德政碑以赐帝②。……

龙纪元年……二月③,蔡将申丛遣使来告,缚秦宗权于帐下,折其足而囚之矣。……未几,丛复为都将郭璠所杀④。是月,璠执宗权来献,帝遣行军司马李璠、牙校朱克让槛进于长安⑤……斩宗权于独柳树下⑥,蔡州平。……

天复元年⑦……三月……遣大将贺德伦、氏叔琮领大军以伐太原⑧。……泽州刺史李存璋弃郡奔归太原⑨。叔琮引军逼潞州⑩,节度使孟迁乞降。河东屯将李审建、王周领步军一万、骑二千诣叔琮归命⑪。

翻译

十二月,唐僖宗派使者赐给太祖皇帝铁券,又命令翰林学士承旨刘崇望撰写德政碑碑文赐给太祖皇帝。……

唐昭宗龙纪元年(889)……二月,蔡州军将申丛派使者来报告,已将秦宗权捆缚在军中,打断他的脚拘押起来了。……不久,申丛又被都将郭璠杀掉。本月,郭璠押解着秦宗权来献,太祖皇帝派行军司马李璠、牙校朱克让用囚车将秦宗权押送到长安……在独柳树下处斩秦宗权,蔡州平定。……

天复元年(901)……三月……太祖皇帝派大将贺德伦、氏叔琮率领大军讨伐太原。……泽州刺史李存璋丢弃了州城逃回太原。氏叔琮领兵进逼潞州,节度使孟迁求降。河东的守将李审建、王周带领步兵一万、骑兵二千来向氏叔琮投顺。于是进军直取太原。四月三日,大军从石会关出兵,在洞涡驿扎营。都将白奉国从井陉关打进,收复承天军。张归厚率领军队到达辽州,刺史张鄂出迎归降。氏叔琮当天和各路兵马

乃进军趋太原。四月乙卯，大军出石会关^⑫，营于洞涡驿^⑬。都将白奉国自井陉入^⑭，收承天军^⑮。张归厚引兵至辽州^⑯，刺史张鄂迎降。氏叔琮即日与诸军至晋阳城下^⑰，城中虽时出精骑来战，然危蹙已甚，将谋遁矣。会叔琮以刍粮不给，遂班师。

逼到太原城下，城里虽然不时派出精锐的骑兵来交战，但是已经危急万分，打算弃城逃跑了。不巧氏叔琮因为粮草接济不上，只好回师。

注释 ① 铁券：用铁铸成，上有文字，由皇帝颁赐给身份特别高贵的功臣，其后裔如果犯罪，凭此可要求减罪赦免。 ② 翰林承旨：官名，全称为翰林学士承旨，唐玄宗时始以文学侍从官选充翰林学士，专掌内命（由皇帝直接发出的机密文件）。首席学士称承旨。德政碑：颂扬功业的碑文。 ③ 龙纪：唐昭宗的年号（889）。 ④ 都将：都为当时军队的一种编制。都将是都的长官。 ⑤ 行军司马：当时军队中的高级佐官。牙校：低级的武官。槛进：用槛车即有栅栏的囚车押送。 ⑥ 独柳树：在长安西市，为当时处决犯人的地方。 ⑦ 天复：唐昭宗的年号（901—903）。 ⑧ 太原：府名。治所太原，在今山西太原西南。时为河东节度使治所。 ⑨ 泽州：治所晋城，今属山西。 ⑩ 潞州：治所上党，今山西长治。 ⑪ 屯将：屯守的将领。归命：归顺，投降。 ⑫ 石会关：古代关隘，在今山西太谷南。 ⑬ 洞涡（wō）驿：当时的一处驿站，在今山西清徐东。 ⑭ 井陉（xíng）：指井陉关。又名土门关，故址在今河北井陉北井陉山上，是太行山区通往华北的要隘。 ⑮ 承天军：地名，治所在今山西平定东北娘子关。 ⑯ 辽州：治所辽山，今山西左权。 ⑰ 晋阳：即太原。

原文

十月戊戌,奉密诏赴长安。是时朝廷……以韩全诲、张弘彦为两军中尉[①],袁易简、周敬容为枢密使[②]。是时军国大政,专委宰相崔胤,每事裁抑宦官,宦官侧目[③]。胤一日于便殿奏[④],欲尽去之,全诲等属垣闻之[⑤],尝于昭宗前祈哀自诉。自是昭宗敕胤,每有密奏,令进囊封[⑥]。全诲等乃访京城美妇人十数以进,使求宫中阴事,昭宗不悟,胤谋渐泄。中官视胤眦裂[⑦],以重赂甘言诱藩臣以为城社[⑧]。……时胤掌三司货泉[⑨]。全诲等教禁兵伺胤出,聚而呼噪,诉以冬衣减损,又于昭宗前诉之。昭宗不得已,罢胤知政事[⑩]。胤怒,急召帝请以兵入辅,故有是行。……

翻译

十月二十日,太祖皇帝接到密诏前去长安。当时朝廷……任命韩全诲、张弘彦做左右神策中尉,袁易简、周敬容做枢密使。这个时期,处理军国大事的权力,完全由宰相崔胤执掌,在种种事情上都压制宦官,使宦官们十分愤怒。有一天崔胤在便殿里进奏,要把宦官完全铲除,韩全诲等人偷听到了,曾到唐昭宗面前哀求并为自己辩护。此后昭宗命令崔胤,每当要密奏时,装到密封的袋子里呈进。韩全诲等人就寻找了京城里美貌的妇女十几人送进宫里,让她们探查宫中的机密,唐昭宗没有觉察,崔胤的谋划逐渐泄露出去。宦官们对崔胤恨之入骨,用丰厚的礼物和甜言蜜语引诱藩镇节度使作为靠山。……这时崔胤掌管着三司财赋。韩全诲挑拨禁军等候崔胤出朝时,聚集起来大声呼喊,诉说冬衣缺少,又到昭宗面前告状。昭宗不得已,只好罢免崔胤的宰相职位。崔胤发怒,当即招引太祖皇帝让他带领军队进京,所以有这次行动。……

注释 ① 两军中尉:即左、右神策军护军中尉,皆由宦官充任,统领中央禁军神策军。 ② 枢密使:官名。唐代宗时设置,由宦官充任,专掌机要,此后权力不断扩大,成为与宰相相抗衡的高官,五代时改由朝官充任。 ③ 侧目:怒目而视。

④ 便殿：别殿，相对于正式视朝的正殿。 ⑤ 属垣：偷听。 ⑥ 囊封：密封的袋子。 ⑦ 中官：宦官。眦(zì)裂：眼眶裂开，形容愤怒到极点。 ⑧ 藩臣：指藩镇节度使。城社：指权势，势力。 ⑨ 三司：当时以盐铁、度支、户部为三司，是中央掌管财赋的机构。货泉：原指货币，这里泛指财赋。 ⑩ 知政事：主持政务，这里指宰相职务。

原文

（十一月）癸丑，闻长安乱，昭宗为阉官韩全海等劫迁①，西幸凤翔②，盖避帝之兵锋也。……是时，唐太子太师卢知猷等二百六十三人列状请帝速请迎奉③。……壬戌，次于咸阳④。侦者云："天子昨暮至岐山⑤，旦日宋文通扈跸入其闉矣⑥。"是时，岐人遣大将符道昭领兵万人屯于武功以拒帝⑦，帝遣康怀英败之。……乙丑，次于岐山，文通遣使奉书自陈其失，请帝入觐⑧。丙辰，及岐闉，文通渝约，闭壁不获通，复次于岐山。是时，昭宗累遣使赍朱书御札赐帝⑨，遣帝收军还本道。帝

翻译

（十一月）五日，听说长安发生变乱，昭宗被宦官韩全海等劫持迁移，西去凤翔，这是躲避太祖皇帝的兵锋。……这时，唐太子太师卢知猷等二百六十三人联名签署书状请太祖皇帝立即去迎奉昭宗。……十四日，停驻在咸阳。探子说："天子昨天傍晚到达岐山，天明时宋文通侍从着车驾进城里去了。"这时，凤翔方面派大将符道昭率领军队一万人驻扎在武功来对抗太祖皇帝，太祖皇帝派康怀英打败了他。……十七日，驻兵在岐山，宋文通派使者送上书信承认自己的过错，请太祖皇帝进城觐见昭宗。十八日，到达凤翔城门前时，宋文通违背了约定，关起城门不能进入，太祖皇帝又回军驻在岐山。这时，昭宗多次派使者带着朱笔书写的诏令赐给太祖皇帝，让太祖皇帝收起军队返回本道。太祖皇帝判断说："这一定是宋文通、韩全海的阴谋。"没有听从这

诊之曰⑩："此必文通、全诲之谋也。"皆不奉诏。……

二年正月……岐人坚壁不下，乃回军于河中。……四月……丁酉，唐丞相崔胤自华来谒帝⑪，屡述艰运危急，事不可缓，又虑群阉拥昭宗幸蜀，且告帝，帝为动容⑫。……

五月丁巳，帝复西征。六月丁丑，次于虢县⑬。癸未，与岐军大战，自辰至午⑭，杀万余众，擒其将校数百人，乘胜遂逼其垒。……

些诏命。……

二年（902）正月……凤翔方面坚守而不出战，太祖皇帝于是回兵到河中。……四月……二十一日，唐的宰相崔胤从华州来拜见太祖皇帝，反复述说事态危急，时机不能放松，又担心宦官们挟持昭宗入蜀，并以此告知太祖皇帝，太祖皇帝为之动容。……

五月十二日，太祖皇帝再度西征。六月三日，停驻在虢县。九日，与凤翔方面的军队大战，从辰时战到午时，杀死一万多人，俘虏对方的军官几百人，乘胜逼近对方的城垒。……

注释 ① 阉官：宦官。 ② 凤翔：府名，治所凤翔，今属陕西。凤翔府也是凤翔节度使的治所。 ③ 太子太师：皇太子的属官。因品级高，多作为一种荣誉加给元老重臣而并无实际职掌。 ④ 咸阳：县名，在今陕西咸阳东北。 ⑤ 岐山：县名，今属陕西。 ⑥ 宋文通：凤翔节度使李茂贞的本名。扈跸（hù bì）：随从皇帝车驾。阇（yīn）：城门。 ⑦ 岐人：岐，岐州，即凤翔府的旧名。岐人指凤翔方面。武功：县名，在今陕西武功西北。 ⑧ 觐（jìn）：晋见皇帝。 ⑨ 赍（jī）：送。 ⑩ 诊：断定。 ⑪ 华：华州，治所郑县，今陕西华县。 ⑫ 动容：内心有所触动而表现于面容。 ⑬ 虢（guó）县：今陕西宝鸡。 ⑭ 自辰至午：相当于早上八九点至中午十二点、下午一点这段时间。

原文

九月甲辰①，帝以岐军诸寨连结稍盛，因亲统千骑登高诊之。……是时，帝以岐人坚壁不战，且虑师老②，思欲旋旆以归河中③，因密召上将数人语其事④。时亲从指挥使高季昌独前出抗言曰⑤："天下雄杰，窥此举者一岁矣，今岐人已困，愿少俟之。"帝嘉其言，因曰："兵法贵以正理，以奇胜者诈也，乘机集事，必由是乎。"乃命季昌密募人入岐以绐之⑥，寻有骑士马景坚愿应命，且曰："是行也必无生理，愿录其孥⑦。"……明日，军出诸寨，屏匿如无人⑧，景因跃马西走，直叩岐闉，诈以军怨东遁为告，且言列寨尚留万余人，俟夕将遁矣，宜速掩之。李茂贞信其言⑨，遽启二扉⑩，悉众来寇。时诸军以介马待之⑪，中军一鼓，百营俱进，又分

翻译

九月一日，太祖皇帝因为凤翔方面的各个营寨连结得很多，就亲自带领上千战骑登高观察。……这时，太祖皇帝鉴于凤翔坚守不出战，并且担心带的军队疲惫，想要回军退归河中，就秘密召集几位上将商谈这件事。这时亲从指挥使高季昌独自上前直言道："天下的豪杰，观看这次用兵有一个年头了，如今凤翔方面已经陷于困境，请求再略为坚持一下。"太祖皇帝很赞赏他的建议，接着说："兵法贵在使用正理，出奇制胜就是巧诈，要乘机成事，必须这样。"于是命令高季昌暗地里招人到岐州城里去蒙蔽对方，很快就有骑士马景坚决愿意领受任务，并说："这次去一定活不成了，希望录用我的儿子。"……第二天，军队从营寨中出发，躲藏起来好像没有人一样。马景就快马西去，直到岐州的城门前，骗他们说军队怨望东逃了，又说各个营寨里还留有一万多人，等到傍晚时也要逃跑，应当赶快发兵袭击。李茂贞听信了他的话，立即打开城门，出动全部兵马前来攻打。这时各军兵马都披甲备马在等待着，中军战鼓擂响，各营一齐进攻，又分派出一些骑兵去堵住城门，使凤翔的军队要进无处立足，

遣数骑以据其阃，岐人进不能驻其趾⑫，退不能入其垒，杀戮蹂践，不知其数。茂贞繇是丧胆⑬，但闭壁而已。

十一月癸卯，鄜帅李周彝统兵万余人屯于岐之北原⑭，与城中举烽以相应。翼日⑮，帝以周彝既离本部，鄜畤必无守备⑯，因命孔勍乘虚袭下之⑰。甲寅，鄜州平。周彝闻之，收军而遁。茂贞既失鄜州之援，愕然有瓦解之惧，繇是议还警跸、诛阉寺以自赎焉⑱。

要退不能回城，被杀死及自相践踏的，不计其数。李茂贞因此丧胆，只是闭门坚守。

十一月一日，鄜州节度使李周彝率领兵众一万多人驻扎在岐州的北原上，与城里点燃烽火相互呼应。第二天，太祖皇帝料到李周彝既已离开本境，鄜州一定无人守备，就命令孔勍乘虚去偷袭攻占。十二日，鄜州被占领。李周彝听到后，收兵逃跑。李茂贞失去了鄜州的救援，害怕土崩瓦解，就商量送还天子、诛杀宦官来赎罪。

注释 ① 甲辰：原文作甲戌。但九月无甲戌。《资治通鉴》记此事在乙巳，是甲辰后一日。故甲戌应是甲辰之误。 ② 师老：军队疲惫。 ③ 旋斾(pèi)：斾是军旗。旋斾即回师。 ④ 上将：高级将领。 ⑤ 高季昌：即高季兴，新、旧《五代史》和《宋史》有传。 ⑥ 绐(dài)：欺骗。 ⑦ 录：收养。孥(nú)：妻子儿女。 ⑧ 屏匿：避藏。 ⑨ 李茂贞：即宋文通。 ⑩ 遽(jù)：疾，速。扉(fēi)：门扇。 ⑪ 介马：披甲的战马。 ⑫ 驻其趾：停住脚步。 ⑬ 繇(yóu)：同"由"，从，自。 ⑭ 鄜(fū)帅：鄜，鄜州，今陕西富县。鄜帅即保大军节度使，因治所在鄜州，故名。李周彝：即李茂贞从弟李茂勋，《旧五代史》有传。 ⑮ 翼日：即翌日，明日。 ⑯ 鄜畤(zhì)：原指秦文公祭白帝之地，故址在今陕西洛川东南。这里作为鄜州的代称。 ⑰ 勍：音qíng。 ⑱ 警跸：帝王出入称警跸。这里指天子车驾。阉寺：宦官。

原文

三年正月甲寅，岐人启壁，唐昭宗降使宣问慰劳，兼传密旨。寻又命翰林学士韩偓、赵国夫人宠颜赍诏押赐帝紫金酒器、御衣、玉带①。……丁巳，昭宗遣中使押送军容使韩全诲已下三十余人首级以示帝②。甲子，昭宗发离凤翔，幸左剑寨③，权驻跸帝营④。……昭宗……促召升殿，密迩御座⑤，且曰："宗庙社稷是卿再造⑥，朕与戚属是卿再生。"因解所御玉带面以赐帝。……己巳，昭宗至长安。……翼日，诛宦官第五可范等五百余人于内侍省⑦。

二月庚辰，制以帝为守太尉、兼中书令、宣武宣义天平护国等军节度使、诸道兵马副元帅⑧，加食邑三千户，实封四百户，仍赐回天再造竭忠守正功臣。……

翻译

三年(903)正月十二日，凤翔方面打开城门，唐昭宗派使臣到太祖皇帝军中问候慰劳，并且传示密旨。接着又命令翰林学士韩偓、赵国夫人宠颜带着诏书并押送紫金酒器、御衣、玉带赐给太祖皇帝。……十五日，昭宗派中使押送观军容使韩全诲以下三十多人的首级给太祖皇帝看。二十二日，昭宗离开凤翔，到左剑寨，临时停宿在太祖皇帝的军营里。……昭宗……把太祖皇帝召到殿上，接近御座，并说道："朕的宗庙社稷是卿重建，朕和家人是卿再生。"就解下自己的玉带当面赐给太祖皇帝。……二十七日，昭宗回到长安。……第二天，在内侍省处死了宦官第五可范等五百多人。

二月九日，昭宗降制任命太祖皇帝为守太尉、兼中书令、宣武宣义天平护国等军节度使、诸道兵马副元帅，增加食邑三千户，实封四百户，并赐回天再造竭忠守正功臣的称号。……

四月六日，太祖皇帝带兵前进到临朐，立即下令攻城，与青州的军队在城下交战，把对方打得大败。……

四月丙子，巡师于临胸⑨，亟命逼其城⑩，与青州兵战于城下，大败之。……

注释 ①偓：音 wò。 ②中使：中指皇宫，使是使者，从皇宫里派出传达命令、办大小事情的宦官当时都叫作中使。 ③左剑寨：当时朱温设在凤翔城外的一所营寨。 ④权：权且，暂时。驻跸：帝王出行中途暂住叫驻跸。 ⑤密迩(ěr)：挨近，靠近。 ⑥宗庙：帝王祭祀祖先的地方。社稷：社是土神，稷是谷神。古时常用宗庙社稷作为国家政权的象征。 ⑦内侍省：当时管理宫廷内部事务的机构，官员在唐代都由宦官担任。 ⑧守太尉：唐代以品级较低之人任职责较高之官称守。太尉是当时授给重臣的一种加官，品级为正一品，并无实际职权。中书令：中枢机构中中书省的最高长官，唐代不常授，除非是有特殊资望的大臣，这里仍是一种虚衔。宣武、宣义、天平、护国：都是方镇名。宣义即宣义军，治所滑州。天平即天平军，治所郓州。护国即护国军，治所河中府。副元帅：唐代以元帅、副元帅作为战时的最高统帅，元帅常以皇子亲王充任，故副元帅一般是加给武臣的最高官职。 ⑨临胸(qú)：县名，今属山东，当时是青州的属县。 ⑩亟(jí)：急，速。

原文

八月戊辰，以伐叛之柄委于杨师厚①。……九月癸卯，师厚率大军与王师范战于临胸②，青军大败，杀万余人，并擒师范弟师克。卯时徙寨以逼其城。……戊午，师范举城请降，青州平。翼日，分命将校略地于登、莱、淄、棣等州③，皆下之，繇是东

翻译

八月一日，太祖皇帝将讨伐的事情交给了杨师厚。……九月六日，杨师厚率领大军与王师范在临胸交战，大败青州军，杀死一万多人，还俘虏了王师范的弟弟王师克。卯时迁营寨进逼到城下。……二十一日，王师范带着全城军民请求投降，青州平定。第二天，命令将领分路攻夺登、莱、淄、棣等州，都打了下来，从此向东到达海边，都成为梁的疆土。……

渐至海，皆为梁土也。……

天祐元年正月己酉④，帝发自大梁⑤，西赴河中。京师闻之，为之震惧。是时，将议迎驾东幸洛阳⑥，虑唐室大臣异议，帝乃密令护驾都指挥使朱友谅矫昭宗命⑦，收宰相崔胤、京兆尹郑元规等杀之⑧。又邠、岐兵士侵逼京畿⑨，帝因是上表坚请昭宗幸洛，昭宗不得已而从之。……

天祐元年（904）正月十三日，太祖皇帝从大梁出发，向西前往河中。京城里听说，对此大为惊慌。这时，太祖皇帝谋划迎昭宗东去洛阳，担心唐朝廷大臣反对，于是暗地下令护驾都指挥使朱友谅谎称昭宗的命令，拘捕了宰相崔胤、京兆尹郑元规等处死。而邠州、凤翔方面的军队又进逼京城附近，太祖皇帝因此递上表章坚决请求昭宗前往洛阳，昭宗不得已只好依从。……

注释　① 杨师厚：朱温手下大将，新、旧《五代史》有传。　② 王师范：当时的淄青平卢节度使，新、旧《五代史》有传。　③ 登：登州，治所蓬莱，今属山东。莱：莱州，治所掖县，今属山东。　④ 天祐：唐昭宗（904）、唐哀帝（904—907）的年号。唐亡以后一些地方势力仍然沿用这一年号。　⑤ 大梁：开封的别称。　⑥ 洛阳：今属河南，是唐的东都。　⑦ 矫昭宗命：假托诈称朝命。　⑧ 京兆尹：京城长安所在的京兆府长官。　⑨ 邠（bīn）：邠州，治所新平，今陕西彬县。

原文

二月乙亥，昭宗驻跸于陕①，帝自河中来觐……昭宗命延于寝室见何皇后，面赐酒器及衣物。何后谓帝曰："此后大家夫妇委身于

翻译

二月十日，昭宗停驻在陕州，太祖皇帝从河中前来觐见……昭宗让请到寝室里来见何皇后，当面赐给酒器和衣物。何皇后对太祖皇帝说："从今以后我们夫妇的性命都交给全忠了。"说着就抽泣落下泪来。过了几天……太祖

全忠矣②。”因歔歟泣下③。后数日……帝辞归洛阳，昭宗开内宴。时有宫人与昭宗附耳而语，韩建蹑帝之足④，帝遽出，以为图己，因连上章请车驾幸洛。

三月丁未，昭宗制以帝兼判左右神策及六军诸卫事⑤。……闰月丁酉，昭宗发自陕郡。壬寅，次于谷水⑥。是时昭宗左右唯小黄门及打球供奉、内园小儿二百余人⑦，帝犹忌之。是日密令医官许昭远告变⑧，乃设馔于别幄，召而尽杀之，皆坑于幕下。先是选二百余人，形貌大小一如内园人物之状，至是使一人擒二人，缢于坑所，即蒙其衣及戎具自饰⑨。昭宗初不能辨，久而方察。自是昭宗左右前后皆梁人矣。甲辰，车驾至洛都，帝与宰相百官导驾入宫。……八月壬寅，昭宗遇弑于大内⑩，遗制以辉

皇帝告辞要返回洛阳，昭宗安排了宫内宴席。这时有位宫人挨近昭宗的耳边说话，韩建踩了踩太祖皇帝的脚，太祖皇帝立刻出去，认为要谋害自己，因此接连递上表章请求昭宗前往洛阳。

三月十二日，昭宗降制任命太祖皇帝兼判左右神策军及六军诸卫事。……闰四月三日，昭宗从陕州出发。八日，停驻在谷水。这时昭宗的左右只有小宦官、打球供奉及内园小儿二百多人，太祖皇帝仍然心存疑忌。这一天暗地指使医官许昭远报告有人谋反，就在另外的帐幕里安排就餐，把这些人召集起来全部杀死，都挖坑埋在帐幕下。在此之前挑选二百多人，外貌大小都像内园人物，到这时让一个人抓两个人，勒死在坑里，立即换穿上他们的衣服并使用他们的兵器来装扮自己。昭宗开始不能分辨，时间长了方才发觉。从此昭宗的前后左右都是汴州方面的人了。十日，昭宗到达都城洛阳，太祖皇帝和百官引导车驾进入宫里。……八月十一日，昭宗在大内遇害，遗制叫辉王李柷继承皇位。……

王柷为嗣⑪。……

注释 ① 陕：陕州，治所陕县，在今河南三门峡西。 ② 大家：当时宫中对皇帝的称呼。 ③ 欷歔(xī xū)：抽噎叹息声。 ④ 韩建：当时的忠武军节度使，新、旧《五代史》有传。 蹂：踩、踏。 ⑤ 判：以高官兼任低职称判。左右神策及六军：指皇帝的禁军。六军即左右龙武、左右神武、左右羽林。 ⑥ 谷水：古水名。即今河南渑(miǎn)池南渑水及其下游涧水，为洛河的支流。 ⑦ 小黄门：小宦官。供奉：在皇帝左右供职的人。内园小儿：内园即内苑，宫中的园圃。又泛指宫中。内园小儿为宫里承办各种事务的人。 ⑧ 医官：皇宫中负责治病的官吏。 ⑨ 戎具：指兵器。 ⑩ 弑(shì)：古时专指臣杀君、子杀父母。大内：指皇宫。 ⑪ 柷：音 zhù。

原文

二年……十月丙戌朔，天子以帝为诸道兵马元帅。……十一月……辛巳，天子命帝为相国①，总百揆②，以宣武、宣义、天平、护国、天雄、武顺、佑国、河阳、义武、昭义、保义、戎昭、武定、泰宁、平卢、匡国、武宁、忠义、荆南等二十一道为魏国③，进封帝为魏王，入朝不趋④，剑履上殿⑤，赞拜不名⑥，兼备九锡之命⑦。癸未，唐中书门下奏："中书印已送相国。"……

翻译

二年(905)……十月一日，天子任命太祖皇帝做诸道兵马元帅。……十一月……二十七日，天子任命太祖皇帝做相国，总领政务，以宣武、宣义、天平、护国、天雄、武顺、佑国、河阳、义武、昭义、保义、戎昭、武定、泰宁、平卢、匡国、武宁、忠义、荆南二十一道作为魏国，进封太祖皇帝为魏王，入朝不趋、剑履上殿、赞拜不名，同时备下九锡的恩命。二十九日，唐朝廷的中书门下省上奏："中书印已送给相国。"……

梁太祖开平元年(907)正月……二十七日，天子派御史大夫薛贻矩前来传达传位的意愿……说："殿下的功德达于下民，三灵所卜已定，天子正在商议下诏，施行舜、禹之事。"……四月，唐帝

开平元年正月……甲辰⑧，天子遣御史大夫薛贻矩来传禅代之意⑨……曰："殿下功德及人⑩，三灵所卜已定⑪，皇帝方议裁诏，行舜、禹之事。⑫"……四月，唐帝御札敕宰臣张文蔚等备法驾奉迎梁朝⑬。……张文蔚正押传国宝、玉册、金宝及文武群官、诸司仪仗法物及金吾左右二军离郑州⑭。……戊辰，即位。……

下御札敕令宰相张文蔚等预备车驾仪仗等奉迎梁朝皇帝。……张文蔚正式押送传国宝、玉册、金宝和文武百官、各部门的仪仗法物以及金吾左右二军离开郑州。……二十二日，太祖皇帝即位。……

注释　① 相国：宰相。唐代实行集体宰相制度，这里用相国来表示是宰相中地位最高的。　② 百揆（kuí）：指各种政务。　③ 天雄：即天雄军，方镇名，治所魏州，在今河北大名东。武顺：即武顺军，方镇名，治所镇州，今河北正定。佑国：即佑国军，方镇名，治所京兆府，今陕西西安。河阳：即河阳三城，方镇名，治所孟州，在今河南孟州西南。义武：即义武军，方镇名，治所定州，今河北定州。昭义：即昭义军，方镇名，治所潞州。保义：即保义军，方镇名，治所陕州，今河南陕县。戎昭：即戎昭军，方镇名，治所金州，今陕西安康，原文误作武昭，据《旧唐书》哀帝纪、《资治通鉴》改正。武定：即武定军，方镇名，治所洋州，今陕西西乡。泰宁：即泰宁军，方镇名，治所兖州。平卢：即平卢军，方镇名，治所青州。匡国：即匡国军，方镇名，治所同州。武宁：即武宁军，方镇名，治所徐州，今属江苏。忠义：即忠义军，方镇名，治所襄州，今湖北襄阳。荆南：方镇名，治所荆州，今湖北荆州。以上这些方镇有一部分当时并不在朱温实际控制之下。　④ 入朝不趋：入朝觐见皇帝时不必急行，表示一种特殊礼遇。　⑤ 剑履上殿：可以佩剑穿履朝见皇帝，也是表示特殊礼遇。　⑥ 赞拜不名：朝见皇帝司仪宣读行礼的仪式中不提到姓名，也是表示特殊礼遇。

⑦ 九锡：古代帝王尊礼大臣所给的九种器物。自从王莽篡汉以后后代的掌权大臣在夺取政权建立新王朝前，多加九锡，成为例行公事。 ⑧ 开平：后梁太祖的年号（907—910）。 ⑨ 御史大夫：中央专掌监察、执法机构御史台的长官。薛贻矩：《旧五代史》有传。禅代：以帝王之位传授他人。 ⑩ 殿下：对王的尊称。 ⑪ 三灵：指天、地、人。卜：选择。 ⑫ 行舜、禹之事：舜、禹都是传说中的古代圣王，相传舜在年迈之后就把天下让给禹，这里所指的就是传让皇位。 ⑬ 法驾：原指皇帝的车驾，这里还包括皇帝的仪仗等。 ⑭ 传国宝：皇帝的印章。玉册：玉制的简册。古代帝王用于重大祭祀及册命皇太子、后妃等。这里指册命新朝代皇帝用的玉册。法物：皇帝仪仗队所用的器物。金吾左右二军：原为掌宫中及京城巡警的禁军，皇帝出行时为仪卫前导。这里是指仪仗队。

梁书·李振传

导读

李振出身于唐代的官僚世家,本人也曾身居要职,在唐朝政权摇摇欲坠之时,他见风转舵,投靠了朱温,很快就成为朱温的心腹亲信和主要谋臣。这篇传生动地记述了他为朱温精心谋划、奔走游说的一些事例,朱温在群雄角逐中终于棋高一着,与此不无关系。传中所记载的他对唐朝大臣的态度,则活画出该人的狭隘、骄横和狠毒。这号人成为执政重臣,朱梁的政治命运就可想而知了。(选自卷一八)

原文

李振,字兴绪,唐潞州节度使抱真之曾孙也。祖、父皆至郡守①。振仕唐,自金吾将军改台州刺史②,会盗据浙东③,不克之任,因西归过汴,以策略干太祖,太祖奇之,辟为从事④。太祖兼领郓州,署天平军节度副使。湖南马殷为朗州雷满所逼⑤,振奉命驰往和解,殷、满皆禀命。

光化三年十一月⑥,太

翻译

李振,字兴绪,是唐朝潞州节度使李抱真的曾孙。祖父、父亲都做到州刺史。李振在唐朝做官,从金吾将军改任台州刺史,正碰上群盗盘踞浙东,不能到任,因此西归路经汴州,献计策游说太祖,太祖很惊异,用他为从事。太祖兼领郓州后,任他为天平军节度副使。湖南节度使马殷受到朗州雷满的逼迫,李振奉命赶去调解,马殷、雷满都听从。

光化三年(900)十一月,太祖派李振到长安进奏,住在本州的进奏院里。院吏程岩向李振说:"刘中尉让他的侄子刘希贞来商议大事,想要拜见,请允

祖遣振入奏于长安，舍于州邸⑦。邸吏程岩白振曰："刘中尉命其侄希贞来计大事⑧，欲上谒，愿许之。"既至，岩乃先启曰："主上严急，内官忧恐⑨，左中尉欲行废黜之事⑩，岩等协力以定中外，敢以事告。"振顾希贞曰："百岁奴事三岁主⑪。乱国不义，废君不祥，非敢闻也。况梁王以百万之师，匡辅天子，礼乐尊戴，犹恐不及，幸熟计之。"希贞大沮而去⑫。及振复命，刘季述等果作乱，程岩率诸道邸吏牵帝下殿，以立幼主，奉昭宗为太上皇。振至陕，陕已贺矣，护军韩彝范言其事，振曰："懿皇初升遐⑬，韩中尉杀长立幼⑭，以利其权，遂乱天下，今将军复欲尔耶？"彝范即文约孙也⑮，由是不敢言。

许。"刘希贞来到，程岩就先说："主上性子严厉急躁，宦官都担忧害怕，左军中尉打算行废黜之事，程岩等人要同心协力来安定内外，故而先向你禀告。"李振看着刘希贞说："百岁奴奉事三岁主。祸乱国家不义，废除君上不祥，这是我不敢与闻的。况且梁王以百万之师，辅佐天子，用礼乐来尊崇推戴，还恐怕做得不够，请你深思。"刘希贞大为丧气而离去。到李振返回，刘季述等人果真作乱，程岩带着各道的院吏把昭宗拉下殿，拥立幼主，奉昭宗为太上皇。李振到陕州，陕州已经庆贺了，护军韩彝范讲了这桩事，李振说："懿宗皇帝刚升遐时，韩中尉就杀长立幼，以利自己掌权，而使天下动乱，如今将军又要这样吗？"韩彝范就是韩文约的孙子，被李振说了再不敢开口。

注释 ①郡守：郡的最高行政长官。本是太守，也省称郡守，唐代后来已改郡为州了，郡守实际是指州刺史。 ②金吾将军：左右金吾卫的高级将领，品级为从三品，仅次于左右金吾卫大将军。台州：治所临海，今属浙江。 ③浙东：即浙江东道的简称,治所越州,今浙江绍兴。 ④ 辟(bì):征召。从事:当时的节度使及州的长官都自行征召僚属,大多被称为从事。 ⑤ 马殷:当时的湖南节度使,新、旧《五代史》有传。朗州:治所武陵,今湖南常德。雷满:当时的澧朗节度使,新、旧《五代史》有传。 ⑥ 光化:唐昭宗的年号(898—900)。 ⑦ 州邸:即上都进奏院的别称,又省称进奏院,是当时藩镇在京城设置的办事处,为州镇官员入京的寓所,并掌章奏、诏令及各种文书的承转。 ⑧ 刘中尉:即刘季述,当时为左神策军中尉,《新唐书》有传。 ⑨ 内官:即宦官。 ⑩ 废黜(chù):废除。 ⑪ 百岁奴事三岁主:宦官和皇帝不是一般的君臣关系而是奴和主子的关系,奴尽管年老,对年轻的主子仍得老老实实地侍奉,"百岁奴事三岁主"就是这个意思。 ⑫ 沮(jǔ):败兴,丧气。 ⑬ 懿皇:指唐懿宗。升遐:对帝王死亡的委婉说法。 ⑭ 韩中尉:指韩文约。在唐懿宗统治末期任右神策军中尉。 ⑮ 彝范即文约孙:唐代宦官多有养子,所以可以有孙。

原文

振东归,太祖方在邢、洺①,遽还于汴,大计未决。季述遣养子希度以唐之社稷欲输于太祖,又遣供奉官李奉本、副介支彦勋诈赍上皇诰谕至②,皆季述党也。太祖未及迎命,振又言曰:"夫竖刁、伊戾之乱③,所以资霸者之事也。今阉竖幽辱天子④,王不能讨,无以令诸侯。"时监军使刘重楚,季述兄也;旧相张浚,寓于河南缑氏⑤,亦来谓太祖曰:"同中

翻译

李振东归时,太祖正在邢、洺地区,立刻回到汴州,对这件大事还没有拿定主意。刘季述派养子刘希度要把唐的江山送给太祖,又派供奉官李奉本、副介支彦勋带着伪造的太上皇诰谕来到,他们都是刘季述的同党。太祖还没有去奉迎诰谕,李振又说:"竖刁、伊戾的祸乱,成就了霸主的事业。如今宦官囚辱天子,王如不能讨伐,就无从号令诸侯。"当时的监军使刘重楚,是刘季述的哥哥;前任宰相张浚,正住在河南缑氏县,也前来对太祖说:"附和宦官则事业容易成功,而且能够满足要求。"只有李振坚持己见不变,独自说道:"行正道则

官则事易济，且得所欲。"唯振坚执不改，独曰："行正道则大勋可立。"太祖英悟，忽厉色曰："张公劝我同敕使，欲倾附自求宰相耶?"乃定策絷伪使李奉本、支彦勋与希度等⑥，即日请振将命于京师，与宰相谋返正⑦。未几，刘季述伏诛，昭宗复帝位。太祖闻之喜，召振，执其手谓之曰："卿所谋是吾本志，穹苍其知之矣!"自是益重之。

大功可立。"太祖省悟，突然表情严厉地说："张公劝说我附和敕使，是想要附和了自己求得宰相啊?"于是拿定主意拘捕了伪使李奉本、支彦勋和刘希度等人，当天就让李振带着使命去京城，与宰相策划让昭宗复位。不久，刘季述被杀，昭宗恢复帝位。太祖听说后很高兴，召见李振，拉着他的手说："卿所谋划的正是我的本意，苍天是知道的啊!"从此更加器重他。

注释 ① 邢：邢州，治所龙岗，今河北邢台。洺：洺州，治所永年，在今河北永年东南。 ② 供奉官：在皇帝左右任职的官吏。副介：传达诏旨等重要文书专使的副手。 ③ 竖刁：春秋时齐桓公的近臣，桓公死后，他擅自废立，造成齐国内乱。伊戾(lì)：姓惠墙，春秋时宋平公的近侍，因诬陷太子痤与楚臣交通谋反致使太子被处死。 ④ 阉竖：对宦官的蔑称。 ⑤ 缑(gōu)氏：县名，在今河南偃师南。 ⑥ 絷(zhí)：拘禁。 ⑦ 返正：也写作反正，指帝王废而复立。

原文

　　天祐二年春正月，太祖召振谓曰："王师范来降，易岁尚处故藩，今将奏请徙授方面，其为我驰骑，以兹意达之。"振至青州，师范即日

翻译

　　天祐二年(905)正月，太祖召见李振并对他说："王师范归降，已经过一年还处在过去的镇上，如今打算奏请朝廷将他迁移到别的地方，你为我立即赶到那里，把这个意思向他转达。"李振到达

备非常。是月二十九日夜，魏军作乱，首攻彦章于馆舍，彦章南奔。七月，晋人攻陷澶州，彦章举家陷没。晋王迁其家于晋阳，待之甚厚，遣细人间行诱之⑦，彦章即斩其使以绝之。后数年，其家被害。……

彦章的驻地，王彦章南逃。七月，晋军攻占澶州，王彦章的全家都被抓获。晋王把他们迁到晋阳，待遇十分优厚，派奸细秘密前来招诱王彦章，王彦章立即杀掉使者来回绝。过了几年，他的家人都被杀害。……

注释 ① 寿张县：在今山东梁山西北。 ② 乾化：梁太祖(911—912)、梁末帝(913—914)的年号。 ③ 澶(chán)州：治所顿丘，在今河南清丰西。 ④ 魏州：治所贵乡，在今河北大名东北。 ⑤ 邺城：指魏州，是当时魏州的别称。 ⑥ 金波亭：在魏州城南。 ⑦ 细人：奸细。

原文

龙德三年四月晦①，晋师陷郓州，中外大恐。五月，以彦章代戴思远为北面招讨使②。拜命之日，促装以赴滑台③。遂自杨村寨浮河而下④，水陆俱进，断晋人德胜之浮梁⑤，攻南城，拔之，晋人遂弃北城，并军保杨刘⑥。彦章以舟师沿流而下，晋人尽撤北城，析屋木编筏，置步军于其上，与彦

翻译

龙德三年(923)四月的最后一天，晋军攻占郓州，朝廷内外一片恐慌。五月，叫王彦章取代戴思远做北面招讨使。拜任的当天，急忙收拾行装赶往滑台。于是从杨村寨乘船沿黄河而下，水陆一齐进发，截断了晋军在德胜的浮桥，进攻南城，南城被攻克。晋军于是放弃北城，合并兵力守住杨刘。王彦章带领水军顺流而下，晋军全部撤出北城，拆毁房屋用木料编成木筏，让步军乘坐在上面，与王彦章的军队各自靠着一边河岸行进，每当遇到转弯浅滩水流

章各行一岸，每遇转滩水汇，即中流交斗，流矢雨集，或舟筏覆没，比及杨刘，凡百余战。彦章急攻杨刘，昼夜不息，晋人极力固守，垂陷者数四。六月，晋王亲援其城[7]，彦章之军重壕复垒，晋人不能入。晋王乃于博州东岸筑垒[8]，以应郓州。彦章闻之，驰军而至，急攻其栅，自旦及午，其城将拔。会晋王以大军来援，彦章乃退。七月，晋王至杨刘，彦章军不利。遂罢彦章兵权，诏令归阙，以段凝为招讨使。

交汇的地方，就在河中交战，飞箭密集如雨，有的舟筏沉没，等行进到杨刘时，共打了一百多仗。王彦章猛攻杨刘，昼夜不停，晋军竭尽全力坚守，多次几乎陷落。六月，晋王亲自率兵增援杨刘，王彦章的军队构筑了层层壕沟壁垒，晋军不能攻入。晋王于是在博州附近的黄河东岸筑起城垒，以便救应郓州。王彦章听说后，率军疾奔赶到，猛攻晋军营寨，自清晨到中午，快要把城打下来。此时晋王率领大军赶来救援，王彦章只好退兵。七月，晋王抵达杨刘，王彦章的军队作战失利。于是罢免了王彦章的兵权，下诏命令他返回朝廷，叫段凝做招讨使。

注释 ①晦：夏历每月的最后一天。 ②戴思远：后梁的大将，《旧五代史》有传。 ③滑台：即滑台城，为滑州治所白马的别称。 ④杨村寨：后梁的一处重要屯兵之所。在河南濮阳县西，紧临黄河。 ⑤德胜：即德胜渡，当时黄河上的一处重要渡口，在今河南濮阳。 ⑥杨刘：即杨刘镇，在今山东东阿东北古黄河南岸。 ⑦晋王：即李存勖。其父李克用被唐封为晋王，李存勖袭封。 ⑧博州：治所聊城，在今山东聊城东北。

原文

先是，赵、张二族挠乱

翻译

此前，赵岩、张汉鼎等二家败坏朝

朝政，彦章深恶之，性复刚直，不能缄忍。及授招讨之命，因谓所亲曰："待我立功之后，回军之日，当尽诛奸臣，以谢天下。"赵、张闻之，私相谓曰："我辈宁死于沙陀之手①，不当为彦章所杀。"因协力以倾之。时段凝以贿赂交结，自求兵柄，素与彦章不协，潜害其功，阴行逗挠②，遂至王师不利，竟退彦章而用段凝，未及十旬，国以之亡矣。

是岁秋九月，朝廷闻晋人将自兖州路出师，末帝急遣彦章领保銮骑士数千于东路守捉③。且以郓州为敌人所据，因图进取，令张汉杰为监军。一日，彦章渡汶④，以略郓境，至递坊镇⑤，为晋人所袭，彦章退保中都⑥。十月四日，晋王以大军至，彦章以众拒战，兵败，为晋将夏鲁奇所擒。鲁奇尝事太祖，与彦章素善，

政，王彦章对他们深恶痛绝，性情又刚烈正直，不能闭口忍耐。到接受招讨使的任命，就对身边亲信说："等我立功之后，回兵之日，要全部杀掉奸臣，来告谢天下。"赵、张等人听说后，私下互相说道："我辈宁可死在沙陀人的手里，也不要被王彦章所杀。"因此合力来排挤他。当时段凝用贿赂结交权要，为自己谋取兵权，一向与王彦章关系不和睦，暗地里妒忌他成功，私下逗留观望，致使朝廷的军队不能获胜，终于斥退王彦章而进用段凝，不到一百天，国家就灭亡了。

这年秋天九月，朝廷听说晋军将从兖州方向出兵，梁末帝急忙派王彦章率领保銮骑士几千人在东路设防。并且由于郓州被敌方占据，相机策划进兵夺取，派张汉杰做监军。一天，王彦章渡过汶水，攻占郓州的土地，行进到递坊镇，受到晋军的袭击，王彦章退守中都。十月四日，晋王统帅大军来到，王彦章带领部众抵御，战败，被晋将夏鲁奇俘获。夏鲁奇曾经奉事太祖，与王彦章平时相熟，到王彦章兵败，听出了王彦章说话的声音，说："这是王铁枪啊！"挥矟直刺，王彦章身受重伤，战马仆倒，因而被俘。

及彦章败，识其语音，曰："此王铁枪也！"挥矟刺之⑦，彦章重伤，马踣⑧，遂就擒。

注释 ① 沙陀：古代北方部族，是西突厥的一支。唐末割据河东。这里即指河东李存勖的军队。 ② 逗挠：逗留观望。 ③ 保銮骑士：皇帝的禁卫军。守捉：守备，设防。 ④ 汶：汶水，今山东西部大汶河。 ⑤ 递坊镇：在郓州南。 ⑥ 中都：县名，今山东汶上。 ⑦ 矟(shuò)：长矛。 ⑧ 踣(bó)：跌倒。

原文

晋王见彦章，谓之曰："尔常以孺子待我①，今日服未？"又问："我素闻尔善将，何不保守兖州？此邑素无城垒，何以自固？"彦章对曰："大事已去，非臣智力所及。"晋王恻然②，亲赐药以封其创。晋王素闻其勇悍，欲全活之，令中使慰抚，以诱其意。彦章曰："比是匹夫，本朝擢居方面③，与皇帝十五年抗衡，今日兵败力穷，死者常分，皇帝纵垂矜宥④，何面目见人，当有为臣为将，朝事梁而暮事晋乎？得死幸矣。"晋王又谓李嗣

翻译

晋王见到王彦章，对他说："你常把我看成小孩，今天服不服？"又问道："我一向听说你善于带兵，为什么不去兖州防守？这里本来没有城垒，怎么能守得住？"王彦章说："大势已去，这不是臣的智力所能及。"晋王感伤他的话，亲自赐药来封住创口。晋王一向听说他勇猛，想要挽救他的生命，让中使前去慰问安抚，劝诱他回心转意。王彦章说："我本是平常百姓，本朝把我提升成一方的军政大员，与皇帝对抗十五年，今日兵败力穷，死亡是本分，皇帝即使怜惜宽宥，我又有什么面目见人，难道能为臣为将，早上奉事梁而晚上奉事晋吗？能够死是好事。"晋王又对李嗣源说："你应亲自前去劝说他，使他能活下来。"当时王彦章由于伤重不能起身，李嗣源到卧

源曰⑤："尔宜亲往谕之，庶可全活。"时彦章以重伤不能兴，嗣源至卧内以见之，谓嗣源曰："汝非邈佶烈乎⑥?"邈佶烈，盖嗣源小字也。彦章素轻嗣源，故以小字呼之。既而晋王命肩舆随军至任城⑦，彦章以所伤痛楚，坚乞迟留，遂遇害，时年六十一。

彦章性忠勇，有膂力⑧，临阵对敌，奋不顾身。居尝谓人曰："李亚子斗鸡小儿⑨，何足顾畏!"初，晋王闻彦章授招讨使，自魏州急赴河上，以备冲突，至则德胜南城已为所拔。晋王尝曰："此人可畏，当避其锋。"一日，晋王领兵迫潘张寨⑩，大军隔河，未能赴援，彦章援枪登船⑪，叱舟人解缆，招讨使贺瓌止之⑫，不可。晋王闻彦章至，抽军而退。其骁勇如此。……

室里去见他，他对李嗣源说："你不是邈佶烈吗?"邈佶烈，是李嗣源的小名。王彦章一向瞧不起李嗣源，所以用小名称呼他。晋王命令用肩舆抬着他随军去任城，王彦章由于伤口剧痛，执意请求停留，于是被害，时年六十一岁。

王彦章生性忠诚勇猛，有气力，临阵对敌，奋不顾身。平日曾对人说："李亚子是个斗鸡小儿，有什么可怕的!"当初，晋王听说王彦章任招讨使，从魏州急忙赶到黄河岸边，防备他来攻击，等赶到德胜南城已经被攻占了。晋王曾说："此人可畏，要避开他的兵锋。"一天，晋王领兵进逼潘张寨，梁军隔着黄河，不能前往增援，王彦章持枪登船，大声喝令船工解开缆绳，招讨使贺瓌阻挡他，挡不住。晋王听说王彦章来到，引军撤退。王彦章勇猛起来就是这样。……

注释 ① 孺子：指幼童。 ② 恻（cè）然：感伤。 ③ 擢（zhuó）：提拔。 ④ 矜宥（yòu）：怜悯宽恕。 ⑤ 李嗣源：即后来的后唐明宗，新、旧《五代史》有纪。 ⑥ 邈佶（miǎo jí）烈：李嗣源本出身于代北的少数民族，这是他的本名。 ⑦ 肩舆：轿子。任城：县名，今山东济宁。 ⑧ 膂（lǚ）力：体力。 ⑨ 李亚子：李存勖的小名。斗鸡小儿：蔑称，形容只知嬉戏玩耍的小孩儿。 ⑩ 潘张寨：德胜附近的一处黄河渡口。 ⑪ 援：持。 ⑫ 瓌：音 guī。

唐书·贞简曹太后传

导读

《旧五代史》的各书在本纪之后，紧接着是后妃列传，这个传就是唐书后妃列传里的一篇。中国封建社会妇女地位十分低下，即使贵至后妃，由于身居深宫，在正式的史书里，也很少能写出一些具体的内容。这个曹太后传是《旧五代史》的后妃列传里写得比较好的一篇，它记载了李克用的姬妾、李存勖的生母曹氏的生平，可看出她对李克用父子的影响和在政治上发挥的作用。（选自卷四九）

原文

武皇帝贞简皇后曹氏①，庄宗之母也。太原人，以良家子嫔于武皇②。姿质闲丽，性谦退而明辨，雅为秦国夫人所重③。常从容谓武皇曰④："妾观曹姬非常妇人，王其厚待之。"武皇多内宠⑤，乾宁初⑥，平燕蓟⑦，得李匡俦妻张氏⑧，姿色绝代，嬖幸无双⑨。时姬侍盈室，罕得进御，唯太后恩顾不衰。武皇性严急，左右有

翻译

武皇帝李克用的贞简皇后曹氏，是庄宗的母亲。她是太原人，清白人家出身而嫁给了武皇帝。容貌秀丽，气质优雅，性格谦逊而明辨是非，极受秦国夫人的敬重。秦国夫人曾从容地对武皇帝说："我看曹姬不是平常的女人，王要好好地对待她。"武皇帝有很多嫔妃，在乾宁初年，平定了幽州，得到了李匡俦之妻张氏，美貌冠绝当代，所受宠爱没人比得上。当时姬侍充满宫室，极少有人能够陪侍，只有太后受到的宠爱没有减少。武皇帝的性情严厉急暴，左右如有过失，定要严加责罚，没有敢于说话

过，必峻于谴罚，无敢言者，唯太后从容救谏，即为解颜。及庄宗载诞⑩，体貌奇杰，武皇异而怜之，太后益宠贵，诸夫人咸出其下，后亦恭勤内助，左右称之。

武皇薨⑪，庄宗嗣晋王位，时李克宁、李存颢谋变⑫，人情危惧。太后召监军张承业，指庄宗谓之曰："先人把臂授公此儿，如闻外谋，欲孤付托，公等但置予母子有地，毋令乞食于汴，幸矣。"承业因诛存颢、克宁，以清内难。

庄宗善音律⑬，喜伶人谑浪⑭，太后尝提耳诲之⑮。天祐七年⑯，镇、定求援⑰，庄宗促命治兵，太后曰："予齿渐衰，儿但不坠先人之业为幸矣，何事栉风沐雨，离我晨昏⑱？"庄宗曰："禀先王遗旨，须灭仇雠。山东之事⑲，机不可失。"及发，太后饯于汾桥⑳，悲不自胜。庄

的，如果有太后从容劝谏，武皇帝就转怒为喜。到庄宗诞生，身体容貌奇特杰出，武皇帝惊异而怜爱，太后越发宠贵，其他夫人都在她之下，太后也恭勤地居内相助，受到左右的称赞。

武皇帝死去，庄宗继承了晋王王位，这时李克宁、李存颢图谋反叛，人心惶恐不安。太后召见监军张承业，指着庄宗对他说："先王拉着胳膊把这个孩子交给了你，听说外间有人图谋作乱，要辜负先王的托付，公等只要让我们母子有安身之地，不要使我们在汴州向人求食活命，就万幸了。"张承业因而诛杀了李存颢、李克宁，清除了内祸。

庄宗擅长音乐，喜欢与伶人开玩笑逗乐，太后曾经恳切地教诲他。天祐七年(910)，镇州、定州向河东求援，庄宗立即下令军队作准备，太后说道："我年事渐高，我儿只要不败坏先人的基业就万幸了，为什么还要出外冒着风雨，离开我不朝夕奉养？"庄宗答道："秉承先王的遗志，一定要消灭仇敌。山东的事情，机会不可丧失。"到出发时，太后在汾桥送行，悲痛得不能克制。庄宗平定了赵、魏，屯驻在邺城，一年之中，多次赶回去探望太后，士民都敬服他的仁孝。

宗平定赵、魏㉑，驻于邺城，每一岁之内，驰驾归宁者数四㉒，民士服其仁孝。

注释 ① 武皇帝：即李克用。后唐庄宗称帝后追尊为武皇帝，庙号太祖。贞简：曹氏死后追封的谥号。 ② 良家子：清白人家的子女。嫔(pín)：嫁。 ③ 雅：极，很。秦国夫人：李克用的正室刘氏。 ④ 从容：舒缓不迫。 ⑤ 内宠：指妃嫔。 ⑥ 乾宁：唐昭宗的年号(894—897)。 ⑦ 燕蓟：古时对今北京及周围地区的别称，这里指幽州卢龙节度使辖区。 ⑧ 李匡俦(chóu)：又作李匡筹，是当时的幽州卢龙节度使，新、旧《唐书》有传。 ⑨ 嬖(bì)幸：宠爱。 ⑩ 载诞：诞生。 ⑪ 薨(hōng)：原是周代诸侯死的代称。唐代二品以上官员死称薨。 ⑫ 李克宁：李克用弟，李存勖的叔父，当时是振武节度使，《旧五代史》有传。李存颢：李克用的养子。 ⑬ 音律：指音乐。 ⑭ 伶人：艺人。谑(xuè)浪：戏言放浪。 ⑮ 提耳：指恳切教训。 ⑯ 天祐七年：唐亡于天祐四年，河东仍沿用天祐年号到二十年。 ⑰ 镇定求援：镇，镇州，治所真定，今河北正定。定，定州，治所安喜，今河北定州。二州当时受到后梁的威胁。 ⑱ 晨昏：指侍养父母。 ⑲ 山东：这里指太行山以东今河北一带。 ⑳ 汾桥：在太原附近汾水上。 ㉑ 赵、魏：赵，赵州，治所平棘，今河北赵县。魏，魏州。这里是泛指今河北西部南部、河南北部一带。 ㉒ 归宁：回家探视父母。

原文

太后初封晋国夫人，庄宗即位，命宰臣卢程奉册书上皇太后尊号①。其年平定河南，西幸洛阳，令皇弟存渥、皇子继岌就太原迎奉②。庄宗亲至怀州③，迎归长寿宫④。太后素与刘太妃

翻译

太后当初受封为晋国夫人，庄宗即位以后，命令宰相卢程奉送册书上皇太后尊号。这年平定了河南，庄宗西幸洛阳，叫皇弟李存渥、皇子李继岌到太原奉迎太后。庄宗亲自前往怀州，迎接太后到长寿宫。太后平日里与刘太妃亲近，分别以后，闷闷不乐。不久听说刘太妃患病卧床，派出尚医、中使前去探

善⑤，分诀之后，怏然不乐⑥。俄闻太妃寝疾⑦，尚医、中使⑧，问讯结辙⑨。既而谓庄宗曰："吾与太妃恩如伯仲⑩，彼经年抱疾，但见吾面，差足慰心，吾暂至晋阳，旬朔与之俱来。"庄宗曰："时方暑毒，山路崎岖，无烦往复，可令存渥辈迎侍太妃。"乃止。及凶问至⑪，太后恸哭累旬，由是不豫，寻崩于长寿宫⑫。同光三年冬十月⑬，上谥曰贞简皇太后，葬于寿安陵。

视，络绎不绝。后来又对庄宗说："我和太妃恩同姊妹，她终年抱病，只要能见到我，还略能使她宽慰，我临时去一趟晋阳，十天或一月就和她一起回来。"庄宗说："天气正酷热，山路崎岖不好走，不要麻烦你往返了，可以让李存渥等人前去迎侍太妃。"于是没有前往。到太妃死讯传来，太后痛哭多日，因此患病，不久在长寿宫逝世。同光三年的十月，为她上谥号叫贞简皇太后，安葬在寿安陵。

注释 ①卢程：原误作卢损。据《资治通鉴》、《新五代史》"卢程传"改正。②渥：音 wò。岌：音 jí。 ③怀州：治所河内，今河南沁阳。 ④长寿宫：当时在洛阳专为曹太后修建的宫殿。 ⑤刘太妃：即上面提到的秦国夫人，李存勖称帝后封为皇太妃，新、旧《五代史》有传。 ⑥怏（yì）然：忧郁、郁闷状。 ⑦寝疾：病重卧床不起。 ⑧尚医：宫中的医官。 ⑨结辙：车辙交相叠压，喻络绎不绝。 ⑩伯仲：指兄弟姊妹。 ⑪凶问：死讯。 ⑫崩：皇帝、皇后死叫崩。 ⑬同光：后唐庄宗的年号（923—925）。

唐书·周德威传

导读

后唐庄宗李存勖本人没有什么谋略，作战时往往逞气使性，实在是一介武夫，而他却成为一代开国之君，这与他手下有一批能干的文臣武将有很大关系。周德威就是后唐的一位名将。他从唐末起效力于李克用麾下，久历战阵，成为一位有勇有谋的高级将领。

这个传通过对河东与朱梁之间的几次著名大战以及消灭刘守光割据势力的描写，使这位大将的形象跃然纸上。他武艺超群，但又决不凭一时之勇，用兵行阵老谋深算，比之王彦章等显然更胜一筹。（选自卷五六）

原文

周德威，字镇远，小字阳五，朔州马邑人也①。初事武皇，为帐中骑督②，骁勇便骑射，胆气智数皆过人。久在云中③，谙熟边事④，望烟尘之警，悬知兵势⑤。乾宁中，为铁林军使⑥。从武皇讨王行瑜⑦，以功加检校左仆射⑧，移内衙军副⑨。

光化二年三月，汴将氏

翻译

周德威，字叫镇远，小名叫阳五，是朔州马邑人。开始到武皇帝手下时，任帐中骑督，勇猛而擅长骑射，胆量智谋都超出他人。由于长时期在北方边境云中一带，十分熟悉边塞的事情，看到敌军进犯的烟尘，就能预知兵马多少。乾宁年间，任铁林军使。跟随武皇帝征讨王行瑜，因功加授检校左仆射，移任内衙军副。

光化二年（899）三月，汴州大将氏叔琮率领兵众进逼太原，部下有个名叫

叔琮率众逼太原,有陈章者,以虓勇知名⑩,众谓之"夜叉"⑪。言于叔琮曰:"晋人所恃者周阳五,愿擒之,请赏以郡。"陈章尝乘骢马朱甲以自异⑫。武皇戒德威曰:"我闻陈夜叉欲取尔求郡,宜善备之。"德威曰:"陈章大言,未知鹿死谁手!"他日致师,戒部下曰:"如阵上见陈夜叉,尔等但走。"德威微服挑战⑬,部下伪退,陈章纵马追之,德威背挥铁楇击堕马⑭,生获以献,由是知名。……

陈章的,以强悍勇猛而闻名,被人们称为"夜叉"。他对氏叔琮说:"晋人所倚仗的就是周阳五,我愿把他擒来,请赏我做个刺史。"陈章时常骑着菊花青马身穿红色甲胄来显示自己与众不同。武皇帝告诫周德威说:"我听说陈夜叉要擒获你换个刺史,你应认真防备。"周德威说:"陈章在夸大口,还不知道鹿死谁手呢!"后来出兵挑战,周德威训示部下说:"如果在阵上看到陈夜叉,你们尽管退避。"周德威身着一般士兵的穿戴挑战,部下假装撤退,陈章放马追击,周德威反过身来挥动铁楇把他打下马,活捉献上,从此闻名。……

注释 ① 朔州:治所善阳,今山西朔州。马邑:县名,在今朔州东北。 ② 帐中骑督:统帅所直属的骑兵将领。 ③ 云中:县名,为云州的治所,今山西大同。这里是泛指今山西北部。 ④ 谙(ān)熟:熟悉。 ⑤ 悬知:预知。 ⑥ 铁林军:亲军名称。 ⑦ 王行瑜:当时为邠宁节度使。新、旧《唐书》有传。 ⑧ 左仆射:尚书省的长官,品级为从二品。这里是加给有功大将的虚衔,并不实际任职。 ⑨ 内衙军副:亲军的副长官。 ⑩ 虓(xiāo):勇猛。 ⑪ 夜叉:古印度神话中一种半神的小神灵,有时则视为恶魔,含勇健或凶恶之意。 ⑫ 骢(cōng)马:青白色的马,也叫菊花青马。 ⑬ 微服:穿常人服装以便隐蔽身份。 ⑭ 铁楇(zhuā):铁杖。

原文

天祐……七年十一月，汴人据深、冀①，汴将王景仁军八万次柏乡②，镇州节度使王镕来告难。帝遣德威率前军出井陉，屯于赵州。十二月，帝亲征。二十五日，进薄汴营，距柏乡五里，营于野河上③。汴将韩勍率精兵三万，铠甲皆被缯绮④，金银炫曜，望之森然，我军惧形于色。德威谓李存璋曰："贼结阵而来，观其形势，志不在战，欲以兵甲耀威耳。我军卒见其来，谓其锋不可当，此时不挫其锐，吾军不振矣！"乃遣存璋谕诸军曰："尔见此贼军否？是汴州天武健儿⑤，皆屠沽佣贩⑥，虚有表耳，纵被精甲，十不当一，擒获足以为资。"德威自率精骑击其两偏，左驰右决，出没数四。是日，获贼百余人，贼渡河而退。德威谓庄宗曰："贼

翻译

天祐……七年（910）十一月，汴州方面据有深州、冀州，汴州大将王景仁率领八万军队屯驻在柏乡，镇州节度使王镕派人前来告急。庄宗派周德威统领前军从井陉关出兵，驻扎在赵州。十二月，庄宗亲自出征。二十五日，进逼汴军营地，距离柏乡五里，在野河边上扎营。汴州大将韩勍率领三万精兵，铠甲上都披着华丽的丝绸，闪耀着金银光彩，看上去气势森严，我方士兵露出害怕的神色。周德威对李存璋说："敌军是结着阵来的，看他这种形势，并不在于战斗，只是想要用兵仗甲胄来耀武扬威罢了。我方军队乍见他们来到，以为兵势锐不可当，此时不打掉他们的锐气，我军士气就不能振作起来了！"于是派李存璋告谕各军说："你们看到这些敌军了吗？他们是汴州的天武健儿，都是屠沽佣贩之流，只是空有其表，就是披带精甲，也十不当一，擒获他们足够装备我军。"周德威亲自率领精锐骑兵攻击敌军的两翼，左冲右突，几次杀进杀出。这天，俘虏敌军一百多人，敌军渡过野河撤退。周德威对庄宗说："敌军骄气正旺盛，我军应按兵不动等待他们气衰下去。"庄宗说："我统领着孤军

骄气充盛,宜按兵以待其衰。"庄宗曰:"我提孤军救难解纷,三镇乌合之众⑦,利在速战,卿欲持重,吾惧其不可使也。"德威曰:"镇、定之士,长于守城,列阵野战,素非便习。我师破贼,唯恃骑军,平田广野,易为施功。今压贼营,令彼见我虚实,则胜负未可必也。"庄宗不悦,退卧帐中。德威患之,谓监军张承业曰:"王欲速战,将乌合之徒,欲当剧贼,所谓不量力也。去贼咫尺,限此一渠水,彼若早夜以略彴渡之⑧,吾族其为俘矣。若退军鄗邑⑨,引贼离营,彼出则归,复以轻骑掠其刍饷⑩,不逾月,败贼必矣。"承业入言,庄宗乃释然。德威得降人问之,曰景仁下令造浮桥数日,果如德威所料。二十七日,乃退军保鄗邑。

前来解救危难,所纠集的三镇军队是乌合之众,取胜在于速战速决,卿反而要慎重固守,我怕是行不通的。"周德威说:"镇州、定州的士兵,擅长守城,而摆开阵势进行野战,不是他们所熟习的。我军要攻破敌军,只能依靠骑兵,这在平坦广阔的田野上,才容易施展获胜。如今紧紧挨着敌军营地,让他们能够察知我方的虚实,那胜负就很难说了。"庄宗很不高兴,回到自己帐中睡下。周德威心中忧虑,对监军张承业说:"王要速战,带领着这些乌合之众,想和强敌交手,这真是不自量力。距离敌军只有咫尺之地,间隔着如此一条小河,敌军不论何时架起小桥渡河,我们就会成为俘虏了。假如退兵到鄗邑,引诱敌军离开营寨,他们出动我们就退回,再派轻骑截取他们的粮草,不出一月,就一定能打败敌军。"张承业到帐中去陈述,庄宗的气才平息下去。周德威询问降兵,降兵说王景仁下令建造浮桥已经几天了,果然同周德威预料的一样。二十七日,就下令撤军保守鄗邑。

注释　① 深：深州，治所陆泽，在今河北深州西南。冀：冀州，治所信都，今河北冀州。　② 柏乡：县名，今属河北。　③ 野河：今河北赞皇、高邑、柏乡境内的槐河。　④ 缯绮（zēng qǐ）：华美的丝织物。　⑤ 天武健儿：即天武军，后梁的中央禁军名称。　⑥ 屠沽佣色：分别指屠户、卖酒者、雇工、商贩，这里是泛称市井各色人等。　⑦ 三镇：指河东及共同对梁的另两个藩镇镇州和定州。　⑧ 略彴（zhuó）：小木桥。　⑨ 鄗（hào）邑：即高邑，县名，今属河北。　⑩ 刍饷：粮草。

原文

八年正月二日，德威率骑军致师于柏乡，设伏于村坞间①，令三百骑以压汴营。王景仁悉其众结阵而来，德威转战而退，汴军因而乘之，至于鄗邑南。时步军未成列，德威阵骑河上以抗之。亭午②，两军皆阵，庄宗问战时，德威曰："汴军气盛，可以劳逸制之。造次较力③，殆难与敌。古者师行不逾一舍④，盖虑粮饷不给，士有饥色。今贼远来决战，纵挟粮糒⑤，亦不遑食⑥。晡晚之后⑦，饥渴内侵，战阵外迫，士心既倦，将必求退。乘其劳弊，以生兵制之，纵不大败，偏

翻译

八年（911）正月二日，周德威率领骑兵进军到柏乡，埋伏在村落坞堡里面，让三百骑兵逼近汴州军队的营寨。王景仁调出全军结阵前来，周德威转战而退，汴州军队乘势追击，到达鄗邑南边。这时步兵还没有排好阵势，周德威带骑兵在河边列阵抗御。正午时，双方都已摆开阵势，庄宗征询交战的时机，周德威说："汴州军队气势正盛，可以以逸待劳来制服它。如果匆忙交战，恐怕难以抗衡。古时用兵军队前进不超过一舍，是担心粮饷接济不上，士兵要受饥饿。如今敌军远来决战，即使带着干粮，也顾不上吃。到傍晚以后，饥渴交迫，战阵外逼，军心既已疲倦，将领必然要撤兵，乘着敌军劳累困顿之机，用生力军去制服，即使敌不大败，也一定会丧失偏师。按照臣的筹算，最有利的时机是在傍晚。"各位将领都赞同他的见

师必丧⑧。以臣所筹,利在晡晚。"诸将皆然之。时汴军以魏博之人为右广⑨,宋、汴之人为左广,自未至申⑩,阵势稍却,德威麾军呼曰:"汴军走矣!"尘埃涨天,魏人收军渐退,庄宗与史建瑭、安金全等因冲其阵,夹攻之,大败汴军,杀戮殆尽,王景仁、李思安仅以身免,获将校二百八十人。

解。当时汴州军队以魏博的兵力作为右翼,宋、汴的兵力作为左翼,从未时至申时,阵势略微后退,周德威指挥部众大声呼喊道:"汴军败退了!"尘土满天,魏博方面也收拢军队逐渐撤退,庄宗与史建瑭、安金全等乘势冲击敌阵,两面夹攻,大败汴军,几乎杀戮尽净。王景仁、李思安只身逃脱,俘虏将校二百八十人。

注释 ① 坞(wù):土堡。 ② 亭午:正午。 ③ 造次:匆忙。 ④ 一舍:古时行军以三十里为一舍。 ⑤ 糗糒(qiǔ bèi):干粮。 ⑥ 不遑(huáng):没有时间,来不及。 ⑦ 晡(bū)晚:傍晚,黄昏时。 ⑧ 偏师:指全军的一部分。 ⑨ 右广:广原为春秋时楚国军制,以兵车十五辆为广,这里右广是右军的意思。 ⑩ 自未至申:从下午二三点钟到四五点钟。

原文

八月,刘守光僭称大燕皇帝①。十二月,遣德威率步骑三万出飞狐②,与镇州将王德明、定州将程严等军进讨③。九年正月,收涿州④,降刺史刘知温。五月七日,刘守光令骁将单廷珪

翻译

八月,刘守光僭称大燕皇帝。十二月,庄宗派周德威率领步兵骑兵三万从飞狐道出兵,与镇州将领王德明、定州将领程严等军一同进兵征讨。九年(912)正月,收取涿州,刺史刘知温投降。五月七日,刘守光派悍将单廷珪督率精兵万人出来迎战,与周德威在龙头岗相遇。开始时,单廷珪对左右说:"今

督精甲万人出战,德威遇于龙头岗⑤。初,廷珪谓左右曰:"今日擒周阳五。"既临阵,见德威,廷珪单骑持枪躬追德威,垂及,德威侧身避之,廷珪少退,德威奋樋击坠其马,生获廷珪,贼党大败,斩首三千级,获大将李山海等五十二人。十二日,德威自涿州进军良乡、大城⑥。守光既失廷珪,自是夺气。德威之师屡收诸郡,降者相继。十年十一月,擒守光父子,幽州平⑦。十二月,授德威检校侍中、幽州卢龙等军节度使⑧。……

天要生俘周阳五。"上阵以后,看到周德威,单廷珪单骑挺枪亲自来追,将要追上,周德威侧身避过,单廷珪稍稍后退,周德威抢起铁樋把单廷珪打下马,生擒过去,敌军大败,斩首三千级,俘获了大将李山海等五十二人。十二日,周德威从涿州进军到良乡、大城。刘守光失掉了单廷珪,就此丧气,周德威的军队接连占取州郡,投降者连续不断。十年(913)十一月,俘虏了刘守光父子,幽州平定。十二月,任命周德威为检校侍中、幽州卢龙等军节度使。……

注释 ① 刘守光:当时的幽州卢龙军节度使。见下面选译的本传。僭(jiàn):下冒用上的名分叫僭。 ② 飞狐:即飞狐道,在今河北蔚县、涞源界,为晋北通往华北平原的交通要道。 ③ 王德明:原名张文礼,新、旧《五代史》有传。 ④ 涿州:治所范阳,今河北涿州。 ⑤ 龙头岗:在幽州城东南。 ⑥ 良乡:县名,在今北京房山东南。大城:大城庄,应在幽州附近。 ⑦ 幽州:治所蓟县,今北京。 ⑧ 侍中:门下省长官,品级为正二品,这里是加给的虚衔。幽州卢龙等军:方镇名,治所幽州。

原文

十五年，我师营麻口渡①，将大举以定汴州。德威自幽州率本军至，十二月二十三日，军次胡柳陂②。诘旦③，骑报曰："汴军至矣！"庄宗使问战备，德威奏曰："贼倍道而来，未成营垒，我营栅已固，守备有余。既深入贼疆，须决万全之策。此去大梁信宿④，贼之家属尽在其间，人之常情，孰不以家国为念？以我深入之众，抗彼激愤之军，不以方略制之，恐难必胜。王但按军保栅，臣以骑军疲乏，使彼不得下营，际晚粮饷不给⑤，进退无据，因以乘之，破贼之道也。"庄宗曰："河上终日挑战，恨不遇贼，今款门不战⑥，非壮夫也。"乃率亲军成列而出。德威不获已从之，谓其子曰："吾不知其死所矣！"庄宗与汴将王彦章接战，大败之。德

翻译

十五年（918），我方军队屯驻在麻口渡，准备大举平定汴州。周德威从幽州带着本部兵马来到，十二月二十三日，驻兵在胡柳陂。第二天清晨，侦察的骑兵报告说："汴州军队来了！"庄宗派人询问作战的准备情况，周德威奏请道："敌军兼程而来，营垒还没有筑成，我军的营栅已经坚固，作为守备绰绰有余。现已深入敌境，需要确定万无一失的战术。这里距离大梁只有两天的路程，敌军的家属都在那里，按照人之常情，谁能不顾念家庭国家？用我方深入敌境的兵众，来对抗敌方激烈愤慨的大军，不采取智谋策略去对付，恐怕难保必胜。王只需按兵不动守卫营栅，臣用骑兵骚扰疲累敌军，使他们不能安营，到傍晚粮饷接济不上，进退两难，我们乘机袭击，这才是打败敌军的好办法。"庄宗说："在河边上整天挑战，遗憾的是不能和敌军对面拼杀，如今敌军逼到门前反而不迎战，不算好汉。"就率领亲军排开阵势出战。周德威迫不得已跟随着，对儿子说："我不知道死在哪里了！"庄宗和汴州大将王彦章交战，大败敌军。周德威的部队在东翼，汴州的游兵冲进我军的辎重队伍，士兵们惊慌失

威之军在东偏，汴之游军入我辎重，众骇，奔入德威军，因纷扰无行列。德威兵少，不能解，父子俱战殁。……是夜收军，德威不至，庄宗恸哭谓诸将曰："丧我良将，吾之咎也！"

德威身长面黑，笑不改容。凡对敌列阵，凛凛然有肃杀之风⑦，中兴之朝⑧，号为名将。及其殁也，人皆惜之。……

措，逃到周德威的部队中，因而阵势大乱，失去行列。周德威的兵少，不能解救，父子二人都战死。……当天夜晚收整军队，周德威没有前来，庄宗痛哭着对将领们说："丧失我的良将，这是我的过错啊！"

周德威身高面黑，笑的时候脸上也无变化。每逢对敌列阵，威风凛凛令人望而生畏，在中兴之朝，号称是名将。到他战死，人们都感到惋惜。……

注释 ①麻口渡：濮州境内黄河上的一处渡口。 ②胡柳陂：在濮州临濮县界。 ③诘(jié)旦：次日早晨。 ④信宿：连宿两夜。这里指两天。 ⑤际晚：傍晚。 ⑥款门：敲门。 ⑦肃杀：原是酷烈萧索之意，这里指威严，令人望而生畏。 ⑧中兴之朝：后唐以唐朝的后继者自居，故称本朝为中兴之朝。

唐书·张全义传

导读

　　张全义是五代时比较特殊的一个官僚。他出身农夫，投身行伍，历经三朝，位极人臣，尽管沾染了官僚们圆滑世故的习气，但仍保留了农民的某些传统品德和淳朴本色。他任洛阳的地方长官长达四十年之久，时刻注意安抚百姓，发展生产，使唐末极度残破的这个地区在人口上有所增加，生产上有所恢复发展，这在当时连年战乱的情况下不能不说是个奇迹。过去的旧史家往往着眼于他的明哲保身而把他和冯道相提并论，实在是不公道的。（选自卷六三）

原文

　　张全义，字国维，濮州临濮人①。初名居言，赐名全义，梁祖改为宗奭，庄宗定河南，复名全义。祖琏，父诚，世为田农。

　　全义为县啬夫②，尝为令所辱。乾符末，黄巢起冤句，全义亡命入巢军。巢入长安，以全义为吏部尚书③，充水运使。巢败，依诸葛爽

翻译

　　张全义，字国维，是濮州临濮人。原来名叫居言，唐朝皇帝赐他名叫全义，梁太祖给他改名叫宗奭，后唐庄宗平定河南以后，又恢复全义之名。祖父名琏，父亲名诚，世代都是种田的农民。

　　张全义做县里的乡官时，曾经受到县令的侮辱。乾符末年，黄巢在冤句起事造反，张全义逃亡到黄巢的军队里。黄巢进入长安后，任命张全义做吏部尚书，充任水运使。黄巢兵败，张全义到河阳投靠诸葛爽，多次升迁，担任裨校，

于河阳,累迁至裨校④,屡有战功,爽表为泽州刺史。光启初,爽卒,其子仲方为留后,部将刘经与李罕之争据洛阳。罕之败经于圣善寺⑤,乘胜欲攻河阳,营于洛口⑥。经遣全义拒之,全义乃与罕之同盟结义,返攻经于河阳,为经所败,收合余众,与罕之据怀州,乞师于武皇。武皇遣泽州刺史安金俊助之,进攻河阳,刘经、仲方委城奔汴,罕之遂自领河阳,表全义为河南尹⑦。

屡立战功,诸葛爽上表朝廷任命他做泽州刺史。光启初年,诸葛爽死去,儿子诸葛仲方做留后,部将刘经与李罕之争占洛阳。李罕之在圣善寺打败刘经,乘胜准备进攻河阳,屯驻在洛口。刘经派张全义抵御,张全义却与李罕之同盟结义,回兵向河阳进攻刘经,被刘经打败,招集残余的部众,与李罕之一起占据了怀州,向武皇帝乞请援兵。武皇帝派泽州刺史安金俊带兵援助,进攻河阳,刘经、诸葛仲方丢弃州城逃到汴州,李罕之于是自己做河阳节度使,上表朝廷任命张全义做河南尹。

注释 ①临濮:县名,在今山东鄄城西南。 ②啬夫:乡官,职掌诉讼、收取赋税等。 ③吏部尚书:唐代尚书省下设吏部,掌全国官吏的任免、考核、升降、调动等事务,尚书是长官。黄巢建立的政权沿用了唐朝的这一官制。 ④裨(pí)校:偏裨,主将以下职位不高的军官。 ⑤圣善寺:在河南渑池境内。 ⑥洛口:在河南巩义东南。 ⑦河南尹:唐代以东都洛阳所在的地区为河南府,以河南尹为长官。

原文

全义性勤俭,善抚军民,虽贼寇充斥,而劝耕务农,由是仓储殷积。罕之贪暴不法,军中乏食,每取给

翻译

张全义性情勤俭,善于安抚军队和百姓,尽管到处都有贼寇,仍能劝导耕作,致力农业,因此仓库储存十分富足。李罕之贪婪残暴横行不法,军队里缺少

于全义。二人初相得甚欢，而至是求取无厌，动加凌轹①，全义苦之。文德元年四月②，罕之出军寇晋、绛③，全义乘其无备，潜兵袭取河阳，全义乃兼领河阳节度。罕之求援于武皇，武皇复遣兵助攻河阳，会汴人救至而退。……全义感梁祖援助之恩，自是依附，皆从其制。

初，蔡贼孙儒、诸葛爽争据洛阳④，迭相攻伐，七八年间，都城灰烬，满目荆榛⑤。全义初至，唯与部下聚居故市，井邑穷民，不满百户。全义善于抚纳，课部人披榛种艺，且耕且战，以粟易牛，岁滋垦辟，招复流散，待之如子。每农祥劝耕之始⑥，全义必自立畎亩⑦，饷以酒食，政宽事简，吏不敢欺。数年之间，京畿无闲田，编户五六万⑧。……

粮食，时常向张全义求取。两人开始时相互投合，十分融洽，到这时李罕之求取没有满足，动不动就加以欺侮凌辱，张全义感到困苦。文德元年（888）四月，李罕之出兵攻打晋州、绛州，张全义乘他没有防备，暗地出兵偷袭夺取了河阳，张全义于是兼领河阳节度使。李罕之向武皇帝求援，武皇帝又派兵协助李罕之进攻河阳，正好汴州方面的救兵赶到，李罕之才退兵。……张全义感激梁太祖援助之恩，从此依附，完全服从梁太祖的节制。

起初，蔡州叛军孙儒与诸葛爽争夺洛阳，反复攻打，七八年间，都城变成废墟，到处都是丛生的杂草灌木。张全义刚来到时，只好和部下聚居在原先的市里，城里的穷困百姓，不到一百户。张全义善于安抚招纳，督促所管的百姓开荒种地，一边耕作一边战斗，用打下的粮食交换耕牛，年年都开垦荒地，招回安置流亡离散的百姓，对待他们如同自己的子弟。每到农作时令劝民耕种，张全义一定要亲自来到田间，用酒食来酬劳。他治民宽松，事情简少，官吏们不敢欺压百姓。几年之间，京城附近没有闲田，编户达到了五六万。……

注释 ① 凌轹(lì):欺侮凌辱。 ② 文德:唐僖宗的年号(888)。 ③ 晋:晋州,治所临汾,今属山西。绛:绛州,治所正平,今山西新绛。 ④ 孙儒:时为秦宗权的部将,《新唐书》有传。 ⑤ 荆榛(zhēn):草木丛生。 ⑥ 农祥:指农时,春耕、夏耘、秋收等农忙之时。 ⑦ 畎(quǎn)亩:田亩。 ⑧ 编户:指编入户籍要向官府缴纳赋税的平民。

原文

梁帝季年,赵、张用事,段凝为北面招讨使,骤居诸将之右。全义知其不可,遣使启梁末帝曰:"老臣受先朝重顾,蒙陛下委以副元帅之名,臣虽迟暮,尚可董军①,请付北面兵柄,庶分宵旰②。段凝晚进,德未服人,恐人情不和,败乱国政。"不听。

全义托朱氏垂三十年,梁祖末年,猜忌宿将③,欲害全义者数四,全义卑身曲事,悉以家财贡奉。……全义妻储氏,明敏有才略。梁祖自柏乡失律后④,连年亲征河朔⑤,心疑全义,或左右谗间⑥,储氏每入宫,委曲伸

翻译

梁末帝的末年,赵岩、张汉鼎等人掌权,段凝任北面招讨使,一下子位居各将领之上。张全义知道这么做不行,派人禀告梁末帝说:"老臣受到先朝皇帝的器重看顾,蒙陛下委任以副元帅的名义,老臣虽然已经老迈,但还可以统领军队,请交给我北面的兵权,我可为陛下分忧。段凝资历浅,不能使人信服,恐怕人心不和,会败坏国政。"梁末帝不听。

张全义投靠朱梁将近三十年,梁太祖末年,猜疑宿将,多次想要杀掉张全义,张全义谦恭委屈地奉事,把全部家财都贡献出来。……张全义的妻子储氏,聪明机敏有才能见识。梁太祖从柏乡兵败以后,连年亲自率兵征讨河朔,心里疑忌张全义,有时他的左右亲信还挑拨离间,储氏每次都到宫中,一一解释清楚。梁太祖有时不知什么原因大发雷霆,立即召见张全义,储氏前去谒

理。有时怒不可测，急召全义，储氏谒见梁祖，厉声言曰："宗奭种田叟耳，三十余年，洛城四面，开荒斸棘⑦，招聚军赋，资陛下创业。今年齿衰杇，指景待尽⑧，而大家疑之，何也？"梁祖遽笑而谓曰："我无恶心，妪勿多言⑨。"

见梁太祖，大声说道："宗奭不过是一个种田佬，三十多年来，在洛阳城的四周，开垦荒地，征收积聚军赋，资助陛下创业。如今年迈体衰，有生之日所剩不多，而大家还要猜疑他，这究竟是为什么？"梁太祖立刻满面笑容地对她说："我并没有恶意，你老太婆不用再多说了。"

注释 ① 董：督察，整治。 ② 宵旰(gàn)：即宵衣旰食的省称。宵、旰都是夜晚的意思，宵衣旰食指天未明就起来穿衣，到傍晚才吃饭。比喻操劳政务，是美化帝王的套语。 ③ 宿将：经验丰富的老将。 ④ 柏乡失律：指梁开平四年(910)后梁军队在柏乡大败于河东李存勖军一事。 ⑤ 河朔：这里指太行山以东、黄河以北地区。 ⑥ 谗(chán)间：说坏话，挑拨离间。 ⑦ 斸(zhǔ)：大锄，引申为砍，掘。⑧ 指景(yǐng)待尽：指不久人世。 ⑨ 妪(yù)：老妇。

原文

庄宗平梁，全义自洛赴觐，泥首待罪①。庄宗抚慰久之，以其年老，令人掖而升殿，宴赐尽欢，诏皇子继岌、皇弟存纪等皆兄事之②。……

全义历守太师、太傅、太尉、中书令③，封王，邑万三千户。凡领方镇洛、郓、

翻译

庄宗灭掉后梁，张全义从洛阳赶去觐见，磕头待罪。庄宗安抚他好久，因为他年老，让人扶他登上殿堂，宴会赏赐尽情欢乐，下诏让皇子李继岌、皇弟李存纪等把他当作兄长来对待。……

张全义历守太师、太傅、太尉、中书令，封王，食邑一万三千户。统领的方镇有洛阳、郓州、陕州、滑州、宋州，三次到河阳做节度使，两次领许州节度使，

陕、滑、宋，三莅河阳，再领许州④，内外官历二十九任，尹正河洛凡四十年。位极人臣善保终吉者，盖一人而已！全义朴厚大度，敦本务实，起战士而忘功名，尊儒业而乐善道。家非士族而奖爱衣冠，开幕府辟士必求望实。属邑补奏，不任吏人。位极王公，不衣罗绮。必奉释、老，而不溺左道⑤。如是数者，人以为难。自庄宗至洛阳，趋向者皆由径以希恩宠⑥，全义不改素履⑦，尽诚而已。……刘皇后尝从庄宗幸其第⑧，奏云："妾孩幼遇乱，失父母，欲拜全义为义父。"许之。全义稽首奏曰⑨："皇后万国之母仪，古今未有此事，臣无地自处。"庄宗敦逼再三，不获已，乃受刘后之拜。……然全义少长军中，立性朴滞，凡百姓有词讼，以先诉者为得理，以是人多枉滥，为时

朝廷内外做官经历二十九个职务，在河南府尹任上共四十年。位极人臣而能够保持好结局，只有张全义一个人吧！张全义朴厚而宽大，重农务实，出身战士而忘功名，尊崇儒学而乐善道。家里不是士族而奖励敬重士大夫，设置幕府征召士人，一定要名实相符。所属地区奏报补官，不任用吏人。位极王公，不穿绫罗绸缎。一心崇奉佛教、道教，而不沉溺邪道。像上面这几件事，都是人们认为很难做到的。自从庄宗来到洛阳，趋附投靠的人都寻找门路希望获得恩宠，张全义不改平日的作为，竭尽忠诚而已。……刘皇后曾经跟随庄宗来到张全义的府第，对庄宗启奏说："妾幼年时遭遇祸乱，失去了父母，想要拜全义做义父。"庄宗同意她的请求。张全义跪拜上奏说："皇后是万国所母仪，古今从来没有这样的事，臣无地自处。"庄宗再三敦促逼迫，实在不得已，才接受了刘皇后之拜。……只是张全义从小生长在军旅之中，性情朴实迟钝，凡是百姓有诉讼案件，以先来投告的人为有理，因此很多人受到冤枉，遭到当时人的非议。……

所非。······

注释 ① 泥（nì）首：叩头至地。 ② 李存纪：后唐庄宗的第七弟，《新五代史》有传。 ③ 守：官阶低而所署官高叫守。太师太傅：同太保合称为三师，品级为正一品，是当时授给高官的加衔，仅表示恩宠而无实际职掌。这里提到的太尉、中书令也同样是虚衔。 ④ 许州：治所长社，今河南许昌。 ⑤ 左道：邪道。 ⑥ 趋向者：趋附投靠的人。 ⑦ 素履：淳朴的行为。 ⑧ 刘皇后：后唐庄宗的皇后，新、旧《五代史》有传。 ⑨ 稽首：当时所行的跪拜礼。

晋书·景延广传

导读

　　五代的后晋,是契丹统治者扶立的政权,它的开国君主石敬瑭因割让北方疆土甘愿做契丹的儿皇帝而落下了千古恶名,而身居相位的景延广却能对契丹硬起来,说出"晋朝有十万口横磨剑,翁若要战则早来"的豪言壮语,看上去颇像条好汉。可一旦真的契丹大军压境,却畏敌如虎,不敢出战,最终只好向契丹乞降,成为俘虏而自杀结束生命。这是历史上的一个反面教材,让我们知道光说空话大话而不干实事是免不了要垮台的。(选自卷八八)

原文

　　景延广,字航川,陕州人也。父建,累赠太尉。延广少习射,以挽强见称。梁开平中,邵王朱友诲节制于陕①,召置麾下。友诲坐谋乱,延广窜而获免。后事华州连帅尹皓②,皓引荐列校,隶于汴军。从王彦章拒庄宗于河上,及中都之败,彦章见擒,而延广被数创,归于汴。

翻译

　　景延广,字航川,是陕州人。父名建,多次追赠到太尉。景延广年少时练习射箭,以能够拉硬弓而受人称道。后梁开平年间,邵王朱友诲在陕州做节度使,将他召去安排在部下。朱友诲因谋乱被治罪,景延广逃亡得以幸免。后来给华州连帅尹皓做事,尹皓推荐他做了个下级军官,隶属于汴州军。后来跟随王彦章在黄河岸边抵御后唐庄宗,到中都战败时,王彦章被俘,景延广多处受伤,回到了汴州。

唐天成中③,明宗幸夷门,会朱守殷拒命④,寻平之,延广以军校连坐⑤,将弃市⑥。高祖时为六军副使⑦,掌其事,见而惜之,乃密遣遁去,寻收为客将⑧。及张敬达之围晋阳⑨,高祖付以戎事,甚有干城之功⑩。高祖即位,授侍卫步军都指挥使、检校司徒⑪。……七年,转侍卫亲军都指挥使、检校太尉。

后唐天成年间,明宗来到夷门,碰上朱守殷抗拒王命,不久被平定,景延广由于是朱守殷部下的军校受到牵连,将被弃市。后晋高祖这时任六军副使,职掌这事,怜惜他,就暗地里让他逃走,不久将他收为手下的客将。到张敬达围攻晋阳时,高祖把军事交付给他,在守城上立下了大功。高祖即位以后,授他为侍卫步军都指挥使、检校司徒。……天福七年(942),转任侍卫亲军都指挥使、检校太尉。

注释 ①朱友海:后梁太祖朱温的侄子,新、旧《五代史》有传。 ②连帅:古代十国诸侯之长叫连帅。后代用来泛称地方长官。 ③天成:后唐明宗的年号(926—929)。 ④朱守殷:当时的宣武节度使,新、旧《五代史》有传。 ⑤连坐:一人犯法,有关人连带一起受罚。 ⑥弃市:在闹市执行死刑,陈尸街头示众。 ⑦高祖:即石敬瑭,这是后来人的称呼。 ⑧客将:客籍将领。 ⑨张敬达:后唐大将,新、旧《五代史》有传。 ⑩干城:指捍卫防御。 ⑪侍卫步军都指挥使:侍卫步军外还有侍卫马军,合为侍卫亲军,都指挥使是其长官。

原文

其年夏,高祖晏驾①,延广与宰臣冯道等承顾命②,以少帝为嗣。既发丧③,都人不得偶语,百官赴临④,未

翻译

这年夏天,高祖死去,景延广和宰相冯道等人承受高祖临终的托付,立少帝为继位之君。死讯公布之后,都城里的人不得私下议论,百官前往吊唁,没

及内门，皆令下马，由是有骄暴之失。少帝既嗣位⑤，延广独以为己功，寻加同平章事⑥，弥有矜伐之色⑦。朝廷遣使告哀契丹，无表致书⑧，去臣称孙，契丹怒，遣使来让⑨，延广乃奏令契丹回图使乔荣告戎王曰⑩："先帝则北朝所立⑪，今上则中国自策⑫，为邻为孙则可，无臣之理。"且言："晋朝有十万口横磨剑⑬，翁若要战则早来⑭，他日不禁孙子，则取笑天下，当成后悔矣。"由是与契丹立敌，干戈日寻。……

有到达宫门，就都叫下马，因此景延广有骄横凶暴之失。少帝即位，景延广认为全是自己的功劳，不久加官同平章事，越发居功自傲。朝廷派使臣向契丹报告高祖的死讯，不称奉表而改为致书，去掉臣的称呼而只是称孙，契丹发怒，派人前来责问，景延广就上奏少帝让契丹回图使乔荣转告契丹国主说："先朝皇帝是北朝所立，当今皇上则是中国自己册立的，作为邻国、作为孙儿是可以的，没有作为臣下的道理。"并且还说："我晋朝有十万口横磨剑，翁假如想要交战就早点儿来，后日管不了孙子，被天下人取笑，就要后悔了。"从此与契丹成为仇敌，双方战事接连不断。……

注释 ①晏驾：对帝王死亡的委婉说法。 ②冯道：五代时期著名宰相，历经四朝十代君王，新、旧《五代史》有传。 ③发丧：公布死讯。 ④临：哭吊。 ⑤少帝：即石重贵，又作晋出帝。 ⑥同平章事：同中书门下平章事的简称。唐初正式的宰相是左右仆射、中书令和侍中，不久职位稍低的官员也可加"同中书门下三品""同中书门下平章事"而为宰相。后以加同中书门下平章事为宰相的专称，到武则天时左、右仆射不加同中书门下平章事的就不再是宰相，直到五代、北宋初年，同平章事都是事实上的宰相。唐代中期以后，又往往作为虚衔加给节度使。 ⑦矜伐：居功自傲。 ⑧无表致书：古时臣下对君主上表，家人之间致书，无表而致书是表示不愿继续对契丹称臣。 ⑨让：责备，责难。 ⑩回图使：当时后晋设回图务管理与周边各国的贸易,回图使为对方派驻的官员。　⑪ 北朝:指北方契丹族建立的政权。
⑫ 中国:当时对中原地区的习惯称呼。　⑬ 横磨剑:比喻精锐善战的战士。
⑭ 翁:当时对祖父的一种称呼。

原文

天福八年十二月①,契丹乃南牧。九年正月,陷甘陵②,河北储蓄悉在其郡,少帝大骇,亲率六师,进驻澶渊③。延广为上将,凡六师进退,皆出胸臆④,少帝亦不能制,众咸惮而忌之。契丹既至城下,使人宣言曰:"景延广唤我来相杀,何不急战!"一日,高行周与蕃军相遇于近郊,以众寡不敌,急请济师,延广勒兵不出,是日行周幸而获免。及契丹退,延广犹闭栅自固。士大夫曰:"昔与契丹绝好,言何勇也;今契丹至若是,气何惫也。"……少帝还京,尝幸其第,进献锡赍⑤,有如酬酢⑥,权宠恩渥⑦,为一朝之冠。俄与宰臣桑维翰不协,

翻译

天福八年(943)十二月,契丹军队南下进犯。九年(944)正月,攻占甘陵,河北储备的物资都在这州里,少帝大为震惊,亲自率领六军,进驻澶渊。景延广任上将,六军的一切行动,都由他一个人主张,少帝也不能控制,众将领都畏惧他忌恨他。契丹军队进逼到城下后,派人扬言说:"景延广叫我来拼杀,为什么不马上出战!"一天,高行周与契丹军队在近郊相遇,由于寡不敌众,请求立即派兵增援,景延广按兵不动,使高行周这天侥幸才得脱身。到契丹退兵,景延广还紧闭着营栅来自守。士大夫们说:"当初与契丹断绝交好,所说的话是多么勇敢;如今契丹来到却是如此作为,气势怎么这样低落了。"……少帝返回京城后,曾来到景延广的府第,一方进献一方赏赐,就像互相酬酢,权宠恩顾,是满朝文武官员之冠。不久他与宰相桑维翰不和,少帝也担心他难以制约,于是罢免了他的兵权,让他出任洛都留守、兼侍中。他因此忧郁不顺心,

少帝亦惮其难制，遂罢兵权，出为洛都留守、兼侍中。由是郁郁不得志，亦意契丹强盛，国家不济，身将危矣，但纵长夜饮，无复以夹辅为意^⑧。

又预想着契丹兵势强盛，国家维持不下去，自身难保，只是终夜酗酒，不再把辅佐少帝放在心上。

注释 ① 天福：后晋高祖(936—942)、少帝(942—943)的年号。 ② 甘陵：古地名，因为在当时贝州的境内，所以用来代指贝州。 ③ 澶渊：古地名，因为在当时澶州境内，所以用来代指澶州。 ④ 胸臆(yì)：心怀，主张。 ⑤ 锡赉(lài)：赏赐。 ⑥ 酬酢(zuò)：饮酒时主客互相敬酒。 ⑦ 恩渥(wò)：恩顾深重。 ⑧ 夹辅：在左右辅佐。

原文

开运三年冬^①，契丹渡滹水^②，诏遣屯孟津^③。……及王师降契丹，延广狼狈而还。时契丹主至安阳^④，遣别部队长率骑士数千，与晋兵相杂，趋河桥入洛^⑤，以取延广。戒曰："如延广奔吴走蜀，便当追而致之。"时延广顾虑其家，未能引决^⑥，契丹既奄至^⑦，乃与从事阎丕轻骑谒契丹主于封丘^⑧，与丕俱见縶焉。延广曰："丕，臣之从事也，以职相

翻译

开运三年(946)冬，契丹军队渡过滹水，少帝下诏派他驻守孟津。……到朝廷军队投降契丹，景延广狼狈退回。当时契丹国主来到安阳，派他部属的队长带领几千名骑兵，和晋军相混杂，过河桥赶入洛阳，来抓景延广。训示说："假如景延广逃跑到吴到蜀，都要赶上抓住。"当时景延广顾虑家里的人，没能自杀，契丹军队突然来到，就与从事阎丕轻骑到封丘拜见契丹国主，和阎丕一起被拘押起来。景延广说："阎丕是臣的从事，由于职责随我而来，他有什么罪过而成为囚犯？"契丹释放了他，因此

随,何罪而亦为缧囚⑨?"契丹释之,因责延广曰:"致南北失欢,良由尔也。"乃召乔荣质证前事,凡有十焉。……每服一事,则受牙筹一茎⑩,此契丹法也。延广受至八茎,但以面伏地。契丹遂咄之⑪,命锁延广臂,将送之北土。是日,至于陈桥民家草舍⑫,延广惧燔灼之害⑬,至夜分伺守者怠,则引手自扼其吭⑭,寻卒焉……时年五十六。……

指责景延广说:"南北双方不和,实由于你。"于是召来乔荣对质以前的事情,共有十桩。……每承认一桩,就发给他一根牙筹,这是契丹的办法。景延广接到八根后,只是以面伏地。契丹国主就大声训斥他,叫把他胳膊锁起来,准备送往北方。当天,来到陈桥镇一家百姓的草房里,景延广害怕受到烧灼的折磨,到夜间趁着看守的人松懈,就伸手卡住自己的喉咙,很快死去……年五十六岁。……

注释 ①开运:后晋少帝的年号(944—946)。 ②滹(hū)水:即滹沱河,在今河北省境内。 ③孟津:当时洛阳附近黄河上的一处重要津渡,在今河南孟津东。 ④安阳:县名,是相州治所,今属河南。 ⑤河桥:即河阳桥,位于孟津。 ⑥引决:自杀。 ⑦奄:忽然。 ⑧封丘:县名,今属河南。 ⑨缧(léi)囚:缧原指捆犯人的绳索,引申为缧囚指犯人。 ⑩牙筹:象牙制的筹码,用来计数。 ⑪咄(duō):呵斥。 ⑫陈桥:即陈桥镇,在今河南开封东北。 ⑬燔灼(fán zhuó):烧,烫。 ⑭吭(háng):喉咙。

晋书·杨光远传

导读

　　五代是唐末藩镇的继续，地方节度使多是称霸一方的土皇帝，杨光远堪称其中的一个典型。这个时代军阀的种种劣迹，几乎都可以从这个传里看到。就是这样一个朝秦暮楚、反复无常、骄奢淫逸、残暴贪婪、巧诈伪善、寡廉鲜耻的人物，却能备受重用，把持一方，当时政治的黑暗，也就可想而知了。（选自卷九七）

原文

　　杨光远，小字阿檀，及长，止名檀，唐天成中，以明宗改御名亶，以偏旁字犯之，始改名光远，字德明，其先沙陀部人也。……

　　光远事庄宗为骑将，唐天祐中，庄宗遣振武节度使周德威讨刘守光于幽州①，因令光远隶于德威麾下。后与德威拒契丹于新州②，一军以深入致败，因伤其臂，遂废罢于家。庄宗即位，思其战功，命为幽州马

翻译

　　杨光远，小名叫阿檀，到年长之后，单名檀，后唐天成年间，由于明宗的御名改成亶，而檀字的偏旁犯了讳，才改名叫光远，字德明，先世是沙陀部人。……

　　杨光远在李存勖部下做骑将，唐天祐年间，李存勖派振武节度使周德威去幽州讨伐刘守光，派杨光远隶属在周德威的部下。后来他和周德威在新州抵御契丹，由于孤军深入战败，臂部受伤，于是去职居住在家里。后唐庄宗做皇帝后，顾念他的战功，让他做幽州马步军都指挥使、检校尚书右仆射，长期驻守在瓦桥关。后唐明宗朝，历任妫州、

步军都指挥使、检校尚书右仆射，戍瓦桥关久之③。明宗朝，历妫、瀛、易、冀四州刺史④。光远虽不识字，然有口辩，通于吏理，在郡有政声，明宗颇重之。……

瀛州、易州、冀州四州刺史。杨光远虽然不识字，但很有口才，精通做官之道，在刺史任上有好名声，明宗对他很器重。……

注释　① 振武：即振武军，方镇名，治所单于都护府，在今内蒙古和林格尔西北。② 新州：治所永兴，今河北涿鹿。　③ 瓦桥关：在今河北雄县。　④ 妫（guī）：妫州，治所清夷军，在今河北怀来东南。瀛：瀛州，治所河间，今属河北。易：易州，治所易县，今属河北。

原文

高祖举义于太原，唐末帝遣光远与张敬达屯兵于城下。俄而契丹大至，为其所败，围其寨久之，军中粮尽，光远乃与次将安审琦等杀敬达，拥众归命。从高祖入洛，加检校太尉、充宣武军节度使、同平章事、判六军诸卫事。是时，光远每对高祖，常挹然不乐①，高祖虑有不足，密遣近臣讯之。光远附奏曰："臣贵为将相，非有不足，但以张生铁死得其

翻译

高祖在太原起事，后唐末帝派杨光远和张敬达进军驻扎在城下。不久契丹的大军来到，唐军战败，被包围在营寨里好些日子，军中粮吃尽，杨光远就和次将安审琦等杀死张敬达，带了部众投顺了高祖。跟随高祖进入洛阳，加授检校太尉，充任宣武军节度使、同平章事、判六军诸卫事。这时，杨光远每当见到高祖，往往闷闷不乐，高祖考虑他有什么不满足，私下派近臣询问他。杨光远附奏说："臣已经贵为将相，没有什么不满足的，只是因为张生铁死得其所，臣不如他，内心愧疚，所以心情不好。"生铁，是张敬达的小名。高祖听了

所,臣弗如也,衷心内愧,是以不乐。"生铁,盖敬达之小字也。高祖闻其言,以光远为忠纯之最者也。其实光远故为其言,以邀高祖之重信也。

这话,认为杨光远是最忠诚的人。其实杨光远是故意这样说,以便博得高祖的器重信任。

注释 ① 挹(yì)然:即悒然,忧郁。

原文

明年,范延光据邺城叛①,高祖命光远率师讨之。将济河,会滑州军乱,时军众欲推光远为主,光远曰:"自古有折臂天子乎?且天子岂公辈贩弄之物。晋阳之降,乃势所穷迫,今若为之,直反贼也。"由是其下惕然②,无复言者。高祖闻之,尤加宠重。光远既围延光,寻授魏博行府节度使③。兵柄在手,以为高祖惧己,稍干预朝政,或抗有所奏,高祖亦曲从之。复下诏以其子承祚尚长安公主④,次子承信皆授美官,恩渥殊等,

翻译

第二年,范延光据邺城反叛,高祖派杨光远带兵去征讨。将要渡黄河,碰上滑州兵变,这时部众想要推立杨光远做皇帝,杨光远说:"从古以来有断胳膊的天子吗?况且天子怎能是你们这号人贩卖玩弄的东西。在晋阳归降,是时势所迫,今天如果这样做,就是反贼了。"因此他的部下畏惧,没有人再说这事。高祖听说后,对他更加宠信器重。杨光远包围范延光后,接着被授任魏博行府节度使。他掌握了兵权,认为高祖害怕自己,逐渐干预朝政,有时直言上奏提出反对意见,高祖也委曲地听从。高祖又下诏让他的儿子杨承祚娶长安公主为妻,次子杨承信等都授给美官,恩宠特殊,是当时之冠。桑维翰任枢密使,常常指责此事,杨光远怀恨在心。

为当时之冠。桑维翰为枢密使，往往弹射其事⑤，光远心衔之。及延光降，光远入朝，面奏维翰擅权。高祖以光远方有功于国，乃出维翰镇相州⑥，光远为西京留守，兼镇河阳，因罢其兵权。光远由此怨望，潜贮异志，多以珍玩奉契丹，诉己之屈。又私养部曲千余人⑦，挠法犯禁，河洛之人⑧，恒如备盗。……

到范延光投降后，杨光远入朝，当面向高祖进奏说桑维翰把持朝政。高祖因为杨光远刚为朝廷立下功绩，于是让桑维翰出任相州节度使，杨光远做西京留守，兼任河阳节度使，乘机罢免了他的兵权。杨光远因此心怀不满，暗藏反心，多用珍玩奉献给契丹，申诉自己的冤屈。又私下收养一千多名部曲，违法犯禁，河洛的百姓害怕，常像防备强盗一样。……

注释 ①范延光：时为天雄军节度使，新、旧《五代史》有传。 ②惕然：畏惧。 ③行府：朝廷派出在外代行指定事务的机构。 ④尚：带有高攀性质的婚配，如娶皇帝女儿为妻就叫尚某公主。 ⑤弹射：指责。 ⑥相州：治所安阳，今属河南。 ⑦部曲：指私人的家兵。 ⑧河洛：泛指今河南西部黄河和洛河一带。

原文

时范延光致仕①，辇囊装妓妾②，居于河阳。光远利其奇货，且虑为子孙之仇，因奏延光不家汴、洛，出舍外藩，非南走淮夷③，则北走契丹，宜早除之。高祖以许之不死，铁券存焉，持疑

翻译

这时范延光退休，用车运载着行李和歌妓侍妾，居住到河阳。杨光远眼红他的珍奇货物，并怕结下子孙之仇，就上奏朝廷说范延光不住在汴州、洛阳，却出居外藩，不是想南投南唐，就是想北投契丹，应该尽早除掉。高祖因为已经准许不杀范延光，铁券还在范延光手里，犹豫而没有答应。杨光远就派儿子

未允。光远乃遣子承勋以甲士围其第，逼令自裁。延光曰："天子在上，安得如此！"乃遣使者乞移居洛下。行及河桥，摈于流而溺杀之，矫奏云延光自投河④。朝廷以适会其意，弗之理。后逾岁之觐，高祖为置曲宴⑤，教坊伶人以光远暴敛重赋⑥，因陈戏讥之，光远殊无惭色。……

杨承勋带着武装士兵包围了范延光的府第，逼迫他自杀。范延光说："天子在上，怎敢这样做！"就派使者乞请朝廷同意他移居到洛阳。在走到河桥时，被杨光远派人扔到黄河里淹死，却上奏假称范延光自己投河而死。朝廷因为正合心意，不再追究理会。后来过了一年入朝觐见，高祖为他在宫里设置私宴，教坊里的伶人由于杨光远对百姓横征暴敛，就演戏来讥刺他，杨光远却没有一点惭愧的神色。……

注释 ① 致仕：指交还官职，即退休。 ② 辇（niǎn）：车，也指用车装载运输。 ③ 淮夷：对当时南方的南唐政权的贬称。 ④ 矫奏：假托奏报。 ⑤ 曲宴：私宴，多指宫中举行的私宴。 ⑥ 教坊：当时宫内掌管音乐的官署。

原文

时王建立自青州移镇上党①，乃以光远为平卢军节度使，封东平王。光远面奏，请与长子同行，寻授承勋莱州防御使。及赴任，仆从妓妾至千余骑，满盈僭侈，为方岳之最②。下车之后，唯以刻剥为事。少帝嗣位，册拜太师，封寿王。后

翻译

当时王建立从青州调到上党做节度使，朝廷任命杨光远做平卢军节度使，封为东平王。杨光远当面上奏，请求和大儿子一起前去，朝廷不久就授杨承勋为莱州防御使。到赴任时，仆从妓妾骑了一千多匹马，僭侈骄盈，是方镇中最突出的。到任以后，一味剥削百姓。少帝继位，册拜他为太师，封为寿王。后来因为景延广建议朝廷，请求收回杨光远部下所借的三百匹官马，杨光

因景延广上言,请取光远麾下所借官马三百匹,光远怒曰:"此马先帝赐我,何以复取?是疑我也!"遂遣人潜召取子承祚自单州奔归③,朝廷乃就除淄州刺史,以从其便。光远益骄,因此构契丹④,述少帝违好之短,且言大饥之后,国用空虚,此时一举可以平定。

远发怒说:"这些马是先帝赐给我的,为什么又要收回?这是怀疑我嘛!"于是派人暗地里把儿子杨承祚从单州召来,朝廷只好就便授杨承祚为淄州刺史。杨光远越发骄横,勾结契丹,陈述少帝背离交好的过失,并且说后晋在严重饥荒以后,国家用度短缺,这时出兵可以一举平定。

注释 ① 上党:县名,今山西长治,当时是昭义军及潞州的治所。 ② 方岳:指方镇。③ 单州:治所单父,在今山东单县南。 ④ 构:交结。

原文

开运元年正月,契丹南牧。……三月,契丹退,命李守贞、符彦卿率师东讨。光远素无兵众,唯婴城自守①,守贞以长连城围之。冬十一月,承勋与弟承信、承祚见城中人民相食将尽,知事不济,劝光远乞降,冀免于赤族②。光远不纳,曰:"我在代北时③,尝以纸钱驼马祭天池,皆沉没,人言合

翻译

开运元年(944年)正月,契丹出兵南下。……三月,契丹撤兵,朝廷派李守贞、符彦卿率领军队东讨杨光远。杨光远平时没有多少兵马,只好环城自守,李守贞筑起长连城进行围困。到冬天十一月里,杨承勋和弟弟杨承信、杨承祚看到城里的百姓人吃人都快吃光了,知道事情不行了,就劝杨光远求降,希望能免于灭族。杨光远不接受,说:"我在代北的时候,曾经用纸钱驼马祭祀天池,都沉没在水里,人们说有天子之分,应当暂且等待时机,不要轻易说

有天子分,宜且待时,勿轻言降也。"承勋虑祸在旦夕,与诸弟同谋,杀节度判官丘涛④、亲校杜延寿、杨赡、白延祚等,枭其首级,遣承祚送于守贞。因纵火大噪,劫其父幽于私第,以城纳款,遣即墨县令王德柔贡表待罪⑤,光远亦上章自首。少帝以顷岁太原归命,欲曲全之,执政曰:"岂有逆状滔天而赦之也?"乃命守贞便宜处置。守贞遣人拉杀之,以病卒闻。……

投降的话。"杨承勋担忧大祸就在眼前,与他的弟弟们一同策划,杀死节度判官丘涛、亲校杜延寿、杨赡、白延祚等人,砍下他们的首级,派杨承祚送给李守贞。乘机放火大声呼喊,劫持他的父亲并将其关在私第里,带州城归顺朝廷,派即墨县令王德柔献上章表等待被治罪,杨光远也上章自首认罪。少帝因为他在太原归顺,想要委曲保全他,宰相说:"怎能犯有滔天大罪而加以赦免的?"于是命令李守贞相机处置。李守贞派人把他拉杀,用病死的话报告。……

注释 ① 婴城:环城。 ② 赤族:即灭族。 ③ 代北:泛指今山西恒山及河北小五台山以北地区。 ④ 判官:唐代凡派出担任临时职务的大臣都置有判官,管理文书事务。中期以后,节度、观察等使都设有判官,其权渐重,几乎等于副使。这里的节度判官是节度使手下的判官。亲校:亲兵将领。 ⑤ 即墨:县名,今属山东。

汉书·史弘肇传

导读

后汉政权仅仅维持了四年，其短促不仅在五代，就在整个中国历史上也很少见。这自然是政治昏乱、军人跋扈所造成的。这史弘肇就是军人中最跋扈、最不堪的一个，其凶暴残忍，嗜血成性，是不折不扣的屠夫。他对文臣的恶劣态度，也说明他的骄横已到何等程度。最后被隐帝剪除，实在是咎由自取。（选自卷一○七）

原文

史弘肇，字化元，郑州荥泽人也①。父潘，本田家。弘肇少游侠无行，拳勇健步，日行二百里，走及奔马。梁末，每七户出一兵，弘肇在籍中，后隶本州开道都②，选入禁军。尝在晋祖麾下，遂留为亲从，及践阼③，用为控鹤小校④。高祖镇太原⑤，奏请从行，升为牙校⑥。后置武节左右指挥⑦，以弘肇为都将。……高祖建号之初，代州王晖

翻译

史弘肇，字化元，是郑州荥泽人。父名叫潘，原是个农夫。史弘肇少年时游侠而且无品行，拳勇健步，一天能走二百里，跑起来追得上奔马。后梁末年，每七户要征一人当兵，史弘肇名列兵籍里，以后隶属于本州的开道都，被选做禁军。曾在后晋高祖石敬瑭部下，被留为亲兵。到石敬瑭登上帝位，任用他做控鹤军的小校。后汉高祖刘知远到太原做节度使，奏请朝廷让史弘肇随从前往，升任牙校。以后设置武节军左右指挥，任命史弘肇做都将。……后汉高祖刚称帝，代州刺史王晖反叛，占据着州城投顺契丹，史弘肇带兵征讨，一

叛⑧，以城归契丹，弘肇征之，一鼓而拔。寻授许州节度使，充侍卫步军都指挥使。……

举而攻克。很快授任许州节度使，充任侍卫步军都指挥使。……

注释 ① 荥(xíng)泽：县名，在今河南郑州西北。 ② 开道都：军队名称。 ③ 践阼(zuò)：阼指帝王继位或祭祀时所上的台阶，所以用践阼代指登上帝位。 ④ 控鹤：当时禁军的名称。小校：低级军官。 ⑤ 高祖：指后来的后汉高祖刘知远。 ⑥ 牙校：牙指牙军，即亲军，牙校是亲军的军官。 ⑦ 武节：刘知远部下的军队名称。 ⑧ 代州：治所雁门，今山西代县。

原文

弘肇严毅寡言，部辖军众，有过无舍，兵士所至，秋毫不犯。部下有指挥使，尝因指使少不从命，弘肇立挝杀之①，将吏股栗②，以至平定两京③，无敢干忤④。从驾征邺回，加同平章事，充侍卫亲军都指挥使，兼镇宋州。……隐帝嗣位，加检校太师、兼侍中。居无何⑤，河中、永兴、凤翔连横谋叛⑥，关辅大扰⑦，朝廷日有征发，群情忧惴⑧。亦有不逞之徒⑨，妄构虚语，流布京

翻译

史弘肇严酷而很少说话，统辖兵众，谁犯下过失决不宽饶，士兵所到之处，秋毫无犯。他的部下有个指挥使，曾因为被指挥稍有不服从，史弘肇立即把他打死，将吏们吓得发抖，直到平定两京，没有人敢违抗命令。跟随高祖讨平邺都回来，加官同平章事，充任侍卫亲军都指挥使，兼任宋州节度使。……隐帝即位，加官检校太师、兼侍中。不久，河中、永兴、凤翔联合起来图谋反叛，关辅大受惊扰，朝廷天天都要征发，弄得人心惶惶。又有一些不法之徒，捏造谣言，在京城里流传。史弘肇统辖禁军，警卫都城，专行杀戮，无所顾忌，无赖之辈，望风逃避，路上有丢失的东西，

师。弘肇都辖禁军,警卫都邑,专行刑杀,略无顾避。无赖之辈,望风匿迹,路有遗弃,人不敢取。然而不问罪之轻重,理之所在,但云有犯,便处极刑,枉滥之家⑩,莫敢上诉。……时太白昼见,民有仰观者,为坊正所拘⑪,立断其腰领。又有醉民抵忤一军士,则诬以讹言弃市。其他断舌、决口、斫筋、折足者⑫,仅无虚日。故相李崧为部曲诬告⑬,族戮于市,取其幼女为婢。……

没人敢于拾起。然而不问罪行的轻重,有理没理,只要说是犯了罪,马上就处以死刑,无辜受害的人家,谁也不敢上诉。……当时太白星白天出现,百姓有人抬头观看,被坊正抓住,马上砍断他的腰颈。又有百姓喝醉酒顶撞个军士,就诬告他造谣处死后陈尸街头。其他被处以断舌、决口、斫筋、折足的人,几乎天天都有。前朝宰相李崧被部曲诬告,全家族都在市上处斩,小女被取作婢女。……

注释 ① 挝(zhuā):击,打。 ② 股栗:因害怕而大腿战抖。 ③ 两京:当时以开封为东京,洛阳为西京,合称两京。 ④ 干忤(wǔ):冒犯,违抗。 ⑤ 居无何:时间不长,不久。 ⑥ 永兴:后汉所置方镇,治所京兆府,今陕西西安。 ⑦ 关辅:关中与三辅的合称。即今陕西关中地区。 ⑧ 忧惴(zhuì):忧虑恐惧,惶恐不安。 ⑨ 不逞之徒:指为非作歹的人。 ⑩ 枉滥:无辜受害,冤狱。 ⑪ 坊正:管理城内街坊的小吏。 ⑫ 决口:割开嘴部。斫(zhuó)筋:砍断脚筋。 ⑬ 崧:音 sōng。

原文

　　弘肇不喜宾客,尝言:"文人难耐,轻我辈,谓我辈

翻译

　　史弘肇不喜欢宾客,曾说:"文人让人受不了,看轻我辈,说我辈是卒,可

为卒，可恨，可恨！"弘肇所领睢阳①，其属府公利，委亲吏杨乙就府检校，贪戾凶横②，负势生事，吏民畏之。副戎已下③，望风展敬，聚敛刻剥，无所不至，月率万缗④，以输弘肇。一境之内，嫉之如仇。……

恨，可恨！"史弘肇所兼领的睢阳，属下府署的收益，都交给亲吏杨乙到使府中查收。此人贪暴凶狠，仗势生事，官吏百姓都害怕他，副使以下的人，远远看到他就得做出恭敬的样子。他搜刮剥削，无所不至，每月常有一万贯钱，送给史弘肇。一境之内，对此人恨如仇敌。……

注释　① 睢(suī)阳：即宋州的旧称。　② 贪戾(lì)：贪暴。　③ 副戎：指节度副使。　④ 缗(mín)：成串的钱，一千枚为一缗。

原文

周太祖有镇邺之命①，弘肇欲其兼领机枢之任②，苏逢吉异其议，弘肇忿之。翌日，因窦贞固饮会③，贵臣悉集，弘肇厉色举爵属周太祖曰："昨晨廷论，一何同异！今日与弟饮此。"杨邠、苏逢吉亦举大爵曰④："此国家之事也，何足介意！"俱饮釂⑤。弘肇又厉声言曰："安朝廷，定祸乱，直须长枪大剑，至如毛锥子⑥，焉足用哉！"三司使王章曰⑦："虽有

翻译

后周太祖郭威接受去邺都做节度使的任命，史弘肇想要让他兼领枢密使的职位，苏逢吉反对他的意见，史弘肇心中忿恨。第二天，窦贞固举办宴会，显贵们都来到，史弘肇举起酒杯对后周太祖说："昨天上午在朝廷上议论，怎么有许多不同意见！今天与弟喝下这杯酒。"杨邠、苏逢吉也举起大杯说："这是国家的事情，不必介意！"都一饮而尽。史弘肇又大声说："安定朝廷，消除祸乱，全要靠长枪大剑，至于毛锥子，哪有用处！"三司使王章说："虽有长枪大剑，如没有毛锥子，供养军队的财赋，从哪里征收？"史弘肇哑口无言，过了一会

长枪大剑,若无毛锥子,赡军财赋,自何而集?"弘肇默然,少顷而罢。

散席。

注释 ① 周太祖:指后来的后周太祖郭威。邺:邺都,时为天雄军治所,在今河北大名东北。 ② 机枢:中枢机密。这里指枢密使一职。 ③ 窦贞固:当时的宰相之一,《宋史》有传。 ④ 杨邠(bīn):当时的宰相之一,新、旧《五代史》有传。 ⑤ 釂(jiào):喝干杯中酒。 ⑥ 毛锥子:指笔。 ⑦ 三司使:当时设置的管理租赋、财政收支和盐铁专卖事务的官职。

原文

未几,三司使王章于其第张酒乐。时弘肇与宰相、枢密使及内客省使阎晋卿等俱会①。酒釂②,为手势令③,弘肇不熟其事,而阎晋卿坐次弘肇,屡教之。苏逢吉戏弘肇曰:"近坐有姓阎人,何忧罚爵?"弘肇妻阎氏,本酒妓也④,弘肇谓逢吉讥之,大怒,以丑语诟逢吉⑤,逢吉不校。弘肇欲殴逢吉,逢吉策马而去。弘肇遽起索剑,意欲追逢吉。杨邠曰:"苏公是宰相,公若害之,致天子何地?公细思

翻译

不久,三司使王章在自己的府第置酒作乐。当时史弘肇和宰相、枢密使以及内客省使阎晋卿等都来赴宴。酒兴正浓,要行手势令,史弘肇不懂得,阎晋卿座位靠着史弘肇,多次教他。苏逢吉对史弘肇开玩笑说:"跟前坐着姓阎的人,还用担心罚酒?"史弘肇的妻子阎氏,本来是个酒妓,史弘肇认为苏逢吉讥笑他,勃然大怒,用脏话辱骂苏逢吉,苏逢吉不计较。史弘肇又要殴打苏逢吉,苏逢吉赶着马离去。史弘肇马上起身索剑,要去追赶苏逢吉。杨邠说:"苏公是宰相,公如果杀害他,将把天子置之何地?公再好好想一想。"杨邠说着落下泪来。史弘肇要来马急驰而去,杨邠担心发生意外,与他并马而行,把他

之。"邠泣下。弘肇索马急驰而去，邠虑有非常，连镳而进⑥，送至第而还。自是将相不协如水火矣。隐帝遣王峻将酒乐于公子亭以和之，竟不能解。

送到府第才回去。从此将相不和，如同水火。隐帝派王峻在公子亭设酒作乐调解，竟调解不成。

注释 ① 内客省使：掌管各国信使的朝见赐宴、四方进奉及外国朝贡等事的官员。 ② 酒酣：酒兴正浓。 ③ 手势令：一种酒令，大概和今天的划拳差不多。 ④ 酒妓：酒店里的歌妓。 ⑤ 诟(gòu)：骂。 ⑥ 连镳(biāo)：镳是一种马具，连镳指两马并排。

原文

其后李业、郭允明、后赞、聂文进居中用事，不悦执政。又见隐帝年渐长，厌为大臣所制，尝有忿言。业等乃乘间谮弘肇等，隐帝稍以为信。业等乃言弘肇等专权震主①，终必为乱，隐帝益恐。尝一夕，闻作坊锻甲之声，疑外有兵仗卒至，达旦不寐。自是与业等密谋禁中，欲诛弘肇等。议定，入白太后。太后曰："此事岂可轻发耶？更问宰臣

翻译

以后李业、郭允明、后赞、聂文进在内廷掌权，对宰相不满。又看到隐帝逐渐长大，不愿受大臣制约，说过气忿的话。李业等人就乘机诬陷史弘肇等人，隐帝慢慢地信以为真。李业等人就说史弘肇等人专权危及君主，最终必成祸乱，隐帝更加畏惧。曾有一天晚上，隐帝听到作坊传出锻制甲胄的响声，疑心外面有武装士兵突然来到，直到早上都没有睡觉。从此与李业等人在宫里秘密谋划，准备诛杀史弘肇等人。商议决定后，到宫里禀告太后。太后说："这样的事怎么能轻举妄动？再去问问宰相们。"李业在旁边，说："先皇帝讲过，朝

等。"李业在侧,曰:"先皇帝言,朝廷大事,莫共措大商量②。"太后又言之,隐帝怒曰:"闺门之内③,焉知国家之事!"拂衣而出④。内客省使阎晋卿潜知其事,乃诣弘肇私第,将欲告之,弘肇以他事拒之不见。

廷大事,不要和措大商量。"太后再劝说,隐帝发怒说:"闺门里边的女人家,怎懂得国家之事!"甩着衣服出去。内客省使阎晋卿暗地里得知这事,就赶到史弘肇的私第,想要报告他,史弘肇用其他事为由拒绝不见。

注释　① 震主:指臣下的威势威胁到君主。　② 措大:对读书人的贬称。　③ 闺门:古时女子所居内室之门。这里指女人。　④ 拂衣:提衣,振衣,表示某种情感。

原文

　　乾祐三年冬十一月十三日①,弘肇入朝,与枢密使杨邠、三司使王章同坐于广政殿东庑下②,俄有甲士数十人自内而出,害弘肇等于阁③,夷其族。……

翻译

　　乾祐三年(950)冬十一月十三日,史弘肇入朝,与枢密使杨邠、三司使王章一同坐在广政殿的东庑下,很快有武装士兵几十人从里面冲出,在侧门处把史弘肇等人杀死,他的全家也被灭族。……

注释　① 乾祐:后汉高祖及隐帝的年号(948—950)。　② 庑(wǔ):堂下周围的廊屋。　③ 阁(gé):侧门。

汉书·苏逢吉传

导读

与史弘肇的出身截然不同,苏逢吉是个舞文弄墨的小吏,但是骄横贪暴和史弘肇不相上下。从传里可看到他既缺乏做宰相的气度,也不具备应有的才干,不仅不能缓和他与禁军大将等朝廷要员的紧张关系,反而火上浇油,促使年幼轻佻的隐帝利用几个浅薄无知的亲信近侍贸然行事,直接导致了后汉的覆灭。(选自卷一〇八)

原文

苏逢吉,长安人。父悦。逢吉母早丧,而悦鳏居①,旁无侍者,性嗜酒,虽所饮不多,然漱醪终日②,他人供膳,皆不称旨,俟逢吉庖炙③,方肯下箸④。悦初仕蜀,官升朝列⑤。逢吉初学为文,尝代父染翰⑥。悦尝为高祖从事,甚见礼遇,因从容荐逢吉曰:"老夫耄矣⑦,才器无取。男逢吉粗学援毫⑧,性复恭恪⑨,如公不以独犬之微⑩,愿令事左

翻译

苏逢吉,是长安人。父名叫悦。苏逢吉的母亲早年死去,而苏悦独身居住,他身边没有侍奉的人,喜爱喝酒,虽然喝得不太多,但整天不能离开,别人供应的饭食,都不合意,要等苏逢吉做的菜送来,才肯动筷子。苏悦当初仕蜀,后来做到了朝官。苏逢吉刚学作文章时,曾代苏悦起草文书。苏悦曾经在后汉高祖刘知远手下做从事,很受尊重,因此而找机会举荐苏逢吉说:"老夫年迈了,才能器识没有可取之处,儿子逢吉略学会执笔作文章,性情又恭敬谨慎,如果公不因犬子微贱,我愿让他奉事左右。"后汉高祖召见苏逢吉,看他神

右。"高祖召见，以神精爽惠，甚怜之。有顷，擢为宾佐，凡有谋议，立侍其侧。高祖素严毅，及镇太原，位望崇重，从事稀得谒见，惟逢吉日侍左右。两使文簿⑪，堆案盈几，左右不敢辄通，逢吉置于怀袖，俟其悦色则谮之，多见其可。

态爽朗柔顺，十分怜爱他。不久，提拔他做了幕僚，凡是有所谋议，都让他侍立在身边。后汉高祖性格一贯严厉，在太原做节度使时，地位声望崇高，从事很少能进见，只有苏逢吉每天随侍左右。两使的公文，堆满了几案，左右僚属不敢及时呈送，苏逢吉放置在怀袖里，等到后汉高祖心情愉快时请示，经常得到允请。

注释　① 鳏（guān）：老而无妻。　② 漱醪（láo）：漱，漱口。醪，浊酒。漱醪比喻酒不离口。　③ 庖炙（zhì）：庖是厨房，炙是烤，庖炙指做菜。　④ 箸（zhù）：筷。　⑤ 朝列：原指官吏在朝廷的位次，这里指朝官。　⑥ 染翰：原指以笔蘸墨，这里指起草文书。　⑦ 耄（mào）：指年老。　⑧ 援毫：执笔。　⑨ 恭恪（kè）：恭敬谨慎。⑩ 独（tún）犬：猪狗，本是轻贱之词，过去常用来谦称自己的儿子。　⑪ 两使：时刘知远的官使是太原尹、北京留守、河东节度使。节度使是一使，太原尹、北京留守是地方长官，也是一使。故称两使。

原文

　　高祖建号于太原，逢吉自节度判官拜同平章事、集贤殿大学士①。车驾至汴，朝廷百司庶务，逢吉以为己任，参决处置，并出胸臆，虽有当有否，而事无留滞。……

翻译

　　高祖在太原称帝，苏逢吉从节度判官拜授为同平章事、集贤殿大学士。高祖车驾抵达汴州，朝廷各个部门的事情，苏逢吉都承担起来，判断处理，全凭个人主张，虽然有对有错，但事情没有积压。……

　　高祖登上帝位之后，苏逢吉和苏禹珪都在中书省，对于官员的任命，很多高祖践祚之后，逢吉与苏禹珪俱在中书，有所除拜，多违旧制，用舍升降，率意任情，至有自白丁而升宦路、由流外而除令录者②，不可胜数，物论纷然③。高祖方倚信二相，莫敢言者。逢吉尤贪财货，无所顾避，求进之士，稍有物力者，即遣人微露风旨④，许以美秩。……

违反了旧制，任用舍弃晋升贬降，随心所欲，以致有人从白丁而跃升官吏、从不入流的小吏而授任令史、录事，这样的事不计其数，舆论哗然。高祖正倚重信任这两位宰相，没有人敢于进言。苏逢吉尤其贪财，毫无顾忌，想要做官的人，只要略有资财的，苏逢吉就派人去稍微作点暗示，答应授以美官。……

注释 ① 集贤殿大学士：集贤殿为唐代设置的官署，隶属于中书省，职掌撰写文告、校理群籍，由宰相兼任大学士主持其事，五代仍设置。 ② 白丁：指没有官职出身的人。宦路：仕途，走上做官的道路。流外：指九品以下即不入流的低级官吏。令录：令史、录事，机关的办事小官。 ③ 物论：舆论。 ④ 风旨：含蓄的示意。

原文

初，高祖至汴，以故相冯道、李崧为契丹所俘，仁于真定①，乃以崧第赐逢吉，道第赐禹珪。崧于西洛有别业②，亦为逢吉所有。及真定逐契丹，崧、道归朝。崧弟屿以逢吉占据其第，时出怨言。未几，崧以西京宅

翻译

起初，高祖到达汴州，由于前朝宰相冯道、李崧被契丹俘虏，滞留在真定，就将李崧的宅第赐给了苏逢吉，冯道的宅第赐给了苏禹珪。李崧在洛阳另有一处宅第，也被苏逢吉占有。到从真定赶走契丹，李崧、冯道回到了朝中。李崧的弟弟李屿因为苏逢吉占据了他家的第宅，时常口出怨言。不久，李崧把西京的房契献给苏逢吉，苏逢吉还不高

券献于逢吉^③，不悦。会崧有仆夫欲诬告谋反^④，逢吉诱致其状，即告史弘肇，令逮捕其家。逢吉遣直省吏召崧至第^⑤，即令监至侍卫狱^⑥。翌日，所司以狱辞上，其李峤款招云^⑦："与兄崧、弟巙^⑧，与家僮二十人商议，比至山陵发引之时^⑨，同放火谋乱，其告是实。"盖自诬之辞也。逢吉仍以笔添注"二十人"字为"五十人"，封下有司，尽诛崧家。时人冤之，归咎于逢吉。逢吉深文好杀^⑩，从高祖在太原时，尝因事，高祖命逢吉静狱^⑪，以祈福佑，逢吉尽杀禁囚以报。及执朝政，尤爱刑戮。朝廷患诸处盗贼，遣使捕逐，逢吉自草诏意云："应有贼盗，其本家及四邻同保人^⑫，并仰所在全族处斩。"或谓逢吉曰："为盗者族诛，犹非王法，邻保同罪，不亦甚乎?"逢吉坚以为是，竟去

兴。正好有李崧的仆夫要诬告主人谋反，苏逢吉引诱他弄来了诉状，立即转告史弘肇，叫逮捕他全家。苏逢吉派直省吏把李崧召到府第，马上监送到侍卫狱。第二天，主管官署把审理的供词送上，李峤服罪招供说："与兄李崧、弟李巙，和家仆二十人一起商量，等到为高祖送葬的时候，共同放火作乱，人家所告发的是实情。"其实这是自行诬陷的供词。苏逢吉还用笔添改"二十人"为"五十人"，封好发到主管官署，把李崧全家统统杀掉。当时人们认为冤枉，说是苏逢吉干的坏事。苏逢吉好罗织罪名而杀人，在太原随从高祖时，曾经因为什么事情，高祖派苏逢吉清理狱中囚犯，以便祈求福佑，苏逢吉杀光了在押囚犯来回报。到执掌朝政后，尤其喜好刑杀。朝廷忧惧各地的盗贼，派官吏追捕，苏逢吉亲自起草诏旨说："所有的贼盗，他的本家以及四邻的共同担保人，一律由所在地区官府把他们全族处斩。"有人对苏逢吉提出："做盗贼的杀掉全族，还不是王法之所规定，邻居担保人要一同治罪，不是太过分了吗?"苏逢吉固执己见，但最后只去掉了"全族"两个字。……

"全族"二字。……

注释 ① 真定:府名,治所真定,今河北正定。 ② 西洛:当时以洛阳为西京,故称西洛。 ③ 宅券:房契。 ④ 仆夫:驾驭车马的仆人。 ⑤ 直省吏:中书省当直的官吏。 ⑥ 侍卫狱:又叫军狱,是设在禁军官署侍卫司的监狱。 ⑦ 款招:服罪招认。 ⑧ 羛:音 yǐ。 ⑨ 山陵:帝王的陵墓,这里代指安葬后汉高祖。 ⑩ 深文:指强引法律条文而罗织罪名。 ⑪ 静狱:清理狱中囚犯。 ⑫ 同保人:共同保证人。

原文

逢吉性侈靡,好鲜衣美食,中书公膳①,鄙而不食,私庖供馔,务尽甘珍②。尝于私第大张酒乐,以召权贵,所费千余缗。其妻武氏卒,葬送甚盛,班行官及外州节制③,有与逢吉相款洽者④,皆令赍送绫罗绢帛,以备缟素⑤,失礼违度,一至如此。又性不拘名教⑥,继母死不行服,妻死未周,其子并授官秩。有庶兄自外至⑦,不白逢吉,便见诸子,逢吉怒,且惧他日凌弱其子息⑧,乃密白高祖,诬以他事杖杀之。

翻译

苏逢吉生性奢侈,喜穿华丽衣服,吃最好的饮食,中书省供给的公膳,他看不上不吃,自家庖厨提供的饭食,定要极尽美味珍奇。曾在自己宅第里大设酒乐,来款待权贵,所花费的钱有一千多贯。他的妻子武氏死去,葬送的场面十分阔气,朝官及外地的节度使,只要和苏逢吉关系密切的人,都让他们送来绫罗绢帛,备作丧葬开支,违反礼仪法度,竟到如此地步。他生性还不喜欢受名教的约束,继母死去他不服丧,妻子死去不到一年,他的儿子都授予官职。他有一个庶兄从外地来到,没有先告知苏逢吉,就看望他的儿子们,苏逢吉恼怒,又害怕他以后欺凌自己的子孙,于是秘密禀告高祖,借其他事情把他打死。

注释 ①公膳：在衙门办事由官方提供的膳食。 ②甘珍：珍奇美味食品。 ③班行官：指朝官。节制：指节度使。 ④款洽：密切融洽。 ⑤缟素：原指白色的丧服。这里代指丧葬开支。 ⑥名教：指传统的儒家伦理道德规范。 ⑦庶兄：父妾所生之兄。 ⑧子息：子孙。

原文

乾祐二年秋，加守司空。周太祖之将镇邺也，逢吉奏请落枢密使。隐帝曰："有前例否？"逢吉奏曰："枢密之任，方镇带之非便。"史弘肇曰："兼带枢密，所冀诸军禀畏①。"竟从弘肇之议。弘肇怨逢吉之异己，逢吉曰："此国家之事也。且以内制外则顺，以外制内岂得便耶？"事虽不从，物议多之②。居无何，王章张饮，会逢吉与史弘肇有谑言③，大为弘肇所诟，逢吉不校，几至殴击，逢吉驰马而归。自是将相失欢。逢吉欲希外任，以纾弘肇之怒④，既而中辍⑤。人问其故，逢吉曰："苟领一方镇，只消得史公

翻译

乾祐二年（949）冬，苏逢吉加授守司空。后周太祖郭威将前去邺都做节度使，苏逢吉奏请免去他的枢密使职务。后汉隐帝问道："这事有没有先例？"苏逢吉上奏说："枢密使的职务，方镇节度使兼任不合适。"史弘肇说："让他兼任枢密使，所希望的是各军能从命畏惧。"最终还是接受了史弘肇的建议。史弘肇怨恨苏逢吉持有异议，苏逢吉说："这是国家之事。而且用朝廷控制方镇则事情顺利，用方镇制约朝廷能合适吗？"这事虽然没有接受他的意见，舆论还是赞同他。不久，王章设酒宴，碰上苏逢吉对史弘肇说了开玩笑的话，受到史弘肇谩骂，苏逢吉没有计较，几乎遭到殴打，苏逢吉驱马急驰而回。从此将相不和。苏逢吉想要到外地去任职，以便平息史弘肇的怒气，但不久又作罢。有人问他原因，苏逢吉说："假如去做一个方镇节度使，只消史公一作惩处，我就会粉身碎骨了。"

一处分,则为齑粉矣^⑥。"

注释　① 禀畏:听命畏服。　② 物议:众人的议论。　③ 谑言:开玩笑的话。
④ 纾(shū):宽解,消除。　⑤ 中辍(chuò):中止,停止。　⑥ 齑(jī)粉:粉末、碎屑,
比喻粉身碎骨。

原文

　　李业辈恶弘肇、杨邠等,逢吉知之,每见业等,即微以言激怒之。及弘肇等被害,逢吉不预其谋,闻变惊骇。既受宣徽^①,权知枢密院事。寻令草制正授^②,制入,闻邠兵至澶州乃止。事急,逢吉谓人曰:"萧墙之变^③,太觉匆遽,主上若有一言见问,必不至是矣。"……及周太祖自邺至汴,官军败于刘子陂^④,是夕逢吉宿于七里郊^⑤,与同舍痛饮,醉将自刎,左右止之。至曙,与隐帝同抵民舍,遂自杀。周太祖定京城,与聂文进等同枭于北市,释其家族。……

翻译

　　李业之流憎恨史弘肇、杨邠等人,苏逢吉得知,每当见到李业等人,就用风凉话去激怒他们。到史弘肇等人被杀,苏逢吉没有参与他们的谋划,听到变故发生大为震惊。他接受了宣徽使的职位,权知枢密院事。不久下令起草制书正式任命,制书送进宫里,听说邺都的军队前进到澶州,于是没有颁行。事态紧急,苏逢吉对人说:"对于萧墙之变,我感到过于仓促,主上假如能问我一句话,一定不会弄到如此地步。"……到后周太祖从邺都进军汴州时,官军在刘子陂战败,当晚苏逢吉住在七里郊,与同住一房的人痛饮,醉后准备自杀,被左右的人制止。至早晨,他和隐帝一同来到一所民房,就自杀了。后周太祖平定京城,把他的尸体和聂文进等一同在北市斩首示众,释放了他的家族。……

注释 ① 宣徽：指宣徽使。唐代设置宣徽南北院使，由宦官充任，管理宫内有关事务。后因宦官势力膨胀，职权逐渐扩大，五代时改由文臣担任，成为与宰相地位相等的要职。 ② 正授：正式任命。 ③ 萧墙：门屏。这里用的是《论语·季氏》的典故，原文是"吾恐季孙之忧，不在颛臾，而在萧墙之内也"。当时季孙把持鲁国朝政，将伐颛臾，孔子认为季氏之忧在内部。后世因而称内乱为"萧墙之变"或"萧墙之祸"。 ④ 刘子陂：地名，在汴州之北，封丘之南。 ⑤ 七里郊：地名，又名七里店，在汴州北郊。

周书·世宗本纪

导读

周世宗柴荣是五代最具有谋略和才干的统治者。他即位以后，继续后周太祖郭威的事业，大力推进改革，在短短的几年里，为后周开创了一个全新的局面，也为北宋王朝的兴起奠定了坚实的基础。

这个本纪详记了柴荣早年的经历和登上帝位以后所进行的政治、经济、军事等方面的重大改革，以及所从事的统一战争，展现了他杰出的政治才能，反映了他对历史发展的重大贡献。由于原文较长，因此这里作了适当的删节，所选内容主要集中在柴荣的某些重要改革措施以及他亲自率兵征讨南唐、契丹等方面，足以概括他的不朽功业。另外，最后的"论"虽是代表旧史家对柴荣的评价，然而今天看起来仍不失公允，因此也一并译出。（选自卷一一四至一一九）

原文

世宗睿武孝文皇帝①，讳荣，太祖之养子②，盖圣穆皇后之侄也③。本姓柴氏，父守礼，太子少保致仕④。帝以唐天祐十八年岁在辛巳九月二十四日丙午，生于邢州之别墅。年未童冠⑤，因侍圣穆皇后在太祖左右。

翻译

世宗睿武孝文皇帝，名讳叫荣，是后周太祖皇帝的养子，圣穆皇后的侄儿。他本姓柴，父亲名守礼，以太子少保致仕。世宗皇帝于唐天祐十八年（921）辛巳岁九月二十四日丙午，出生在邢州的别墅。还没有成年，由于侍奉圣穆皇后而在太祖左右，当时太祖没有儿子，家道沦落，因世宗皇帝性情恭谨宽厚，所以把各种事务都交给他。世宗

时太祖无子，家道沦落，然以帝谨厚，故以庶事委之。帝悉心经度，资用获济，太祖甚怜之，乃养为己子。……

广顺元年正月[6]，太祖践祚，帝……寻授澶州节度使、检校太保、封太原郡侯。帝在镇，为政清肃，盗不犯境。……三年正月，帝入觐。三月，授开封尹、兼功德使[7]，封晋王。显德元年正月庚辰[8]，加开府仪同三司、检校太尉、兼侍中[9]，依前开封尹兼功德使，判内外兵马事。……壬辰，太祖崩，秘不发丧。丙申，内出太祖遗制："晋王荣可于枢前即位。"群臣奉帝即皇帝位。……

皇帝全心全意地经营规划，家用开支得以满足，太祖十分疼爱他，于是把他收养为自己的儿子。……

广顺元年（951）正月，太祖登上帝位，世宗皇帝……不久被授任为澶州节度使、检校太保，封为太原郡侯。世宗皇帝在节度使任上，为政清明严肃，盗贼不敢犯境。……三年（953）正月，世宗皇帝入朝觐见。三月，拜授开封尹，兼功德使，封为晋王。显德元年（954）正月五日，加官开府仪同三司、检校太尉、兼侍中，依前任开封尹兼功德使，判内外兵马事。……十七日，太祖驾崩，封锁消息不发布死讯。二十一日，从宫里颁示太祖的遗制："晋王荣可在灵枢前登帝位。"群臣拥戴世宗皇帝登上皇帝之位。……

注释　① 世宗：柴荣的庙号。睿武孝文皇帝：柴荣的谥号，即死后追封的称号。② 太祖：后周太祖郭威。　③ 圣穆皇后：后周太祖的柴皇后，新、旧《五代史》有传。④ 太子少保：太子东宫的荣誉性高级官员。　⑤ 童冠：年将及冠的童子。　⑥ 广顺：后周太祖的年号（951—953）。　⑦ 开封尹：都城开封的行政长官。　⑧ 显德：后周太祖（954）、世宗（954—959）和恭帝（959—960）的年号。　⑨ 开府仪同三司：古代高官自选僚属开设府署，称开府。汉代三公可开府。魏晋以后官员援照三公之例开府的逐渐增多,因此有开府仪同三司的名号。唐代以此名号为一品文散官的封阶,成为一种虚衔。五代、宋皆沿用。

原文

三月丁丑,潞州奏,河东刘崇入寇[①]。……癸未,诏以刘崇入寇,车驾取今月十一日亲征。……乙酉,车驾发京师。壬辰,至泽州。癸巳,王师与河东刘崇、契丹杨衮大战于高平[②],贼军败绩。

初,车驾行次河阳,闻刘崇自潞而南,即倍程而进。……十九日,前锋与贼军相遇,贼阵于高平县南之高原。有贼中来者云:"刘崇自将骑三万,并契丹万余骑,严阵以待官军。"帝促兵以击之。崇东西列阵,颇亦严整。乃令侍卫马步军都虞候李重进、滑州节度使白重赞将左[③],居阵之西厢[④];侍卫马军都指挥使樊爱能、步军都指挥使何徽将

翻译

三月三日,潞州奏报,河东的刘崇前来进犯。……九日,下诏因刘崇入侵,皇帝定于本月十一日亲自出征。……十一日,世宗皇帝从京城出发。十八日,到达泽州。十九日,官军与河东刘崇、契丹杨衮在高平大战,敌军溃败。

当初,世宗皇帝车驾行进到河阳,得知刘崇从潞州南下,马上兼程前进。……十九日,前锋与敌军相遇,敌军在高平县南边的原上排开阵势。有从敌军中过来的人说:"刘崇自己率兵三万,加上契丹的骑兵一万多,阵容严整地等待官军交战。"世宗皇帝督促大军前往攻击。刘崇从东到西展开阵势,十分严整。世宗皇帝就下令侍卫马步军都虞候李重进、滑州节度使白重赞率领左军,排在军阵的西翼;侍卫马军都指挥使樊爱能、步军都指挥使何徽率领右军,摆在军阵的东翼;宣徽使向训、郑州防御使史彦超,统领精锐骑兵列于中央;殿前都指挥使张永德带着禁军警卫皇帝车驾。世宗皇帝披甲跨马观战。

右,居阵之东厢;宣徽使向训、郑州防御使史彦超,以精骑当其中;殿前都指挥使张永德以禁兵卫蹕⑤。帝介马观战。两军交锋,未几,樊爱能、何徽望贼而遁,东厢骑军乱,步军解甲投贼,帝乃自率亲骑,临阵督战。今上驰骑于阵前⑥,先犯其锋,战士皆奋命争先,贼军大败。日暮,贼万余人阻涧而阵,会刘词领兵至⑦,与大军迫之,贼军又溃,临阵斩贼大将张晖及伪枢密使王延嗣。诸将分兵追袭,僵尸弃甲,填满山谷。初夜,官军至高平,降贼军数千人,所获辎重、兵器、驼马、伪乘舆器服等不可胜纪。……是日,危急之势,顷刻莫保,赖帝英武果敢,亲临寇敌,不然则社稷几若缀旒矣⑧。……

两军交锋,不多一会,樊爱能、何徽看到敌军就逃跑,东翼的骑兵溃乱,步兵丢盔卸甲向敌军投降,世宗皇帝于是亲自率领警卫骑兵,到阵前督战。当今皇上驱马飞奔到阵前,先去冲击敌军的前锋,部下战士个个奋勇争先,敌军大败。傍晚,敌军一万多人靠着山涧列阵,这时刘词领兵赶到,会同大军进攻敌阵,敌军又溃败,在阵前杀死敌军大将张晖和伪枢密使王延嗣。各将分头率兵追击,横卧的尸体、丢弃的甲胄,填满了山谷。天黑下来不久,官军抵达高平,收降敌军几千人,缴获的辎重、兵器、骆驼马匹、伪车舆器物服饰都记不过来。……这一天,局势危急,眼看要保不住,多亏世宗皇帝英勇果断,亲自上阵督战,不然社稷就很危险了。……

注释 ① 刘崇：原为后汉河东节度使，这时据河东称帝，所建政权史称北汉，新、旧《五代史》、《宋史》有传。 ② 高平：县名，今属山西。 ③ 都虞候：略低于都指挥使的高级将领。 ④ 西厢：指西翼。 ⑤ 殿前都指挥使：是禁军殿前军的指挥官。 ⑥ 今上：指宋太祖赵匡胤。因为《旧五代史》是北宋初赵匡胤做皇帝时修的，所以使用这样的称呼。 ⑦ 刘词：当时后周的河阳节度使，新、旧《五代史》有传。 ⑧ 缀旒（liú）：旒指旗边下垂的饰物，缀旒比喻君主无权，像旗上缀结的旒一样多余，这里是指丧失政权。

原文

己亥，侍卫马军都指挥使藁州节度使樊爱能、侍卫步军都指挥使寿州节度使何徽等并诸将校七十余人并伏诛①。高平之役，两军既成列，贼骑来挑战，爱能望风而退，何徽以徒兵阵于后，为奔骑所突，即时溃乱，二将南走。帝遣近臣宣谕止遏，莫肯从命，皆扬言曰："官军大败，余众已解甲矣。"至暮，以官军克捷，方稍稍而回。帝至潞州，录其奔遁者，自军使以上及监押使臣并斩之。由是骄将堕兵，无不知惧。……

翻译

二十五日，侍卫马军都指挥使藁州节度使樊爱能、侍卫步军都指挥使寿州节度使何徽等和那些脱逃的军官七十多人一起被处死。高平之战，双方军队排好阵势以后，对方骑兵前来挑战，樊爱能望风而退，何徽带着步兵在后面列阵，受到奔逃的骑兵冲击，立刻溃乱，二将向南逃跑。世宗皇帝派近臣告谕阻止，没人肯服从命令，都扬言道："官军大败，剩下的都已解甲了。"到傍晚时，因官军取胜，才逐渐回来。世宗皇帝来到潞州，把临阵逃脱的都抓起来，从军使以上和监军使臣一同处死。从此骄将惰兵，无人不感到害怕。……

注释 ① 夔(kuí)州：治所奉节，在今重庆奉节东。寿州：治所寿春，今安徽寿县。二州当时并不在后周的统治地区，樊爱能、何徽的节度使都是虚领。

原文

冬十月……己未……是日大阅，帝亲临之。帝自高平之役，睹诸军未甚严整，遂有退却。至是命今上一概简阅①，选武艺超绝者，署为殿前诸班②。……复命总戎者③，自龙捷、虎捷以降④，一一选之，老弱羸小者去之⑤，诸军士伍，无不精当，由是兵甲之盛，近代无比⑥，且减冗食之费焉⑦。……

显德二年春正月……乙未，诏："应逃户庄田，并许人请射承佃⑧，供纳税租。如三周年内本户来归者，其桑田不计荒熟，并交还一半；五周年内归业者，三分交还一分；五周年外归业者，其庄田除本户坟茔外，不在交付之限。其近北地诸州，应有陷

翻译

冬十月……十八日……这天举行大检阅，世宗皇帝亲临视察。世宗皇帝从高平之战中，看到各军很不严整，才会退却。这时命令当今皇上对各军一概进行查考检阅，挑选武艺高超的，录用为殿前诸班。……又命令主管军事的，从龙捷军、虎捷军以下，一一进行挑选，老弱瘦小的去掉，各军队伍，无不是精锐，从此兵甲之盛，近代没有能超过的，而且减省了供应军队的费用。……

显德二年(955)春正月……二十五日，世宗皇帝下诏说："凡是逃亡人家的庄田，一概允许旁人取得承租，交纳租税。如果三周年内原来的人家归来，桑田不论荒熟，都要交还给原主一半；五周年内回到原来产业的，交还给三分之一；五周年以外回来的，他的庄田除过自己家的坟墓外，其他土地都不在交还的规定里。那些靠近北方边境的各州，凡所有沦落入契丹的人家，从契丹界回来耕种的，在五周年之内，交还给三分之二；十周年之内，交还给一半；十五周年之内，交还给三分之一；十五周年以

蕃人户⑨，自蕃界来归业者，五周年内来者，三分交还二分；十周年内来者，交还一半；十五周年来者，三分交还一分；十五周年外来者，不在交还之限。"……

十一月乙未朔，以宰臣李谷为淮南道前军行营都部署、知庐寿等州行府事⑩，以许州节度使王彦超为行营副部署，命侍卫马军都指挥使韩令坤等一十二将各带征行之号以从焉⑪。己亥，谕淮南州县，诏曰："……应淮南将士军人百姓等，久隔朝廷，莫闻声教，虽从伪俗，应乐华风⑫，必须善择安危，早图去就。"……

外回来的，不在交还的规定里。"……

十一月一日，任命宰相李谷为淮南道前军行营都部署、知庐寿等州行府事，任命许州节度使王彦超为行营副部署，命令侍卫马军都指挥使韩令坤等十二将各自挂上征战的名号随从出征。五日，下谕宣示淮南的州县，诏书中说："……所有淮南的将士军人百姓等，久与朝廷隔绝，不能听闻声威教化，虽说从了伪俗，仍应乐于华风，必须善于选择安危，尽早决定去留。"……

注释 ①简阅：考察，检阅。 ②殿前诸班：殿前司统辖的禁军。 ③总戎：主管军事的长官。 ④龙捷、虎捷：指龙捷马军和虎捷步军，是后周侍卫司统辖的两支主力禁军。 ⑤羸(léi)：瘦弱。 ⑥近代：这是北宋初人所说的近代，指的是唐末五代。 ⑦冗食：指官府供应食物。 ⑧射：射取，取得。 ⑨陷蕃：指被羁留在契丹辖境内不能返回。 ⑩淮南：指当时南唐统治下淮河以南、长江以北地区。都部署：即统帅。庐：庐州，治所合肥，今属安徽。 ⑪征行之号：出征时临时加的名号。

⑫ 华风：指北方中原即所谓华夏之区的教化风习。

原文

显德三年春正月……庚子，诏取此月八日幸淮南。……壬寅，车驾发京师。……辛亥，李重进奏，大破淮贼于正阳①，斩首二万余级，伏尸三十里，临阵斩贼大将刘彦贞，生擒偏将咸师朗已下，获戎甲三十万副，马五百匹。

先是，李谷驻军于寿春城下②，以攻其城。既而淮南援军大至，乃与将佐谋曰："贼军舟棹将及正阳③，我师无水战之备，万一桥梁不守，则大军隔绝矣。不如全师退守正阳浮桥，以俟銮辂④。"诸将皆以为然，遂燔其粮草而退。……帝闻之，急诏侍卫都指挥使李重进率师赴之。时淮贼乘李谷退军之势，发战棹数百艘，沿淮而上，且张断桥之势。

翻译

显德三年（956）正月……六日，下诏定于本月八日前往淮南。……八日，皇帝车驾从京城出发。……十七日，李重进奏报，在正阳大败南唐军队，斩首二万余级，地上的死尸绵延三十里，在战阵上斩杀了敌军大将刘彦贞，活捉偏将咸师朗以下多人，缴获甲胄三十万副，战马五百匹。

在这以前，李谷在寿春城下驻军，以便攻城。其后淮南援军大批来到，李谷和将佐商议说："敌军舟船将要到达正阳，我军没有水战的准备，万一桥梁守不住，就和大军隔断了。不如全军退守正阳浮桥，以等待皇帝车驾的到来。"各位将领都赞成这个意见，于是烧掉了粮草而撤军。……世宗皇帝听说后，急忙下诏叫侍卫都指挥使李重进率兵赶赴这里。这时南唐军队乘李谷退兵之势，派出几百艘战船，沿着淮河溯流而进，并摆出了截断浮桥的架势。刘彦贞把大军排开阵势前进。李重进来到正阳以后，得知南唐军迫进，就率领各将渡过浮桥进军，与敌军相遇，李重进等合兵进攻，一举而打败了敌军。……

彦贞以大军列阵而进。李重进既至正阳，闻淮军在近，率诸将渡桥而进，与贼军遇，重进等合势击之，一鼓而败之。……

注释 ① 正阳：关名，在今安徽寿县西南淮河南岸。 ② 寿春：县名，时为寿州治所，今安徽寿县。 ③ 舟棹（zhào）：即舟船。 ④ 銮辂（lù）：指皇帝的车驾。

原文

甲寅，车驾至正阳。……乙卯，车驾渡淮。丙辰，至寿州城下，营于州西北淝水之阳①。……庚申，耀兵于城下②。壬戌，今上奏，破淮贼万余众于涡口③，斩伪兵马都监何延锡等，获战船五十艘。

二月丙寅，幸下蔡④。……壬申，今上奏，破淮贼万五千人于清流山⑤，乘胜攻下滁州⑥。……甲戌，江南国主李景遣泗州牙将王知朗赍书一函至滁州⑦，本州以闻，书称唐皇帝奉书于大周皇帝。……书

翻译

二十日，世宗皇帝车驾到达正阳。……二十一日，世宗皇帝车驾渡过淮河。二十二日，来到寿州城下，在州城西北的淝水北岸安下营寨。……二十六日，在城下显示兵力。二十八日，当今皇上奏报，在涡口打败南唐军一万多人，斩杀敌兵马都监何延锡等人，缴获战船五十艘。

二月三日，世宗皇帝到达下蔡。……九日，当今皇上奏报，在清流山打败南唐军一万五千人，乘胜攻占了滁州。……十一日，江南国主李景派泗州牙将王知朗携带一封书信来到滁州，滁州奏报上来，在书信中声称唐皇帝向大周皇帝致书。……奏报后世宗皇帝不予答复。……十九日，江南国主李景派他的臣下伪翰林学士户部侍郎钟谟、

奏不答。……壬午，江南国主李景遣其臣伪翰林学士户部侍郎钟谟、伪工部侍郎文理院学士李德明等奉表来上^⑧，叙愿依大国称臣纳贡之意。……丙戌，侍卫马军指挥韩令坤奏收下扬州^⑨。……辛卯，今上表伪命天长军制置使耿谦以本军降^⑩，获粮草二十余万。侍卫马军都指挥使韩令坤上言泰州降^⑪。……

伪工部侍郎文理院学士李德明等人带着表章前来奉上，述说情愿归顺大国称臣进贡的意思。……二十三日，侍卫马军都指挥使韩令坤奏报拿下了扬州。……二十八日，当今皇上上表报告南唐任命的天长军制置使耿谦带着本军投降，缴获粮草二十多万。侍卫马军都指挥使韩令坤报告说泰州投降。……

注释 ① 淝水：又叫肥水，源出今安徽合肥西北。北流二十里分为二支，一支名施水，东南流入巢湖，一支西北流至寿县再经八公山汇入淮河，后从发源处中断，成为二水，这里指的是流向西北的一支。阳：河的北面。 ② 耀兵：显示兵力。 ③ 涡（guō）口：镇名，今安徽怀远。 ④ 下蔡：县名，今安徽凤台。 ⑤ 清流山：在今安徽滁州西北。 ⑥ 滁州：治所清流，今属安徽。 ⑦ 江南国主李景：指南唐的第二代君主中主李璟。因璟字是后周太祖郭威高祖之名，所以在臣属后周以后改名为景，新、旧《五代史》有传。泗州：治所临淮，在今江苏泗洪东南。 ⑧ 侍郎：尚书省各部的副长官。工部：尚书省六部之一，掌管工程、工匠、屯田、水利、交通等事。文理院：即翰林院一类的机构。 ⑨ 扬州：治所江都，今江苏扬州。 ⑩ 天长军：南唐建立的方镇，治所天长，今属安徽。 ⑪ 泰州：治所海陵，今江苏泰州。

原文

三月丙申,行光州刺史何超奏光州伪命都监张承翰以城归顺①。……庚子……行舒州刺史郭令图奏收下舒州②。……丙午,江南国主李景遣其臣伪司空孙晟、伪礼部尚书王崇质等奉表来上③。……辛亥,赐江南李景书曰:"……淮南部内,已定六州,庐、寿、濠、黄④,大军悉集,指期克日,拉朽焚枯,其余数城,非足介意。必若尽淮甸之土地⑤,为大国之堤封⑥,犹是远图,岂同迷复。"……

初,李景遣钟谟、李德明奉表至行阙⑦,使人面奏云:"本国主愿割寿、濠、泗、楚、光、海六州之地⑧,归于大朝。"帝志在尽取江北诸郡,不允其请。使人见王师急攻寿阳⑨,李德明奏曰:"愿陛下宽臣数日之诛,容臣自往江南,取本国表,尽献江

翻译

三月三日,行光州刺史何超奏报光州南唐任命的都监张承翰以州城归顺。……七日……行舒州刺史郭令图奏报收复了舒州。……十三日,江南国主李景派他的臣下伪司空孙晟、伪礼部尚书王崇质等带着表章献上。……十八日,赐答江南李景的书信说:"……淮南区域之内,已经平定六州,庐州、寿州、濠州、黄州,大军都已汇集,定期攻克,摧枯拉朽,其他数城,不足在意。定要把淮甸的土地,成为大国的疆土,这是长远的打算,怎能再执迷不悟。"……

起初,李景派钟谟、李德明带着表章前来世宗皇帝的行在,使者当面上奏说:"本国国主情愿割让寿州、濠州、泗州、楚州、光州、海州六州的地方,交付给大朝。"世宗皇帝一心要取得全部江北各州,不允许南唐的请求。来使看到后周军队猛攻寿春,李德明上奏说:"望陛下放宽臣几天时间,容许臣亲身前去江南,取来本国的表章,把江北之地全部献上。"世宗皇帝答应了他,就让李德明、王崇质带着这封书信赐给李景。

北之地。"帝许之,乃令李德明、王崇质赍此书以赐李景。

注释 ① 行:是代理、指定之意,因当时光州还在对方控制下,所以在官职前加行字。光州:治所定城,今河南潢川。 ② 舒州:治所怀宁,今安徽潜山。 ③ 礼部尚书:礼部是尚书省六部之一,掌管国家典章、祭礼、学校、科举和接待四方宾客等事务,尚书是其长官。 ④ 濠:濠州,治所钟离,今安徽凤阳东北。黄:黄州,治所黄冈,今属湖北。 ⑤ 淮甸:即淮南。 ⑥ 堤封:疆土。 ⑦ 行阙:即行在,帝王临时停驻的地方。 ⑧ 楚:楚州,治所山阳,今江苏淮安。海:海州,治所朐山,今江苏连云港西南。 ⑨ 寿阳:即寿春。

原文

夏四月……己巳,车驾发寿春,循淮而东。辛未,扬州奏,江南大破两浙军于常州①。……乙亥,驻跸于濠州城下。丁丑,扬州韩令坤破江南贼军于州东境,获大将陆孟俊。今上表大破江南军于六合②,斩首五千级。时李景乘常州之捷,遣陆孟俊领兵迫泰州,王师不守,韩令坤欲弃扬州而回。帝怒,急遣殿前都指挥使张永德帅亲兵往援之,又命今上领步骑二千人屯于六合。

翻译

夏四月……七日,世宗皇帝车驾从寿春出发,沿着淮河东行。九日,扬州奏报,南唐的军队在常州大败吴越的军队。……十三日,停驻在濠州城下。十五日,扬州的韩令坤在本州东面境内打败了南唐军队,俘虏南唐大将陆孟俊。当今皇上上表报告在六合大败南唐军队,斩首五千级。当时李景乘着常州的胜利,派陆孟俊领兵进逼泰州,官军失守,韩令坤打算舍弃扬州撤回。世宗皇帝发怒,立即派殿前都指挥使张永德率领亲兵前往增援,又命令当今皇上带领步兵骑兵二千人屯驻在六合。不久陆孟俊统领部众从海陵抵达扬州,韩令坤出兵迎击,打败对方,活捉了陆孟俊。

俄而陆孟俊领其徒自海陵抵扬州③,令坤迎击,败之,生擒孟俊。李景遣其弟齐王达率大众由瓜步济江④,距六合一舍而设栅。居数日,乃弃栅来迫官军,今上麾兵以击之,贼军大败,余众赴江溺死者不可胜纪。……丁亥,车驾发濠州,幸涡口。……五月……戊戌,车驾还京,发涡口。……

显德四年春正月……丁未,淮南道招讨使李重进奏,破淮贼五千人于寿州北。先是,李景遣其弟伪齐王达率全军来援寿州,达留驻濠州,遣其将许文缜、边镐、朱元领兵数万溯淮而上,至紫金山,设十余寨,与城内烽火相应。又筑夹道数里,将抵寿春,为运粮之路,至是为重进所败。戊申,诏取来月幸淮南。

李景派他的弟弟齐王李达统帅大军从瓜步渡江,在距离六合三十里的地方树起了营栅。过了几天,就丢掉营栅来进逼官军,当今皇上指挥军队反击,敌军大败,剩余的兵众逃到江里淹死的不计其数。……二十五日,世宗皇帝车驾从濠州出发,前往涡口。……五月……七日,世宗皇帝车驾回京,从涡口动身。……

显德四年(957)春正月……十九日,淮南道招讨使李重进奏报,在寿州北边打败南唐军队五千人。在这之前,李景派他的弟弟伪齐王李达率领全军来救援寿州,李达停驻在濠州,派部将许文缜、边镐、朱元带兵几万沿淮河溯流而上,到达紫金山,设立了十余处营寨,与城里点燃烽火互相呼应。又修筑起几里长的夹道,快要修到寿春,作为运粮的通路,到这时被李重进打败。二十日,下诏定于下个月前往淮南。

注释 ① 两浙军：指占据今苏南、浙江及闽北一带的吴越政权的军队。常州：治所晋陵，今江苏常州。 ② 六合：县名，今属江苏南京。 ③ 海陵：县名，是泰州治所。 ④ 瓜步：长江上的一处重要渡口，在今江苏南京六合东南。

原文

二月……乙亥，车驾发京师。乙酉，次下蔡。

三月庚寅旦，帝率诸军驻于紫金山下，命今上率亲军登山击贼，连破数寨，斩获数千，断其来路，贼军首尾不相救。……翌日，尽陷诸寨，杀获甚众，擒贼大将建州节度使许文缜、前湖南节度使边镐①，其余党沿流东奔。帝自率亲骑沿淮北岸追贼。及晡，驰二百余里，至镇淮军②，杀获数千人，夺战舰粮船数百艘，钱帛器仗不可胜数。甲午，诏发近县丁夫城镇淮军，仍构浮梁于淮上。……己亥，帝自镇淮军复幸下蔡。……丙午，寿州刘仁赡上表乞降③。……戊申，幸寿州城

翻译

二月……十七日，世宗皇帝车驾从京城出发。二十七日，停驻在下蔡。

三月三日清晨，世宗皇帝率领各军驻扎在紫金山下，命令当今皇上率领亲军登山攻击敌军，接连攻破几座营寨，斩杀俘获几千人，截断了敌军的来路，敌军首尾不能互相救应。……第二天，攻占了敌军的全部营寨，杀死俘虏的为数众多，活捉敌军大将建州节度使许文缜、前湖南节度使边镐，敌军的残兵沿着淮河往东逃窜。世宗皇帝亲自率领亲军骑兵沿着淮河的北岸追击敌军。到晚上，飞奔了二百多里路，到达镇淮军，杀死俘虏几千人，夺取战船粮船几百艘，钱帛兵器不计其数。七日，下诏调发邻近县的丁夫修筑镇淮军的城垣，并在淮河上架设浮桥。……十二日，世宗皇帝从镇淮军再次前往下蔡。……十九日，寿州的刘仁赡进上表章乞求投降。……二十一日，世宗皇帝来到寿州城北，刘仁赡与手下将领僚佐以及士兵一万多人出城投降。……二十三日，

北,刘仁赡与将佐已下及兵士万余人出降。……庚戌,诏移寿州于下蔡,以故寿州为寿春县。……丙辰,车驾发下蔡还京。……

下诏把寿州州治移置到下蔡,以原来的寿州作为寿春县。……二十九日,世宗皇帝车驾从下蔡出发返回京城。……

注释 ① 建州:治所建安,今福建建瓯。 ② 镇淮军:即涡口。后周上一年攻占之后改设镇淮军。 ③ 刘仁赡:南唐的清淮节度使兼侍中,当时是寿州城守将,新、旧《五代史》有传。

原文

冬十月……戊辰,诏取月内车驾暂幸淮上①。……壬申,驾发京师。……

十一月……丙戌,车驾至濠州城下。戊子,亲破十八里滩②。寨在濠州东北淮水之中,四面阻水,上令甲士数百人跨驼以济。今上以骑军浮水而渡,遂破其寨,掳其战舰而回。癸巳,帝亲率诸军攻濠州,夺关城,破水寨,贼众大败,焚战舰七十余艘,斩首二千级。……辛丑,帝自濠州率大军水陆齐进,循淮而下,

翻译

冬十月……十五日,下诏定于本月之内皇帝车驾要临时前往淮上。……十九日,世宗皇帝车驾从京城出发。……

十一月……四日,世宗皇帝车驾到达濠州城下。六日,世宗皇帝亲自攻破了十八里滩的故军营寨。这所营寨建在濠州东北的淮河中间,四面都隔着水,世宗皇帝命令几百名披甲的武士骑着骆驼渡河。当今皇上带领骑兵浮水渡过,攻破了故军营寨,缴获了他们的战船返回。十一日,世宗皇帝亲自统帅各军进攻濠州,夺占了关城,攻破了水寨,故军大败,烧毁了七十多艘战船,斩首二千级。……十九日,世宗皇帝率领大军从濠州出发水陆并进,沿淮河而

命令今上率精骑为前锋。癸卯，大破淮贼于涡口，斩首五千级，收降卒二千余人，夺战船三百艘，遂鼓行而东，以追奔寇，昼夜不息，沿淮城栅，所至皆下。乙巳，至泗州。今上乘势麾军，焚郭门，夺月城③，帝亲冒矢石以攻其垒。……

下，命令当今皇上带着精锐骑兵作先锋。二十一日，在涡口大败南唐军队，斩首五千级，收受降兵二千多人，夺取战船三百艘，于是向东前进，追击逃跑的敌军，昼夜不息，沿着淮河的敌方城邑营栅，大军所到全都攻占。二十三日，到达泗州。当今皇上乘胜指挥军队，烧毁了外城城门，夺占了月城，世宗皇帝冒着流箭飞石亲自攻打敌方城垒。……

注释　①淮上：淮河边上。　②十八里滩：在濠州东北十八里的地方，故名。
③月城：大城外用来屏护城门的半圆形小城，也叫瓮城。

原文

十二月乙卯，泗州守将范再遇以其城降。……戊午，帝自泗州率众东下，命今上领兵行于南岸，与帝夹淮而进。己未，至清口①，追及淮贼，军行鼓噪之声，闻数十里。辛酉，至楚州西北，大破贼众，水陆俱奔，有贼船数艘，顺流而逸。帝率骁骑与今上追之数十里，今上擒贼大将伪保义军节度

翻译

十二月三日，南唐的泗州守将范再遇以州城投降。……六日，世宗皇帝统帅兵众从泗州东下，命令当今皇上带兵在南岸行进，与世宗皇帝夹着淮河进军。七日，到达清口，追上南唐军队，大军行进击鼓呼喊的声音，几十里外都能听到。九日，到达楚州西北，大败敌军，敌军从水陆两路奔逃，有几艘敌船，顺着淮河跑掉了。世宗皇帝率领着精锐骑兵与当今皇上追击了几十里，当今皇上俘虏了敌军大将伪保义军节度使、江北都应援使陈承昭进献。缴获的舟船，

使、江北都应援使陈承昭以献②。收获舟船，除焚荡外得三百余艘，将士除杀溺外得七千余人。

初，帝之渡淮也，比无水战之备，每遇贼之战棹，无如之何，敌人亦以此自恃，有轻我之意。帝即于京师大集工徒，修成艘舰③，逾岁得数百艘，兼得江淮舟船，遂令所获南军教北人习水战出没之势。未几，舟师大备。至是，水陆皆捷，故江南大震。壬戌，伪命濠州团练使郭廷谓以城归顺。……江南李景遣兵驱掳扬州士庶渡江，焚其州郭而去。……丁丑，泰州平。

除了烧毁的以外还有三百多艘，除杀死淹死外俘虏的将士有七千多人。

当初，世宗皇帝渡淮，没有水战的准备，每当遇到敌军的战船，没有办法对付，敌军也以此自恃，瞧不起我军。世宗皇帝就在京城征集大批工徒，造成楼船，一年后造了几百艘，加上缴获的江淮舟船，叫俘获的南唐军人教北方军队演习水战进退。不久，水军就十分齐整。到这时，水陆两路都取胜，使南唐大为震惊。十日，南唐任命的濠州团练使郭廷谓以州城投降。……江南李景派兵驱赶俘虏的扬州的士人百姓渡过长江，烧毁州城后离去。……二十五日，泰州平定。

注释　①清口：也叫清河口，在今江苏淮安西南。　②保义军：治所陕州，当时在后周疆域内，这里是虚领的职衔。　③艘（lóu）舰：即楼船。

原文

显德五年春正月癸未朔，帝在楚州城下。……乙

翻译

显德五年（958）正月初一，世宗皇帝在楚州城下。……二十三日，世宗皇

巳,帝亲攻楚州。时今上在楚州城北,昼夜不解甲胄,亲冒矢石,麾兵以登城。丙午,拔之,斩伪守将张彦卿等。……

二月甲寅,伪命天长军使易赟以城归顺①。戊午,车驾发楚州南巡。丁卯,驻跸于广陵②。……

三月……辛卯,幸迎銮江口③。……癸巳,帝临江望见贼船数十艘,命令上帅战棹以追之,贼军退去,今上直抵南岸,焚其营栅而回。……丙申,江南李景遣其臣兵部侍郎陈觉奉表陈情④。……觉至行在,睹楼船战棹已泊于江岸,以为自天而降,愕然大骇。

帝亲自攻打楚州。这时当今皇上在楚州城的北面,白天黑夜都不脱甲胄,亲自冒着流箭飞石,指挥士兵登上城垣。二十四日,攻占了楚州,斩杀伪守将张彦卿等人。……

二月二日,南唐任命的天长军使易赟以城投降。六日,世宗皇帝车驾从楚州出发南巡。十五日,停驻在广陵。……

三月……十日,世宗皇帝来到迎銮江口。……十二日,世宗皇帝在江边看到几十艘敌船,命令当今皇上带领战船追击,敌军退走,当今皇上直达长江南岸,烧毁了敌军营栅后返回。……十五日,江南李景派他的臣下兵部侍郎陈觉带着表章前来陈述诚意。……陈觉来到行在,亲眼看到战船都已停泊在江边,以为是从天而降,大为吃惊。

注释 ① 赟:音 yūn。 ② 广陵:扬州的别称。 ③ 迎銮:镇名,今江苏仪征。 ④ 兵部:尚书省六部之一,掌管选用武官、兵籍、军械、军令等事务。

原文

丁酉,荆南高保融奏①,本道舟师已至鄂州②。戊

翻译

十六日,荆南高保融奏报,本道水军船只已经到达鄂州。十七日,两浙钱

戌,两浙钱俶奏③,差发战棹四百艘,水军万七千人,已泊江岸,请师期。己亥,今上率水军破贼船百余只于瓜步。是日,李景遣其臣刘承遇奉表以庐、舒、蕲、黄等四州来献④,且请以江为界。……淮南平,凡得州十四、县六十、户二十二万六千五百七十四。……

壬寅,复幸扬州。……夏四月……乙卯,车驾发扬州还京。……

秋七月……丁亥,赐诸道节度使、刺史《均田图》各一面。唐同州刺史元稹在郡日奏均户民租赋,帝因览其文集而善之,乃写其辞为图,以赐藩郡。时帝将均定天下赋税,故先以此图遍赐之。……冬十月……丁酉,遣左散骑常侍艾颖等均定河南六十州税赋⑤。……

俶奏报,派遣战船四百艘,水军一万七千人,已经停泊在江边,请求约定出兵的日期。十八日,当今皇上率领水军在瓜步打败一百多只敌船。当天,李景派他的臣下刘承遇带着表章前来进献庐州、舒州、蕲州、黄州等四州,并请求以长江作为边界。……淮南平定,共取得十四州、六十县、二十二万六千五百七十四户。……

二十一日,世宗皇帝车驾再次来到扬州。……夏四月……四日,世宗皇帝车驾从扬州出发返回京城。……

秋七月……八日,世宗皇帝赐给各道节度使、州刺史《均田图》各一幅。唐朝同州刺史元稹在州里的时候上奏请求平均各户百姓的租赋负担,世宗皇帝因读他的文集而感到这个办法很好,于是根据元稹的文字内容画成图,赐给各藩镇、州刺史。当时世宗皇帝准备均定天下赋税,所以先把此图遍赐各地。……冬十月……二十日,派左散骑常侍艾颖等均定河南六十州的赋税。……

注释 ① 荆南：原是唐代的方镇，辖境为今湖北的西南部，五代时为高氏割据，因后唐曾封高氏为南平王，所以史书中也称其为南平。高保融：是荆南的第三代统治者，新、旧《五代史》有传。 ② 鄂州：治所江夏，今湖北武昌。 ③ 钱俶（chù）：吴越的第五代国主，新、旧《五代史》有传。 ④ 蕲（qí）：蕲州。治所蕲春，在今湖北蕲春北。 ⑤ 散骑常侍：皇帝左右的近侍之官，魏晋时地位显贵，往往参与机要，唐代分为左右，分隶门下省和中书省，虽仍为尊贵之官，但无实权，多用作将相大臣的兼职，五代沿袭唐制。

原文

显德六年……三月……甲子，诏以北境未复，取此月内幸沧州①。……命诸将各领马步诸军及战棹赴沧州。……甲戌，车驾发京师。

夏四月辛卯，车驾次沧州。……是日，帝率诸军北征。壬辰，至乾宁军②，伪宁州刺史王洪以城降③。丁酉，驾御龙舟，率舟师顺流而北，首尾数十里。辛丑，至益津关④。自此以西，水路渐隘，舟师难进，乃舍舟登陆。壬寅，宿于野次。时帝先期而至，大军未集，随驾之士，不及一旅。……癸

翻译

显德六年（959）……三月……十九日，下诏说由于北方的疆土没有收复，定于本月之内前往沧州。……命令各将领分别带领马步各军和战船前去沧州。……二十九日，世宗皇帝车驾从京城出发。

夏四月十六日，世宗皇帝车驾停驻在沧州。……当天，世宗皇帝统率各军北征。十七日，抵达乾宁军，伪宁州刺史王洪以城投降。二十二日，世宗皇帝乘着龙舟，率领水军船只顺河向北进军，前后有几十里。二十六日，到达益津关。从这里往西去，水路逐渐狭窄，水军难以通行，就放弃舟船改走陆路。二十七日，停宿在原野上。这时世宗皇帝预先到达，大军还没有集合，随从护卫的兵士，人数不到一旅。……二十八日，当今皇上先到瓦桥关，敌守将姚内

卯,今上先至瓦桥关,伪守将姚内斌以城降。甲辰,郑州刺史刘楚信以州来降⑤。

斌以城投降。二十九日,莫州刺史以莫州来投降。

注释 ① 沧州:治所清池,今河北沧州东南。 ② 乾宁军:治所在今河北青县。 ③ 宁州:即乾宁军,宁州为契丹占据后所改置。 ④ 益津关:今河北霸州。 ⑤ 鄚(mò)州:即莫州,治所莫县,在今河北任丘北。

原文

五月乙巳朔,帝驻跸于瓦桥关。侍卫亲军都指挥使李重进及诸将相继至行在。瀛州刺史高彦晖以本城归顺。关南平,凡得州三,县十七,户一万八千三百六十。是役也,王师数万,不亡一矢,边界城邑皆望风而下。丙午,帝与诸将议攻幽州,诸将皆以为未可,帝不听。是夜,帝不豫①,乃止。戊申,定州节度使孙行友奏攻下易州。……己酉……先锋都指挥使张藏英破契丹数百骑于瓦桥关北,攻下固安县②。……壬子,车驾发雄

翻译

五月一日,世宗皇帝停驻在瓦桥关。侍卫亲军都指挥使李重进以及各将领相继赶到行在。瀛州刺史高彦晖以本城归顺。关南地区平定,共收取三州、十七县、一万八千三百六十户。这次战役,官军几万人,连箭都没有损失一支,边界的城邑都望风而降。二日,世宗皇帝与各将领商议进攻幽州,各将领都认为不行,世宗皇帝并不听从。当天夜里,世宗皇帝患病,才停止行动。四日,定州节度使孙行友奏报攻占了易州。……五日……先锋都指挥使张藏英在瓦桥关北边打败契丹几百骑兵,攻占了固安县。……八日,皇帝车驾从雄州出发,返回京城。……

六月……十九日,世宗皇帝在万寿殿驾崩,享年三十九岁。……这年八月,翰林学士、判太常寺事窦俨拟定谥

州③,还京。……

六月……癸巳,帝崩于万寿殿,圣寿三十九。……其年八月,翰林学士、判太常寺事窦俨上谥曰睿武孝文皇帝④,庙号世宗。……

号称睿武孝文皇帝,庙号叫世宗。……

注释 ① 不豫:患病,专用于帝王。 ② 固安县:今属河北。 ③ 雄州:即瓦桥关。本次出兵攻占后改为雄州。 ④ 太常寺:掌管礼乐郊庙社稷事务的官署。

原文

史臣曰:世宗顷在仄微①,尤务韬晦②。及天命有属,嗣守鸿业,不日破高平之阵,逾年复秦凤之封③,江北燕南,取之如拾芥,神武雄略,乃一代之英主也!加以留心政事,朝夕不倦,摘伏辩奸④,多得其理。臣下有过,必面折之,常言太祖养成二王之恶⑤,以致君臣之义,不保其终。故帝驾驭豪杰,失则明言之,功则厚赏之,文武参用,莫不服其明而怀其恩也。所以仙去之日⑥,远近号慕。然禀

翻译

史臣说:世宗往日地位卑微时,一心不露才略。到天命所归,继守大业,不久就在高平攻破了敌阵,第二年又收复了秦、凤的土地,江北、燕南,获取就像捡起芥子,神武雄略,真是一代英主啊!加上留心政事,早晚不知疲倦,指斥辨析隐伏的邪恶,多能正确无误。臣下犯下过错,一定要当面指出,经常说太祖养成了王峻、王殷的罪恶,以致君臣之义,没能保持始终。所以世宗皇帝驾驭豪杰,有过失就明说,有功劳就厚赏,文武兼用,没有人不服他的明察而思念他的恩德,因此在他逝去之日,远近之人都号哭追慕。然而他禀性伤于过分明察,用刑失于过分严峻,到事情已经执行之后,自己也经常追悔。及至

性伤于太察,用刑失于太峻,及事行之后,亦多自追悔。逮至末年,渐用宽典,知用兵之频并⑦,悯黎民之劳苦,盖有意于康济矣⑧。而降年不永⑨,美志不就,悲夫!

他的末年,逐渐行使宽典,知道用兵的频繁,哀怜百姓的劳苦,当是有意要安抚民众了。然而生年不能长久,壮志不能成就,可悲啊!

注释　① 顷:过去,昔日。仄(zè)微:卑贱,低微。　② 韬晦:隐埋行迹,不炫耀。
③ 复秦凤之封:秦,秦州,治所成纪,在今甘肃秦安北。凤,凤州,治所梁泉,在今陕西凤县东北。这句是说后周显德二年(955)柴荣派兵攻取了后蜀所占的秦、凤等四州之地。　④ 摘伏辩奸:指斥隐伏辨析奸诈。　⑤ 二王:指王峻、王殷二人。王峻是后周太祖时的枢密使、宰相;王殷是侍卫亲军都指挥使、天雄军节度使。参见二人新、旧《五代史》本传。　⑥ 仙去:死亡的委婉说法。　⑦ 频并:频繁,连续不断。
⑧ 康济:安济百姓。　⑨ 降年:即天降之年,指寿命。

周书·贾纬传

导读

我国历史上的任何一个朝代，都有一批学者文人，致力于学术文化的传承和创造。太平盛世的璀璨群星固然令人景仰，乱世仍能执着以求的耕耘者就更为可贵了。这个传的传主贾纬就是这样一位乱世仍能耕耘的人物。他终生以史学为己任，参与了《旧唐书》的修撰，尽到了一位史学家的职责。至于传中讲到的他本人品格上的一些欠缺，应该说还是次要的。（选自卷一三一）

原文

贾纬，真定获鹿人也①。少苦学为文，唐末举进士不第，遇乱归河朔，本府累署参军、邑宰②。唐天成中，范延光镇镇州，表授赵州军事判官，迁石邑县令③。

纬属文之外，勤于撰述，以唐代诸帝实录④，自武宗已下，阙而不纪，乃采掇近代传闻之事⑤，及诸家小说⑥，第其年月，编为《唐年补录》，凡六十五卷，识者赏

翻译

贾纬，是真定获鹿人。少年时刻苦学作文章，唐朝末年应考进士科没有考中，遭遇战乱回到河朔，本州多次任用他做参军、县令。后唐天成年间，范延光做镇州节度使，上表朝廷授任为赵州军事判官，迁任石邑县令。

贾纬除写文章以外，还勤于著述。他鉴于唐代各帝的实录，从武宗以下，缺漏没有记载，于是搜集近代相传的事情，以及各家小说，排定年月次序，编成《唐年补录》，共六十五卷，有识之士对这部书很是欣赏。后晋天福年间，召入朝廷任监察御史，改任太常博士。贾纬

之。晋天福中，入为监察御史⑦，改太常博士⑧。纬常以史才自负，锐于编述，不乐曲台之任⑨，乃陈情于相座⑩，又与监修国史赵莹诗曰⑪："满朝唯我相，秉柄无亲仇，三年司大董⑫，最切是编修。史才不易得，勤勤处处求。愚从年始立，东观思优游⑬，昔时人未许，今来虚白头。春台与秋阁⑭，往往兴归愁，信运北阙下⑮，不系如虚舟。绵蕝非所好⑯，一日疑三秋。何当适所愿，便如升瀛洲⑰。"未几，转屯田员外郎⑱，改起居郎、史馆修撰⑲。又谓莹曰："唐史一百三十卷⑳，止于代宗，已下十余朝未有正史㉑，请与同职修之。"莹以其言上奏，晋祖然之，谓李崧曰："贾纬欲修唐史，如何？"对曰："臣每见史官辈言，唐朝近百年来无实录，既无根本，安能编纪。"纬闻崧言，颇怒，面责

经常以史才自负，专心致志编述，不高兴做太常寺里礼仪方面的事务，于是向宰相倾吐自己的心意，又给监修国史的赵莹写诗说："满朝百官唯有我的宰相，秉公掌权不分亲仇。为时三年司理史籍，最为关注的就是编修。史才十分难得，殷勤恳切到处寻求。愚钝的我自从成人，一心想要在史馆里施展身手。当年没能蒙获许可，如今空使白发满头。职掌礼仪以及监察刑狱，时时令我产生回乡的哀愁，确感我的命运在北阙之下，漂泊不定如同一叶虚舟。演习礼仪不是我的喜好，熬过一日疑心是度过三秋。何时能够满足我的心愿，简直就像跃升瀛洲。"不久，转任屯田员外郎，改任起居郎、史馆修撰。他又对赵莹说："唐史有一百三十卷，截止到代宗为止，以下十多朝没有正史，请求让我和同僚一起修成。"赵莹将他的提议上奏给朝廷，晋高祖同意，问李崧道："贾纬打算修撰唐史，你看怎么样？"李崧回答说："臣时常听史官们说，唐朝近百年来没有实录，既然没有基本材料，怎么能编修撰述。"贾纬听到李崧的这个话，十分恼怒，当面指责李崧阻拦自己。李崧说："我和你是同乡，理应互相顾爱，这件事不是小事，我怎敢轻易说话。"贾纬

崧沮已㉒。崧曰："与公乡人，理须相惜，此事非细，安敢轻言。"纬与宰臣论说不已。明年春，敕修唐史，纬在籍中。月余，丁内艰㉓，归真定。开运初，服阕㉔，复起居郎，修撰如故。寻以本官知制诰㉕。纬长于记注，应用文笔，未能过人，而议论刚强，侪类不平之㉖，因目之为"贾铁嘴"。

与宰相不停地论说这事。第二年春天，下敕修撰唐史，贾纬名列其中。一个多月后，贾纬的母亲去世，他回到了真定。开运初年，他服丧期满，起复任为起居郎，史馆修撰之职照旧。不久以本官知制诰。贾纬擅长的是史书记注，起草诏书一类的文章，并不比旁人强，而议论起来却态度强硬，同事们都对他不满，因而把他叫作"贾铁嘴"。

注释 ① 获鹿：县名，今属河北。 ② 参军：当时地方上府、州官署中的佐官。邑宰：即县令。 ③ 石邑县：在今河北石家庄西南。 ④ 实录：古时官修的本朝编年史，一般每个皇帝修一部。 ⑤ 采掇(duō)：选取。 ⑥ 小说：指杂说笔记之类的著作。 ⑦ 监察御史：监察机构御史台的官员，职掌监察百官、巡察州县的刑狱等事务。 ⑧ 太常博士：太常寺中的属官，掌礼仪。 ⑨ 曲台：原是秦汉时的官殿，由于汉代在这里设立官署，置太常博士弟子讲习礼仪，所以这里用来代指太常寺。 ⑩ 相座：指宰相。 ⑪ 监修国史：唐代由宰相主持修史，叫监修国史。后代沿用这一制度。因而监修国史也成为宰相的头衔之一。赵莹：是《旧唐书》的实际主持纂修者，新、旧《五代史》有传。 ⑫ 大董：《左传》昭公十五年记载晋国有董史掌管典籍。这里用的是这个典故。 ⑬ 东观：东汉时官里的一所建筑，明帝时命班固等人在这里修撰史书，后来成为收藏图书的地方，后代泛指官中藏书和著书之处。这里是指史馆。 ⑭ 春台：《周礼》中有春官，掌管礼仪。这里用春台比喻太常寺。秋阁：《周礼》中有秋官，掌管刑法。这里用秋阁比喻御史台。 ⑮ 北阙：原指官殿北面的门楼，因这里是大臣等候朝见或上书奏事的地方，也作为朝廷的别称。 ⑯ 绵蕝(jué)：绵，连绵。蕝，古代演习朝会礼仪时束茅以表示位置之称。西汉初，叔孙通

创定朝仪时画地为官，引绳为绵，立表为蕝，用来演习，后来引申指礼仪事宜。
⑰ 瀛洲：本指传说中的海上仙山，唐初李世民为网罗人才，开文学馆，以杜如晦、房玄龄等十八人为学士，号称十八学士，中选者受到天下人的倾慕，称作"登瀛洲"。贾纬借用此事来表示自己的愿望和抱负。　⑱ 屯田员外郎：唐代尚书省工部设屯田司，长官为屯田郎中，屯田员外郎为副长官，掌管屯田政令及官田、公廨田、官员宅等事务，后代也相沿设置。　⑲ 起居郎：专记皇帝言行的职官，隶属门下省。史馆修撰：掌修国史的史官。唐代以他官兼领史馆职务的称史馆修撰，五代也设置。
⑳ 唐史：指唐代修成的国史。　㉑ 正史：指正式的国史。　㉒ 沮：阻挠。　㉓ 丁内艰：旧称遭母之丧。　㉔ 服阕（què）：三年服丧期满叫服阕，实际只服二十七个月。
㉕ 知制诰：掌起草诏令的职官，以中书舍人、翰林学士等文官充任。　㉖ 侪（chái）类：指同僚。

原文

　　开运中，累迁中书舍人①。契丹入京师，随契丹至真定，后与公卿还朝，授左谏议大夫②。……苏逢吉监修国史，以纬频投文字，甚知之，寻充史馆修撰、判馆事。乾祐中，受诏与王伸、窦俨修《汉高祖实录》。纬以笔削为己任③，然而褒贬之际，憎爱任情。晋相桑维翰执政日，薄纬之为人，不甚见礼，纬深衔之。及叙维翰传，"身没之后，有白金

翻译

　　开运年间，几经升迁任中书舍人。契丹进入京城，他随着契丹人来到真定，后来和公卿一起返回朝廷，授任左谏议大夫。……苏逢吉监修国史，由于贾纬经常向他呈送文章，十分了解他，不久就让他充任史馆修撰、判馆事。乾祐年间，接受诏命与王伸、窦俨修撰《汉高祖实录》。贾纬以修订文字作为自己的职责，然而在褒贬之际，任情爱憎。后晋宰相桑维翰执政时，轻视贾纬的为人，对他不太客气，贾纬怀恨在心。到作桑维翰传时，写道："在身死以后，有白金八千铤，其他东西也有这么多。"翰林学士徐台符，是贾纬的同乡，与贾纬

八千铤④，他物称是"。翰林学士徐台符，纬邑人也，与纬相善，谓纬曰："切闻吾友书桑魏公白金之数⑤，不亦多乎！但以十目所睹，不可厚诬。"纬不得已，改为白金数千铤。

关系密切，对贾纬说："切闻我友写到桑魏公白金的数目，不是太多了吗！只是史书是众目所见的，不可厚诬。"贾纬不得已，改成白金数千铤。

注释 ① 中书舍人：中书省掌管诏令、侍从、宣旨、慰劳等事的官职。 ② 谏议大夫：门下省职掌侍从规谏的官职。 ③ 笔削：古代无纸，书写在竹木简上，如有讹误，则用刀削去并用笔改正，后代把修史时什么写上去什么要削除叫笔削。 ④ 铤（dìng）：古代所铸作为货币流通的金银块，一般作扁平的长方形。 ⑤ 桑魏公：即桑维翰，他曾被封为魏国公。

原文

纬以撰述之劳，每诣宰执，恳祈迁转，遇内乱不果。太祖即位，改给事中①，判馆如故。先是，窦贞固奏请修晋朝实录，既竟，亦望升擢。贞固犹在相位，乃上疏抗论除拜不平。既而以所撰日历示监修王峻②，皆媒孽贞固及苏禹珪之短③，历诋朝士之先达者。峻恶之，谓同

翻译

贾纬由于自己有撰述史书的劳绩，时常拜见宰相，恳求升迁转官，碰上内乱没有实现。后周太祖即位，改任给事中，所判史馆事照旧。在这以前，窦贞固曾经奏请修撰晋朝实录，这时已经完成，也希望借此得到提升。窦贞固还在做宰相，他于是上疏争论说官职的拜授不公正。后来把自己所撰的日历让监修国史王峻看，都是诬陷窦贞固和苏禹珪的短处，对朝官中先升上去的一一诋毁。王峻厌恶他，对同僚说："贾给事家

列曰:"贾给事家有士子,亦要门阀无玷,今满朝并遭非毁,教士子何以进身!"乃于太祖前言之,出为平卢军行军司马。时符彦卿镇青州,以纬文士,厚礼之。纬妻以纬左迁,骇恍伤离,病留于京师。纬书候之曰:"勉医药,来春与子同归获鹿。"广顺二年春,纬卒。及讣至,妻一恸而终,果双枢北归,闻者叹之。纬有集三十卷,目曰《草堂集》,并所撰《唐年补录》六十五卷,皆传于世。

里有要入仕的儿子,也要门第不被抹黑,如今满朝官员都遭到他的非难诋毁,让人家要入仕的儿子怎么进身!"就在太祖面前说到这事,让贾纬出任平卢军行军司马。当时符彦卿在青州做节度使,由于贾纬是文士,给予优厚的礼遇。贾纬的妻因贾纬降官,惊骇怨恨为分离而伤感,患病留在京城。贾纬写信问候她说:"好好求医服药,明年春天与你一同回获鹿。"广顺二年(952)春,贾纬去世。到死讯送达,他的妻痛哭死去,果真两副棺枢一起北归,听到的为之叹息。贾纬有集子三十卷,名叫《草堂集》,和他所撰写的《唐年补录》六十五卷,都流传在世上。

注释 ① 给事中:门下省的官职,掌驳正政令之违失。 ② 日历:史官按日记载的朝政事务。 ③ 媒蘖:媒,酒母。"蘖"同"糵(niè)",酒曲。媒蘖为酝酿之意,比喻诬陷。

世袭列传·钱镠

　　割据东南一方的吴越政权,是五代十国中最长命的一个,从唐末昭宗时钱镠占据两浙到北宋初太宗时他的孙子钱弘俶献地归宋,统治这一地区长达八十多年。其所以能如此,是因为他和他的子孙始终奉行向中原朝廷称臣纳贡的政策,一方面换取中原朝廷的承认和正式的名分,另一方面又利用中原朝廷牵制西边的吴及南唐。与相邻势力间的战争,一般也仅限于保境安民,不做劳民伤财力所难及的蠢事。因此,虽然吴越在极盛时也不过十三州之地,却能保持境内的长期安宁,从这点来讲还是有功于民的。(选自卷一三三)

原文

　　钱镠①,杭州临安县人②。少拳勇,喜任侠,以解仇报怨为事。唐乾符中,事于潜镇将董昌为部校③。属天下丧乱,黄巢寇岭表④,江淮之盗贼群聚⑤,大者攻州郡,小者剽闾里⑥,董昌聚众,恣横于杭、越之间⑦,杭州八县,每县召募千人为一都,时谓之"杭州八都",以

翻译

　　钱镠,是杭州临安县人。少年时勇武有力,喜欢打抱不平,把解仇报怨作为自己的事。唐乾符年间,在於潜镇将董昌手下做部校。时逢天下丧乱,黄巢进军岭表,江淮间的绿林好汉聚集成群,大的进攻州城,小的袭击乡里,董昌聚集兵众,在杭州、越州之间横行,杭州所属的八个县,每县招募一千人编成一都,当时被称作"杭州八都",用来在险要的地方阻挡黄巢的进攻。当时有个叫刘汉宏的,聚集徒众占据了越州,自

遏黄巢之冲要。时有刘汉宏者，聚徒据越州，自称节度使，攻收邻郡；润州牙将薛朗逐其节度使周宝[8]，自称留后。唐僖宗在蜀，诏董昌讨伐，昌以军政委镠，率八都之士进攻越州，诛汉宏；回戈攻润州，擒薛朗。江浙平，董昌为浙东节度使、越州刺史，表镠代己为杭州刺史。

称节度使，攻夺邻州；润州牙将薛朗驱逐了节度使周宝，自称留后。唐僖宗在蜀中，下诏命令董昌出兵讨伐，董昌把军中事务委托给钱镠，统领八都的士兵进攻越州，杀死刘汉宏；又回兵进攻润州，俘虏了薛朗。江浙平定之后，董昌任浙东节度使、越州刺史，上表朝廷让钱镠代自己做杭州刺史。

注释　① 镠：音 liú。　② 杭州：治所钱塘，今浙江杭州。临安：县名。今属浙江。③ 於潜：县名，在今浙江临安西。镇将：当时在军事要地设置的武官。　④ 岭表：又叫岭南、岭外，指五岭以南地区，相当于今广东、广西及越南北部一带。　⑤ 江淮：原指长江下游及淮河流域的今江苏、安徽两地，这里还包括今浙江北部一带。　⑥ 闾里：乡里，乡村。　⑦ 越：越州，治所会稽，今浙江绍兴。　⑧ 润州：治所丹徒，今江苏镇江。

原文

　　唐景福中[1]，朝廷以李锓为浙江西道镇海军节度使[2]。时孙儒、杨行密交乱[3]，淮海烟尘数千里[4]，镠常率师以为防捍。孙儒据宣州[5]，不敢侵江浙[6]，由是

翻译

　　唐代景福年间，朝廷任命李锓做浙江西道镇海军节度使。这时孙儒、杨行密互相攻伐，淮海战火绵延几千里，钱镠时刻率领军队进行防御。孙儒占据着宣州，不敢进犯江浙，钱镠的名声因此日渐增高。过了很长时间，李锓到底没有前来治所，朝廷任命钱镠为镇海军

镠勋名日著。久之，李锭终不至治所，朝廷以镠为镇海军节度，仍移润州军额于杭州为治所，又立威胜军于越州，董昌为节度使。昌渐骄贵，自言身应符谶[7]，又为祅人王百艺所诳[8]，僭称尊号，乃于越州自称罗平国王，年号大圣，伪命镠为两浙都将。镠不受命，以状闻，唐昭宗命镠讨昌。乾宁四年，镠率浙西将士破越州，擒昌以献，朝廷嘉其功，赐镠铁券。又除宰臣王抟为威胜军节度使[9]。而两浙士庶拜章[10]，请以镠兼杭、越二镇，朝廷不能制，因而授之，改威胜军为镇东，镠乃兼镇海、镇东两藩节制。镠既兼两镇，精兵三万。而杨行密连岁兴戎，攻苏、湖、润等州[11]，欲兼并两浙，累为镠所败，亦为行密侵盗数州，而镠所部止一十三州而已。天复中，镠大将许再思、徐

节度使，并把该军的治所从润州改移到杭州，又在越州设置了威胜军，董昌做节度使。董昌逐渐骄傲尊贵，自称命合符谶，又受到祅人王百艺的诓骗，僭称尊号，就在越州自称罗平国王，以大圣为年号，非法任命钱镠做两浙都将。钱镠不接受任命，把情况报告朝廷，唐昭宗命令钱镠讨伐董昌。乾宁四年（897），钱镠率领浙西的将士攻下越州，俘虏董昌献给朝廷，朝廷嘉奖功劳，赐给钱镠铁券，又任命宰相王抟做威胜军节度使。而两浙的士人百姓向朝廷进上表章，请求让钱镠兼任杭州、越州两镇的节度使，朝廷不能遥制，因此也授任了，把威胜军改为镇东，钱镠于是身兼镇海、镇东两个藩镇的节度使。钱镠身兼两镇节度使之后，拥有精兵三万。杨行密连年挑起战端，攻打苏州、湖州、润州等州，企图兼并两浙，多次被钱镠打败，但也被杨行密侵占了几州之地，而钱镠所统辖的地区只有十三州而已。天复年间，钱镠的大将许再思、徐绾反叛，勾结宣州节度使田頵策谋袭击杭州。田頵等率兵突然进逼到城下，钱镠激励士兵，一战而打败了敌军，生擒了徐绾，田頵逃走。

绽叛，引宣州节度使田頵谋袭杭州⑫。田頵等率师掩至城下，镠激厉军士，一战败之，生擒徐绾，田頵遁走。

注释　①景福：唐昭宗的年号（892—893）。　②浙江西道：简称浙西，唐代的方镇，治所润州。镇海军：即浙江西道，唐德宗贞元时命名镇海军。　③杨行密：时为淮南节度使，《新唐书》，新、旧《五代史》有传。　④淮海：泛指淮河以南、长江下游一带。　⑤宣州：治所宣城，今属安徽。　⑥江浙：指今江苏南部和浙江一带。⑦符谶（chèn）：古代流传的一种迷信，说假如命里注定要做帝王，上天就会显示某些征兆。　⑧衳人：指巫师一类人物。诳（kuáng）：欺骗，迷惑。　⑨王抟（tuán）：原文误作王溥，据《旧唐书》昭宗纪和《资治通鉴》改正。　⑩两浙：对浙江东道和浙江西道的合称，包括今浙江和江苏太湖周围及其以东地区。　⑪苏：苏州，治所吴县，今江苏苏州。湖：湖州，治所乌程，今浙江湖州。　⑫頵：音 yūn。

原文

镠于临安故里兴造第舍，穷极壮丽，岁时游于里中，车徒雄盛，万夫罗列。其父宽每闻镠至，走窜避之，镠即徒步访宽，请言其故。宽曰："吾家世田渔为事，未尝有贵达如此，尔今为十三州主，三面受敌，与人争利，恐祸及吾家，所以不忍见汝。"……

翻译

钱镠在临安故乡兴建宅第，极其壮丽，年节回到家乡，车骑雄盛，排列着成千上万的民众。他的父亲钱宽每听说钱镠回来，就躲避到别的地方，钱镠就徒步寻找到钱宽，请说明原因。钱宽说："我家世世代代以种田打鱼为业，从没有人显贵到这种地步，你如今是十三州主，三面受敌，与人争利，我害怕祸害到我们家，所以不忍心见到你。"……

原文

　　镠于唐昭宗朝,位至太师、中书令、本郡王,食邑二万户。梁祖革命[①],以镠为尚父、吴越国王[②]。梁末帝时,加诸道兵马元帅。同光中,为天下兵马都元帅、尚父、守尚书令[③],封吴越国王,赐玉册、金印。初,庄宗至洛阳,镠厚陈贡奉,求为国王及玉册。诏下有司详议,群臣咸言:"玉简金字,唯至尊一人[④],钱镠人臣,不可。又本朝以来,除四夷远藩羁縻册拜[⑤],或有国王之号,而九州之内亦无此事[⑥]。"郭崇韬尤不容其僭,而枢密承旨段徊[⑦],奸幸用事,能移崇韬之意,曲为镠陈情,崇韬偓佌从之[⑧]。镠乃以镇海、镇东军节度使名目授其子元瓘[⑨],自称吴越国王,命所居曰宫殿,府署曰朝廷,其参佐称臣[⑩],僭大朝百僚之号,但不改年号而已。……

翻译

　　钱镠在唐昭宗朝,官做到太师、中书令、本郡王、食邑二万户。后梁太祖改朝换代以后,以钱镠为尚父、吴越国王。梁末帝时,加授诸道兵马元帅。同光年间,成为天下兵马都元帅、尚父、守尚书令,封吴越国王,赐给玉册、金印。当初,后唐庄宗进入洛阳以后,钱镠进奉贡品丰厚,请求封为国王并赐给玉册。庄宗下诏交给有关部门研究,群臣都说:"玉简金字,只有至尊一人配用,钱镠作为臣下是不可以的。再说本朝创建以来,除过羁縻四夷远藩进行册拜,有时使用国王的封号,在九州之内并没有这样的做法。"郭崇韬尤其不能容忍钱镠的僭越,然而枢密承旨段徊,奸幸掌权,能使郭崇韬改变主意,他委婉地为钱镠说情,郭崇韬勉强同意了。于是钱镠把镇海、镇东军节度使的名衔转授给儿子钱元瓘,自称吴越国王,下令把居住的地方叫宫殿,把府署叫朝廷,部下的僚属称臣,冒用大朝百官的名号,只是没有改换年号而已。……

注释 ① 梁祖革命：指朱温灭唐建立后梁。 ② 尚父：周武王尊称吕尚为尚父，意思是可敬尚的父辈，后代的皇帝沿用这一称号加给地位崇重的大臣表示尊礼。 ③ 守尚书令：守是署理之意，官阶低而所署官高叫守，尚书令是加给元老重臣等的虚衔。 ④ 至尊：原是极其尊贵的意思，后来多用作帝王的尊称。 ⑤ 羁縻：原意是束缚，引申为笼络人心。 ⑥ 九州：传说大禹治水后把天下划分为九州，后代即用九州泛称天下，一般是指传统的中原王朝统治下的地区。 ⑦ 枢密承旨：枢密院的官员。 ⑧ 僶俛(mǐn miǎn)：努力，勉力。 ⑨ 瓘：音 guàn。 ⑩ 参佐：僚属，部下。

原文

镠在杭州垂四十年，穷奢极贵。钱塘江旧日海潮逼州城，镠大庀工徒①，凿石填江，又平江中罗刹石②，悉起台榭③，广郡郭周三十里，邑屋之繁会，江山之雕丽，实江南之胜概也。

镠学书，好吟咏。江东有罗隐者④，有诗名，闻于海内⑤，依镠为参佐。镠尝与隐唱和，隐好讥讽，尝戏为诗，言镠微时骑牛操梃之事⑥，镠亦怡然不怒。……

镠虽季年荒恣，然自唐朝，于梁室、庄宗中兴以来⑦，每来扬帆越海，贡奉无阙，故中朝亦以此善之⑧。

翻译

钱镠在杭州统治了将近四十年，极尽奢侈富贵。钱塘江以往海潮威胁州城，钱镠征发大量民工进行治理，凿石填江，平掉了江中的罗刹石，修建了许多台榭，把州城扩大三十里，房屋密集，江山华丽，确实是江南的胜境。

钱镠爱好读书，喜欢吟诗。江东有位名叫罗隐的，作诗很有名气，海内闻名，投靠钱镠做了僚属。钱镠曾经与罗隐以诗相酬答，罗隐好讥讽，曾作诗和钱镠开玩笑，提到钱镠微贱时骑牛持棒的往事，钱镠也神色和悦并不动怒。……

钱镠虽然晚年纵情享乐，然而从唐朝、后梁、到后唐庄宗恢复唐的国号以来，时常扬帆渡海，进贡不断，因此中朝也对他很好。

注释 ① 庀(pǐ):治理。 ② 罗刹石:罗刹是佛经里对恶鬼的称呼,钱塘江因为风涛险恶,当时人称之为罗刹江,故江中的险石也被叫作罗刹石。 ③ 榭(xiè):建在高台上的敞屋。又有一种建在水边的亭阁叫水榭。 ④ 江东:又叫江左,古人对今安徽芜湖、江苏南京长江河段以东地区的称呼。 ⑤ 海内:古人认为我国疆土四面环海,故称国境以内为海内,也就是天下的意思。 ⑥ 梃(tǐng):棍棒。 ⑦ 庄宗中兴:指后唐庄宗李存勖正式称帝建元。 ⑧ 中朝:指统治中原的政权。

原文

　　镠以长兴三年三月二十八日薨①,年八十一。……谥曰武肃。镠初事董昌,时年甫壮室②,性尚刚烈。时有儒士谒于主帅,已进刺矣③,见镠稍息,镠怒。投之罗刹江④。及典谒者将召⑤,镠诈云:"客已拂衣去矣。"及为帅时,有人献诗云:"一条江水槛前流⑥。"镠不悦,以为讥己,寻害之。迨于晚岁,方爱人下士,留心理道,数十年间,时甚归美。镠尤恃崇盛,分两浙为数镇,其节制署而后奏。左右前后皆儿孙甥侄,轩陛服饰⑦,比于王者,两浙里俗咸曰"海龙王"。梁开平中,浙

翻译

　　钱镠于长兴三年(932)三月二十八日去世,时年八十一岁。……谥号武肃。钱镠开始奉事董昌,当时年龄刚到壮年,性情还很刚烈。有个儒士要求见主帅,已将名刺递进,对钱镠稍有些怠慢,钱镠发怒,把他抛入罗刹江里。到典谒的人要召引时,钱镠谎称说:"来客已生气离去了。"到做了节度使,有人献诗说:"一条江水槛前流。"钱镠很不高兴,认为这是讥骂自己,不久就害死了那人。到了晚年,才爱护百姓敬重士人,注意治理的办法,几十年里,受到时论赞美。钱镠更仗着兵势强盛,把两浙分成几镇,那里的节度使都是先任命以后才奏报朝廷。他的左右前后都是自己的儿孙甥侄,殿堂服饰,比于王者,两浙民间都叫他是"海龙王"。后梁开平年间,浙江百姓向朝廷提出,请求为钱镠建立生祠,后梁太祖同意了,让翰林

民上言,请为镠立生祠⑧,梁太祖许之,令翰林学士李琪撰生祠堂碑以赐之,至今蒸黎飨之⑨,子孙保之,斯亦近代之名王也。

学士李琪撰写生祠堂碑赐予,至今仍得百姓祭祀,子孙保全,也称得上是近代的名王了。

注释 ① 长兴:后唐明宗的年号(930—933)。 ② 壮室:古人年满三十叫壮。壮有妻室,故将壮年也叫壮室。 ③ 刺:名片,古代在竹简上刺上名字,所以叫刺。 ④ 罗刹江:即钱塘江,参前注。 ⑤ 典谒者:掌管宾客往来接待联络的人。 ⑥ 一条江水槛前流:"前流"二字正与钱镠谐音,所以此句诗意对他来说十分不祥。 ⑦ 轩陛:轩是栏杆,陛是台阶,这里用来代指宫室殿堂。 ⑧ 生祠:为活人立的祠庙。 ⑨ 蒸黎:庶民,百姓。飨(xiǎng):献祭。

原文

元瓘,镠第五子也。起家为盐铁发运巡官①。……天复中,本州裨校许再思等为乱,构宣州节度使田頵,頵领兵奄至,镠击败再思,与頵通和。頵要盟于镠②,镠遍召诸子问之曰:"谁能为吾为田氏之婿者?"例有难色,时元瓘年十六,进曰:"唯大王之命。"由是就亲于宣州。……

梁贞明四年夏③,镠大

翻译

钱元瓘,是钱镠的第五个儿子。刚出任官职时是盐铁发运巡官。……天复年间,本州的裨将许再思等人反叛,勾结宣州节度使田頵,田頵领兵迅速赶到,钱镠打败许再思,与田頵议和。田頵提出要订立盟约,钱镠召来所有的儿子问他们说:"谁能为我去给田家当女婿?"都面有难色,这时钱元瓘十六岁,上前说:"全听大王的安排。"于是前去宣州成亲。……

梁贞明四年(918)夏天,钱镠大举出兵讨伐吴,任用钱元瓘做水战诸军都指挥使。战船抵达东洲,吴人派水军抵举伐吴,以元瓘为水战诸军都指挥使。战棹抵东洲④,吴人以舟师拒战,元瓘为火筏顺风扬灰以坌之⑤,白昼如雾,吴师迷方,遂败之,擒军使彭彦章并军校七十余人,得战舰四百只。吴人知不可校⑥,通好于镠。……

抗,钱元瓘用火筏顺风扬灰使尘埃弥漫,白天如起浓雾,使吴军迷失方向,打了胜仗,擒获了吴军军使彭彦章和军将七十多人,缴获战舰四百只。吴国明白不能敌对,与钱镠和好。……

注释 ①巡官:节度使、观察使等的僚属。 ②要(yāo)盟:强迫结盟。 ③贞明:后梁末帝的年号(915—920)。 ④东洲:当时长江中的沙洲,在今江苏启东北。 ⑤坌(bèn):尘埃,引申为尘埃飞扬。 ⑥校:较量,对抗。

原文

镠既年高,欲立嗣,召诸子使各论功,请让于元瓘。及镠病笃①,召将吏谓之曰:"余病不起,儿皆愚懦,恐不能为尔帅,与尔辈决矣,帅当自择。"将吏号泣言曰:"大令公有军功②,多贤行仁孝,已领两镇,王何苦言及此!"镠曰:"此渠定堪否③?"曰:"众等愿奉贤帅。"即出符钥数筐于前④,谓元瓘曰:"三军言尔可奉,

翻译

钱镠已经年老,准备确定继承人,召见儿子们让他们各自评功,他们都推让请立钱元瓘。钱镠到病重时,召集武将文臣对他们说:"我病重不起,儿子们都愚昧懦弱,恐怕不能做你们的主帅,我和你们诀别了,你们应当自己选择主帅。"文武官员都痛哭着说:"大令公建有军功,平日里行事贤良仁孝,已经身兼两镇的节度使,大王何苦要这样说!"钱镠问道:"这一位一定能胜任吗?"众人说:"我们愿意尊奉贤帅。"钱镠当即取出几筐符印钥匙放在面前,对钱元瓘说:"三军都说你可以尊奉,把这些领去

领取此。"镠薨,遂袭父位。

唐长兴四年,遣将作监李鏻起复元瓘官爵[5],又命户部侍郎张文宝授兼尚书令。清泰初[6],封吴王。二年,封越王。天福元年,赐金印。三年,封吴越国王。五年,加天下兵马元帅。六年,授天下兵马都元帅。其年夏有疾。秋,府署灾,焚之一空,乃移于他所,其焰皆随而发焉,元瓘因惊悸发狂[7],以是岁八月二十四日薨,年五十五岁,谥曰文穆。

元瓘幼聪敏,长于抚驭,临戎十五年,决事神速,为军民所附。然奢僭营造,甚于其父。……元瓘有诗千篇,编其尤者三百篇,命曰《锦楼集》,浙中人士皆传之。子佐为嗣[8]。

吧。"钱镠去世,钱元瓘于是继承了父位。

后唐长兴四年(933),明宗派将作监李鏻前去起复钱元瓘的官爵,又命户部侍郎张文宝授他兼尚书令。清泰初年,封为吴王。二年,封为越王。天福元年(936),赐给金印。三年,封为吴越国王。五年,加授天下兵马元帅。六年,授天下兵马都元帅。这年夏天患病。秋天,官署发生火灾,全都烧毁,于是转移到别的地方,火焰跟着他到处燃起,钱元瓘因为惊吓而发狂,在这年八月二十四日死去,年五十五岁,谥号叫文穆。

钱元瓘幼年时聪明机敏,擅长安抚控驭臣下,带兵作战十五年,遇事决断神速,为军民所亲附。然而奢侈营造,还超过他父亲。……钱元瓘作诗千篇,挑选其中最好的三百篇编集起来,起名叫《锦楼集》,浙中士人都传诵。子钱佐继承了王位。

注释 ① 病笃(dǔ):病重。 ② 大令公:隋唐以后,凡任中书令的,习称令公。因这时钱元瓘已被后唐加上了中书令的职号,所以用大令公来称呼他。 ③ 渠:他。 ④ 箧(fěi):筐一类的竹器。 ⑤ 将作监:朝廷里负责宫室、宗庙、中央官署等土木工程的机构的长官。起复:封建社会官吏如果父母死去要去职服二十七个月的丧,丧期不满又起用叫起复。 ⑥ 清泰：后唐末帝的年号（934—936）。 ⑦ 惊悸：惊吓。
⑧ 佐：本名弘佐，因避宋太祖赵匡胤父弘殷讳而这里单称佐。

原文

佐，字玄祐。元瓘薨，遂袭其位。晋天福末，制授检校太师、兼中书令、吴越王，仍篆玉为册以赐之①。前代玉册，册夷王有之，伪梁时欲厚于镠，首为式例，故因而不改。俄授开府仪同三司、守太尉。时以建安为淮寇所攻②，授东南面兵马都元帅。佐寻遣舟师进讨，淮人大败，以功加守太师。汉高祖入汴，佐首献琛赆③，表率东道。汉祖嘉之，授诸道兵马都元帅。

佐居列土凡七年，境内丰阜④，祖、父三世皆为元帅，时以为荣。汉初，以疾卒于位，谥曰忠献。

佐幼好书，性温恭，能为五七言诗⑤，凡官属遇雪月佳景，必同宴赏，由此士

翻译

钱佐，字叫玄祐。钱元瓘去世，他承袭了王位。后晋天福末年，下制授他检校太师、兼中书令、吴越王，并篆玉为册赐给他。前代的玉册，只是在册命四夷王时才用，后梁时想要用优厚的待遇笼络钱镠，创了先例，所以沿袭不改。不久授为开府仪同三司、守太尉。当时由于建安受到南唐军的攻击，授他为东南面兵马都元帅。不久钱佐派水军进讨，南唐军大败，由于战功加授守太师。后汉高祖进汴州灭掉后晋，钱佐首先进献宝物，为东方各地作表率。后汉高祖赞赏他，授他为诸道兵马都元帅。

钱佐据有一方土地共七年时光，境内充裕富饶，从祖父、父亲到他三世都是元帅，当时人认为很荣耀。后汉初年，因病死在王位上，谥号叫忠献。

钱佐年幼时好读书，性情温顺谦和，能作五言诗和七言诗，凡是和下属官员在一起遇到雪月佳景，一定要设宴共同观赏，因此士人都倾心归附。他设的官职也有丞相以下的名目，而俸禄很微薄，很少够用。每当有朝廷官员前

人归心。其班品亦有丞相已下名籍⑥，而禄给甚薄⑦，罕能自济。每朝廷降吏，则去其伪官。或与会则公府助以仆马。处事龌龊⑧，多如此类。然航海所入，岁贡百万，王人一至⑨，所遗至广，故朝廷宠之，为群藩之冠。佐有子昱⑩，年五岁，未任庶务⑪，乃以其弟倧袭位⑫。

去，就不称吴越自己授给的官职。有时参与聚会则由官府资助随从和车马。他处理事务拘束小气，多是这样。然而经过航海送达的贡品，每年都上百万。每次使者前来，都广赠礼物，所以得到朝廷的宠信，为诸藩镇之冠。钱佐有个儿子名昱，年方五岁，不能担任国务，于是由他的弟弟钱倧继承王位。

注释 ① 篆玉为册：在玉册上刻上文字。 ② 建安：县名，是建州治所。当时为闽政权所据。淮寇：指南唐。 ③ 琛赆（chēn jìn）：作为礼物的珍宝。 ④ 丰阜：富饶，盛多。 ⑤ 五七言诗：五言诗和七言诗，即每句五字、七字的诗，包括五古、七古、五律、七律、五绝、七绝、五排等。 ⑥ 班品：指官职。 ⑦ 禄给：官吏的薪俸。 ⑧ 龌龊（wò chuò）：局狭，小气。 ⑨ 王人：指朝廷的使臣。 ⑩ 昱：音 yù。 ⑪ 庶务：政务。 ⑫ 倧（zōng）：本名弘倧。

原文

倧，性明敏严毅，未立时，常以佐性宽善，疑掌兵权者难制。及代佐为帅，以礼法绳下，宿将旧勋，不甚优礼。大将胡进思颇不平之，乃密与亲军谋去倧。汉祖入汴之岁十二月，进思率

翻译

钱倧，性情明智机敏，严厉果敢，没有被立为王时，经常认为钱佐性情宽厚善良，担心执掌兵权的将领难以控制。到取代钱佐做主帅之后，用礼仪法度来约束下属，老将功臣，对此不太服从。大将胡进思颇为不平，就暗中与亲军谋划除去钱倧。后汉高祖进入汴州那年的十二月，胡进思率领武装士兵大声喧

甲士三百大噪，突入衙署，倧阖户以拒之[1]，左右与之格斗，尽为进思所杀，遂迁倧于别馆，以甲士援送，幽于锦军[2]，立倧异母弟俶为帅。其年夏四月，进思疽发背而卒[3]，越人快之，以为阴灵之诛逆也。

叫，冲进官署，钱倧闭门抵抗，身边的亲信与他们格斗，全都被胡进思杀死，于是把钱倧迁移到另一处馆舍里，派武装士兵押送，囚禁在衣锦军，推立钱倧的异母弟钱俶做主帅。这年的四月，胡进思背部毒疮发作而死，当地人都称快，认为这是阴灵诛杀反逆。

注释 ① 阖(hé)户：关门。 ② 锦军：后梁开平二年(908)，钱镠将自己的家乡临安县广义乡改为安国县衣锦乡，又叫衣锦军。 ③ 疽(jū)：毒疮。

原文

俶，元瓘之子，倧之异母弟也。倧既为军校所幽，时俶为温州刺史[1]，众以无帅，遂迎立之，时汉乾祐元年正月十五日也。其年八月，始授检校太师、兼中书令，充镇海镇东等军节度使、东南面兵马都元帅。周广顺中，累官至守尚书令、中书令、吴越国王。皇朝建隆初[2]，复加天下兵马大元帅，其后事具皇朝日历[3]。

翻译

钱俶，是钱元瓘的儿子，钱倧的异母弟弟。钱倧被军将囚禁之后，当时钱俶是温州刺史，部众们因为没有主帅，于是奉迎推立他，这时是后汉乾祐元年(948)正月十五日。这年八月，方被授任检校太师、兼中书令，充任镇海镇东等军节度使、东南面兵马都元帅。后周广顺时，多次迁任官至守尚书令、中书令、吴越国王。本朝建隆初年，更加天下兵马大元帅，以后的事情都记载在皇朝日历里。

注释 ① 温州：治所永嘉，今浙江温州。 ② 皇朝：北宋人对本朝的称呼。建隆：宋太祖的年号(960—962)。 ③ 皇朝日历：宋代在秘书省下设日历所，于修实录之前先修日历，时称皇朝日历。

僭伪列传 · 刘守光

导读

盘踞幽州的刘仁恭、刘守光父子,虽然并没有列入通常所说的十国之内,但事实上是唐末五代初年北方的一大割据势力,在群雄纷争尤其是梁晋争雄中,具有举足轻重的影响。

这个传对刘氏父子从崛起到覆灭作了记述。刘氏父子比之于钱镠及后继者,其政治远见无疑要逊色多了。刘仁恭完全依赖河东李克用的扶持,才得以发迹,然而却不知与这个西方强邻搞好关系。至于刘守光,则忙于称帝,正好授人以柄,招致了河东联合其他藩镇的进攻,落了个自取灭亡的下场。(选自卷一三五)

原文

刘守光,深州乐寿人也①。其父仁恭,初随父晟客于范阳②,晟以军吏补新兴镇将,事节度使李可举。仁恭幼多智机,数陈力于军中。李全忠之攻易定也③,别将于晏围易州,累月不能拔,仁恭穴地道以陷之,军中号曰"刘窟头"。稍迁裨校。

翻译

刘守光,是深州乐寿人。他的父亲刘仁恭,起初跟着他祖父刘晟寄住在范阳,刘晟从军吏补任新兴镇将,在节度使李可举部下做事。刘仁恭年少时富于机智,几度在军中施展才力。李全忠攻打易定的时候,手下偏将于晏包围了易州,几个月不能攻下,刘仁恭掘地道攻下,军中把他叫"刘窟头"。逐渐升迁为裨校。

注释 ①乐寿:县名,今河北献县。 ②范阳:即幽州的别称。 ③易定:方镇名,即义武军。

原文

仁恭志大气豪,自言尝梦大佛幡出于指端,或云年四十九当领旌节。此言颇泄,燕帅李匡威恶之,不欲令典军,改为府掾①,出为景城令②。属瀛州军乱,杀郡守,仁恭募白丁千人讨平之,匡威壮其才,复使为帐中爪牙,令将兵戍蔚州③。兵士以过期不代,思归流怨,会李匡俦夺兄位,戍军拥仁恭为帅,欲攻幽州。比至居庸关④,为府兵所败,仁恭挈族奔于太原。武皇遇之甚厚,赐田宅以处之,出为寿阳镇将⑤,从征吐浑⑥。仁恭数进画于盖寓,言幽州可图之状,愿得步骑万人,即指期可取,武皇从之。洎仁恭举兵,屡不克捷。

翻译

刘仁恭志向远大,气概豪壮,自己说曾经梦见大佛幡从指头上出现,有人说他四十九岁时会领受节度使的旌节。这话泄露出去广为人知,幽州节度使李匡威厌恶他,不想让他领兵,改任为府掾,打发出去做景城县令。正碰上瀛州发生兵变,杀死了刺史,刘仁恭招募一千名平民征讨平定了这一事变。李匡威赏识他的才能,又让他做帐中的亲信,命令他带兵守卫蔚州。士兵们由于超过了驻守期限没有替换,想念家乡流露不满,正值李匡俦夺占了他哥李匡威的节度使职位,驻军拥立刘仁恭做主帅,准备进攻幽州。到达居庸关时,被节度使府的亲兵打败,刘仁恭携带家族逃往太原。武皇帝李克用厚待他,赐给他田地宅院让他安身,派他出任寿阳镇将,随从征讨吐浑。刘仁恭多次为盖寓出谋划策,讲述幽州可以攻取的情况,表示愿意带领拨给的一万名步兵骑兵,就在规定期限内攻占,武皇帝听从了他的意见。不过当刘仁恭出兵,多次都未能获胜。

注释 ① 府掾（yuàn）：节度使府署里的属官。 ② 景城：县名，在今河北沧州西。 ③ 蔚州：治所兴唐，今河北蔚县。 ④ 居庸关：在今北京昌平西北。 ⑤ 寿阳：县名。今属山西。 ⑥ 吐浑：即吐谷（yù）浑，我国古代西北地区的少数民族，隋及唐前期十分强大，但这时已经衰落，余部散居在北方的一些地区。

原文

唐乾宁元年十一月，武皇亲征匡俦。十二月，破燕军于威塞①，进拔妫州，收居庸。二十六日，匡俦弃城而遁。武皇令李存审与仁恭入城抚劳，封府库，即以仁恭为幽州节度使，留腹心燕留德等十余人分典军政，武皇乃还。二年七月，武皇讨王行瑜，师于渭北②，上章请授仁恭节钺。九月，天子以仁恭为检校司空、幽州卢龙军节度使。三年，罗弘信背盟③，武皇遣李存信攻魏州，征兵于燕，仁恭托以契丹入寇，俟敌退听命。四年七月，武皇闻兖、郓俱陷，复征兵于仁恭，数月之间，使车结辙，仁恭辞旨不逊。武皇

翻译

唐乾宁元年（894）十一月，武皇帝李克用亲自出征讨伐李匡俦。十二月，在威塞打败幽州军队，进占妫州，收取了居庸关。二十六日，李匡俦弃城逃跑。武皇帝下令李存审与刘仁恭进入幽州城里抚慰百姓，封锁府库，就任命刘仁恭为幽州节度使，留下心腹燕留德等十人分别掌管军政事务，武皇帝于是回兵。二年（895）七月，武皇帝讨伐王行瑜，出兵到渭北，上表章给朝廷请求正式授给刘仁恭节度使节钺。九月，唐昭宗任命刘仁恭为检校司空、幽州卢龙军节度使。三年（896），罗弘信背弃了与河东的盟约，武皇帝派李存信进攻魏州，向幽州征调军队，刘仁恭借口契丹入侵，等到契丹退兵后就服从命令。四年（897）七月，武皇帝得知兖州、郓州都被攻占，再次向刘仁恭征调军队，几个月内，派去的使者络绎不绝，刘仁恭出语很不恭敬。武皇帝致信指责他，刘仁恭看过信后肆意辱骂，拘押来使，把在

以书让之，仁恭览书嫚骂④，拘其使人，晋之戍兵在燕者皆拘之，复以厚利诱晋之骁将，由是亡命者众矣。八月，武皇讨仁恭……大为燕军所败，死伤大半。既而仁恭告捷于梁祖，梁祖闻之喜，因表仁恭加平章事。仁恭又遣使于武皇，自陈边将擅兴之罪⑤，武皇以书报之。仁恭既绝于晋，恒惧讨伐，募兵练众，常无虚月。

幽州戍守的晋军统统关押起来，又用优厚的好处引诱晋的猛将，引起很多人逃亡。八月，武皇帝进讨刘仁恭……被幽州军队打得大败，死伤了大半。此后刘仁恭向后梁太祖报捷，后梁太祖听到后很高兴，就上表朝廷给刘仁恭加授平章事。刘仁恭又派人去武皇帝那里，主动陈述是边将自行用兵的罪过，武皇帝致信答复。刘仁恭既与晋断绝交好，常常担心武皇帝出兵讨伐，招募军队训练兵众，一刻也不放松。

注释 ① 威塞：即威塞军，这是后来五代后唐时改的地名，这时是新州，治所永兴，今河北涿鹿。 ② 渭北：指今陕西关中渭河以北地区。 ③ 罗弘信：当时为魏博节度使，新、旧《唐书》，新、旧《五代史》有传。 ④ 嫚(màn)骂：肆意辱骂。 ⑤ 擅兴：没有旨命而擅自发兵。

原文

光化元年三月，令其长子袭沧州，卢彦威委城而遁，遂兼有沧、景、德三郡①，以守文为留后，请节钺于朝。昭宗怒其擅兴，不时与之。会中使至范阳，仁恭私之曰："旄节吾自有，但要长

翻译

光化元年（898）三月，刘仁恭下令他的长子刘守文袭击沧州，卢彦威弃城逃走，于是同时据有了沧州、景州、德州三州，任刘守文做留后，向朝廷请求正式授予节度使节钺。昭宗恼怒他擅自发兵，没有及时授与。正好中使这时来到范阳，刘仁恭私下对他说："旄节我自己就有，只是需要长安授予的正式东

安本色耳^②。何以累章见阻？为吾言之。"其悖戾如此^③。仁恭兵锋益盛，每战多捷，以为天赞，遂有吞噬河朔之志。

西。为什么我多次上章都受到阻拦？请为我说一说。"他就是这样的狂妄。刘仁恭的兵势日益强盛，作战经常取胜，认为是有天助，于是怀有吞灭河朔的志向。

注释 ① 景：景州，治所弓高，在今河北东光西北。德：德州，治所安德，今山东陵县。 ② 长安：这里是朝廷的代称。 ③ 悖戾(bèi lì)：违乱狂妄。

原文

二年正月，仁恭率幽、沧步骑十万，号三十万，将兼并魏博、镇定^①。师次贝州^②，一鼓而拔，无少长皆屠之，清水为之不流^③。罗绍威求援于汴^④，汴将李思安、葛从周赴之，思安屯内黄^⑤。仁恭兵围魏州，闻汴军在内黄^⑤，戒其子守文曰："李思安怯懦，汝之智勇，比之十倍，当先殄此鼠辈^⑥，次掳绍威。"守文与单可及率渔阳精甲五万^⑦，夹清水而上^⑧。思安设伏于内黄、清水之左，袁象先设伏于清水之右。思安逆战于繁阳城^⑨，

翻译

二年(899)正月，刘仁恭统率幽州、沧州的步兵骑兵十万，号称是三十万，企图兼并魏博、镇定。进军到贝州，一举攻克，不分老少统统杀光，清水因此阻塞不流。罗绍威向汴州求援，汴州将领李思安、葛从周赶来援助，李思安驻扎在内黄。刘仁恭带兵包围了魏州，听说汴州军队在内黄，告诫儿子刘守文说："李思安胆小懦弱，你的才智勇气，超过他十倍，应当先消灭这个鼠辈，然后活捉罗绍威。"刘守文与单可及率领着幽州的精锐部队五万人，沿着清水两岸逆流而上。李思安在内黄的清水左岸，袁象先在清水右岸设下伏兵。李思安在繁阳城迎战，假装不能取胜，一步一步地后退，幽州的军队紧紧追击，追到了内黄。李思安的步兵列成阵势，回击

伪不胜，徐退，燕人追蹑，至于内黄，思安步兵成列，回击之。燕人将引退，左右伏兵发，燕军大败，临阵斩单可及，守文单骑仅免，五万之众无生还者。时葛从周率邢、洺之众入魏州，与贺德伦、李晖出击贼营。是夜，仁恭烧营遁走，汴人长驱追击，自魏至长河数百里⑩，僵尸蔽地，败旗折戟，累累于路。镇人又邀击于东境，燕军复败。仁恭自是垂翅不振者累年⑪。汴人乘胜攻沧州，仁恭率师援之，营于乾宁军。汴将氏叔琮逆战，燕军逗挠，退保瓦桥，乃卑辞厚礼乞师于晋，武皇遣兵逼邢、洺以应之。十月，汴人陷瀛、鄚二州，晋将周德威将兵出飞狐，仁恭复修好于晋。

幽州军队。幽州军队准备退却，两边的伏兵突然杀出，幽州军队大败，在阵上杀死了单可及，刘守文只身骑马逃脱，五万部众没有活着回来的。这时葛从周率领邢州、洺州的兵众进入魏州，与贺德伦、李晖出击敌营。当夜，刘仁恭烧掉营寨逃走，汴州方面紧追不舍，从魏州到长河的几百里间，死尸躺满了大地，倒下的旗帜、损折的兵器，道路上到处都是。镇州军队又在东边境内截击，幽州军队再次战败。刘仁恭从此数年内衰弱而不能振起。汴州军队乘胜进攻沧州，刘仁恭率兵援救，在乾宁军扎下营寨。汴州大将氏叔琮前来迎战，幽州军队逗留观望，退守瓦桥关，就用谦卑的语言、丰厚的礼物向河东乞求援兵，武皇帝派兵进逼邢州、洺州来接应。十月，汴州军队攻占了邢州、莫州二州，河东将领周德威率军从飞狐关出兵，刘仁恭又与河东言归于好。

注释　①魏博：方镇名，即天雄军。　②贝州：治所清河，在今河北清河西。③清水：即清河，流经当地的一条河流。　④罗绍威：罗弘信子，此时罗弘信死，他继为魏博节度使。新、旧《唐书》，新、旧《五代史》有传。　⑤内黄：县名，今属河南。

⑥ 殄（tiǎn）：消灭。 ⑦ 渔阳：即蓟州，治所渔阳，今河北蓟县。这里是指幽州。
⑧ 清水：与上面提到的清水不是一回事，是指淇水在内黄以东的河段。 ⑨ 繁阳
城：故繁阳县城，在今河南内黄西北。 ⑩ 长河：县名，今山东德州。 ⑪ 垂翅：用
鸟翅下垂不能高飞比喻遭受挫折。

原文

天祐三年七月，梁祖自
将兵攻沧州，营于长芦①。
仁恭师徒屡丧，乃酷法尽发
部内男子十五已上、七十已
下，各自备兵粮以从军，闾
里为之一空。部内男子无
贵贱，并黥其面②，文曰"定
霸都"，士人黥其臂，文曰
"一心事主"。繇是燕、蓟人
士例多黥涅③，或伏窜而免。
仁恭阅众，得二十万，进至
瓦桥。汴人深沟高垒以攻
沧州，内外阻绝，仁恭不能
合战，城中大饥，人相篡
啖④，析骸而爨⑤，丸土而
食，转死骨立者十之六七⑥。
自七月至十月，仁恭遣使求
援于晋，前后百余辈，武皇
乃征兵于燕，仁恭遣都将李

翻译

天祐三年（906）七月，后梁太祖亲
自带兵进攻沧州，在长芦驻营。刘仁恭
多次损失兵众，于是施行酷法征发辖区
所有十五岁以上、七十岁以下的男子，
各自准备兵器粮食参加军队，乡里为之
一空。辖区的男子不分身份贵贱，都在
脸上刺上字，字是"定霸都"，在士人的
臂上刺上字，字是"一心事主"。幽州人
士照例多被刺字，有人躲藏逃亡才获
免。刘仁恭点检兵众，有二十万人，进
军到瓦桥关。汴州军队挖掘深沟修筑
高墙来围攻沧州，城内城外隔绝，刘仁
恭不能合兵交战，城里大饥荒，互相把
别人抢来当食物，劈开骨头用来生火煮
食，泥土也团起吃下，骨立倒毙占到十
之六七。从七月到十月，刘仁恭派人向
河东求援，先后有一百多次，武皇帝于
是从幽州征调军队，刘仁恭派都将李
溥、夏侯景、监军张居翰、书记马郁等
人，带领三万士兵前去会集。十二月，
和河东军队一同攻打潞州，收降了丁

薄、夏侯景、监军张居翰、书记马郁等，以兵三万来会。十二月，合晋师以攻潞州，降丁会，乃解沧州之围。

会，这才解除了沧州之围。

注释 ① 长芦：县名，今河北沧州。 ② 黥(qíng)：指在人脸上或身上刺上文字或花纹。 ③ 黥涅(niè)：涅是染黑之意，黥涅指在人皮肤上刺字后涂墨染黑。 ④ 篡啖(dàn)：啖是吃，篡啖指人把人抢来吃。 ⑤ 爨(cuàn)：烧火煮饭。 ⑥ 转死骨立：转死指流离失所、死无葬身之地，骨立指极度瘦弱奄奄待毙。

原文

是时，天子播迁，中原多故，仁恭啸傲蓟门①，志意盈满。师道士王若讷，祈长生羽化之道②。幽州西有名山曰大安山，仁恭乃于其上盛饰馆宇，僭拟宫掖，聚室女艳妇，穷极侈丽。又招聚缁黄③，合仙丹，讲求法要④。又以墐泥作钱⑤，令部内行使，尽敛铜钱于大安山巅，凿穴以藏之，藏毕即杀匠石以灭其口。又禁江表茶商，自撷山中草叶为茶⑥，以邀厚利。改山名为大恩山。

翻译

当时天子迁移流离，中原地区变乱频繁，刘仁恭称霸幽州，志得意满。奉道士王若讷为师，企求长生不老成仙得道的方法。幽州两边有座名山叫大安山，刘仁恭就在山上修起豪华的馆舍，僭越地比拟宫殿，在里面集聚未嫁的女子和美艳的妇人，穷奢极欲。又招集僧人道士，炼制仙丹，讲求法要，又用黏土制成钱，下令在辖区内使用，把铜钱都收敛在大安山顶，开凿洞穴储藏起来，收藏完毕就把工匠都杀掉以防泄漏内情。还禁断江表茶商前来，自己采摘山里的草叶作为茶叶，来谋取厚利。把这座山改名为大恩山。

注释 ① 蓟(jì)门:即蓟门关,居庸关的别称,常用来指幽州。 ② 羽化:指飞升成仙。 ③ 缁(zī)黄:缁,黑色,僧人缁服,道士黄冠,故缁黄用来作为僧道的代称。 ④ 法要:佛法要义。 ⑤ 墐(jìn)泥:黏土。 ⑥ 撷(xié):采摘。

原文

仁恭有嬖妾曰罗氏,美姿色,其子守光烝之①,事泄,仁恭怒,笞守光,谪而不齿②。四年四月,汴将李思安以急兵攻幽州,营于石子河③,仁恭在大安山,城中无备,守光自外帅兵来援,登城拒守。汴军既退,守光乃自为幽州节度,令其部将李小喜、元行钦将兵攻大安山。仁恭遣兵拒战,为小喜所败,乃掳仁恭归幽州,囚于别室。仁恭左右,迨至婢媵④,与守光不协者毕诛之。其兄守文在沧州,闻父被囚,聚兵大哭,谕之曰:"'哀哀父母,生我劬劳⑤。'自古岂有子仇父者,吾家生此枭獍⑥,吾生不如死。"即率沧、德之师讨之。守光逆战于

翻译

刘仁恭有个宠爱的妾罗氏,姿容美丽,他的儿子刘守光和她私通,事情泄露,刘仁恭发怒,抽打刘守光,把他贬谪到外地断绝了关系。四年(907)四月,汴州大将李思安带兵突袭幽州,在石子河驻营,刘仁恭正在大安山,幽州城里没有防备,刘守光从外地带兵赶来援救,登上城墙抵御。汴州军队撤退之后,刘守光就自己做幽州节度使,下令他的部将李小喜、元行钦带兵攻打大安山。刘仁恭派兵抵抗,被李小喜打败,李小喜就把刘仁恭掳回幽州,囚禁在一所单独的房屋里。刘仁恭身边的人,直到婢妾,凡是与刘守光不和的统统杀掉。他的哥哥刘守文在沧州,听说父亲被囚禁,集合兵众大哭,告谕他们说:"'哀哀父母,生我劬劳。'从古以来怎有儿子与父亲为仇的,我家生出这个禽兽,我活着还不如死去。"立即率领沧州、德州的军队进讨。刘守光在鸡苏迎战,被刘守文打败。过一回刘守文假作悲痛,单骑立在阵前,哭泣着告谕部众

鸡苏[7]，为守文所败。既而守文诈悲，单马立于阵场，泣谕于众曰:"勿杀吾弟!"时守光骁将元行钦识之，被擒，沧兵失帅自溃。守光乃絷兄于别室，围以丛棘，乘胜进攻沧州。沧州宾佐孙鹤、吕兖已推守文子延祚为帅[8]，守光携守文于城下，攻围累月。城中乏食，米斗直三万，人首一级亦直十千，军士食人，百姓食墐土，驴马相遇，食其鬃尾，士人出入，多为强者屠杀。久之，延祚力穷，以城降于守光，守文寻亦遇害。

说:"不要杀害我的弟弟!"这时刘守光部下勇将元行钦认出了他，把他擒捉，沧州军队失去了主帅自行溃散。刘守光于是把哥哥拘押在一所单独的房屋中，用棘丛环绕起来，乘胜进攻沧州。沧州的幕僚孙鹤、吕兖已推立刘守文之子刘延祚为节度使，刘守光把刘守文带到城下，围攻了几个月。城里缺少食物，米每斗价值三万钱，一颗人头也能卖一万，士兵吃人，百姓吃黏土，驴马相遇的时候，互相吃鬃尾，士人出入，多被强者屠杀。时间久了，刘延祚无力支持，以城降于刘守光。刘守文不久也被害。

注释　①烝(zhēng):指同母辈私通。　②谪(zhé)而不齿:贬谪到外地不再算自己的儿子。　③石子河:幽州城外的一条河流。　④婢媵(yìng):侍女。　⑤哀哀父母，生我劬(qú)劳:劬劳即辛勤劳苦。这一句出自《诗经·小雅·蓼莪》，大意是可怜父母生我养我多么艰难。　⑥枭獍(jìng):相传枭是食母的恶鸟，獍是食父的恶兽，故用来比喻不孝之子。　⑦鸡苏:即鸡苏寨，在今天津蓟县西。　⑧宾佐:幕僚，部属。

原文

守光性本庸昧，以父兄

翻译

刘守光生性原本庸昧，由于父兄失

失势，谓大所助，淫虐滋甚，每刑人，必以铁笼盛之，薪火四逼，又为铁刷劅剔人面①。尝衣赭黄袍②，顾谓将吏曰："当今海内四分五裂，吾欲南面以朝天下③，诸君以为何如？"宾佐有孙鹤者，骨鲠方略之士也④，率先对曰："王西有并、汾之患⑤，北有契丹之虞，乘时观衅⑥，专待薄人。彼若结党连衡，侵我疆场⑦，地形虽险，势不可支，甲兵虽多，守恐不暇，纵能却敌，未免生忧。王但拊士爱民⑧，补兵完赋，义声驰于天下，诸侯自然推戴。今若恃兵与险，未见良图。"守光不悦。……及庄宗有柏乡之捷⑨，守光谋攻易定，讽动镇人⑩，欲为河朔元帅。庄宗乃与镇州节度使王镕、易定节度使王处直、昭义节度使李嗣昭、振武节度使周德威、天德军节度使宋瑶同遣使奉册⑪，推守光为尚父，

败，自认为得到天助，越发暴虐，每次刑杀，定要用铁笼子把人关起来，四周用柴火烘烤，又制铁刷刮剔人脸。曾穿上赭黄袍，环看文武官员说："当今海内四分五裂，我打算南面称帝让天下尊奉，各位认为怎么样？"幕僚中有位孙鹤，是个耿直而有智谋的人，首先回答道："大王西边有并、汾的威胁，北方有契丹的麻烦，他们寻找机会观察瑕隙，一心准备攻打我们。这两方面假如结盟联合，进犯我们疆界，我们虽然地势险要，也是抵挡不住，虽然士兵众多，也不暇守卫，即使能够击退敌军，还不免有很多麻烦。大王只要抚士爱民，补充军队聚集粮赋，义声遍传天下，各地藩镇自然会推戴。如今假若依靠兵力和险要地势，未见得是好打算。"刘守光很不高兴。……到后唐庄宗获得了柏乡之战的胜利，刘守光计划进攻易定，向镇州方面表示，自己想要做河朔元帅。后唐庄宗于是与镇州节度使王镕、易定节度使王处直、昭义节度使李嗣昭、振武节度使周德威、天德军节度使宋瑶共同派使臣奉上册书，推戴刘守光为尚父，好让他恶贯满盈。刘守光并不醒悟，认为各镇害怕自己，并把各镇的书状送给后梁太祖，说："臣受晋王等推戴为尚父，

以稔其恶⑫。守光不悟，谓藩镇畏己，仍以诸镇状送梁祖，言："臣被晋王等推臣为尚父，坚辞不获，又难拒违。臣窃料所宜，不如陛下与臣河北道都统，则并、镇之叛，不足平殄矣。"梁祖知其诈，优答之，仍命阁门使王瞳、供奉官史彦璋等使于燕⑬，册守光为河北道采访使。

坚决辞让不成，又难以拒绝。臣私下忖度合适的办法，不如陛下授给臣河北道都统的名位，则河东、镇州的反叛，不必费力就可以平定了。"后梁太祖明知他在说谎，宽厚地答复了他，并且命令阁门使王瞳、供奉官史彦璋等人作为使臣前去幽州，册拜刘守光为河北道采访使。

注释　① 劀（guā）：刮。　② 赭（zhě）黄袍：赤黄色的袍，是当时皇帝专用的服装。　③ 南面：古代以坐北朝南为尊位，故天子诸侯见群臣都面南而坐，后来引申为帝王统治天下。　④ 骨鲠（gěng）：耿直。　⑤ 并：并州，太原的旧称。汾：汾州，治所隰城，今山西汾阳。这里是用并汾代指河东。　⑥ 衅：瑕隙。　⑦ 疆埸（yì）：疆界。　⑧ 拊（fǔ）：保护，安抚。　⑨ 柏乡之捷：指后梁乾化元年（911）李存勖在柏乡大胜后梁军。　⑩ 讽动：委婉地说动。　⑪ 天德军：方镇名。治所大同川，在今内蒙古乌拉特前旗东北。　⑫ 稔（rěn）：庄稼成熟。引申指创造条件促使事物成熟。　⑬ 阁门使：掌管殿廷上传宣命令的官员。

原文

　　六月，梁使至，守光令所司定尚父采访使仪注①，所司取唐朝册太尉礼以示之。守光曰："此仪注中何无郊天改元之事②？"梁使

翻译

　　六月，后梁朝廷的使臣来到，刘守光下令有关机构确定册命尚父采访使的礼仪制度，有关机构拿出唐朝册命太尉的礼仪条文让他看。刘守光说："这条文里为什么没有郊天改元的内容？"后梁使臣说："尚父虽然尊贵，可还是臣

曰："尚父虽尊,犹是人臣。"守光怒,投于地,谓将吏曰:"方今天下鼎沸,英雄角逐,朱公创号于夷门,杨渭假名于淮海,王建自尊于巴蜀,茂贞矫制于岐阳③,皆因茅土之封④,自假帝王之制,然兵虚力寡,疆场多虞。我大燕地方二千里,带甲三十万,东有鱼盐之饶,北有塞马之利,我南面称帝,谁如我何!今为尚父,孰当帝者?公等促具帝者之仪,予且为河朔天子。"燕之将吏窃议,以为不可。守光置斧锧于庭⑤,令将佐曰:"今三方协赞,予难重违,择日而帝矣。从我者赏,横议者诛。"孙鹤对曰:"沧州破败,仆乃罪人,大王宽容,乃至今日,不敢阿旨⑥,以误家国,苟听臣言,死且无悔。"守光大怒,推之伏锧,令军士割其肉生啖之,鹤大呼曰:"百日之外,必有急兵

下。"刘守光发怒,把条文摔到地上,对文武官员说:"如今天下大乱,英雄争霸,朱公在开封建元,杨渭在淮南立号,王建在巴蜀自尊,李茂贞在凤翔假托朝命,都是因为受封为王,自行使用帝王的制度,可都兵力弱小,疆界多虞。我大燕土地二千里,武装的战士三十万,东面有鱼盐之饶,北方有战马之利,我要南面称帝,谁能把我怎么样!我如今已做了尚父,谁还能当这个皇帝?你们立即制定皇帝的礼仪,我将要做河朔的天子。"幽州的文武官员私下议论,认为不行。刘守光把斧锧摆在堂前,对官员们说:"如今是三方面协同赞成,我难以违背,只有选定日期称帝了。服从我的人赏,横加议论的人诛。"孙鹤应答道:"沧州破败,臣已是罪人,蒙大王宽容,才活到今天,臣不敢迎合旨意,来误家国,假如大王听从臣的意见,臣死也不悔。"刘守光大怒,把他推倒伏在锧上,叫士兵割他的肉生吃下去。孙鹤大呼道:"百日之外,定然会有紧急的战祸临头啊!"刘守光下令堵住他的嘴,割碎了他,有见识的人都为他叹息惋惜。刘守光于是召集辖区里的官员,教习朝廷礼仪,边地之人对此原本不熟悉,举动忙乱失当,互相看着取笑。

矣!"守光命窒其口,寸斩之,有识为之嗟惋。乃悉召部内官吏,教习朝仪,边人既非素习,举措失容,相顾诮笑⑦。

注释 ① 仪注:礼节制度。 ② 郊天改元:新皇帝即位后要在城郊祭天并改换年号。 ③ 矫制:即矫命。 ④ 茅土之封:指受封为王。 ⑤ 锧(zhì):古代施行腰斩用的垫座。 ⑥ 阿(ē)旨:附和迎合旨意。 ⑦ 诮(qiào)笑:嘲笑。

原文

　　八月十三日,守光僭号大燕皇帝,改年曰应天。……伪册之日,契丹陷平州①。庄宗闻之大笑,监军张承业曰:"恶不积不足以灭身,老氏所谓'将欲取之,必先与之'。今守光狂蹶,请遣使省问,以观其衅。"十月,庄宗令太原少尹李承勋往使②。承勋至,守光怒不称臣,械之于狱。

翻译

　　八月十三日,刘守光僭称大燕皇帝,把年号改成应天。……在进行册命的当天,契丹攻占平州。后唐庄宗听说后大笑,监军张承业说:"罪恶不积聚就不足以败亡,老子说过'将欲取之,必先与之'。如今刘守光狂妄猖蹶,请派使者去问候,察看瑕隙。"十月,后唐庄宗让太原少尹李承勋作为使者前往。李承勋来到,刘守光对他不称臣感到恼怒,加上刑具关进牢狱。

注释 ① 平州:治所卢龙,今属河北。 ② 太原少尹:唐代在西都长安所在的京兆府、东都洛阳所在的河南府、北都太原所在的太原府等,各置府尹、少尹为正副行政长官。

原文

十二月，庄宗遣周德威出飞狐，会镇、定之师以讨之。德威攻围历年，属郡皆下。守光坚保幽州，求援于梁，北诱契丹，救终不至。十年十月，守光遣使持币马见德威乞降[1]，又乘城呼曰："予俟晋王至即出城。"十一月，庄宗亲征。二十三日，至幽州，单骑临城，召守光曰："丈夫成败，须决所向，公将何如？"守光曰："某俎上肉耳[2]！"庄宗愍之，折弓为盟，许其保全。守光辞以他日，庄宗乃令诸军攻之。二十四日，四面毕攻，庄宗登燕太子墓观之。俄而数骑执仁恭并其孥来献，檀州游奕将李彦晖于燕乐县获守光并妻李氏、祝氏、男继珣、继方、继祚等来献[3]。初，守光城破后，携其妻子将走关南依刘守奇。沿路寒疮足踵，经日不食。至燕

翻译

十二月，后唐庄宗派周德威从飞狐关出兵，会合镇州、定州的军队讨伐刘守光。周德威围攻了一年，幽州节度使所属的各州都被攻占。刘守光坚守幽州，向后梁求援，还引诱北方的契丹前来，可救兵始终没来。十年（913）十月，刘守光派使臣带着钱币马匹面见周德威祈求投降，又登上城墙呼喊道："我等晋王来到就出城。"十一月，后唐庄宗亲自征讨。二十三日，抵达幽州，只身骑马来到城下，召见刘守光问道："大丈夫或成或败，要下决心决定去向，公将怎么办？"刘守光说："我已是摆在案板上的肉了！"庄宗怜悯他，就折弓发誓，答应保全他的生命。刘守光推辞说再等别日，庄宗于是下令各路军队攻城。二十四日，从四面齐攻，庄宗登上燕太子墓观战。很快有几名骑兵抓获到刘仁恭和他的家人来献，檀州游奕使李彦晖在燕乐县俘获刘守光和妻子李氏、祝氏，儿子继珣、继方、继祚等人来献。当初，刘守光在城破之后，带着妻儿打算逃到关南投靠刘守奇。路上脚跟生了冻疮，整日没有吃上饭。到燕乐县，藏在坑谷里，让妻子祝氏到农夫张师造家讨饭，张家对这个妇女的状貌感到奇

乐县,匿于坑谷,令妻祝氏乞食于田父张师造家,怪妇人异状,诘之,遂俱擒焉。……

怪,盘问她,于是都被擒捉。……

注释 ① 币马:原指作为赠礼的马匹,这里代指财物。 ② 俎(zǔ)上肉:砧板上的肉,比喻任人宰割。 ③ 檀州:治所密云,今属北京。游奕(yì)将:率兵巡逻的军官。燕乐县:在今北京密云东北。

原文

十一年正月,至晋阳,仁恭父子荷校于露布之下①,父母唾面骂守光曰:"逆贼,破家如是!"守光俯首不顾。自范阳至晋阳,涉千余里,所在聚观,呼守光为"刘黑子",略无愧色。……守光与李小喜、郑藏斐、刘延卿及其二妻皆伏诛。李小喜者,本晋之小校,先奔于燕,守光以为爱将。守光虽凶淫出于天性,然而稔恶侈毒,抑亦小喜赞成,守光将败前一日来降。守光将死,大呼曰:"臣之误计,小喜荧惑故也②",若罪人

翻译

十一年(914)正月,被押送到晋阳,刘仁恭父子带着枷具在布告下边示众,父母唾到刘守光脸上责骂说:"逆贼,一家被你破到如此地步!"刘守光低头不看。从范阳到晋阳,经过了一千多里,所到之处人们围观,把刘守光叫"刘黑子",他没有一点羞愧的样子。……刘守光与李小喜、郑藏斐、刘延卿及他的两个妻都被诛杀。李小喜,本是河东的小将,早先投奔到幽州,刘守光把他当作爱将。刘守光的凶残荒淫虽说是出于天性,然而穷凶极恶,也是李小喜所助长的。李小喜在刘守光将要败亡的前一天来投降。刘守光将被处死,大声呼喊道:"臣的错误算计,都是受李小喜的迷惑,假如这个罪人不死,臣一定要在地下申诉。"庄宗马上把李小喜召来,

不死，臣必诉于地下。"庄宗急召小喜至，令证辩。小喜瞋目叱守光曰[3]："囚父杀兄，烝淫骨肉，亦我教耶！"庄宗怒小喜失礼，先斩之。守光恸哭曰："王将定天下，臣精于骑，何不且留指使。"二妻让之曰："皇帝，事势及此，生不如死！"即延颈就戮。守光犹哀诉不已。……令副使卢汝弼、李存霸拘送仁恭至代州，于武皇陵前刺心血以祭，诛于雁门山下[4]。自仁恭乾宁二年春入幽州，至天祐十年，父子相承，十九年而灭。

让他辩解证实。李小喜瞪着眼睛呵斥刘守光说："囚禁父亲杀害兄长，与骨肉之亲私通淫乱，也是我教的吗！"庄宗恼怒李小喜失礼，把他先斩了。刘守光痛哭着说："大王要平定天下，臣擅长骑战，为什么不暂留下以便指使。"两个妻责备他说："皇帝，事情已到这个地步，生不如死！"随即伸颈就刑。刘守光仍在不断哀求。……庄宗让副使卢汝弼、李存霸把刘仁恭押解到代州，在武皇帝陵前刺心血来祭献，于雁门山下处死。从刘仁恭乾宁二年（895）春进入幽州，至天祐十年（913），父子相继，经历十九年而灭亡。

注释　①荷校：带着枷具。　②荧惑：迷惑。　③瞋（chēn）目：因愤怒而瞪大眼睛。　④雁门山：在今山西代县北。

僭伪列传·王建

导读

　　王建是五代十国时期较有才略的一个地方统治者。王建所建立的前蜀政权，统治的是唐代最为富庶的地区之一，这个地区在隋唐两代保持了长期的相对安宁。这个传着重描写了王建利用唐末的动荡局势占取两川割据称雄的经过，从中不仅可以看出王建的政治军事才能，还可以了解这一地区当时军阀混战所造成的苦难。继位者王衍却是一个无能而荒淫的家伙，因而在后唐大军来临时顷刻之间便土崩瓦解了。（选自卷一三六）

原文

　　王建，陈州项城人①。唐末，隶名于忠武军②。秦宗权据蔡州，悬重赏以募之，建始自行间得补军候③。广明中，黄巢陷长安，僖宗幸蜀。时梁祖为巢将，领众攻襄、邓④，宗权遣小校鹿晏弘从监军杨复光率师攻之⑤，建亦预行。是岁，复光入援京师，明年破贼收京

翻译

　　王建，是陈州项城人。唐朝末年，在忠武军中当兵。秦宗权据有蔡州，出具重金招募人才，王建才得以从士兵中升补为军候。广明年间，黄巢攻占长安，僖宗前去蜀中。那时后梁太祖是黄巢的部将，率领兵众攻打襄州、邓州，秦宗权派小校鹿晏弘跟随监军杨复光率兵进攻，王建也参加了这次行动。这年，杨复光进兵援救京城，第二年打败黄巢部队收复了京城。起初，杨复光把忠武军的八千人设置为八都，鹿晏弘和

城。初，复光以忠武军八千人立为八都，晏弘与建各一都校也。复光死，晏弘率八都迎跸行在，至山南⑥，乃攻掫金、商诸郡县⑦，得兵数万，进逼兴元⑧。节度使牛勖弃城而去⑨，晏弘因自为留后，以建等为属郡刺史，不令之任。俄而晏弘正授节旄，恐部下谋己，多行忍虐，繇是部众离心。建与别将韩建友善，晏弘益猜二建，伪待之厚，引入卧内。二建惧，夜登城慰守陴者⑩，因月下共谋所向，谓韩建曰："仆射甘言厚德⑪，是疑我也，祸难无日矣，早宜择利而行。"韩曰："善。"因率三千人趋行在，僖宗嘉之，赐与巨万，分其兵为五都，仍以旧校主之，即晋晖、李师泰、张造与二建也，因号曰"随驾五都"，田令孜皆录为假子⑫。及僖宗还宫，建等分典神策军，皆遥领刺史。

王建各是一都的都校。杨复光死后，鹿晏弘率领八都前往行在奉迎车驾，到达山南，就攻打掳掠金、商各州县，得到士兵几万人，进逼兴元。节度使牛勖舍弃州城逃走，鹿晏弘就自立为留后，任命王建等人做属州的刺史，不让他们赴任。不久鹿晏弘被朝廷正式授任为节度使，他担心部下算计自己，滥行暴虐，由此部众人心离散。王建与另一位将领韩建关系亲密，鹿晏弘更加猜疑这二建，假意对他们很好，把他们召到自己身边。二建感到紧张不安，夜间登上城垣慰劳守城的人，乘机在月下共商去向，王建对韩建说："仆射甜言蜜语优待我们，这是对我们有疑心，看来大祸就要临头了。我们应当尽早选择一个好的去处离开这里。"韩建说："很好。"他们因而带着三千人赶往行在，僖宗很赞赏他们，赐给了大量的钱财，把他们的兵众分成五都，仍然让旧将统领，就是晋晖、李师泰、张造和二建，因而号称"随驾五都"，田令孜把他们五人都收为义子。到僖宗返回京城后，王建等人分掌神策军，都遥领刺史。

注释 ① 项城：县名，今河南沈丘。 ② 忠武军：方镇名，治所许州，今河南许昌。 ③ 军候：维持军纪的军官。 ④ 襄：襄州，治所襄阳，今湖北襄阳。邓：邓州，治所穰(ráng)县，今河南邓州。 ⑤ 杨复光：唐末大宦官，新、旧《唐书》有传。 ⑥ 山南：指山南东道和山南西道节度使辖区，大致包括今甘肃东南、陕西南、河南西南、四川东北和湖北西北部。 ⑦ 金：金州，治所西城，今陕西安康。商：商州，治所上洛，今陕西商洛。 ⑧ 兴元：府名，治所南郑，在今陕西汉中东，是山南西道节度使治所。 ⑨ 牛勖：原误作牛丛，据《通鉴》改正。 ⑩ 陴(pí)：城墙上的矮墙。 ⑪ 仆射：指鹿晏弘，这并不是实有的加官，当时朝纲紊乱，官赏无章，下属称长官往往使用极品官的名号，以下的太师、司徒等称呼多类此。 ⑫ 田令孜：唐末大宦官，当时任统领禁军的观军容使等，新、旧《唐书》有传。

原文

光启初，从僖宗再幸兴元。令孜惧逼，求为西川监军①，杨复恭代为观军容使②。建等素为令孜所厚，复恭惧不附己，乃出五将为郡守，以建为壁州刺史③。天子还京，复恭以杨守亮镇兴元，尤畏建侵己，屡召之。建不安其郡，因招合溪洞豪猾④，有众八千，寇阆州⑤，陷之，复攻利州⑥，刺史王珙弃城而去。建播剽二郡⑦，所至杀掠，守亮不能制。东川节度使顾彦朗⑧，初于关

翻译

光启初年，王建跟随僖宗再次前往兴元。田令孜惧怕方镇施加压力，请求出任西川监军，杨复恭取代他做观军容使。王建等人平日受田令孜的厚待，杨复恭担心他们不顺从自己，于是就把五人打发出朝廷去担任州刺史，任命王建为壁州刺史。僖宗返回京城，杨复恭任用杨守亮做兴元节度使，杨守亮十分害怕王建侵逼自己，多次召他前来。王建不满足他所治的壁州，因而纠集溪洞的豪强势力，拥有八千兵众，进犯阆州，攻占了州城，又进攻利州，刺史王珙舍弃州城而逃走。王建纵兵在这二州四出抢劫，所到之处屠杀掠夺，杨守亮不能制止。东川节度使顾彦朗当初在关辅

辅破贼时与建相闻，每遣人劳问，分货币军食以给之，故建不侵梓、遂⑨。西川节度使陈敬瑄忧其胶固⑩，谋于监军田令孜。曰："王八，吾子也，彼无他肠，作贼山南，实进退无归故也。吾驰咫尺之书，可以坐置麾下。"即飞书招建。建大喜，遣使谓彦朗曰："监军阿父遣信见招，仆欲诣成都省阿父，因依陈太师得一大郡⑪，是所愿也。"即之梓州见彦朗，留家寄东川，选精甲三千之成都。行次鹿头⑫，或谓敬瑄曰："建，今之剧贼，鸱视狼顾⑬，专谋人国邑，傥其即至，公以何等处之？彼建雄心，终不居人之下，公如以将校遇之，是养虎自贻其患也！"敬瑄惧，乃遣人止建，遽修城守。建怒，遂据汉州⑭，领轻兵至成都。敬瑄让之曰："若何为者而犯吾疆理？"建军吏报曰："阆州

攻打黄巢军队时与王建相识，时常派人来慰劳，分发钱币军食来供应王建，所以王建不侵犯梓州、遂州。西川节度使陈敬瑄担心二人紧密勾结，与监军田令孜商量此事，田令孜说："王八，是我的义子，他没有其他用意，在山南作盗贼，实在是因为进退都没有地方。我急送给他一封书信，可以不费气力就让他成为我们的部下。"立刻飞送书信招引王建。王建大喜，派人对顾彦朗说："监军阿父来信招我前去，我打算往成都去探望阿父，乘此机会投归陈太师而能做一个大州的刺史，这是我所盼望的。"就到梓州会见顾彦朗，把家人留寄在东川，挑选了三千名精锐甲士前往成都。他行进到鹿头，有人对陈敬瑄说："王建，是当今的强贼，贪婪凶狠，一心谋取他人的地盘，倘若他很快来到，公用什么职位来安置他？那王建雄心勃勃，终究不甘心居人之下，公假如以部下将校来对待他，就是养虎自留祸患啊！"陈敬瑄害怕了，就派人去阻止王建，还立即整治城防。王建愤怒，就占据了汉州，带领轻兵进抵成都。陈敬瑄指责他说："你为什么要侵犯我的疆界？"王建部下的小军官回答说："我们的阆州司徒以往暂住在东川，而观军容使、太师的使

司徒比寄东川⑮，而军容、太师使者继召，今复拒绝，何也？司徒不惜改辕而东来此省太师，反为拒绝。虑顾梓州复相嫌间，谓我何心，故也使我来报，且欲寄食汉州，公勿复疑。"时光启三年。居浃旬⑯，建尽取东川之众，设梯冲攻成都⑰，三日不克而退，复保汉州。月余，大剽蜀土，进逼彭州⑱，百道攻之，敬瑄出兵来援，建解围，纵兵大掠，十一州皆罹其毒，民不聊生。

者相继来召见，如今又予拒绝，这是为什么？我们司徒不惜改弦易辙从东而来这里探望太师，反而加以拒绝，假如返回又担心梓州生疑心，说我到底打什么主意，所以让我前来通报，暂且打算寄住在汉州，公不要疑虑。"这时是光启三年。过了十天，王建纠集起东川的全部兵众，架设云梯利用冲车攻打成都，三天没有攻下而退兵，又去保守汉州。一个多月后，在蜀地大肆抢劫，进逼彭州，千方百计地攻打，陈敬瑄出兵赶来救援，王建解围，纵兵大掠，十一个州都受到祸害，民不聊生。

注释 ① 西川：唐方镇剑南西川的简称，治所成都，今属四川。 ② 杨复恭：唐末大宦官，新、旧《唐书》有传。观军容使：当时禁军的最高军职，由宦官充任，专掌神策军。 ③ 壁州：治所通江，今属四川。 ④ 溪洞：指当地的少数民族。 ⑤ 阆（láng）州：治所阆中，今属四川。 ⑥ 利州：治所绵谷，今四川广元。 ⑦ 播剽：四处抢掠。 ⑧ 东川：唐方镇剑南东川的简称，治所梓州，今四川三台。 ⑨ 梓：梓州。治所郪（qī）县，今四川三台。遂：遂州。治所方义，今四川遂宁。 ⑩ 陈敬瑄：田令孜之兄，《新唐书》有传。 ⑪ 陈太师：即陈敬瑄。 ⑫ 鹿头：即鹿头关，在今四川德阳东北鹿头山上。 ⑬ 鸱视狼顾：指像凶猛的禽兽一样瞪着眼睛，形容狠毒贪婪。 ⑭ 汉州：治所雒县，今四川广汉。 ⑮ 阆州司徒：指王建。 ⑯ 浃（jiā）旬：十天，一旬。 ⑰ 梯冲：云梯和冲车，都是攻城使用的器具。 ⑱ 彭州：治所九陇，今四川彭州。

原文

建军势日盛，复攻成都，敬瑄患之，顾彦朗亦惧侵己。昭宗即位，彦朗表请雪建，择大臣为蜀帅，移敬瑄他镇。乃诏宰臣韦昭度镇蜀，以代敬瑄。敬瑄不受代，天子怒，命顾彦朗、杨守亮讨之。时昭度以建为牙内都校，董其部兵。及王师无功，建谓昭度曰："相公兴数万之众①，讨贼未效，饷运交不相属。近闻迁洛以来②，藩镇相噬，朝廷姑息不暇，与其劳师以事蛮方③，不如从而赦之，且以兵威靖中原，是国之本也。相公盍归朝觐④，与主上画之。"昭度持疑未决。一日，建阴令军士于行府门外擒昭度亲吏，脔而食之⑤。建徐启昭度曰："盖军士乏食，以至于是耳。"昭度大惧，遂留符节与建，即日东还。才出剑门⑥，建即严兵守门，不纳东师。

翻译

王建的兵势日益强盛，再度攻打成都，陈敬瑄感到忧虑，顾彦朗也害怕他进犯自己。昭宗即位，顾彦朗上表朝廷请求为王建平反昭雪，挑选一位大臣出任蜀帅，把陈敬瑄调到另一地任节度使。于是昭宗下诏叫宰相韦昭度来蜀中做节度使，取代陈敬瑄。陈敬瑄不接受替代，昭宗发怒，命令顾彦朗、杨守亮征讨。当时韦昭度任用王建做牙内都校，统领本部兵马。到官军失利后，王建对韦昭度说："相公调发几万兵众，讨伐反贼没有获胜，粮饷输运都接济不上。近日听说迁都洛阳以来，藩镇互相吞并，朝廷姑息纵容无可奈何，与其劳苦军队征服蛮方，不如顺从而宽赦它，暂且带兵扫平中原，这是国家的根本。相公何不回朝觐见，与主上谋划对策。"韦昭度迟疑未决。一天，王建暗中命令士兵在行府门外抓住韦昭度的亲随小吏，把他切成碎块吃掉。王建不动声色地启告韦昭度说："这是士兵们缺少食物，所以干出了这种事情。"韦昭度大为恐惧，就留下符节给王建，当天就东回朝廷。他刚走出剑门，王建就派兵严守关门，不许东方的军队进入。

注释 ① 相公:对宰相的称呼。 ② 迁洛:指天祐元年(904)朱温胁迫唐昭宗迁都洛阳。 ③ 蛮方:蛮是古代对南方少数民族的泛称。因当时这一地区杂居着许多少数民族,所以被叫作蛮方。 ④ 盍(hé):何不。 ⑤ 脔(luán):把肉切成块。 ⑥ 剑门:即剑门关,在今四川剑阁东北,是南入今四川的著名险要关隘。

原文

月余,建攻西川管内八州,所至响应。遂急攻成都。田令孜登城谓建曰:"老夫与八哥相厚,太师久以知闻,有何嫌恨,如是困我之甚耶?"建曰:"军容父子之恩,心何敢忘,但天子付以兵柄,太师孤绝朝廷故也。苟太师悉心改图,何福如之!"又曰:"吾欲与八哥军中相款如何①?"曰:"父子之义,何嫌也。"是夜,令孜携蜀帅符印入建军授建。建泣谢曰:"太师初心太过,致有今日相戾,既此推心,一切如旧。"翌日,敬瑄启关迎建,以蜀帅让之,建乃自称留后,表陈其事。明年春,制授检校太傅、成都尹、

翻译

一个多月后,王建攻取西川节度使管辖下的八个州,所到之处响应,于是猛攻成都。田令孜登上城头对王建说:"老夫与八哥关系很深,陈太师久已知晓,有什么怨恨,这样紧急地逼困我?"王建答道:"军容与我有父子之恩,我怎敢忘记。这只是天子交给我兵权,陈太师阻绝朝廷的缘故。假如陈太师一心改谋出路,福分谁能比得上!"田令孜又问:"我想与八哥在军中谈和行吗?"王建说:"我们有父子之义,何必多疑。"当天夜里,田令孜带着蜀帅的符节印章来到王建军中交给了王建。王建流着泪答谢说:"陈太师当初太过分了,以致有今天的兵戎相见。既然如此推心置腹,一切照旧。"第二天,陈敬瑄打开城门迎接王建,把蜀帅让给他,王建于是自称留后,上表朝廷陈述此事。第二年春天,朝廷颁降制书授任王建检校太傅、成都尹、西川节度副大使知节度事、管内观察处置云南八国招抚等使,这时是

西川节度副大使知节度事、管内观察处置云南八国招抚等使,时龙纪元年也。移敬瑄于雅州安置②,仍以其子为刺史。既行,建令人杀之于路。令孜仍旧监军事。数月,或告令孜通凤翔书问,下狱饿死。

龙纪元年。陈敬瑄被迁移安置到雅州,还用他的儿子做刺史。出发以后,王建派人把他杀死在路上。田令孜仍旧做监军事。几个月后,有人告发田令孜和凤翔通信传递消息,就把他关在狱中饿死。

注释 ① 款:议和。 ② 雅州:治所严道,在今四川雅安西。

原文

建雄猜多机略①,意尝难测,既有蜀土,复欲窥伺东川,又以彦朗婚姻之旧,未果行。会彦朗卒,弟彦晖代为梓帅,交情稍息。李茂贞乘其有间,密构彦晖,因与茂贞连盟。……大顺末,建出师攻梓州,彦晖求援于凤翔,李茂贞出师援之,建即围解。自是秦、川交恶者累年②。后建大起蜀军,败岐、梓之兵于利州,彦晖惧,乞和,请与岐人绝,许之。景福中,山南之师寇东川,

翻译

王建有雄心而多疑,又富于谋略,心意难以揣测,在拥有蜀地之后,又企图伺机占取东川,而因为与顾彦朗有姻亲关系,没有能采取行动。不久顾彦朗死去,弟顾彦晖接替他做梓州节度使,与他的交情较为疏远。李茂贞乘他们之间有裂痕,秘密勾通顾彦晖,顾彦晖就和李茂贞结盟。……大顺末年,王建出兵攻打梓州,顾彦晖向凤翔求援,李茂贞出兵救援,王建随即解围。从此秦、川互相敌视多年。后来王建大举调发蜀中军队,在利州打败岐州、梓州的军队,顾彦晖畏惧,乞求议和,表示愿意与凤翔方面断绝往来,王建允许。景福年间,山南的军队进犯东川,顾彦晖向

彦晖求援于建,建出兵赴之,大败兴元之众。洎军旋,建乘虚奄袭梓州,掳彦晖,置于成都,遂兼有两川,自此军锋益炽。

王建求援,王建出兵前往,大败兴元的军队。到回兵的时候,王建乘虚突然袭击梓州,俘虏了顾彦晖,把他安置在成都,于是兼有两川之地,自此兵锋更盛。

注释　① 雄猜:心雄而多疑。　② 秦川交恶:指占据今陕西关中西部及陕南等地的凤翔节度使李茂贞与占据今四川大部的西川节度使王建双方敌对。

原文

天复初,李茂贞、韩全诲劫迁车驾在凤翔,梁祖攻围历年。建外修好于汴,指茂贞罪状,又阴与茂贞间使往来,且言坚壁勿和,许以出师赴援,因分命诸军攻取兴元。比及梁祖解围,茂贞山南诸州皆为建所有,自置守将。及茂贞垂翅,天子迁洛阳,建复攻茂贞之秦、陇等州①,茂贞削弱不能守。或劝建因取凤翔,建曰:"此言失策!吾所得已多,不俟复增岐下。茂贞虽常才,然名望宿素②,与朱公力争不足,守境有余。韩生所谓入

翻译

天复初年,李茂贞、韩全诲把昭宗劫持到凤翔,后梁太祖围攻了一年多。王建表面上与汴州方面修好,指责李茂贞的罪状,暗中又与李茂贞派使者往来,并说要坚守不能求和,答应出兵救援,乘机命令各军攻取兴元。到后梁太祖解围时,李茂贞的山南各州都被王建占有,自行安置了守将。到李茂贞受挫,昭宗被迁往洛阳,王建又攻取李茂贞的秦、陇等州,李茂贞的势力已削弱不能守御。有人劝王建乘机攻取凤翔,王建说:"这话失策!我所获得的已经够多了,不需要再增个岐下。李茂贞虽是平庸之才,然而名望一向很高,与朱公力争固不足,但守卫本境却有余。这就是韩非子所说的内可自保,出则受制于人的道理。正应该援助他而使其稳

为捍蔽，出为席藉是也③。适宜援而固之，为吾盾卤耳④。"及梁祖将谋强禅⑤，建与诸藩同谋兴复，乃令其将康晏率兵三万会于凤翔，数与汴将王重师战，不利而还。赵匡凝之失荆、襄也⑥，弟匡明以其帑奔蜀⑦，建因得夔、峡、忠、万等州⑧。及梁祖开国，蜀人请建行刘备故事，建自帝于成都，改元永平。五年，改元通正。是年冬，改元天汉，又改元光天。在位十二年，年七十二。子衍嗣。

固，作为我的屏障。"到后梁太祖准备谋划强行禅代的时候，王建与各藩镇共同打算兴复唐王室，于是下令手下大将康晏率兵三万到凤翔与凤翔方面会合，多次与汴州大将王重师交战，不能取胜而退回。赵匡凝失去了荆州、襄州，弟赵匡明带着妻儿家人逃到了蜀中，王建乘机取得了夔州、峡州、忠州、万州等州。到后梁太祖正式称帝，蜀人请求王建实行刘备的旧事，王建在成都自立为帝，改元永平。永平五年，改元通正。这年冬，改元天汉，又改元光天。在位十二年，活了七十二岁。子衍继承帝位。

注释 ① 陇：陇州。治所汧（qiān）源，今陕西陇县。 ② 名望宿素：名高望重。 ③ 入为捍蔽，出为席藉：这句话出自《韩非子·存韩》，原为"出则为捍蔽，入则为席荐"。捍蔽，屏障。席藉同席荐，即草编的席垫。大意是对外是捍卫者，对内是奉承者。王建援引时根据需要作了颠倒。 ④ 盾卤（lǔ）：盾牌。 ⑤ 强禅：强迫禅位。 ⑥ 赵匡凝：时为忠义节度使。《新唐书》，新、旧《五代史》有传。荆：荆州，治所江陵，今属湖北。 ⑦ 帑（nú）：同"孥"，妻儿。 ⑧ 夔（kuí）：夔州，治所奉节，在今重庆奉节东。峡：峡州，也作硖州，治所夷陵，在今湖北宜昌西北。忠：忠州，治所临江，今重庆忠县。万：万州，治所南浦，今重庆万州。

原文

衍，建之幼子也。建卒，衍袭伪位，改元乾德①。六年十二月，改明年为咸康。秋九月，衍奉其母徐妃同游于青城山②，驻于上清宫。时宫人皆衣道服，顶金莲花冠，衣画云霞，望之若神仙。……又构怡神亭，以佞臣韩昭等为狎客③，杂以妇人，以恣荒宴，或自旦至暮，继之以烛。伪嘉王宗寿侍宴，因以社稷国政为言，言发涕流，至于再三。同宴佞臣潘在迎等并奏衍云："嘉王好酒悲。"因翻恣谐谑④，取笑而罢。自是忠正之臣结舌矣。

翻译

王衍，是王建的幼子。王建死去，王衍继承了伪位，把年号改为乾德。到乾德六年（924）十二月，从下一年起改年号为咸康。秋九月，王衍侍奉他的母亲徐妃一同游青城山，停宿在上清宫。当时宫人们都身穿道服、头戴金莲花冠，衣服上画着云霞，看上去好像神仙一样。……又修筑起怡神亭，让佞臣韩昭等人做狎客，与妇人杂处，放纵荒淫宴饮，有时从早到晚，再点上灯烛。伪嘉王王宗寿陪侍宴饮，用社稷国政的话来劝说，说时痛哭流涕，至于再三。同宴的佞臣潘在迎等人都对王衍进奏说："嘉王好酒后悲伤。"因此反而放肆打趣逗乐，取笑了一番才作罢。从此忠直之臣不敢说话。

注释 ① 乾德：919—924 年。 ② 青城山：道教名山，在今四川都江堰西南。 ③ 佞（nìng）臣：以诌媚得宠的臣下。狎（xiá）客：指亲昵接近常共聚宴游乐的人。 ④ 谐谑：逗乐，嘲弄。

原文

时中国多故，衍得以自安。唐庄宗平梁，遣使告捷

翻译

当时中原变乱频繁，所以王衍能够保持自己的平安。后唐庄宗灭掉后梁，

于蜀,蜀人恟惧,致礼复命,称"大蜀国主致书上大唐皇帝",词理稍抗。庄宗不能容,遣客省使李严报聘[1],且市宫中珍玩,蜀人皆禁而不出。衍既冲骏[2],军国之政,咸委于人。有王宗弼者,为六军使,总外任;宋光嗣者,为枢密使,总内任。洎严至蜀,光嗣等曲宴,因言中国近事,严亦引近事折之。……光嗣等闻严辩对,畏而奇之。及严使还,奏庄宗曰:"王衍骏童耳,宗弼等总兵柄,但益家财,不恤民事,君臣上下,唯务穷奢,其旧勋故老,弃而不任。蛮蜑之人[3],痛深疮痏[4]。以臣料之,大兵一临,望风瓦解。"庄宗深然之,遂搜兵括马,有平蜀之志。唐师未起时,伪东川节度使宋承葆献计于衍云:"唐国兵强,不早为谋,后将焉救。请于嘉州沿江造战舰五百艘,募水军五

派使臣到蜀布告胜利消息,前蜀方面惊慌恐惧,致书答复表达敬意,称"大蜀国主致书上大唐皇帝",言词语气比较对等,庄宗不能容忍,派客省使李严去回访,并给宫中购买珍玩,蜀人一概禁止不让出境。王衍既是年幼愚昧,军政事务,都交给他人。有个叫王宗弼的,任六军使,总揽外部事务;有个叫宋光嗣的,任枢密使,总管内部事务。到李严来蜀后,宋光嗣等人设私宴,因而说到中原近来的事情,李严也援引近代事来折伏他们。……宋光嗣等人听到李严的论辩答对,都惊奇畏服。李严返回后,上奏庄宗说:"王衍是个呆童,王宗弼等总揽兵权,只顾积累家财,不关心民情,君臣上下,只图穷奢极欲,那些功臣元老,排斥而不任用,蜀地之人,对此痛过于疮痏。按臣的预料,只要大兵一到,就望风瓦解。"庄宗深表同意,于是搜括兵马,有灭蜀之志。当后唐还没有起兵的时候,前蜀东川节度使宋承葆向王衍献计说:"唐国兵势强盛,不及早设法,以后将如何补救。请在嘉州沿岸制造五百艘战舰,招募五千名水军,从长江出峡,臣带东川的军队从襄州、邓州出兵,水陆齐进,在东北沿边,占据险要严密防守,南线的军队出江陵,取胜就

千，自江下峡，臣以东师出襄、邓，水陆俱进，东北沿边，严兵据险，南师出江陵⑤，利则进取，否则退保硖口⑥。又选三蜀骁壮三万⑦，急攻岐、雍⑧，东据河、潼⑨，北招契丹，啖以美利，见可则进，否则据散关以固吾圉⑩，事纵不捷，亦攻敌人之心矣。"衍不从。

前进，不胜就退守硖口。再从三蜀挑选三万名精壮士兵，迅速攻打凤翔、关中，向东占据黄河、潼关，招引北方的契丹，用厚利来满足它，看形势许可就进取，不行就依据散关来稳守我边界，即使不能取胜，也可以震慑敌胆了。"王衍没有听从。

注释　① 客省使：职掌同内客省使而地位略低。　② 冲騃(ái)：年幼愚钝。③ 蛮蜑(dàn)之人：当时对蜀人的蔑称。　④ 疧痏(wěi)：创伤。　⑤ 江陵：县名，今属湖北。　⑥ 硖口：也作峡口，即今湖北宜昌西长江西陵峡口。　⑦ 三蜀：西汉初从蜀郡中又分出广汉郡、犍为郡，合称为三蜀，后来作为习称。　⑧ 雍：雍州，是京兆府的旧名。这里用岐雍代指今陕西关中地区。　⑨ 河：黄河。潼：潼关，在今陕西潼关东北黄河南岸，古时是关中东边的门户。　⑩ 散关：又叫大散关，在今陕西宝鸡西南大散岭上，地当秦岭南北交通孔道。圉(yǔ)：边界。

原文

唐同光三年九月十日，庄宗下制伐蜀，命兴圣宫使魏王继岌为都统，枢密使郭崇韬为行营都招讨。其月十八日，魏王统阙下诸军发洛阳。十一月二十一日，魏

翻译

后唐同光三年(925)九月十日，庄宗下诏伐蜀，任命兴圣宫使魏王李继岌为都统，枢密使郭崇韬为行营都招讨。当月十八日，魏王统率京城诸军从洛阳出发。十一月二十一日，魏王抵达德阳，王衍报告说："以前与将领们商议归顺朝廷，伪枢密使宋光嗣、景润澄、南北

王至德阳^①，衍报云："比与将校谋归国，伪枢密使宋光嗣、景润澄、南北院宣徽使李周辂、欧阳晃等四人异谋荧惑，臣各已处斩，今送纳首级。"是日，衍上表曰："……臣方议改图，便期纳款，遽闻王师致讨，实报惊危。今则将千里之封疆，尽为王土；冀万家之臣妾，皆沐皇恩。必当舆榇乞降^②，负荆请命。……"其月二十七日，魏王至成都北五里升仙桥，伪百官班于桥下，衍乘行舆至。……二十八日，王师入成都。自起师至入蜀城，凡七十五日。

院宣徽使李周辂、欧阳晃等四人提出异议煽惑人心，臣已将这四人处斩，今送缴首级。"当天，王衍又上表说："……臣正要决定改弦易辙，在方便的时日降顺，突然听说官军前来讨伐，实在感到惊惧危急。如今则将千里的疆域，完全归为王土；望万家的臣民，都能沐浴皇恩。臣定要载着棺材前来乞降，背负荆条前来请命。……"当月二十七日，魏王抵达成都北面五里的升仙桥，前蜀的百官在桥下排班迎候，王衍乘着行舆来到。……二十八日，官军进入成都。从出兵到进入蜀都，共七十五天。

注释 ① 德阳：县名，今属四川。 ② 舆榇（chèn）：榇，棺材，舆榇是说用车装着棺材。

新五代史

李国祥
王玉德　译注
姚伟钧

周勋初　审阅

导　言

在我们通常所说的"二十四史"里,《旧五代史》和《新五代史》都是记载五代十国时期历史的史书。五代十国时期,从朱温于唐朝天祐三年(907)建立后梁称帝、改元为开平开始,至周世宗显德七年(960)赵匡胤建立宋朝、改元为建隆(960)为止,总共只有五十三年的时间。在这短短的历史时期里,我国以中原地区为中心建立过后梁、后唐、后晋、后汉、后周等五个王朝。此外,据一隅之地建立王朝政权的还有吴、南唐、吴越、楚、闽、南汉、前蜀、后蜀、南平、北汉等。这是一个分裂割据、战争频仍的历史时期。宋太祖赵匡胤于开宝六年(973)下诏修纂这一时期错综复杂的历史,由薛居正任监修,次年便修成了《五代史》一百五十卷,这是一部官修的史书。到了后来,欧阳修又私下编纂了一部《五代史记》,一并刊行于世。因此,人们称薛居正主修的《五代史》为《旧五代史》,欧阳修编撰的为《新五代史》。

《新五代史》的编撰者欧阳修(1007—1072),字永叔,号醉翁,晚年又号六一居士,北宋庐陵(今江西吉安)人,是著名的文学家和史学家。他虽出身于仕宦家庭,但四岁丧父,靠其母郑氏抚养教诲成人,靠他自己勤勉求学成长。他的成长及从事政治与文化活动的时期,跨越真宗、仁宗、英宗、神宗四朝,北宋他主要在仁宗统治期间最为活跃。当时的政治环境,虽痼弊不少,算不上特别昌明兴盛的时期,但是相对来说,没有发生大的动乱,社会经济得到了较好的发展。农业的发展、手工业的发展、商品经济的发展、城市的繁荣,给文化事业的发展提供了良好的条件,士人们通过科举考试,有了仕进之途。欧阳修在这样的政治环境下,得以施展自己的才能,在走上宦途的同时,于文学和史学领域取得了卓著的成就,可以说是时代造就了他,而他也给历史增添了光彩。

欧阳修于仁宗天圣八年(1030)考取进士,被任命为西京(今河南洛阳)留守推官,掌管刑狱事务,从此走上宦途。在官宦场中,屡有升调贬降。由于他持风节,好直言,常常以为官清正自律,往往与一些权佞有矛盾,有时也与政治见解有分歧的人相忤,所以蒙受过污蔑潜毁。但总的说来,他还是属于当政者中具有影响的显要人物。仁宗景祐三年(1036),范仲淹上书论刺时政,被执政吕夷简谴责,贬降饶州。欧阳修为此上书谏官高若讷,斥责他不主持公正,并直言说他"不复知人间有羞耻事",欧阳修被贬为夷陵(今湖北宜昌)令,此后便辗转于地方任职。后来,才复校勘职,又进集贤校理。到仁宗庆历三年(1043),知谏院,因敢直言,受到仁宗的褒奖,进而为同修起居注、知制诰,后又为龙图阁直学士、河北都转运使。可是在庆历五年(1045),又被人诬枉,贬为滁州(治所在今安徽滁州)知州。后徙守扬州,复学士以后,留守南京(今河南商丘),为行政长官。仁宗嘉祐二年(1057),欧阳修主管贡举,加龙图阁学士,并为开封府行政长官。他处理政事简易循理,京师因而得到治理。接着任礼部侍郎兼翰林侍读学士,政治地位日趋显赫。嘉祐五年(1060)为枢密副使,涉足全国最高军事决策机构,次年为参知政事,地位已到副宰相了。这段时期,是欧阳修在政治上最为得意的时期。继仁宗以后即位的是英宗,享国短促。欧阳修当时既处于尊崇的地位,其所持的议论及所行之事,虽然有很大的影响,但也容易招致一些大臣们的诘诋,有的人甚至伺机谤陷,欧阳修也自知年纪已到六十,便提出辞职。神宗即位后,一面挽留他,一面降调其职为观文殿学士、刑部尚书,并为亳州知州,转而为青州知州,在任上因请停青苗法,遭到王安石的反对,他便于熙宁四年(1071)退职,熙宁五年(1072)卒,终年六十五岁。

我们从欧阳修在官宦途中的作为来看,他并不醉心于高官大名,而往往以正直不苟的态度出现,讲求事功,敢于发表议论,有不顾恤官职地位而见义勇为的气概,因此为当世人所重。他所交往亲密的官员,多数属于耿直的人。在纷至沓来的矛盾中,欧阳修总是露出锋芒,祭起封建纲常道德的旗帜卫保朝廷,因此他也常处于人事关系的倾轧之中,这些虽说属于他政治生活中的得失问题,可是他在文学和史学上的造诣,又何尝不是来源于这政治生活的激励呢?

欧阳修在史学上最重要的成就,应数他自己编撰的《新五代史》。《新五代史》原名《五代史记》,共有七十四卷,其中本纪十二卷,列传四十五卷,考三卷,世家及年谱十一卷,四夷附录三卷。在他于神宗熙宁五年(1072)去世之前,《新五代史》已编撰成书,但没有在社会上传布。到他去世后的当年八月,神宗才诏令他的家人把这部史书奏上,并收藏于秘阁。书稿后来由国子监雕版印行,在社会上流传开来,并得到学者们的重视。北宋灭亡之后,金章宗于泰和七年(1207)十一月下诏:"新定学令内,削去薛居正《五代史》,止用欧阳修新撰。"由于欧阳修的《新五代史》在思想内容上更能适应当政者的需要,因此,薛居正主编的《旧五代史》逐渐被冷落,到明代时,文渊阁尚有其书,但后来便失传,《新五代史》便享有独尊的地位。

有关欧阳修编撰《新五代史》的一些具体问题,学者们多有讨论,这里提出我们的一些看法:

(一)欧阳修何时开始撰写《新五代史》? 由于史书上没有明确记载,欧阳修本人也未曾交代,所以研究者们提出一些猜度。有人认为,在景祐三年(1036)前欧阳修已着手编写,理由是那时他给尹师鲁、梅圣俞的信中提到过修史的事。有人却认为,欧阳修是在他主编的《新唐书》完稿的嘉祐五年(1060)之后才着手撰写,理由是他主修《新唐书》时,诸事猥杂,只有在终稿之后才能有精力自撰史书。我们认为这些猜度虽都言之成理,可是要斩钉截铁地说出《新五代史》撰写的起笔时间,确实难查考到足够的佐证。对于这个问题，我们不必急于作出结论，还可以继续进行研讨。

（二）《旧五代史》与《新五代史》相比较，孰优孰劣？我们认为最公允的看法是承认他们各有所长，可以互为补充，可以并行于世。从总体上来说，《旧五代史》仓促成书，从受诏编撰到奏上成书只不过一年多的时间，在撰写中，行文缺乏雕琢，但它所据的多为五代各朝实录，而且参加编纂的人，如薛居正、卢多逊、扈蒙、张澹、李昉、刘兼、李穆、李九龄等都熟悉五代掌故，除薛居正任监修以总其成，其他各员分工编撰后梁、后唐、后晋、后汉、后周或十国中的一史，然后汇合编排为一书，其所保存的资料是较为丰富的，虽难免有芜杂的现象，但作为史书而言，资料充实是很重要的条件。《旧五代史》问世之后，学者们还是很看重它的，司马光主编《资治通鉴》时，就曾于其中引用了不少资料。只要我们把新、旧《五代史》相对照，就不难发现《旧五代史》所载史实比《新五代史》充实，更能够考知五代十国时期的历史面貌。譬如《旧五代史》本纪部分有六十一卷，《新五代史》只有十二卷，卷数悬殊。从《旧五代史》的本纪里，我们不仅可以得见五代各朝兴亡的脉络，而且还能了解到重要历史事件、人物故事的具体情节，如果再参看有关人物的列传，那么掌握错综复杂的五代历史也并不感到困难。反之，如果我们阅读《新五代史》的十二卷本纪，虽也能概见五代各朝的大事，但细细体味，只不过罗列大事记而已，没有具载有关联的历史情节，致使读者对五代历史发展情状缺乏深刻的印象。这不能不说是欧阳修过分裁削各代各朝本纪造成的缺陷。当然，欧阳修在撰写本纪时，也摒弃了一些不足为据的传说，且行文简约流畅，但这与其缺陷相比，总是失多而得少。以上只是将新、旧《五代史》本纪部分相比较而言。若再把列传部分相比较，更会发现《新五代史》过分省略，下面我们略举两例：

《旧五代史》卷六十与《新五代史》卷二十八都载有《李袭吉传》，旧史传文约一千四百字,新史传文二百余字。新史传文仅为旧史传文的七分之一。欧阳修是怎样简省传文的呢?原来他把后唐武皇(武皇在唐昭宗时封为晋王)命李袭吉写信给后梁太祖以通友好的事,简括地写出,并摘取其书信中精彩的几句话,以表明李袭吉的文章写得好,博得梁太祖及时人的赞许。该段文字是这样写的:"晋王与梁有隙,交兵累年,后晋王数困,欲与梁通和,使袭吉为书谕梁,辞甚辨丽。梁太祖使人读之,至于'毒手尊拳,交相于暮夜,金戈铁马,蹂践于明时',叹曰:'李公僻处一隅,有士如此,使吾得之,傅虎以翼也!'……"这段话虽似画龙点睛突出了李袭吉善于写文章这一特点,却删去了旧史所载八百字左右的书信全文,使人读了顿生不得见李袭吉文章妙笔之憾。我们再从历史人物传记的基本要求来说,在交代人物行事的时间、地点、因果关系等方面,新史的《李袭吉传》有许多忽略的地方。譬如旧史记载"三年,迁节度副使,从讨王行瑜,拜右谏议大夫",新史简约为"迁节度副使,官至谏议大夫",把表时间的"三年"及表因果的"从讨王行瑜"的字眼都删掉,显然是不合适的。又如前面说到的李袭吉奉命给梁太祖写信一事,旧史明载是"天复中"的事,表明是在天复年间,而新史删去"天复中",同样也是不合适的。我们在《新五代史》里可以发现许多不该删而被删的事例。从历史研究的角度去看问题,在引用新史史料时,不可不拿旧史相对勘。

新史缘于追求简约,以致有些传记显得没有多少实际内容,读后对该传记人物仍不甚了了。如二史都载有卢汝弼的事迹。旧史计约一百八十一字,新史只有六十八字。新史虽增加两条史料,一为"其父简求为河东节度使",一为死后庄宗追封他为"兵部尚书"。但是,就记叙卢汝弼生平行事的具体程度而言,旧史远胜新史。新史增益了微末却忽略了全貌。总之,《新五代史》多失之于简约,这是我们不可不注意的问题。

曾有一种说法认为,《新五代史》具有"文省而事备"的优点。这种说法来源很早,欧阳修的儿子欧阳发在记述其父事迹中说:"书成减旧史之半,而事迹添数倍,文省而事备,其所辨正前史之失甚多。"对于这"文省事备""事迹添数倍"的评价,我们认为是夸张的说法。"文省""减旧史之半"属实,"事备"则无征。从我们前面所举的例子已可以看出,若以"事备"来衡量,旧史无疑强于新史。假使我们再从两史的体裁结构上相比较,旧史也不见得逊色。譬如"志"的部分,新史改之为"考",只有《司天考》《职方考》,而旧史除对应的有《天文》《历》《五行》《郡县》各志,还有《礼》《乐》《食货》《刑法》《选举》《职官》志,这都是新史中所没有的。"志"这一体,旧史详备,这才是事实。那么新史是否在资料上毫无增益呢?当然不是,我们同意中华书局《新五代史》点校本《出版说明》里所说的:"由于欧阳修编写《新五代史》后于《旧五代史》,看到了《旧五代史》编撰者所没有看到的一些资料,他往往采用小说、笔记之类的记载,补充了《旧五代史》中所没有的一些史实,如王景仁、郭崇韬、安重海、李茂贞、孔谦、王彦章、段凝、赵在礼、范延光、卢文纪、马胤孙、姚顗、崔棁、吕琦、杨渥等传都或多或少地补充了若干事实。"以上列举的传记里实际上补充的材料都很有限,若再把它增加的少量职官、名物辨证性质的文字算上去,尽管不能过誉为"事迹添数倍",但毕竟是载有旧史未备的内容。因此我们还是认为新旧史可互为补充,相得益彰。

其三,关于欧阳修《新五代史》记事似司马迁的问题。这本来也是宋代学者提出的看法。《宋史》本传载:"苏轼叙其文曰:'论大道似韩愈,论事似陆贽,记事似司马迁,诗赋似李白。'识者以为知言。"可见"记事似司马迁"的说法也是由来已久。苏轼始发其端绪,时人和后人也就有人认同。但是欧阳修的《新五代史》其记事果真与《史记》相似吗?这其实是不可强作类比的。司马迁自期要"究天人之际,通古今之变,成一家之言"。欧阳修撰写新史,其宗旨也很明确:"昔孔子作《春秋》,因乱世而立治法，余述本纪，以治法而正乱君。"司马迁以撰写成一家之言的通史为己任，自然有其是非标准、笔削尺度。就我们可得见的，其写作手法更多的是寓论于史，在他的笔下展现出的活龙活现的历史场面、栩栩如生的人物形象，都能牵动人们的情趣和好尚，使人受到感染和教育。欧阳修写作的手法则标榜大义，析辨名分，而对史事则简约处置，显然欧阳修是以弘扬道统自居。前面说的"论大道似韩愈"其实就是这个意思。他写史的目的是匡俗致用，也就像他自己说的"以治法而正乱君"。究其着力点，是适应北宋社会的政治需要，至于史事的充实及考辨，虽然他也做了一些工作，但本来不是他特别措意的问题。由此我们可以这样说，就是像欧阳修这样的文章巨擘，其所撰著的史书，也不好机械地与司马迁的《史记》相类比。当然，《新五代史》与《史记》之间不可能没有关系，《史记》一书对欧阳修不可能没有影响。我们从表面上就可以看出之间的关系。比如说，《史记》与《新五代史》都是私人修撰的史书，它们都不是由官方组织编纂的，因此可以按自己的意图撰写，不受什么约束。我们也同意已故柴德赓教授《史籍举要》中所说的，欧阳修撰写《新五代史》学《史记》，是指学《史记》的编纂方法。这只要把《旧五代史》与《新五代史》的编纂方法相比较就能体会得到。《旧五代史》把五代分别单列，分梁书、唐书、晋书、汉书、周书，各书本纪、列传自成系统，最后又将十国另立门类为世袭或僭伪列传，把礼志、乐志等各志殿后。《新五代史》却完全改变编纂方法，把五代各朝本纪列传抽出，重新编排，以本纪为首，列传其次，考第三，世家年谱殿后，从形式上打破梁、唐、晋、汉、周各自为书的模式，将五代放入同一体系的框架内加以撰述。其在本纪部分，将梁、唐、晋、汉、周的本纪依次编在一块；列传部分则别出心裁地标立许多名目，将各朝代的人物按其特点归入相应的名目之下。如《家人传》记宗室后妃，也是按《梁家人传》《唐家人传》等依次排列；《名臣传》是欧阳修心目中认定为忠于一朝的臣子们的传记，如服事梁的叫梁臣、服事唐的叫唐臣等,亦按朝代依次排列;《死节传》是欧阳修特为表彰全节不二之士所标立的名目,五代只有三人载入《死节传》;《死事传》,专载为某一代政权献身赴死的人,入《死事传》的有十五人,其中有五人附见于本纪或他人的列传中;《一行传》是为操行卓异的人立的传,共有五人写入这类传中。其中有不出仕做官而隐居山林、民间的人;有为官敢于仗义执言,不为势利所动,不贪图官位以苟安求荣的人;有恪守人伦节操,以孝悌闻于民间的人;《唐六臣传》,是特为原唐朝末年的大臣、后来降附了朱温的六人(其中杜晓附载于苏循传中,实际上是七人)立传,含有讽刺的意思;《义儿传》,共传八人,都是后唐武皇李克用的养子,反映了五代养义子成风的历史现象;《伶官传》,是为优伶立的传,共有四人写入这类传中,反映了当时伶官较多的历史现实;《宦者传》,是记宦官人物及有关事件的传记;《杂传》,共有十九卷,在列传四十五卷中占的比重最大,收入杂传的有一百四十多人,是五代十国时期那些不专奉事一姓一朝的官员的传记。列传部分之后就是考。《司天考》载天文历法,《职方考》载地理。后面有世家年谱,记载十国史事。还有《四夷附录》,专门记载契丹等史事。

从上列《新五代史》编纂体例来看,欧阳修确实在模仿司马迁的《史记》。他的寓意似乎是以效法《史记》的通贯手法重新编排五代纪传。此外在列传部分则以类传、合传为多,还有表谱等,这些编纂方法无疑是受了《史记》的影响。至于《新五代史》的编撰方法是否应该肯定,是否优于《旧五代史》,今后还需要认真探讨。

最后,我们要讨论的是欧阳修在撰写《新五代史》中学《春秋》笔法的问题。所谓《春秋》笔法,就是在叙事行文中以微言大义体现褒善惩恶。我们认为,欧阳修确实是学了《春秋》笔法。《宋史》本传说《新五代史》是“法严词约,多取《春秋》遗旨”,从《新五代史》的本纪、列传的前序或赞评里我们可以看到寓有《春秋》笔法的褒贬文字,其劝善惩恶的意

识,处处都体现出来,欧阳修讲求《春秋》笔意已是确凿的事实。我们认为基于这些事实,可以更深层次地认识以下三个问题:

第一,要看到欧阳修对五代社会持有的严厉批判态度。他在《一行传》的前序中已表露得很透彻:"呜呼,五代之乱极矣,传所谓'天地闭,贤人隐'之时欤!当此之时,臣弑其君,子弑其父,而搢绅之士安其禄而立其朝。充然无复廉耻之色者皆是也……五代之乱,君不君,臣不臣,父不父,子不子,至于兄弟、夫妇人伦之际,无不大坏,而天理几乎其灭矣。"在这样作总批判的前提下,欧阳修在诸多本纪、列传中,面面俱到地申明《春秋》大义,有的臧否人物,有的论君臣父子之礼,有的论女色女祸,有的论政治风尚及国家隆替,有的论家人之道、宗庙之法、朝廷班列、人鬼之序,有的辨祥瑞之惑、天人之际、妖祥气象之说,有的辨厚葬之弊,辨盗者之道,辨方镇之势,辨朋党之说,论死事死节之士,论义儿,论继嗣,辨年号乖错,有的论伶官、论宦者等,几乎五代历史中的各类问题、诸种现象、百色人物,无一不在他的评析之列,没有什么遗漏。我们要充分认识欧阳修以《春秋》大义论说了整个五代历史。

第二,修史讲求《春秋》笔法,不独欧阳修如此,这是有宋一代的风气。在宋初,宋太祖于开宝六年(973)四月诏令薛居正监修《五代史》时就提出:"将使垂楷模于百代,必须正褒贬于一时。"平心而论,《旧五代史》在褒贬人物方面,与《新五代史》也很相似。比如《新五代史》对后梁重臣,褒敬翔的不事二主,贬李振为贪生而奉事新主,《旧五代史》也是褒扬敬翔"殒命以明节",贬李振"视息而偷生"。又如对冯道,欧阳修贬斥他是无耻之人,《旧五代史》也贬斥道:"事四朝,相六帝,可得为忠乎!夫一女二夫,人之不幸,况于再三者哉!"至于众所周知的司马光主修的《资治通鉴》,在明名分、正褒贬方面是不惜笔墨的。乃至后来的朱熹,其《通鉴纲目》自序说:"岁周于上而天道明矣,统正于下而人道定矣,大纲概举而监戒昭矣,众目毕张而几微著矣。"这很明确地提出道统为纲,纲举目张。以上的事例说明宋代史家多以褒贬惩劝为能事,《春秋》笔法是当时史学的主流意识。

第三,要认识欧阳修运用《春秋》笔法得心应手,其根源在于他自幼受儒家思想的熏陶,平素行为不逾其矩,加上他主张"道至而文亦至",认为自身涵养了道,那么文章自然会写得工巧达理动人。他的《新五代史》极富可读性,就是缘于这些深刻的主观条件。

以上,我们就欧阳修及其《新五代史》撰作的有关问题作了粗浅的介绍。本书篇目是我们自选的,注释汲取了一些研究者的研究成果。这里我们向在这个注译本撰稿前做了许多前导性工作的专家学者们致以敬意。由于我们知识水平的局限,在注译中肯定有不少疏漏和错误,敬希读者批评指正。

李国祥　王玉德　姚伟钧

梁家人传·文惠皇后王氏

导读

　　朱温的母亲王氏，出身于一个贫苦的家庭，很早就守寡，带领三个儿子出外做帮工。由于早年的患难生活，王氏体会到生活的艰辛，因而注重俭约，为人宽厚，朱温秉性暴戾，杀人无度，在王氏的规劝下有所改变。朱温虽然做了皇帝，但王氏认为他干的事有些就不合正义，事实也充分证实了这一点。本篇中还有一些关于朱温少年轶事的记载，这对于全面认识朱温是有一定参考作用的。（选自卷一四）

原文

　　梁太祖母曰文惠皇后王氏，单州单父人也①。其生三子：长曰广王全昱，次曰朗王存，其次太祖。

　　后少寡，携其三子佣食萧县人刘崇家②。太祖壮而无赖，县中皆厌苦之。崇患太祖慵堕不作业，数加笞责，独崇母怜之，时时自为栉沐③，诫家人曰："朱三非常人也，宜善遇之！"黄巢起，太祖与存俱亡为盗，从

翻译

　　梁太祖朱温的母亲文惠皇后王氏，是单州单父人。她有三个儿子：长子是广王朱全昱，次子是朗王朱存，小儿子是梁太祖朱温。

　　王氏早年守寡，带着三个儿子到萧县刘崇家帮工。朱温成年后品行不端，萧县人都很厌恶他。刘崇讨厌朱温懒惰不做事，屡次加以鞭打责罚，只有刘崇的母亲怜爱朱温，经常亲自为朱温洗头梳理，并告诫家人说："朱温不是平常的人，应该很好地对待他！"黄巢聚众起事后，朱温与朱存都逃亡加入了这支队伍，随从黄巢攻打广州，朱存战死。过

黄巢攻广州,存战死。居数岁,太祖背巢降唐,反以破巢,遂镇宣武④。乃遣人以车马之萧县,迎后于崇家。使者至门,后惶恐走避,谓刘氏曰:"朱三落魄无行,作贼死矣,何以至此邪?"使者具道太祖所以然,后乃惊喜泣下,与崇母俱载以归,封晋国太夫人。

了几年,朱温背叛黄巢投降唐朝,反而攻破了黄巢,就任宣武军节度使。于是他派人用车马到萧县刘崇家去接他母亲。使者来到刘崇家门口,王氏十分恐惧,连忙躲避,并对刘家人说:"朱温浪荡无赖,做盗匪已经死了,为什么会任节度使呢?"使者详细地讲明了朱温这些年的情况,王氏才惊喜泪下,与刘崇的母亲一道乘车来到汴州,被封为晋国太夫人。

注释 ① 单(shàn)州:治所在单父县,即今山东单县南。 ② 萧县:治所在今安徽萧县。刘崇:朱温即位后,召任为殿中监、商州刺史。 ③ 栉(zhì)沐:梳头洗漱。 ④ 宣武:又名宣武军,唐五代方镇名,治所在今河南商丘南。

原文

太祖置酒太夫人前,举觞为寿①,欢甚。太祖启曰:"朱五经平生读书②,不登一第,有子为节度使,无忝于先人也。"后恻然良久曰:"汝能至此,可谓英特,然行义未必得如先人也!"太祖莫知其故,后曰:"朱二与汝俱从黄巢,独死蛮岭,其孤皆在午沟③,汝今富贵,独不

翻译

朱温在太夫人面前摆下酒席,举起酒杯为她祝贺,十分高兴。朱温禀告道:"朱五经一生读书,从未在科举考试中取得名次,现在他的儿子做了节度使,无辱于父亲了。"太后悲痛地沉思了很久,说:"你今天能到这一步,可称得上英杰了,但是你的为人处世未必能赶得上你死去的父亲!"朱温不知道太后说这些话的缘由,太后接着又说:"朱存与你一起跟从黄巢,他一人死于南岭,而他的儿女都还在午沟,你现在富贵

念之乎?"太祖泣涕谢罪,乃悉召存诸子以归。太祖刚暴多杀戮,后每诫之,多赖以全活。

大顺二年秋,后疾,卜者曰:"宜还故乡。"乃归。卒于午沟。太祖即位,立四庙④,追尊皇考为文穆皇帝,后曰文惠皇后。

了,难道就不怜悯他们吗?"朱温流泪谢罪,于是传令让朱存的儿子全都前来。朱温秉性刚暴,动辄杀人,太后经常规劝他,很多人因此而幸免于难。

大顺二年(891)秋天,太后生病,占卜的人说:"应该回故乡。"于是回到故乡。死于午沟。朱温即帝位后,为祖宗立四庙,并追尊他的父亲为文穆皇帝,母亲为文惠皇后。

注释 ① 觞(shāng):古代喝酒用的器具。 ② 朱五经:即朱温的父亲朱诚,以五经教授乡里。五经是《诗》《书》《礼》《易》《春秋》的总称。 ③ 午沟:在今安徽砀山。 ④ 四庙:高祖、曾祖、祖父、父亲的宗庙。

梁家人传·元贞皇后张氏

导读

　　朱温的妻子张皇后,出身于单州砀山的富豪家庭,是一个深通礼法、贤明干练的女子。朱温非常敬重张皇后,对她提出的建议常能认真听取采纳。朱温时常法外用刑,随意给人治罪,张皇后则每每加以救护,悉心补救朱温政事上的弊病和缺失,因而在朱温建立后梁的事业中,张皇后是作出了一定的贡献的。自张皇后死后,朱温就开始了纵欲宣淫的生活,并由此导致后梁的衰亡。(选自卷一三)

原文

　　太祖元贞皇后张氏,单州砀山县渠亭里富家子也①。太祖少以妇聘之,生末帝②。太祖贵,封魏国夫人。

翻译

　　梁太祖朱温的元贞皇后张氏,是单州砀山县渠亭里一个富贵人家的女儿。朱温年轻时以礼娶为妻室,张氏生末帝朱友贞,太祖显贵以后,封张氏为魏国夫人。

注释

①　砀山县:治所在今安徽砀山东。　②　末帝:朱温的第三子朱友贞,初封为均王,后来讨伐朱友珪,即皇帝位,被其部下杀害。

原文

　　后贤明精悍,动有礼法,虽太祖刚暴,亦尝畏之。太祖每以外事访之,后言多中。太祖时时暴怒杀戮,后尝救护,

翻译

　　张后贤惠精明泼辣,待人接物很有礼数,虽然太祖秉性刚暴,也常敬畏她。太祖经常向张氏询问军国大计,张氏的建议往往都很中肯。太祖时常发怒杀人,张

人赖以获全。太祖尝出兵,行至中途,后意以为不然,驰一介召之,如期而至。

郴王友裕攻徐州①,破朱瑾于石佛山②,瑾走,友裕不追,太祖大怒,夺其兵。友裕惶恐,与数骑亡山中,久之,自匿于广王。后阴使人教友裕脱身自归,友裕晨驰入见太祖,拜伏庭中,泣涕请死,太祖怒甚,使左右捽出,将斩之。后闻之,不及履,走庭中持友裕泣曰:"汝束身归罪,岂不欲明非反乎?"太祖意解,乃免。

氏常加以救护,一些人因此得以幸免。太祖有一次出兵,行至中途,张氏心中以为不妥,急速派遣一个士兵去叫他回来,太祖按照张后的意思率军而归。

郴王朱友裕攻打徐州,在徐州石佛山击败朱瑾,朱瑾逃走,朱友裕却不追击,朱温大怒,削除朱友裕的兵权。朱友裕惊恐不安,带领数名骑兵逃入深山之中。过了很长一段时间,朱友裕又躲藏在广王朱全昱那里。张皇后暗地派人告诉朱友裕从广王处脱身自己回来,朱友裕清晨疾驰回来进见太祖,并跪伏在太祖的庭院之中,流泪请罪,太祖愤怒至极,命令左右把朱友裕揪出,就要杀他,张皇后听说,来不及穿上鞋子,跑到庭院揪住友裕哭着说:"你把自己捆绑起来回来请罪,难道不是想表明没有谋反之心吗?"太祖听了之后才明白过来,于是赦免友裕罪过。

注释 ① 郴(chēn)王友裕:朱温长子。 ② 朱瑾:唐僖宗时为泰宁军节度使,为朱温所破,奔走淮南,依附杨行密,后来帮助幼主杨隆演杀徐知训,而未得支持,自刎而死。石佛山:位于今江苏徐州南。

原文

太祖已破朱瑾,纳其妻以归,后迎太祖于封丘①,太祖告之。后遽见瑾妻,瑾妻再拜,后亦拜,凄然泣下曰:

翻译

太祖击败朱瑾后,收取朱瑾的妻子归来,张皇后在封丘迎接太祖,太祖把这件事告诉了张皇后。皇后急忙去见朱瑾的妻子,朱瑾妻一再拜谢,皇后也

"兖郓与司空同姓之国②,昆仲之间③,以小故兴干戈,而使吾姒至此④;若不幸汴州失守⑤,妾亦如此矣!"言已又泣。太祖为之感动,乃送瑾妻为尼,后尝给其衣食。司空,太祖时检校官也。

天祐元年,后以疾卒。太祖即位,追册为贤妃。初葬开封县润色乡,末帝立,追谥曰元贞皇太后,祔于宣陵⑥。后已死,太祖始为荒淫,卒以及祸云。

跟着行礼,凄然流泪说:"兖州(朱瑾占据)、郓州(朱宣占据)与司空都是同姓之邦,兄弟之间,因小事而起战事,从而使我姐姐到这个地步;如果汴州不幸失守,我也将像这样了!"说罢又哭泣。太祖听了这话很感动,就送朱瑾的妻子出家为尼,张皇后也常供给她一些衣食。称司空,是因为太祖这时任检校官。

天祐元年(904),张皇后因病去世。太祖登上皇位,追封张皇后为贤妃。起初张皇后葬在开封县润色乡,末帝即位后,追封谥号为元贞皇太后,与太祖合葬于宣陵。张皇后死后,太祖开始放纵淫乱,终于招致杀身之祸。

注释 ① 封丘:县名,治所在今河南封丘境内。 ② 兖:州名,治所在今山东兖州。郓(yùn):州名,治所在今山东东平西北。当时朱瑾与其兄朱宣据有兖、郓等地。司空:朱温这时任检校司空,检校为无实职的加官。 ③ 昆仲:敬称人家的兄弟为昆仲。 ④ 姒(sì):兄弟之妻相称为姒。 ⑤ 汴州:治所在今河南开封。 ⑥ 祔:这里指合葬。宣陵:梁太祖陵墓,在今河南洛阳南。

梁臣传·敬翔

导读

五代十国统治者用人的特点是,除了通过科举选拔,还从幕僚中提拔录用人才。后梁朱温的谋臣敬翔就是由幕僚提升上来的。

敬翔早年考进士落榜,替人作文书、名帖,生活很是潦倒,朱温镇汴时,有机会看到他写的通俗易懂的文书,十分喜欢,便延请至幕府任职。朱温看不懂深奥的公文,讨厌卖弄辞章的士人,倒喜欢敬翔这种底层的知识分子。敬翔接近朱温后,日益得到信任,在政治上起了较大的作用。直到晚年,敬翔一直以"朱氏老奴"自称,不愿做后唐的臣属,忠心于梁,至死不变。因此,欧阳修以封建伦理为标准,在记述他的事迹中不乏赞许之词。(选自卷二一)

原文

敬翔,字子振,同州冯翊人也①,自言唐平阳王晖之后。少好学,工书檄②,乾符中举进士不中,乃客大梁③,翔同里人王发为汴州观察支使④,遂往依焉。

翻译

敬翔,字子振,同州冯翊人,自称是唐朝平阳王晖的后代。从小好读书,擅长写作官方文书。唐僖宗乾符年间,考进士没有中第,于是客居于开封。敬翔的同乡王发任汴州观察支使,敬翔就前去投奔王发。

注释 ①同州:治所在今陕西大荔。冯翊(píng yì),在大荔西。 ②檄(xí):古代官方文书,多作征召、晓喻、声讨等用。 ③大梁:今河南开封。 ④观察支使:节度使的下属官。

原文

久之，发无所荐引，翔客益窘，为人作笺刺①，传之军中。太祖素不知书，翔所作皆俚俗语，太祖爱之，谓发曰："闻君有故人，可与俱来。"翔见太祖，太祖问曰："闻子读《春秋》，《春秋》所记何等事？"翔曰："诸侯争战之事耳。"太祖曰："其用兵之法可以为吾用乎？"翔曰："兵者，应变出奇以取胜，《春秋》古法，不可用于今。"太祖大喜，补以军职，非其所好，乃以为馆驿巡官②。

太祖与蔡人战汴郊③，翔时时为太祖谋画，多中，太祖欣然，以谓得翔之晚，动静辄以问之。太祖奉昭宗自岐还长安④，昭宗召翔与李振升延喜楼劳之，拜翔太府卿⑤。

翻译

过了好一段时间，王发没有引荐他做事，敬翔客居他乡日益困迫，只得为人写写文书信件，这些传到了军营里。梁太祖平素不读书，敬翔所作的文书都采用俚俗语词，太祖十分喜爱，对王发说："听说你有一个熟人，可以与他一起来。"敬翔见了太祖，太祖问道："听说你读过《春秋》，《春秋》记的是什么样的事？"敬翔说："只是诸侯国之间争斗的事罢了。"太祖又问："他们用兵的方法可以为我所用吗？"敬翔说："用兵应该随机应变，出奇以制胜。《春秋》所记只是古代用兵方法，不可以用于今天。"太祖听后大喜，授予军职，敬翔不喜好军职，于是又授予馆驿巡官。

太祖与蔡州的秦宗权在开封郊野作战，敬翔经常为太祖出谋划策，多被采用并取得成功，太祖喜悦，认为得到敬翔太晚，有了情况就向敬翔询问。太祖送唐昭宗从岐州回长安，昭宗召敬翔和李振登上延喜楼亲加慰劳，并授予敬翔太府卿一职。

注释　①笺刺：即文书、信件、名帖等物。　②馆驿巡官：主掌檄奏之官。　③蔡：五代时为州，治所在今河南汝南。　④岐：五代时为州，治所在今陕西凤翔。　⑤太府卿：主掌帑藏财物之官。

原文

初，太祖常侍殿上，昭宗意卫兵有能擒之者，乃佯为鞋结解，以顾太祖，太祖跪而结之，而左右无敢动者，太祖流汗浃背，由此稀复进见。昭宗迁洛阳，宴崇勋殿，酒半起，使人召太祖入内殿，将有所托。太祖益惧，辞以疾。昭宗曰："卿不欲来，可使敬翔来。"太祖遽麾翔出，翔亦佯醉去。

太祖已破赵匡凝^①，取荆、襄^②，遂攻淮南。翔切谏，以谓新胜之兵，宜持重以养威。太祖不听。兵出光州^③，遭大雨，几不得进，进攻寿州^④，不克，而多所亡失，太祖始大悔恨。归而忿躁，杀唐大臣几尽^⑤，然益以翔为可信任。

翻译

当初，太祖经常在殿上侍奉皇上，昭宗料想卫兵中有能擒拿太祖的，就假装鞋散开了带，并望着太祖，太祖便跪下来系上鞋带，但旁边的卫兵没有敢动手的，太祖吓得汗流浃背，从此之后很少再进见皇上。昭宗迁都洛阳，在崇勋殿举行宴会，酒宴进行了一段时间后，派人召太祖进内殿，准备托付一些事情。太祖更加害怕，以身体有病推辞不去。昭宗说："你不想来，可以让敬翔来。"太祖便急忙指示敬翔离开，敬翔也装醉离开。

太祖击败赵匡凝后，占领荆、襄二州，接着攻打淮南。敬翔恳切劝谏阻止，认为刚打了胜仗的军队，应该保持慎重，养精蓄锐。太祖不听敬翔劝阻，出兵至光州，遇上大雨，几乎不能前进，进攻寿州，又攻不下，而且士卒伤亡散失的很多，太祖这才十分悔恨。回来后愤怒暴躁，把唐朝大臣几乎杀尽，但由此更加认为敬翔值得信任。

注释　①赵匡凝：蔡州人，袭父爵为襄州留后，为朱温所败。　②荆：州名，治所在今湖北荆州。襄：州名，治所在今湖北襄阳。　③光州：治所在今河南光山。　④寿州：治所在今安徽寿县。　⑤"杀唐大臣"句：朱温兄朱存的儿子友伦，坠马身死，朱温疑其为唐宰相崔胤等人所杀，遂于904年遣兵至京师，杀崔胤等唐朝大臣。

原文

梁之篡弑,翔之谋为多。太祖即位,以唐枢密院故用宦者,乃改为崇政院,以翔为使。迁兵部尚书,金銮殿大学士。

翔为人深沉有大略,从太祖用兵三十余年,细大之务必关之。翔亦尽心勤劳,昼夜不寐,自言惟马上乃得休息。而太祖刚暴难近,有所不可,翔亦未尝显言,微开其端,太祖意悟,多为之改易。

太祖破徐州,得时溥宠姬刘氏①,爱幸之,刘氏故尚让妻也②,乃以妻翔。翔已贵,刘氏犹侍太祖,出入卧内如平时,翔颇患之。刘氏诮翔曰:"尔以我尝失身于贼乎?尚让,黄家宰相;时溥,国之忠臣。以卿门地,犹为辱我,请从此诀矣!"翔以太祖故,谢而止之。刘氏车服骄侈,别置典谒③,交结藩镇,权贵往往附之,宠信

翻译

后梁篡夺唐朝的帝位,敬翔出的主意最多。太祖即位以后,因为唐朝的枢密院过去常用宦官,于是改为崇政院,授敬翔为崇政使。后又升任为兵部尚书、金銮殿大学士。

敬翔为人深沉,有经世大略,随从太祖用兵三十多年,大小事务都和他商讨。敬翔也尽力办事,夜以继日工作,自称只有在马上才能得到休息。太祖脾气暴戾难以接近,有些不可行的事,敬翔也不去直白说出它的不对,只是略微点出其中的问题,太祖心里领悟之后,往往因此改变主意。

太祖攻破徐州,得到时溥的宠妾刘氏,非常喜爱,刘氏过去是尚让的妻子,太祖就让她给敬翔做妻子。敬翔显贵之后,刘氏还侍奉太祖,出入太祖的卧室像往常一样,敬翔因此对刘氏很反感。刘氏嘲讽敬翔说:"你以我曾经失身于贼寇而对我有看法么?尚让,是黄巢的宰相;时溥,是唐朝的忠臣。以你的门第与我相配,还是辱没了我,请从此分手吧!"敬翔因为太祖的缘故,向她道歉而此事作罢。刘氏车服奢侈豪华,另外配置了一些人掌管宾客往来联络事务,交结地方节度使,一些身居高位

言事不下于翔。当时贵家，往往效之。

而又有权势的人也往往依附她，她在太祖面前说话受宠的程度不亚于敬翔。当时一些权贵之家，常常效法她。

注释　① 时溥：唐僖宗时为武宁节度使，因破黄巢有功，封巨鹿郡王。唐昭宗时，为朱温所败，自焚而死。　② 尚让：黄巢起义军宰相。　③ 典谒：掌管宾客往来联络事务，这里指负责此事务的人。

原文

太祖崩，友珪立，以翔先帝谋臣，惧其图己，不欲翔居内职，乃以李振代翔为崇政使，拜翔中书侍郎、同中书门下平章事，翔以友珪畏己，多称疾，未尝省事。

末帝即位，赵岩等用事，颇离间旧臣，翔愈郁郁不得志。其后，梁尽失河北，与晋相拒杨刘①，翔曰："故时河朔半在②，以先帝之武，御貔虎之臣③，犹不得志于晋。今晋日益强，梁日益削，陛下处深宫之中，所与计事者，非其近习，则皆亲戚之私，而望成事乎？臣闻晋攻杨刘，李亚子负薪渡

翻译

太祖去世，朱友珪继立，认为敬翔是先帝的谋臣，害怕他谋算自己，不愿让敬翔居内廷的职务，就让李振代替敬翔为崇政使，授敬翔为中书侍郎，同中书门下平章事。敬翔知道友珪畏惧自己，经常称病，从不过问政事。

末帝即位，赵岩等人执政，尽力挑拨末帝与旧臣的关系，敬翔更加忧郁不得志。后来，梁丧失尽黄河以北地区，与后晋军在杨刘这地方对峙，敬翔说："过去我们还控制着黄河以北一半地区的时候，以先帝的英武，指挥着勇猛如貔虎的将领，尚且不能战胜晋。现在晋日益强大，梁日益削弱，陛下耽在深宫里，参与谋划政务的人，不是皇上的亲信，就是些亲戚等近属，这能指望成就大事吗？我听说晋国攻打杨刘，李亚子背负柴草渡水，走在士卒的前头。陛下

水④，为士卒先。陛下委蛇守文⑤，以儒雅自喜，而遣贺瓌为将⑥，岂足当彼之余锋乎？臣虽惫矣，受国恩深，若其乏材，愿得自效。"岩等以翔为怨言，遂不用。

从容安闲遵守成法，以儒雅不俗自我欣赏，而派遣贺瓌为将帅，这难道能抵挡晋军的余锋吗？我虽已衰惫，但深受国家的恩典，假使国家缺乏人才，我愿意为国效力。"赵岩等人认为敬翔发的是怨言，就没有起用他。

注释 ① 杨刘：在山东东阿北，五代时为梁晋交战要地。 ② 河朔：泛指黄河以北。 ③ 貔(pí)：古传说中的猛兽。 ④ 李亚子：即后唐庄宗李存勖，五代后唐政权的建立者，小名亚子。 ⑤ 委蛇(wēi yí)：这里指从容得的样子。 ⑥ 贺瓌(guī)：濮州人，初事朱宣，后降梁，拒晋师，卒于军。

原文

　　其后，王彦章败于中都①，末帝惧，召段凝于河上②。是时，梁精兵悉在凝军，凝有异志，顾望不来。末帝遽呼翔曰："朕居常忽卿言，今急矣，勿以为怼，卿其教我当安归？"翔曰："臣从先帝三十余年，今虽为相，实朱氏老奴尔，事陛下如郎君，以臣之心，敢有所隐？陛下初用段凝，臣已争之，今凝不来，敌势已迫，欲为陛下谋，则小人间之，必

翻译

　　后来，王彦章在中都被李亚子击败，末帝十分恐慌，要把段凝从黄河边上召回，这时，后梁的精兵都在段凝军中，段凝有反叛之心，观望不来。末帝急忙叫敬翔来，说："我以往常忽视你的话，现在情况紧急了，请不要因过去的事怨恨我，请你教我该怎么办？"敬翔说："臣随从先帝三十多年，现在虽居相位，实际上是朱家的老奴罢了，侍奉陛下如同小主人，以我的忠心，还敢有所隐瞒吗？陛下起初重用段凝，我已争辩过，现在段凝不带兵来，敌势又紧迫，我想为陛下出谋，小人就从中挑拨，一定不能被你采纳，请让我先死，我不忍心

不见听。请先死,不忍见宗庙之亡!"君臣相向恸哭。

看见国家的灭亡!"说完,末帝与敬翔相对大哭。

注释 ① 王彦章:五代梁勇将,以战功封开国侯,后唐兵攻兖州,他战败被俘,不屈被杀。中都:今山东汶上县。 ② 段凝:开封人,梁末帝时为招讨使,梁亡,降唐,赐名李绍钦。

原文

翔与李振俱为太祖所信任,庄宗入汴,诏赦梁群臣,李振喜谓翔曰:"有诏洗涤,将朝新君。"邀翔欲俱入见。翔夜止高头车坊,将旦,左右报曰:"崇政李公入朝矣!"翔叹曰:"李振谬为丈夫矣,复何面目入梁建国门乎?"乃自经而卒。

翻译

敬翔与李振都深受太祖信任,后唐庄宗攻入汴州,下诏赦免后梁群臣,李振高兴地对敬翔说:"后唐下诏赦免,我们准备朝见新君吧。"并想邀敬翔一同去拜见庄宗。敬翔夜晚住宿在高头车坊,快天亮时,身边的人报告说:"崇政使李公已经上朝了!"敬翔叹息说:"李振妄为丈夫啊!他又有什么面目进入梁的建国门呢?"于是自己上吊而死。

唐臣传·郭崇韬

导读

　　五代十国时期，政治环境极其复杂，统治者为了夺取和巩固政权，需要延揽谋士为之效劳。后唐的郭崇韬就是其中比较有识见的谋士之一。每当局势处于危难的时候，他都能出谋制胜。灭梁之役，他力排众议，功勋尤著。他忠直廉洁，敢于任事，不但为后唐勋臣中仅见，就在五代十国之中，也是难得的。然而，他缺乏一个政治家的刚毅气魄和团聚人才的度量；对于当时的弊风陋习，他缺乏改革的勇气，反而以妥协求安定，以姑息抚反侧，甚至采用将刘氏捧为皇后的手段，幻想求得支持；而对于可以信赖、能够起到重大作用的勇将李嗣源则猜忌排挤。结果自身陷于孤立，罹祸冤死，功高受戮，确实是个悲剧性的人物。（选自卷二四）

原文

　　郭崇韬，代州雁门人也[①]，为河东教练使[②]。为人明敏，能应对，以材干见称。

　　庄宗为晋王，孟知祥为中门使[③]，崇韬为副使。中门之职，参管机要，先时，吴珙、张虔厚等皆以中门使相继获罪。知祥惧，求外任，庄宗曰："公欲避事，当举可

翻译

　　郭崇韬，代州雁门人，任河东教练使。为人聪明敏锐，善于言谈论辩，以才能干练受人称赞。

　　庄宗为晋王，任孟知祥为中门使，郭崇韬任副中门使。中门使这个职务，是参与管理机要事务的。早先吴珙、张虔厚等都因担任中门使先后获罪。孟知祥因此很害怕，要求到地方上去任职，庄宗说："你想避开机要职事，应当推举出可以代替你的人。"孟知祥就推荐郭崇韬任中门

代公者。"知祥乃荐崇韬为中门使，甚见亲信。

使，很被庄宗信任。

注释 ① 雁门：今山西代县。 ② 河东：唐五代方镇名，治所在今山西太原西南晋源。 ③ 孟知祥：五代时后蜀政权建立者。

原文

　　晋兵围张文礼于镇州①，久不下，而定州王都引契丹入寇②。契丹至新乐③，晋人皆恐，欲解围去，庄宗未决，崇韬曰："契丹之来，非救文礼，为王都以利诱之耳，且晋新破梁军，宜乘已振之势，不可遽自退怯。"庄宗然之，果败契丹。庄宗即位，拜崇韬兵部尚书、枢密使。

翻译

　　晋军在镇州围攻张文礼，长时间不能攻下，这时定州的王都却又引契丹军入侵。契丹军队到了新乐，晋军都很恐慌，想撤离包围而去，庄宗迟疑不决，郭崇韬说："契丹军的到来，不是救张文礼，是受王都的利诱而来的，而且晋军刚击败梁军，应该乘已经振作起来的锐气，不可一下子就自己丧失勇气而撤退。"庄宗认为有理，果然击败了契丹。庄宗即皇位后，授郭崇韬为兵部尚书、枢密使。

注释 ① 张文礼：燕人，性凶险，多奸谋，以叛变无常见称。镇州：治所在今河北正定。 ② 王都：后唐将领王处直的养子，因杀处直叛后唐，后唐讨伐他，自焚死。定州：治所在今河北定州。 ③ 新乐：今河北新乐。

原文

　　梁王彦章击破德胜①，唐军东保杨刘，彦章围之。

翻译

　　后梁王彦章占领德胜口，唐军在东面守护杨刘，又被王彦章包围。庄宗登

庄宗登垒，望见彦章为重堑以绝唐军，意轻之，笑曰："我知其心矣，其欲持久以弊我也。"即引短兵出战，为彦章伏兵所射，大败而归。庄宗问崇韬："计安出？"是时，唐已得郓州矣，崇韬因曰："彦章围我于此，其志在取郓州也。臣愿得兵数千，据河下流，筑垒于必争之地，以应郓州为名，彦章必来争，既分其兵，可以图也。然板筑之功难卒就[2]，陛下日以精兵挑战，使彦章兵不得东，十日垒成矣。"庄宗以为然，乃遣崇韬与毛璋将数千人夜行[3]，所过驱掠居人，毁屋伐木。渡河筑垒于博州东[4]，昼夜督役，六日垒成。彦章果引兵急攻之，时方大暑，彦章兵热死，及攻垒不克，所失太半，还趋杨刘，庄宗迎击，遂败之。

上壁垒，望见王彦章以深沟来阻断唐军，庄宗毫不在意，笑道："我知道王彦章的打算了，他是想以持久围困来拖垮我们。"庄宗便带领持刀剑的步兵出击，但被王彦章埋伏的士兵射击，大败而回。庄宗问郭崇韬："该怎么办？"这时，后唐军已占领郓州了，郭崇韬因此说："王彦章在这里围困我们，其目的是在夺取郓州。我愿带几千士兵，占据黄河的下游，并在必争之地构建壁垒，以接应郓州为名，王彦章一定会来争夺，这就分散了他的兵力，然后可以考虑打败他们。但是构建壁垒的工程难以马上完成，陛下要每天派精兵去挑战，使王彦章的军队不能东进，十天时间壁垒工事就可以修成了。"庄宗认为可行，就派郭崇韬与毛璋带领数千士兵连夜出发，所过之处驱赶掠夺居民，毁坏房屋砍伐树木。渡过黄河后在博州东面构筑壁垒，郭崇韬日夜监察劳役，六天壁垒告成。王彦章果然带兵来急速攻打壁垒，这时正值大暑，王彦章的士兵因受热而死，加上进攻壁垒失利，损失了大半，只得撤军往杨刘，庄宗迎击，于是击败了梁军。

注释 ① 德胜：在今河南濮阳，五代时为黄河渡口。 ② 板筑：板，建造土墙所用的夹板。筑，造土墙时用来夯土的杵。板筑，这里指建造壁垒。卒：同"猝"。 ③ 毛璋：沧州人，初为后梁军校，后以沧州降后唐。 ④ 博州：治所在今山东聊城。

原文

康延孝自梁奔唐①，先见崇韬，崇韬延之卧内，尽得梁虚实。是时，庄宗军朝城②，段凝军临河③。唐自失德胜，梁兵日掠澶、相④，取黎阳、卫州⑤，而李继韬以泽潞叛入于梁⑥，契丹数犯幽、涿⑦，又闻延孝言梁方召诸镇兵欲大举，唐诸将皆忧惑，以谓成败未可知。庄宗患之，以问诸将，诸将皆曰："唐得郓州，隔河难守，不若弃郓与梁，而西取卫州、黎阳，以河为界，与梁约罢兵，毋相攻，庶几以为后图。"庄宗不悦，退卧帐中，召崇韬问计，崇韬曰："陛下兴兵仗义，将士疲战争，生民苦转饷者，十余年矣。况今大号

翻译

康延孝从后梁来投奔唐军，先拜见郭崇韬，郭崇韬请他到卧室里，把梁的虚实打听得清清楚楚。这时，庄宗领兵驻扎朝城，段凝领兵驻扎临河。后唐自从丧失德胜口后，梁军日益加紧攻打澶州、相州，占领黎阳、卫州，李继韬又把泽州、潞州献给梁而叛唐，契丹也数次侵犯幽州、涿州，又听康延孝说梁正在召集各藩镇的军队打算大举攻唐，后唐将领都很惶惑不安，认为成败难以预测。庄宗对此十分忧虑，问众将领，众将领都说："我们占领了郓州，但隔着黄河，难于固守，不如放弃郓州给梁军，而西进去占领卫州、黎阳，以黄河为界，与梁军相约罢兵，不互相攻击，这样可望为今后再作谋划。"庄宗不高兴，退回营帐休息，召见郭崇韬问对策，郭崇韬说："陛下仗义起兵，将士疲于战争，百姓苦于转运粮饷，到现在已有十多年了。何况现在已建唐称帝，黄河以北的人们，都翘首期盼您事业成功从而可得休养

已建，自河以北，人皆引首以望成功而思休息。今得一郓州，不能守而弃之，虽欲指河为界，谁为陛下守之？且唐未失德胜时，四方商贾，征输必集，薪刍粮饷，其积如山。自失南城⑧，保杨刘，道路转徙，耗亡太半。而魏、博五州⑨，秋稼不稔，竭民而敛，不支数月，此岂按兵持久之时乎？臣自康延孝来，尽得梁之虚实，此真天亡之时也。愿陛下分兵守魏，固杨刘，而自郓长驱捣其巢穴，不出半月，天下定矣！"庄宗大喜曰："此大丈夫之事也！"因问司天⑩，司天言："岁不利用兵。"崇韬曰："古者命将，凿凶门而出。况成算已决，区区常谈，岂足信也！"庄宗即日下令军中，归其家属于魏，夜渡杨刘，从郓州入袭汴，用八日而灭梁。庄宗推功，赐崇韬铁券⑪，拜侍中、

生息。现在仅得一郓州，不能守住而放弃它，虽然想划黄河为界，但谁能为陛下守护这河北之地呢？况且在唐没有丧失德胜口时，四方商贾，以及征收转运的物资都汇集而来，柴火草料粮饷，堆积如山。自从丧失南城，保杨刘，物资在路途中辗转运输，损失大半。魏、博等五州，秋粮歉收，即使将民众的收获全部征敛，也支持不了几个月，这难道是按兵持久的时候么？自从康延孝投奔以来，我已全部掌握了梁的虚实情况，这真是老天让梁灭亡的时候。希望陛下能分兵镇守魏州，巩固杨刘，然后从郓州长驱直入捣毁梁的巢穴，不出半个月，天下就会平定！"庄宗大喜说："这才是大丈夫的事业。"于是就去问主管占卜天象时日的司天，司天说："今年不利于出兵。"郭崇韬说："古代委命战将，遇有特殊情况时凿穿凶门而出兵。何况计划已定，这区区常谈，难道足以凭信！"庄宗当天下令军中，把家属送回魏州，夜渡杨刘，从郓州突袭汴州，仅用八天就灭掉了梁。庄宗推论功劳，赐给郭崇韬铁券，授侍中、成德军节度使，并仍旧担任枢密使。

成德军节度使⑫，依前枢
密使。

注释 ①康延孝：后梁将领，后来降附后唐。 ②朝城：今山东莘县朝城。
③临河：在今河北大名附近。 ④澶（chán）：州名，治所在今河南清丰。相：州名，
治所在今河南安阳。 ⑤卫州：治所在今河南卫辉。 ⑥李继韬：后唐将领，数次
叛唐。泽，州名，治所在今山西晋城。潞，州名，治所在今山西长治。 ⑦幽：州名，
治所在今北京西南。涿：州名，治所在今河北涿州。 ⑧南城：即南寨，地处德胜口
黄河以南。 ⑨魏：州名，治所在今河北大名东北。 ⑩司天：掌管天象之官。
⑪铁券：古代帝王颁赐功臣授予世代享受某种特权的契，将字铸在铁上，制成券
形，以示永不改变。 ⑫成德军：治所在今河北正定。

原文

　　庄宗与诸将以兵取天
下，而崇韬未尝居战阵，徒
以谋议居佐命第一之功①，
位兼将相，遂以天下为己
任，遇事无所回避。而宦
官、伶人用事，特不便也。

　　初，崇韬与宦者马绍宏
俱为中门使，而绍宏位在
上。及庄宗即位，二人当为
枢密使，而崇韬不欲绍宏在
己上，乃以张居翰为枢密
使②，绍宏为宣徽使。绍宏
失职怨望，崇韬因置内勾

翻译

　　庄宗与诸将领以武力征服天下，郭
崇韬却从未亲临过战阵，仅以谋略辅佐
皇上建立新朝而功居首位，他的地位既
是将又是相，于是他常以天下为己任，
遇事没有任何回避。因而宦官、伶人供
职掌权，就特别不方便了。

　　起初，郭崇韬和宦官马绍宏都任中
门使，但马绍宏的职位在郭崇韬之上，
到庄宗即位，二人又都应为枢密使，但
郭崇韬不想让马绍宏位居自己之上，就
以张居翰为枢密使，马绍宏任宣徽使。
马绍宏因没有成为枢密使而怨恨，郭崇
韬就置内勾使一职，由马绍宏出任。凡
是全国钱粮在国库内收支的，都须经过

使，以绍宏领之。凡天下钱谷出入于租庸者③，皆经内勾。既而文簿繁多，州县为弊，遽罢其事，而绍宏尤侧目。崇韬颇惧，语其故人子弟曰："吾佐天子取天下，今大功已就，而群小交兴，吾欲避之，归守镇阳④，庶几免祸，可乎？"故人子弟对曰："俚语曰'骑虎者，势不得下'。今公权位已隆，而下多怨嫉，一失其势，能自安乎？"崇韬曰："奈何？"对曰："今中宫未立⑤，而刘氏有宠，宜请立刘氏为皇后，而多建天下利害以便民者，然后退而乞身。天子以公有大功而无过，必不听公去。是外有避权之名，而内有中宫之助，又为天下所悦，虽有谗间，其可动乎？"崇韬以为然，乃上书请立刘氏为皇后。

内勾使。这就使官簿文书繁多，州县都深以为弊，于是又急忙免去了这种职事，因而马绍宏尤为嫉恨。郭崇韬很害怕，对自己的朋友和子弟说："我辅助皇上夺取天下，现在大功告成，但小人互相勾结的情况出现了，我想避开他们，归守镇阳，大概就可以免去灾祸了，这可行吗？"朋友子弟回答说："俗话说'骑在老虎身上的人，其势难下'。现在您权位已高，下面的人又有很多嫉恨，一旦失势，能自保吗？"郭崇韬说："那怎么办？"朋友子弟回答道："现在皇后还未确立，但刘氏很得宠爱，应该请立刘氏为皇后，并且要多多建议利国便民的事，然后引退而请求免职。皇上认为您有大功而无过错，必不让您离开。这样在外有避权的名声，在内则有皇后的帮助，又能为全国所爱戴，虽有谗言离间，难道能动摇您的地位吗？"郭崇韬认为有理，于是就上书庄宗请立刘氏为皇后。

注释　①佐命：辅佐皇帝建立新王朝的臣子谓之佐命。　②张居翰：宦官，唐掖廷令张从玫的养子。 ③ 租庸：唐代赋税制度。这里指赋税收支。 ④ 镇阳：成德军治所,在今河北正定。 ⑤ 中官：内寝,即皇后。

原文

崇韬素廉,自从入洛①,始受四方赂遗,故人子弟或以为言,崇韬曰："吾位兼将相,禄赐巨万,岂少此邪？今藩镇诸侯,多梁旧将,皆主上斩袪射钩之人也②。今一切拒之,岂无反侧？且藏于私家,何异公帑？"明年,天子有事南郊③,乃悉献其所藏,以佐赏给。

翻译

郭崇韬一向廉洁,自从进入洛阳,开始接受各方贿赂馈赠,朋友子弟曾有所告诫,郭崇韬说："我位兼将相,俸禄赏赐不计其数,难道还少这些财物吗？现在的藩镇诸侯,多是梁的宿将,都是与皇上有过怨隙而又被重用的人。现在一概拒绝他们的馈赠,难道他们不会有顾虑吗？况且藏于私家,与国家收藏有什么区别？"第二年,庄宗行郊祀大典后,郭崇韬就把所藏的财物都献了出来,以资助皇上用于赏赐。

注释 ① 洛：指河南洛阳,五代时后唐定都洛阳。 ② 斩袪(qū)射钩之人：指过去曾与自己为敌,而今天被重用的人。射钩,春秋时期,齐国的管仲本来是拥戴公子纠的,他为了要使纠成为齐国国君便用箭射击公子小白,但只射中了小白的衣带钩。小白当了齐国的国君(即齐桓公)后,不计较射钩之仇,重用管仲为相。斩袪,晋献公宠爱夫人骊姬,听信她的诬陷,结果公子夷吾被杀,公子重耳被迫逃到蒲城,献公派寺人(即阉人)披去攻打蒲城,重耳跳城逃走时,寺人披追上去杀他,只砍下了重耳的袖口(袪),后来重耳当了晋国的国君(即晋文公),不计较斩袪之仇,信用寺人披。 ③ 南郊：旧制每年冬至日,皇帝要大祀于圆丘,南郊即祀天。

原文

庄宗已郊,遂立刘氏为

翻译

庄宗祀天以后,就立刘氏为皇后。

皇后。崇韬累表自陈,请依唐旧制,还枢密使于内臣①,而并辞镇阳,优诏不允②。崇韬又曰:"臣从陛下军朝城,定计破梁,陛下抚臣背而约曰:'事了,与卿一镇。'今天下一家,俊贤并进,臣惫矣,愿乞身如约。"庄宗召崇韬谓曰:"朝城之约,许卿一镇,不许卿去。欲舍朕,安之乎?"崇韬因建天下利害二十五事,施行之。

郭崇韬多次上表陈述自己的意见,请依照唐朝旧制,还枢密使一职给宦官担任,而且一并辞去成德军节度使,皇上优诏不予允许。郭崇韬又说:"我随从皇上驻扎朝城,定计破梁,皇上摸着我的背约定说:'战争结束,给你一镇。'现在天下已统一,贤俊之才都来效忠。我已疲惫了,请皇上按照从前的许诺,让我免职安身。"庄宗召见郭崇韬说:"朝城的原约,答应给你一镇,但不许你离职而去。你打算丢下我,安心吗?"郭崇韬因此就奏陈有关国家利益的二十五条建议,庄宗都予以施行了。

注释 ① 内臣:内官亲近之臣,一般指宦官。 ② 优诏:优待之诏,用以褒奖功臣。

原文

李嗣源为成德军节度使①,徙崇韬忠武②。崇韬因自陈权位已极,言甚恳至。庄宗曰:"岂可朕居天下之尊,使卿无尺寸之地?"崇韬辞不已,遂罢其命,仍为侍中、枢密使。

翻译

李嗣源任成德军节度使,将郭崇韬调任忠武军,郭崇韬于是上奏陈述自己的权位已崇高至极,言辞十分诚恳。庄宗说:"怎么可以让我身居全国至尊之位,使你无尺寸之地呢?"郭崇韬坚辞不止,庄宗才取消了这一命令,郭崇韬仍任侍中、枢密使。

注释 ① 李嗣源:五代时后唐皇帝,926—933 年在位,庙号唐明宗。 ② 忠武:五代方镇,治所在今河南许昌。

原文

同光三年夏，霖雨不止，大水害民田，民多流死。庄宗患宫中暑湿不可居，思得高楼避暑。宦官进曰："臣见长安全盛时，大明、兴庆宫楼阁百数。今大内不及故时卿相家。"庄宗曰："吾富有天下，岂不能作一楼？"乃遣宫苑使王允平营之。宦官曰："郭崇韬眉头不伸，常为租庸惜财用，陛下虽欲有作，其可得乎？"庄宗乃使人问崇韬曰："昔吾与梁对垒于河上，虽祁寒盛暑，被甲跨马，不以为劳。今居深宫，荫广厦，不胜其热，何也？"崇韬对曰："陛下昔以天下为心，今以一身为意，艰难逸豫，为虑不同，其势自然也。愿陛下无忘创业之难，常如河上，则可使繁暑坐变清凉。"庄宗默然。终遣允平起楼，崇韬果切谏。宦官曰："崇韬之第，无

翻译

同光三年（925）夏天，阴雨不停，大水浸害民田，许多人被大水冲走。庄宗苦于宫中暑热潮湿难以居住，想建造高楼避暑。宦官进言道："我见长安全盛时期，大明、兴庆两宫楼阁以百计数。现在皇宫还不如过去的卿相之家。"庄宗说："我拥有整个国家的财富，难道还不能建造一座楼？"于是就派宫苑使王允平主持营建。宦官说："郭崇韬眉头不展，经常为国库节省钱财开支，皇上虽想建造宫楼，能办得到吗？"庄宗就派人问郭崇韬说："过去我与梁在黄河上对阵，虽是大寒酷暑，披甲骑马，不感到辛劳。现在居住深宫，有大厦遮荫，还经受不住暑热，这是什么原因？"郭崇韬答道："皇上过去以国家利益为重，现在却主要想到自己，艰难时与安乐时，所想的不同，这种情况是必然的。希望皇上不要忘记创业的艰难，常常像在黄河上作战时那样，那么就可使酷暑一变而为清凉。"庄宗沉默不语。最后还是派王允平建造宫楼，郭崇韬果然恳切谏阻。宦官说："郭崇韬的府第，与皇帝的宫室差不多，怎能体谅皇上身受湿热？"由此离间郭崇韬的谗言越来越多。

河南县令罗贯，为人倔强正直，深

异皇居,安知陛下之热?"由是谗间愈人。

河南县令罗贯[①],为人强直,颇为崇韬所知。贯正身奉法,不受权豪请托,宦官、伶人有所求请,书积几案,一不以报,皆以示崇韬。崇韬数以为言,宦官、伶人由此切齿。河南自故唐时张全义为尹,县令多出其门,全义厮养畜之。及贯为之,奉全义不屈,县民恃全义为不法者,皆按诛之。全义大怒,尝使人告刘皇后,从容为白贯事,而左右日夜共攻其短。庄宗未有以发。皇太后崩,葬坤陵,陵在寿安[②],庄宗幸陵作所,而道路泥涂,桥坏。庄宗止舆问:"谁主者?"宦官曰:"属河南。"因亟召贯,贯至,对曰:"臣初不奉诏,请诘主者。"庄宗曰:"尔之所部,复问何人!"即下贯狱,狱吏榜掠,体无完肤。明日,传诏杀

为郭崇韬所欣赏。罗贯正身守法,不接受权贵人物的请托,宦官、伶人有请托他办的事,虽然送来的书信堆满几案之上,他都不加办理,全拿给郭崇韬看,郭崇韬由此多次批评宦官、伶人,宦官、伶人对此切齿痛恨。河南自从唐朝以来一直是张全义为长官,县令多出自他的门下,张全义把他们当仆役一样。到罗贯任县令后,不屈奉张全义,县民有依恃张全义而胡作非为的,都按法律处斩。张全义大怒,曾派人告诉刘皇后,要她得便时在庄宗面前说出罗贯无礼的事,而皇帝的侍从日夜又都在说罗贯的坏话。庄宗没有就罗贯事作出处理。皇太后去世,葬于坤陵,坤陵在寿安地界,庄宗亲自到坤陵建墓的地方,然而道路泥泞,桥梁损坏。庄宗停止车马问道:"谁主管这个地方?"宦官说:"属于河南。"于是就紧急召问罗贯,罗贯到来,回答庄宗说:"我当初没有接到诏书,请责问传达诏令的人。"庄宗说:"都是你的辖区,我还责问何人!"立即把罗贯投入狱中,狱吏拷打,罗贯体无完肤。第二天,庄宗下诏令处死罗贯。郭崇韬规劝说:"罗贯没有别的罪行,桥梁道路不修,按照法律不该处死。"庄宗发怒,说:"太后的灵柩即将出发,皇帝的车马

之。崇韬谏曰："贯罪无他，桥道不修，法不当死。"庄宗怒曰："太后灵驾将发，天子车舆往来，桥道不修，卿言无罪，是朋党也！"崇韬曰："贯虽有罪，当具狱行法于有司。陛下以万乘之尊③，怒一县令，使天下之人，言陛下用法不公，臣等之过也。"庄宗曰："贯，公所爱，任公裁决！"因起入宫，崇韬随之，论不已，庄宗自阖殿门，崇韬不得入，贯卒见杀。

往来，桥梁道路不修，你说无罪，是庇护罗贯的同党！"郭崇韬说："罗贯虽然有罪，应当送刑狱由有关官员执法办理。您以国君的尊严，为一县令发怒，让全国的人都说皇上执法不公平，这是我们做臣子的罪过啊。"庄宗说："罗贯，是你所爱护的人，那就任你处置吧！"说完就起身入宫，郭崇韬跟从在庄宗后面，劝说不停，庄宗自己关上殿门，郭崇韬不能进去，罗贯最终被杀。

注释 ① 河南县：治所在今河南洛阳西郊涧水东岸。 ② 寿安：县名，治所在今河南宜阳东。 ③ 万乘：周制，天子地方千里，兵车万乘，后因此称天子为万乘。

原文

明年征蜀，议择大将，时明宗为总管，当行。而崇韬以谗见危，思立大功为自安之计，乃曰："契丹为患北边，非总管不可御。魏王继岌，国之储副①，而大功未立；且亲王为元帅，唐故事也。"庄宗曰："继岌，小子，

翻译

第二年(925)征讨前蜀，讨论挑选大将。这时李嗣源担任总管之职，理应由他率军出征。郭崇韬这时却因受到谗言的毁谤处于危险的地位，正有立大功以求自保的打算，于是就说："契丹在北边为害，只有总管可以抵御它。魏王继岌，是国君的太子人选，然而未立大功；况且亲王为元帅，唐朝过去就这

岂任大事？必为我择其副。"崇韬未及言，庄宗曰："吾得之矣，无以易卿也。"乃以继岌为西南面行营都统，崇韬为招讨使，军政皆决崇韬。

唐军入蜀，所过迎降。王衍弟宗弼②，阴送款于崇韬，求为西川兵马留后，崇韬以节度使许之。军至成都③，宗弼迁衍于西宫，悉取衍嫔妓、珍宝奉崇韬及其子廷诲。又与蜀人列状见魏王，请崇韬留镇蜀。继岌颇疑崇韬，崇韬无以自明，因以事斩宗弼及其弟宗渥、宗勋，没其家财。蜀人大恐。

样。"庄宗说："继岌，还是个小孩，怎能担当这种大事？定要为我选择副帅。"郭崇韬还未来得及回答，庄宗说："我已经物色好了，没有人比你更合适的了。"于是就以李继岌为西南面行营都统，郭崇韬任招讨使，军政大事都由郭崇韬决定。

后唐军队进入蜀国，所到之处，蜀军都前来降附。王衍的弟弟王宗弼，暗地里送钱财给崇韬，表示诚心归附，并请求担任西川兵马留后，郭崇韬就以节度使这一职位许诺了宗弼。后唐军到成都，王宗弼把王衍迁移到西宫，把王衍宫中的嫔妃妓妾、珍宝全都进献给郭崇韬及其儿子郭廷诲。王宗弼又和其他蜀人备列褒扬的文件参见魏王李继岌，请求让郭崇韬留守治蜀。继岌很怀疑郭崇韬有异心，郭崇韬无法表白，于是就找借口杀了王宗弼和他的弟弟王宗渥、王宗勋，并没收了他们的家财。蜀人十分惊恐。

注释 ①储副：指太子人选，为准备接替君主的副位。 ②宗弼：本姓魏，名弘夫。前蜀皇帝王建收为养子。王建病卒前，任为太师兼中书令，判六军，辅政。③成都：今四川成都。

原文

崇韬素嫉宦官，尝谓继岌曰："王有破蜀功，师旋，必为太子，俟主上千秋万岁后，当尽去宦官，至于扇马①，亦不可骑。"继岌监军李从袭等见崇韬专任军事，心已不平，及闻此言，遂皆切齿，思有以图之。庄宗闻破蜀，遣宦官向延嗣劳军，崇韬不郊迎，延嗣大怒，因与从袭等共构之。延嗣还，上蜀簿，得兵三十万，马九千五百匹，兵器七百万，粮二百五十三万石，钱一百九十二万缗，金银二十二万两，珠玉犀象二万，文锦绫罗五十万匹。庄宗曰："人言蜀天下之富国也，所得止于此邪？"延嗣因言蜀之宝货皆入崇韬，且诬其有异志，将危魏王。庄宗怒，遣宦官马彦珪至蜀，视崇韬去就。彦珪以告刘皇后，刘皇后教彦珪矫诏魏王杀之。

翻译

郭崇韬一向憎恨宦官，曾对李继岌说："魏王您有破蜀之功，班师回朝后，一定立为太子，等皇上去世以后，应当除尽宦官，甚至阉割过的马，也不要骑。"李继岌的监军李从袭等人见郭崇韬独断军事，心中早已不平，现在又听说这些话，就都对郭崇韬恨之入骨，想找机会谋害他。庄宗听说已破蜀，派宦官向延嗣来慰劳军队，郭崇韬没有去城外迎接，向延嗣大怒，就和李从袭等人共同设法陷害他。向延嗣回朝，陈上破蜀的簿册，得兵三十万，马九千五百匹，兵器七百万，粮食二百五十三万石，钱一百九十二万缗，金银二十二万两，珠玉犀角象牙二万，纹锦绫罗五十万匹。庄宗说："人们都说蜀国是天下最富足的地方，所获得的仅止这点吗？"向延嗣就说蜀国的财宝都进了郭崇韬家中，而且诬陷崇韬有反叛之心，并将危害魏王。庄宗发怒，派宦官马彦珪到蜀，观察郭崇韬是心怀叵测留蜀，还是想班师回朝，以决定对策。马彦珪把此事告诉刘皇后，刘皇后教马彦珪假托君命，诏令魏王杀掉郭崇韬。

郭崇韬有五个儿子，两个随从郭崇韬死于蜀，其余都被杀。郭崇韬破蜀后

崇韬有子五人,其二从死于蜀,余皆见杀。其破蜀所得,皆籍没。明宗即位,诏许归葬,以其太原故宅赐其二孙。

当崇韬用事,自宰相豆卢革、韦悦等皆倾附之。崇韬父讳弘,革等即因他事,奏改弘文馆为崇文馆。以其郭姓,因以为子仪之后②,崇韬遂以为然。其伐蜀也,过子仪墓,下马号恸而去,闻者颇以为笑。然崇韬尽忠国家,有大略,其已破蜀,因遣使者以唐威德风谕南诏诸蛮③,欲因以绥来之,可谓有志矣!……

所得财物,全都登记没收。明宗李嗣源即位后,下诏允许郭崇韬归葬,并把郭崇韬在太原的旧宅赐给他的两个孙子。

当郭崇韬执政时,上自宰相豆卢革、韦悦等人都倾心依附他。郭崇韬的父亲名叫弘,豆卢革等人就以别的事为由,奏请改弘文馆为崇文馆。又因郭崇韬姓郭,于是就认为是唐朝名将郭子仪的后代,郭崇韬也就以为如此。郭崇韬征伐蜀时,路过郭子仪的坟墓,下马痛哭而去。听说此事的人都感到很可笑。然而郭崇韬为国家尽忠,有谋略,他破蜀以后,顺势派遣使者以唐朝的威德晓谕南诏各部族,想因此安抚他们都来归附,这可说是有见识啊!……

注释 ①扇马:阉割过的马。扇,同"骟"。 ②子仪:即郭子仪,唐朝大臣,平定安史之乱的主要将领。 ③南诏:国名,唐代以乌蛮为主建立的奴隶制政权。全盛时辖有今云南全部、四川南部、贵州西部等地。

唐臣传·安重诲

导读

安重诲是后唐明宗朝辅中握有实权的人物,在魏州兵变中,他辅佐明宗李嗣源取得帝位,后任左领军卫大将军、枢密使、兵部尚书、侍中、中书令等职,参与军政机密,位极人臣,权倾天下。他虽然对明宗忠心耿耿,廉洁奉公,但由于他专横跋扈,恃功矜宠,渐与皇权发生矛盾。后来明宗听信诬告,终于杀了安重诲及其妻子。

后人在评价后唐明宗时认为:"君亲可辅,臣子非才。"这八个字还是有些道理的。如果安重诲辅佐得当,后继有人,后唐便不会那样迅速灭亡,中原的形势也不致那样急剧变化。(选自卷二四)

原文

安重诲,应州人也①。其父福迁,事晋为将,以骁勇知名。梁攻朱宣于郓州②,晋兵救宣,宣败,福迁战死。

重诲少事明宗,为人明敏谨恪。明宗镇安国③,以为中门使,及兵变于魏④,所与谋议大计,皆重诲与霍彦威决之⑤。明宗即位,以为左领军卫大将军⑥、枢密使,

翻译

安重诲,是应州人。他的父亲安福迁在晋军中任将领,以勇猛闻名。梁在郓州攻打朱宣时,晋兵救援朱宣,朱宣兵败,安福迁也战死。

安重诲年少时就侍奉明宗,他为人明智敏捷恭敬谨慎。明宗镇守安国军时,任命安重诲为中门使,一直到魏州兵变,所有军政大计都由安重诲和霍彦威决定。明宗即位后,任命安重诲为左领军卫大将军、枢密使,兼任山南东道节度使。安重诲再三推辞不出任节度

兼领山南东道节度使。固
辞不拜，改兵部尚书，使如
故。在位六年，累加侍中兼
中书令。

使等职，明宗便改授他为兵部尚书，还
是像过去一样为枢密使。明宗在位六
年中，数次给安重诲升官直至侍中兼中
书令。

注释 ① 应州：治所在今山西应县。 ② 朱宣：五代时北方藩镇割据者，据有郓
州，为天平节度使。 ③ 安国：五代方镇名。安国军，治所在今河北邢台，后唐改为
保义军。 ④ 魏：州名，治所在今河北大名东北。 ⑤ 霍彦威：梁将领。梁灭，投奔
后唐庄宗；庄宗死，积极拥戴明宗。 ⑥ 左领军卫：官名，唐置左右领军卫，为禁卫
之一，五代时仍有左领军卫一职。

原文

　　重诲自为中门使，已见
亲信，而以佐命功臣，处机
密之任，事无大小，皆以参
决，其势倾动天下。虽其尽
忠劳心，时有补益，而恃功
矜宠，威福自出，旁无贤人
君子之助，其独见之虑，祸
衅所生，至于臣主俱伤，几
灭其族，斯其可哀者也。

　　重诲尝出，过御史台
门，殿直马延误冲其前导，
重诲怒，即台门斩延而后
奏。是时，随驾厅子军士桑
弘迁，殴伤相州录事参军①；

翻译

　　安重诲自从任中门使之后，就已受
到明宗亲信，而又以建立新朝辅佐功臣
之故，身处机密要职，事无巨细，都参与
裁决，他的权势倾动全国。虽然安重诲
对明宗是尽忠尽力，对国家时有补益，
但他依恃有功受宠而骄横跋扈，作威作
福，身旁又无贤明君子的帮助，只以他
一个人的见识谋划事情，祸端由此而
生，以至于君主和臣下都受到损害，安
氏也几乎灭族，这真是可悲的事情啊。

　　安重诲有一次外出，路过御史台
门，殿直官马延一时失误冲撞了安重诲
的前导车马，安重诲大怒，就在台门斩
了马延然后再禀告明宗。这时，随皇上
出行的厅子军士桑弘迁，打伤相州录事

亲从兵马使安虔,走马冲宰相前导。弘迁罪死,虔决杖而已[2]。重诲以斩延,乃请降敕处分[3],明宗不得已从之,由是御史、谏官无敢言者。

参军;亲从兵马使安虔,放马疾奔冲撞了宰相的前导车马。桑弘迁处以死罪,安虔却只判以杖责罢了。安重诲因自己杀了马延之后才上奏,于是请明宗下诏给自己处分,明宗迫不得已而听从了他,由此御史、谏官都不敢再说此事。

注释 ① 相州:治所在今河南安阳。 ② 杖:旧制五刑之一,用荆条、竹板、棍棒抽击人的臀、背或腿部。 ③ 敕(chì):皇帝的命令和诏书。

原文

宰相任圜判三司[1],以其职事与重诲争,不能得,圜怒,辞疾,退居于磁州[2]。朱守殷以汴州反,重诲遣人矫诏驰至其家,杀圜而后白,诬圜与守殷通谋,明宗皆不能诘也。而重诲恐天下议己,因取三司积欠二百余万,请放之,冀以悦人而塞责,明宗不得已,为下诏蠲除之。其威福自出,多此类也。

翻译

宰相任圜兼管三司,为了职内的事与安重诲发生争执,不能解决,任圜发怒,托病辞职,退下后居于磁州。朱守殷据汴州反叛朝廷,安重诲派人假传诏书赶到任圜家里,杀了任圜后再告诉明宗,诬陷任圜与朱守殷勾结,明宗也都不能责问。安重诲也害怕人们议论自己,就把三司积欠的二百余万钱,请求全部不予追缴,想以此来讨人喜欢以搪塞罪责,明宗不得已,为此事下诏蠲免这些积欠。安重诲擅自作威作福,多属这种情况。

注释 ① 三司:古代称盐铁、户部、度支为三司,长官称三司使,掌管统筹国家财政。 ② 磁州:治所在今河北磁县。

原文

　　是时，四方奏事，皆先白重诲然后闻。河南县献嘉禾，一茎五穗，重诲视之曰："伪也。"笞其人而遣之。夏州李仁福进白鹰①，重诲却之，明日，白曰："陛下诏天下毋得献鹰鹞②，而仁福违诏献鹰，臣已却之矣。"重诲出，明宗阴遣人取之以入。他日，按鹰于西郊，戒左右："无使重诲知也！"宿州进白兔③，重诲曰："兔阴且狡，虽白何为？"遂却而不白。

翻译

　　当时，各地上奏都先禀告安重诲然后再禀报皇上。河南县呈献嘉谷，一根茎上有五个穗，安重诲看了以后说："假的。"把献谷的人打板子后赶走。夏州李仁福进献白鹰，安重诲不予接受，第二天，告诉明宗说："陛下命令全国不得进献鹰鹞，李仁福却违抗诏令前来献鹰，我已拒收了。"安重诲离开后，明宗暗地派人把鹰取回。一天，明宗在西郊驯鹰，告诫随从说："不要让安重诲知道。"宿州进献白兔，安重诲说："兔子阴险狡猾，虽然色白又有何用？"于是就拒收而不报告明宗。

注释　　① 夏州：治所在今陕西靖边西。　② 鹞(yào)：雀鹰的俗称。　③ 宿州：治所在今安徽宿州。

原文

　　明宗为人虽宽厚，然其性夷狄①，果于杀人。马牧军使田令方所牧马②，瘠而多毙，坐劾当死③，重诲谏曰："使天下闻以马故，杀一军使，是谓贵畜而贱人。"令

翻译

　　明宗为人虽然宽厚，但他有夷狄的本性，杀人不眨眼。马牧军使田令方所放养的马，瘦弱而又多死掉的，因而被弹劾定死罪，安重诲劝道："假若全国都知道因为马的缘故，杀了一个马牧军使，人们会说皇上贵畜而贱人。"田令方

方因得减死。明宗遣回鹘侯三驰传至其国④。侯三至醴泉县⑤，县素僻，无驿马，其令刘知章出猎，不时给马，侯三遽以闻。明宗大怒，械知章至京师，将杀之，重海从容为言，知章乃得不死。其尽忠补益，亦此类也。

因此得以免死。明宗派回鹘人侯三乘坐驿站的车马急奔回鹘，侯三来到醴泉县，这县因为一向都处于偏僻地方，没有驿马，这里的县令刘知章正外出打猎，没有及时供给马骑，侯三立即将此奏闻。明宗大怒，把刘知章押解到京师，准备处斩，安重海不紧不慢地替知章作了解释，刘知章才得以免死。安重海为国尽忠，有所补益，也就像这一类事例。

① 夷狄：明宗本沙陀人，故云。 ② 马牧军使：掌放牧军马的长官。 ③ 坐劾：定罪曰坐，揭发罪状曰劾。 ④ 回鹘（hú）：中国古代少数民族，隋称韦纥，唐始称回鹘，辖境东起兴安岭，西至阿尔泰山，最盛时曾达中亚费尔干纳盆地，唐末西迁新疆与河西走廊一带。 ⑤ 醴泉县：治所在今陕西礼泉北。

重海既以天下为己任，遂欲内为社稷之计，而外制诸侯之强。然其轻信韩玫之谮，而绝钱镠之臣①；徒陷彦温于死，而不能去潞王之患；李严一出而知详贰，仁矩未至而董璋叛；四方骚动，师旅并兴，如投膏止火，适足速之。此所谓独见之

安重海既是以天下为己任，于是他想对内来说为国家安危而谋划，对外来说则抑制诸侯的强大。然而安重海却轻信韩玫的诬陷，阻断了钱镠的臣属关系；白白地陷杨彦温于死地，却不能去掉潞王李从珂这一祸害；李严一出京城孟知祥就反叛，李仁矩未到东川董璋也已反叛；各地骚乱，兴师动众，如同用油脂来灭火，只能助长火势。这就是所谓以一己的见识谋划事情，灾祸也就由此产生。

虑,祸衅所生也。

钱镠据有两浙②,号兼吴越而王,自梁及庄宗,常异其礼,以羁縻臣属之而已。明宗即位,镠遣使朝京师,寓书重海,其礼慢,重海怒,未有以发,乃遣其嬖吏韩玫、副供奉官乌昭遇复使于镠。而玫恃重海势,数凌辱昭遇,因醉使酒,以马棰击之。镠欲奏其事,昭遇以为辱国,固止之。及玫还,返谮于重海曰:"昭遇见镠,舞蹈称臣③,而以朝廷事私告镠。"昭遇坐死御史狱,乃下制削夺镠官爵,以太师致仕④,于是钱氏遂绝于唐矣。

钱镠据有两浙之地,号称是兼有吴和越的吴越王,从后梁直至后唐庄宗,对他都优礼相待,以牵制他作为臣属罢了。明宗即位后,钱镠派人来京师朝拜,带书信给安重海,在礼节上怠慢了重海,重海暗怒,没有发作,于是就派他的宠吏韩玫和副供奉官乌昭遇回访钱镠。韩玫却依恃重海的威势,多次凌辱乌昭遇,有一次韩玫喝醉了酒,用马鞭抽打昭遇。钱镠想上奏此事,乌昭遇认为这有辱国家,再三制止。等韩玫回京后,反而诬陷乌昭遇,他对安重海说:"乌昭遇见到钱镠,朝拜称臣,并把朝廷的事私下告诉钱镠。"乌昭遇因此死在御史狱中,明宗又下令削夺钱镠的官爵,以太师一职辞官退隐。于是钱镠就与后唐断绝往来了。

注释 ① 钱镠(liú):字具美,杭州临安人。五代十国时吴越的建立者,907—932年在位。 ② 两浙:指今浙江和江苏太湖周围及其以东地区。 ③ 舞蹈:臣子朝拜君主的礼节。 ④ 致仕:辞官退隐。

原文

潞王从珂为河中节度使①,重海以谓从珂非李氏子,后必为国家患,乃欲阴

翻译

潞王李从珂任河中节度使,安重海认为从珂不是后唐李氏的亲生儿子,以后一定会成为国家的祸害,于是想暗地

图之。从珂阅马黄龙庄，其牙内指挥使杨彦温闭城以叛。从珂遣人谓彦温曰："我遇汝厚，何苦而反邪？"报曰："彦温非叛也，得枢密院宣②，请公趋归朝廷耳！"从珂走虞乡③，驰骑上变。明宗疑其事不明，欲究其所以，乃遣殿直都知范霫以金带袭衣④、金鞍勒马赐彦温，拜彦温绛州刺史⑤，以诱致之。重海固请用兵，明宗不得已，乃遣侍卫指挥使药彦稠⑥、西京留守索自通率兵讨之⑦，而诫曰："为我生致彦温，吾将自讯其事。"彦稠等攻破河中，希重海旨，斩彦温以灭口。重海率群臣称贺，明宗大怒曰："朕家事不了，卿等不合致贺！"从珂罢镇，居清化里第。重海数讽宰相，言从珂失守，宜得罪，冯道因白请行法。明宗怒曰："吾儿为奸人所中，事未辨明，公等出此言，是不

李从珂在黄龙庄查看马匹，他的牙内指挥使杨彦温关闭城门反叛。李从珂派人对杨彦温说："我待你不错，何苦反叛呢？"使者回信说："杨彦温并不是反叛，他得到枢密院的传达，皇上请您赶快回朝廷！"李从珂赶到虞乡，派人骑快马报告皇上杨彦温叛乱的事。明宗怀疑此事有问题，想弄清原因，于是派遣殿直都知范霫携带金带夹衣和配有金鞍和金马笼头的马赐给杨彦温，授杨彦温为绛州刺史，以引诱他前来。安重海再三请求用兵，明宗无奈，就派侍卫指挥使药彦稠、西京留守索自通领兵讨伐杨彦温，并嘱咐他们："要把杨彦温活捉回来，我将亲自审问这件事。"药彦稠等人攻破河中，迎合重海的意思，杀了杨彦温以灭口。安重海率领群臣称贺，明宗大怒说："我家的事不明不白，你们不应当前来朝贺！"李从珂被罢免了河中节度使，居住于清化里府第。安重海几次暗示宰相，说李从珂失守河中，应该给治罪，冯道因此上奏请对从珂执法。明宗怒道："我儿被狡诈的人中伤，事情还没有辨别明白，你们说这些话，是不想让我儿活在人间么？"赵凤于是说："《春秋》责备主帅的意思，是为了激励做臣属的人。"明宗说："这不是

欲容吾儿人间邪?"赵凤因言:"《春秋》责帅之义,所以励为臣者⑧。"明宗曰:"皆非公等意也!"道等惶恐而退。居数日,道等又以为请,明宗顾左右而言他。明日,重海乃自论列,明宗曰:"公欲如何处置,我即从公!"重海曰:"此父子之际,非臣所宜言,惟陛下裁之!"明宗曰:"吾为小校时,衣食不能自足,此儿为我担石灰,拾马粪,以相养活,今贵为天子,独不能庇之邪! 使其杜门私第,亦何与公事!"重海由是不复敢言。

你们的本意吧!"冯道等人惊恐地退下。过了几天,冯道等人又来请求处罚李从珂,明宗不加理睬而说些其他的事。第二天,安重诲就亲自来议论此事,明宗说:"你想如何处置,我就听从你!"安重诲说:"这是你们父子之间的事,不是我们臣子该议论的,只有请陛下亲自决断!"明宗说:"我做小校的时候,衣食不能自给,这个儿子为我挑石灰、拾马粪,以此来养活我,现在我显贵而身为天子,难道不能庇护他吗! 让他闭门家居,也碍你什么事!"安重诲由此不敢再说。

注释 ①从珂:即后唐废帝李从珂。本姓王,后被明宗收为养子。河中:治所在今山西永济,地当汾河、黄河之中,故称河中。 ②宣:传达君命。 ③虞乡:县名,在今山西永济境内。 ④氲:音 yūn。 ⑤绛州:治所在今山西新绛。 ⑥药彦稠:后唐将领,沙陀三部落人,潞王从珂反,彦稠为招讨副使,兵溃,为潞王所杀。 ⑦索自通:后唐将领,官至河中节度使,右龙武将军。 ⑧赵凤:后唐大臣,幽州(今北京西南)人,庄宗时,历官礼部侍郎,好直言。末帝时,为太子太保。

原文

孟知祥镇西川,董璋镇

翻译

孟知祥镇守西川,董璋镇守东川,

东川^①，二人皆有异志，重诲每事裁抑，务欲制其奸心，凡两川守将更代，多用己所亲信，必以精兵从之，渐令分成诸州，以虞缓急。二人觉之，以为图己，益不自安。既而遣李严为西川监军，知祥大怒，斩严；又分阆州为保宁军^②，以李仁矩为节度使以制璋，且削其地，璋以兵攻杀仁矩。二人遂皆反。唐兵戍蜀者，积三万人，其后知祥杀璋，兼据两川，而唐之精兵皆陷蜀。

二人都有反叛之心，安重诲遇事常加以抑制，一心想制止他们的奸心，凡是两川守将更替，重诲就多用自己的亲信，一定派精兵随从他们，逐渐使他们分头戍守各州，以预防不测。二人察觉到这一部署，认为是要加害于自己，更加不安。不久又派李严为西川监军，孟知祥大怒，杀了李严；安重诲又分阆州一部分为保宁军，任李仁矩为节度使以牵制董璋，并且削夺董璋的地盘，董璋用兵攻杀李仁矩。孟、董二人就都反叛了。后唐戍守蜀的士兵，共三万余人，后来孟知祥杀董璋，兼有两川之地，后唐的精兵也就都困在蜀地之中。

注释 ① 东川：即唐方镇剑南东川的简称，在今四川东部。 ② 阆（làng）州：治所在今四川阆中。

原文

初，明宗幸汴州，重诲建议，欲因以伐吴^①，而明宗难之。其后户部尚书李鏻得吴谍者言^②："徐知诰欲举吴国以称藩^③，愿得安公一言以为信。"鏻即引谍者见重诲，重诲大喜以为然，乃以

翻译

当初，明宗巡视汴州，安重诲建议，想乘此征伐吴国，然而明宗不同意。后来户部尚书李鏻得到吴国间谍的信息，说："徐知诰想让吴国归附后唐，作为藩属。希望得到安公的一句话作为凭信。"李鏻就引吴国的间谍去见重诲，重诲大喜以为可行，于是就拿玉带给谍

玉带与谍者,使遗知诰为信,其直千缗。初不以其事闻,其后逾年,知诰之问不至,始奏贬镣行军司马。已而捧圣都军使李行德、十将张俭告变④,言:"枢密承旨李虔徽语其客边彦温云:'重海私募士卒,缮治甲器,欲自伐吴。又与谍者交私。'"明宗以问重海,重海惶恐,请究其事。明宗初颇疑之,大臣左右皆为之辨,既而少解,始重海以彦温之言,因廷诘彦温,具伏其诈,于是君臣相顾泣下,彦温、行德、俭皆坐族诛。重海因求解职,明宗慰之曰:"事已辨,慎无措之胸中!"重海论请不已,明宗怒曰:"放卿去,朕不患无人!"顾武德使孟汉琼至中书,趣冯道等议代重海者,冯道曰:"诸公苟惜安公,使得罢去,是纾其祸也。"赵凤以为大臣不可轻动。遂以范延光为枢密

使,送给徐知诰作为凭信,玉带价值千缗。起初安重海没有把这事告诉明宗,过了一年,徐知诰的聘问没有前来,安重海才上奏贬李镣为行军司马。不久捧圣都军使李行德、十将张俭告发安重海有不轨行为,他们说:"枢密承旨李虔徽对他的客人边彦温说:'安重海私下招募士兵,整治兵甲,想自己伐吴。并与间谍有私自交往。'"明宗把这事问安重海,安重海惊惶不安,请求查究这件事。明宗起初很怀疑此事,大臣和身边的人都为安重海辩护,因而疑虑有所清除,才把边彦温说的话告诉安重海,并在朝廷上责问边彦温,边彦温承认了自己的诡诈言行,于是明宗和安重海相对而哭。边彦温、李行德、张俭都因此被以灭族。安重海于是请求解职。明宗安慰他说:"事情已经辨明,一定不要把这事放在心中!"安重海请求不止,明宗发怒说:"放你走,我不担忧无人!"于是要武德使孟汉琼到中书省去,催促冯道等人一同讨论代替安重海的人选,冯道说:"各位如果爱护安公,就让他罢去枢密使的官职,这样可排除他的祸难。"赵凤认为大臣不应该轻易变动。就用范延光任枢密使,而安重海仍像过去那样供职。

使,而重海居职如故。

注释 ① 吴:五代时,杨行密占据淮南,兼有江西,国号吴,共传四主,历四十六年。 ② 李鏻:唐宗室子弟,少举进士不中,明宗时任户部尚书。 ③ 徐知诰:即李昪(biàn),五代十国时南唐的建立者,937—943 年在位。徐州人,初被杨行密收养,后为徐温养子,改名徐知诰,庙号唐烈祖。 ④ 十将:官名,节度属官,位在长行之上,副将之下。

原文

董璋等反,遣石敬瑭讨之,而川路险阻,粮运甚艰,每费一石,而致一斗。自关以西①,民苦输送,往往亡聚山林为盗贼。明宗谓重海曰:“事势如此,吾当自行。”重海曰:“此臣之责也。”乃请行。关西之人闻重海来,皆已恐动,而重海日驰数百里,远近惊骇。督趣粮运,日夜不绝,毙踣道路者,不可胜数。重海过凤翔②,节度使朱弘昭延之寝室,使其妻子奉事左右甚谨。重海酒酣,为弘昭言:“昨被谗构,几不自全,赖人主明圣,得保家族。”因感叹泣下。

翻译

董璋等人反叛,朝廷派石敬瑭讨伐,然而去四川的道路艰险,粮草运输十分困难,每发运一石,只能运到一斗。从函谷关以西,人民苦于运输,纷纷逃亡,聚集在山林里为盗贼。明宗对安重海说:“事态到了这种地步,我应当亲自前往。”安重海说:“这是我的职责。”于是请求前去。函谷关以西的人听说安重海来了,都已感到惶恐,而安重海每天疾驰数百里,远近惊怕。安重海督促运粮,日夜不停,倒毙于道路的人,数不胜数。安重海路过凤翔,节度使朱弘昭把他请到寝室里,让自己的妻子儿女在安重海的身边侍奉,非常恭敬。安重海喝酒很畅快,就对朱弘昭说:“不久前我被谗言诬陷,几乎不能保全,幸赖皇上圣明,得以保全家族。”于是感叹而哭泣起来。安重海离开后,朱弘昭派快马上重海去,弘昭驰骑上言:"重海怨望,不可令至行营,恐其生事。"而宣徽使孟汉琼自行营使还,亦言西人震骇之状,因述重海过恶。重海行至三泉③,被召还。过凤翔,弘昭拒而不纳,重海惧,驰趋京师。未至,拜河中节度使。

奏说:"安重海怨恨责怪朝廷,不能让他到行营所在,怕他会生事。"同时宣徽使孟汉琼从行营中归来,也说到关西人因安重海到来而惊怕的情状,并陈述了安重海的过错罪状。安重海走到三泉,被朝廷召回,路过凤翔,朱弘昭拒绝接纳,安重海害怕,疾驰回京师。在还没有到达京师时,授任河中节度使。

注释 ①关:指函谷关。 ②凤翔:唐五代方镇名,治所在今陕西凤翔。 ③三泉:今陕西宁强县境。

原文

重海已罢,希旨者争求其过。宦者安希伦,坐与重海交私,常与重海阴伺宫中动息,事发弃市。重海益惧,因上章告老。以太子太师致仕;而以李从璋为河中节度使①,遣药彦稠率兵如河中虞变。重海子崇绪、崇赞,宿卫京师,闻制下②,即日奔其父,重海见之,惊曰:"渠安得来!"已而曰:"此非渠意,为人所使耳。吾以一

翻译

安重海已被罢官,迎合皇上意旨的人争相搜集重海的过失。宦官安希伦,因与安重海有私交而定罪,他经常与重海暗地里窥伺宫中动静,事情败露后被处死。安重海更加害怕,于是上书告老。以太子太师名义退休;委派李从璋为河中节度使,派遣药彦稠领兵到河中以防变乱。安重海的儿子安崇绪、安崇赞,驻守京师,听说皇上下了诏令,当日赶往安重海处,安重海一见他们,震惊地说:"他们怎么会来!"一会儿又说:"这不是他们的本意,是受别人指使的。我以一死来报国,还有什么可说呢!"于

死报国，余复何言！"乃械送二子于京师，行至陕州③，下狱。明宗又遣翟光业至河中，视重海去就，戒曰："有异志，则与从璋图之。"又遣宦者使于重海。使者见重海，号泣不已，重海问其故，使者曰："人言公有异志，朝廷遣药彦稠率师至矣！"重海曰："吾死未塞责，遽劳朝廷兴师，以重明主之忧。"光业至，从璋率兵围重海第，入拜于庭。重海降而答拜，从璋以樇击其首，重海妻走抱之而呼曰："令公死未晚④，何遽如此！"又击其首，夫妻皆死，流血盈庭。从璋检责其家赀，不及数千缗而已。明宗下诏，以其绝钱镠，致孟知祥、董璋反，及议伐吴，以为罪。并杀其二子，其余子孙皆免。

是就囚禁押送两个儿子到京师，走到陕州，送进监狱。明宗又派遣翟光业到河中，观察安重海是不是有反叛的动向，告诫他说："安重海如果有反叛的意向，就与李从璋处置他。"又派宦官出使到重海处。使者见到安重海，大哭不止，安重海问其原因，使者说："别人说您有反叛的意图，朝廷派遣药彦稠领兵来了！"安重海说："我死也不足以补救自己的罪责，竟劳朝廷兴师，以加重圣明君主的忧虑。"翟光业来到河中，李从璋率兵包围了安重海的住宅，进去拜于堂下。安重海降阶而答拜，李从璋用杖击重海的头，重海的妻子跑过来抱着安重海呼喊道："让安公自己死也不迟，为什么竟然这样！"从璋又击安重海和他妻子的头，夫妻都被打死，血流满庭。李从璋检查安重海的家财，总共不到数千缗。明宗下诏，以安重海绝交钱镠，激发孟知祥、董璋的反叛，以及建议伐吴等，都作为安重海的罪状。并杀了安重海的两个儿子，其余子孙都免死。

注释 ①李从璋：后唐明宗的侄子。 ②制：帝王的命令。 ③陕州：治所在今河南三门峡西。 ④令公：中书令的尊称。

原文

重海得罪，知其必死，叹曰："我固当死，但恨不与国家除去潞王①！"此其恨也。

翻译

安重海获罪，自己知道必死无疑，慨叹说："我本当死，只恨不能为国家剪除潞王！"这正是安重海的遗憾。

注释 ① 潞王：据后人考证，安重海死于公元942年，而李从珂被封潞王是公元944年，因此安重海不会口称潞王，这是欧阳修的失检。

原文

呜呼！官失其职久矣！予读梁宣底①，见敬翔、李振为崇政院使，凡承上之旨，宣之宰相而奉行之。宰相有非其见时而事当上决者，与其被旨而有所复请者，则具记事而入，因崇政使以闻，得旨则复宣而出之。梁之崇政使，乃唐枢密之职，盖出纳之任也，唐常以宦者为之，至梁戒其祸，始更用士人，其备顾问、参谋议于中则有之，未始专行事于外也。至崇韬、重海为之，始复唐枢密之名，然权侔于宰

翻译

唉！官员不能履行他的职权已经很久了！我读后梁的档案，得见敬翔、李振任崇政院使时，凡承接到皇上的御旨，就晓谕宰相去执行。宰相有不同见解而且此事须由皇上裁决的，或者虽接受了御旨却还有事情要再请示的，就详细记录下这些事情送给崇政院，通过崇政使报告皇上，得到了御旨后崇政使再把它传达出来。后梁的崇政使，就是唐朝枢密的职务，大抵就是承接和晓谕皇上御旨的职责，唐朝常用宦官担当这个职务，到后梁时，以唐朝宦官构祸为鉴戒，便开始改用士人担任，崇政使有备顾问、在朝廷中参与谋议的职事，不曾专管对外行事。到郭崇韬、安重海担任崇政院使，才恢复唐枢密的名称，然而权力则等于宰相了。后世沿袭这种情

相矣。后世因之，遂分为二，文事任宰相，武事任枢密，枢密之任既重，而宰相自此失其职也。

况，于是就一分为二，文事任用宰相，武事任用枢密，枢密的职务既然如此重要，因而宰相就从此失去他的职权了。

注释 ① 宣底：晚唐枢密使自禁中受旨，转付给中书为宣，中书接受并记录于籍，称之为"宣底"。

晋臣传·桑维翰

导读

桑维翰是后晋政权建立的主要策划者。当石敬瑭图谋称后晋帝的时候,首先考虑的是要得到契丹主在军事上和政治上的支持。为达到这一目的,石敬瑭愿向契丹主卑称儿皇帝,并岁贡大量金帛,割让土地。促成契丹主率兵扶持石敬瑭的就是桑维翰。他写奏章向契丹主求援;他拜见契丹主陈说利害,从而成就了后晋帝业。

这篇传记记述了桑维翰的事迹,读后给人留下深刻的印象。特别是他为后晋政权卖力,为自己获取和巩固宰辅地位而不择手段,种种行径,都写得淋漓尽致。在这篇传记中,我们还可以了解到后晋内部对待契丹的两种态度,以及后晋终告覆灭的原因。(选自卷二九)

原文

桑维翰,字国侨,河南人也。为人丑怪,身短而面长,常临鉴以自奇曰:"七尺之身,不如一尺之面。"慨然有志于公辅①。初举进士,主司恶其姓,以"桑""丧"同音。人有劝其不必举进士,可以从佗求仕者②,维翰慨然,乃著《日出扶桑赋》以见

翻译

桑维翰,字国侨,河南人。生得丑怪,身子短而面孔长,他常常照着镜子以自己的长相为奇,说:"七尺长的身躯,不如一尺长的面孔。"激昂慷慨地有志于为朝廷宰辅大臣。起初,他去考进士,有关官员对他的姓很反感,因为"桑"与"丧"同音。有人劝他不必去考进士,可以另找门路当官。他情绪激昂地写出了《日出扶桑赋》,以表示自己的志向。又以铁铸成砚台向别人出示道:

志。又铸铁砚以示人曰："砚弊则改而佗仕。"卒以进士及第。晋高祖辟为河阳节度掌书记③，其后常以自从。

"砚台磨坏了，我才改从其他门径当官。"他终于考中了进士。晋高祖征召他为河阳节度掌书记，以后又常让他跟随自己。

注释　① 公辅：三公和辅相。此指高官。　② 佗：同"它"。　③ 晋高祖：石敬瑭。河阳：今河南孟州西南。

原文

高祖自太原徙天平，不受命，而有异谋，以问将佐，将佐皆恐惧不敢言，独维翰与刘知远赞成之，因使维翰为书求援于契丹。耶律德光已许诺，而赵德钧亦以重赂啖德光①：求助己以篡唐。高祖惧事不果，乃遣维翰往见德光，为陈利害甚辩，德光意乃决，卒以灭唐而兴晋，维翰之力也。高祖即位，以维翰为翰林学士、礼部侍郎、知枢密院事，迁中书侍郎、同中书门下平章事，兼枢密使。天福四年，出为相州节度使②，岁余，徙镇泰宁③。

翻译

高祖从太原被调到天平，也就不接受任命，而另有企图，并将自己的意向询问将领，将领们都害怕而不敢吭声，只有桑维翰与刘知远赞成这一意向，于是让桑维翰写信向契丹求援。耶律德光已经答应，同时赵德钧也以重赂利诱耶律德光，求他帮助自己篡夺后唐政权而称帝。高祖担心事情不能成功，就派桑维翰去拜见耶律德光，桑维翰头头是道地向德光陈述利害关系，耶律德光才拿定了主意，终于由此灭唐而兴晋，这是桑维翰努力的结果。高祖即位，任命桑维翰为翰林学士、礼部侍郎、知枢密院事，又升为中书侍郎、同中书门下平章事，兼枢密使。后晋天福四年（939），出任他为相州节度使。一年后，调去镇守泰宁。

注释 ① 赵德钧：后唐藩镇将领。幽州人，镇幽州十余年，通款契丹求为帝，契丹不许，后死于契丹。啖(dàn)：吃或给人吃，此为利诱之意。 ② 相州：治所在今河南安阳南。 ③ 泰宁：治所在今山东兖州。

原文

吐浑白承福为契丹所迫①，附镇州安重荣以归晋②，重荣因请与契丹绝好，用吐浑以攻之。高祖重违重荣，意未决。维翰上疏言契丹未可与争者七，高祖召维翰使者至卧内，谓曰："北面之事，方挠吾胸中，得卿此疏，计已决矣，可无忧也。"维翰又劝高祖幸邺都③。七年，高祖在邺，维翰来朝，徙镇晋昌。

翻译

吐谷浑族的白承福被契丹逼迫，于是依附镇川的安重荣而归属后晋，安重荣就请与契丹断绝往来，用吐谷浑来攻击契丹。高祖不便否定安重荣的请求，犹豫不决。桑维翰上疏申述不可与契丹为敌理由有七条，高祖将桑维翰的使者召入卧室对他说："北边的事情，正把我的思想搅得很乱，得到桑维翰的这一奏疏，使我下定了决心，没有什么可担忧的了。"桑维翰又劝高祖亲自到邺都。七年(942)，高祖在邺，维翰来朝见，改授他为晋昌军节度使。

注释 ① 吐浑：即吐谷(yù)浑，鲜卑族的一支。五代时余部散处蔚州等地。白承福：吐浑都督。 ② 安重荣：后晋大将。天福六年(941)起兵反晋，谋称帝，败。 ③ 邺都：天福三年(938)改广晋府为邺都，治所在今河北大名东北。

原文

出帝即位①，召拜侍中。而景延广用事②，与契丹绝盟，维翰言不能入，乃阴使

翻译

出帝即位后，召回他任侍中。但景延广专权，与契丹断绝盟好，桑维翰的建言不被采纳，桑维翰就暗中派亲信向

原文

人说帝曰："制契丹而安天下，非用维翰不可。"乃出延广于河南，拜维翰中书令，复为枢密使，封魏国公，事无巨细，一以委之。数月之间，百度寖理。初，李瀚为翰林学士，好饮而多酒过，高祖以为浮薄。天福五年九月，诏废翰林学士，按《唐六典》归其职于中书舍人，而端明殿学士、枢密院学士皆废。及维翰为枢密使，复奏置学士，而悉用亲旧为之。

翻译

出帝游说道："控制住契丹而安定天下，非用桑维翰不可。"出帝就把景延广外调到河南，任桑维翰为中书令，重新让他担任枢密使，封魏国公。大小事情都委托给他。数月之中，各项事务逐渐得以办妥。当初，李瀚做翰林学士，喜好饮酒并常因酒醉而失职，高祖认为他轻浮。天福五年（940）九月，下诏废除了翰林学士，将这个职事按照《唐六典》上的规定归于中书舍人，还废了端明殿学士、枢密院学士。等到桑维翰做枢密使时，重新奏请设置学士，全用亲信旧部担任。

注释　①出帝：石重贵。　②景延广：后晋大臣。力主抗辽。当契丹南下时，他却按兵不动，因而贬官。后自杀。

原文

维翰权势既盛，四方赂遗，岁积巨万。内客省使李彦韬、端明殿学士冯玉用事①，共谗之。帝欲骤黜维翰，大臣刘昫、李崧皆以为不可②，卒以玉为枢密使，既而以为相，维翰日益见疏。帝饮酒过度得疾，维翰遣人

翻译

桑维翰权势已大，四方的贿赂，一年就有数万。内客省使李彦韬、端明殿学士冯玉掌握权力，一起向皇上诋毁维翰。出帝准备即刻罢免桑维翰，大臣刘昫、李崧都认为不可，终于以冯玉为枢密使，接着又任他为相，桑维翰日益被疏远。出帝因饮酒过度得病，桑维翰派人私下告诉太后，请为皇帝的弟弟石重

阴白太后,请为皇弟重睿置师傅③。帝疾愈,知之,怒,乃罢维翰以为开封尹。维翰遂称足疾,稀复朝见。

睿选择师傅,给予教导辅助。出帝病好之后知道了这件事,发怒,就罢免了桑维翰原来的职务,而让他去当开封尹。桑维翰于是自称脚有疾病,很少再去朝见皇上。

注释 ① 李彦韬:后晋官吏。交结宦官,陷出帝于危亡,卒于幽州。冯玉:后晋官吏。出帝纳玉姊为后,以外戚知制诰。晋灭,入契丹,以忧卒。 ② 刘昫(xù):后晋官吏。时任东都留守,有谋见、文才。现在通行的《旧唐书》,即由其领衔撰修。李崧(sōng):后晋官吏。历仕后唐、后晋、后汉三朝,多受重用。 ③ 重睿:石敬瑭第七子。晋灭后,不知所终。

原文

　　契丹屯中渡,破栾城①,杜重威等大军隔绝②,维翰曰:"事急矣!"乃见冯玉等计事,而谋不合。又求见帝,帝方调鹰于苑中,不暇见,维翰退而叹曰:"晋不血食矣③!"

翻译

　　契丹在中渡屯营,攻破栾城,杜重威等人指挥的大军又被隔绝,桑维翰说:"形势危急了!"就去找冯玉等人商讨大事,然而意见不合。又求见出帝,帝正在苑中驯养鹰,没有时间见他,桑维翰退回叹息说:"晋将亡国了!"

注释 ① 栾城:治所在今河北栾城。 ② 杜重威:后晋大臣。任成德军节度使,后降于契丹,为后汉所杀。 ③ 血食:古时杀牲取血,用以祭祀,故名。宗庙能否进行祭祀血食,表明国家是否存在。

原文

　　自契丹与晋盟,始成于

翻译

　　自从契丹与晋结盟,最初由桑维翰

维翰,而终败于景延广,故自兵兴,契丹凡所书檄,未尝不以此两人为言。耶律德光犯京师,遣张彦泽遗太后书①,问此两人在否,可使先来。而帝以维翰尝议毋绝盟而己违之也,不欲使维翰见德光,因讽彦泽图之,而彦泽亦利其赀产。维翰状貌既异,素以威严自持,晋之老将大臣,见者无不屈服。彦泽以骁悍自矜,每往候之,虽冬月未尝不流汗。初,彦泽入京师,左右劝维翰避祸,维翰曰:"吾为大臣,国家至此,安所逃死邪!"安坐府中不动。彦泽以兵入,问:"维翰何在?"维翰厉声曰:"吾,晋大臣,自当死国,安得无礼邪!"彦泽股栗不敢仰视,退而谓人曰:"吾不知桑维翰何如人,今日见之,犹使人恐惧如此,其可再见乎?"乃以帝命召维翰。维翰行,遇李崧,

促成,最终却被景延广破坏,所以交战以来,契丹在书信公文中,未尝不谈到他俩。耶律德光进犯京师,派张彦泽给太后送信,问这两个人是否还活着,可让他们先到京师来。出帝因为桑维翰曾经建议不要与契丹绝交,而自己没听他的话,就不愿让桑维翰去见耶律德光,于是暗示张彦泽去谋害桑维翰,张彦泽本人也贪图桑维翰的资产。桑维翰的形貌本已奇异,向来以威严自持,晋的老将大臣见到他都很敬畏,张彦泽以骁勇强悍自负,每次去看望桑维翰,虽是冬季也总是紧张得汗流浃背。起初,张彦泽进入京师时,桑维翰身边的人劝他保身避祸,桑维翰说:"我身为大臣,国家到了这般地步,怎能逃生!"镇定地坐在府中不动。张彦泽带兵进入,问:"桑维翰在什么地方?"桑维翰厉声回答:"我,是晋国大臣,自应为国家而死,你怎能无礼!"张彦泽两腿颤抖不敢抬眼看,退下去对人说:"我不知桑维翰是怎样的人,今天见到他,竟使我这样恐惧,这还可再看吗?"于是以出帝的命令召桑维翰。桑维翰在路上遇到李崧,停下马来说话,军吏前去告诉桑维翰,请到侍卫司狱去。桑维翰知道难免身死,回头对李崧说:"您执掌国政,竟使

立马而语，军吏前白维翰，请赴侍卫司狱。维翰知不免，顾崧曰："相公当国，使维翰独死？"崧惭不能对。是夜，彦泽使人缢杀之，以帛加颈，告德光曰："维翰自缢。"德光曰："我本无心杀维翰，维翰何必自致？"德光至京师，使人检其尸，信为缢死，乃以尸赐其家，而赀财悉为彦泽所掠。

我死去？"崧惭愧得不能回答。当天夜晚，张彦泽派人勒死了桑维翰，将帛缠在他颈上，向耶律德光报告道："维翰自缢。"耶律德光说："我本无心杀桑维翰，桑维翰何必自己寻死？"耶律德光到了京城，派人检查桑维翰的尸体，相信是缢死的，就将尸体赐给桑维翰的家人，而桑维翰的家产全都被张彦泽掠取。

注释 ① 张彦泽：曾任后晋右武卫大将军，后降契丹，耶律德光遣率兵先入京师，大肆劫掠。后为耶律德光所杀。

伶官传·敬新磨　景进　史彦琼　郭从谦

导读

伶官,指宫廷中的乐工伎艺供奉人员。后唐庄宗李存勖定都洛阳后,骄傲懈怠,沉溺于淫乐,重用伶官。他与伶官在宫廷中表演,自定艺名为李天下。不仅如此,他还以伶官为心腹,于民间访察,参与军政大事,终于加速了后唐的灭亡。

《伶官传》可分为两部分。前一部分是导论,又称为序,欧阳修提出了国家的盛衰之理取决于人事的精辟论点。后一部分记叙了周匝、敬新磨、景进、史彦琼、郭从谦等伶官的史实,既揭露了景进等人是怎样败政乱国的,也表现了敬新磨的机智善谏。本文删去《伶官传》的序,从中节选了敬新磨、景进、史彦琼、郭从谦的有关史实。作者行文中笔墨饱蘸讥讽、感慨之情,很有说服力和感染力。(选自卷三七)

原文

庄宗既好俳优①,又知音,能度曲,至今汾、晋之俗②,往往能歌其声,谓之"御制"者皆是也。其小字亚子③,当时人或谓之亚次。又别为伏名以自目,曰李天下。自其为王,至于为天

翻译

后唐庄宗既喜好乐舞谐戏,又懂得音乐,能创作乐曲,至今汾、晋一带民俗,还往往能唱这种曲子,凡称作"御制"的都是。庄宗的小名叫亚子,当时有的人称作亚次。又起了个艺名以自称,叫李天下。从他当晋王起,到当上皇帝时,常常与艺人混处于宫廷,乐工因此参与政事,终于导致了后唐的灭亡。

子,常身与俳优杂戏于庭,
伶人由此用事,遂至于亡。

注释 ① 俳(pái)优:乐舞谐戏,也指从事乐舞谐戏的人。 ② 汾晋:属今山西一带。 ③ 小字:即乳名,小名。

原文

皇后刘氏素微①,其父刘叟,卖药善卜,号刘山人。刘氏性悍,方与诸姬争宠,常自耻其世家,而特讳其事。庄宗乃为刘叟衣服,自负蓍囊药笈②,使其子继岌提破帽而随之③,造其卧内,曰:"刘山人来省女。"刘氏大怒,笞继岌而逐之。宫中以为笑乐。

翻译

皇后刘氏出身卑微,她的父亲刘叟卖药草,善卜卦,号称刘山人。刘皇后个性泼辣,与众姬妾争宠时,常常以自己的家世为羞耻,特别忌讳谈这些事。庄宗就裁制成刘叟的衣服,自己背上装著草的袋子和药箱,让儿子李继岌拿着破帽跟随着,来到她的卧室,说:"刘山人来探望女儿。"刘皇后大怒,鞭打李继岌并把他赶走。宫中把这当作笑话。

注释 ① 皇后刘氏:即庄宗刘后,魏州成安人。家世寒微,五六岁入宫。有成安人刘叟自称为其父,刘后不认。 ② 蓍(shī):一种草,古代常用于占卜。 ③ 继岌:唐庄宗子,封魏王。同光三年(925)率兵灭蜀,次年班师,闻明宗已反,左右皆溃,自缢死。

原文

其战于胡柳也①,嬖伶周匝为梁人所得。其后灭梁入汴,周匝谒于马前,庄宗得之喜甚,赐以金帛,劳

翻译

庄宗在胡柳作战,他宠爱的乐工周匝被梁人捉去。后来后唐消灭了后梁,进入汴城,周匝到马前拜见,庄宗得到他高兴极了,赏给他金帛,慰劳他的艰

其良苦。周匝对曰："身陷仇人，而得不死以生者，教坊使陈俊、内园栽接使储德源之力也。愿乞二州以报此两人。"庄宗皆许以为刺史。郭崇韬谏曰："陛下所与共取天下者，皆英豪忠勇之士。今大功始就，封赏未及于一人，而先以伶人为刺史，恐失天下心，不可！"因格其命②。逾年，而伶人屡以为言，庄宗谓崇韬曰："吾已许周匝矣，使吾惭见此三人。公言虽正，然当为我屈意行之。"卒以俊为景州刺史③、德源为宪州刺史④。

辛。周匝对庄宗说："我身陷仇人之中，之所以能死里逃生，是靠了教坊使陈俊、内园栽接使储德源的帮助。请赐给两个州报答这两个人。"庄宗就都答应让他俩当刺史。郭崇韬劝告说："和您共同夺取天下的都是英豪忠勇的人。现在大功刚告成，还没有封赏一个人，就先封乐工为刺史，恐怕要使天下人失望，不能这么干！"因此阻止这一任命。过了一年，乐工总是提及此事，庄宗对郭崇韬说："我已答应周匝了，现在使得我不好意思见他们三人。你的话虽然正确，然而应当屈从于我而任命他们。"于是以陈俊为景州刺史，储德源为宪州刺史。

注释　① 胡柳：即胡柳陂，在今山东鄄城西南。梁贞明四年（918），晋王李存勖谋逼大梁，进军至此。　② 格：阻止。　③ 景州：治所在今河北景县东北。　④ 宪州：治所在今山西静乐。

原文

庄宗好畋猎①，猎于中牟②，践民田。中牟县令当马切谏，为民请，庄宗怒，叱县令去，将杀之。伶人敬新

翻译

庄宗喜欢打猎，在中牟打猎践踏了民田。中牟县令拦住马急切地劝告，为百姓说话。庄宗很生气，呵斥县令走开，并要杀他。乐工敬新磨知道这样做

磨知其不可,乃率诸伶走追县令,擒至马前责之曰:"汝为县令,独不知吾天子好猎邪?奈何纵民稼穑以供税赋?何不饥汝县民而空此地,以备吾天子之驰骋?汝罪当死!"因前请亟行刑[3],诸伶共唱和之,庄宗大笑,县令乃得免去。

庄宗尝与群优戏于庭,四顾而呼曰:"李天下,李天下何在?"新磨遽前以手批其颊[4]。庄宗失色,左右皆恐,群伶亦大惊骇,共持新磨诘曰:"汝奈何批天子颊?"新磨对曰:"李天下者,一人而已,复谁呼邪!"于是左右皆笑,庄宗大喜,赐与新磨甚厚。

不行,就率领众乐工急着去追县令,捉到庄宗的马前训斥道:"你身为县令,怎么就偏偏不知道我们的皇帝喜好打猎?为什么要让百姓种庄稼以缴纳赋税?为什么不让你的百姓饿着肚子,把这田地空出来,让我们的皇帝好去驰骋?你真该死!"因此上前请即刻行刑,众乐工都随声附和,庄宗大笑,县令才免了一死。

庄宗曾经与众艺人在宫廷中游戏,对着四周大声呼喊:"李天下,李天下在哪儿?"敬新磨突然上前去打他耳光。庄宗变了脸色,旁边的人都害怕,众乐工也非常惊恐,都抓住敬新磨责问:"你为什么要打皇帝的耳光?"敬新磨回答说:"李天下只有一个,还呼喊谁!"旁边的人都笑了起来,庄宗很高兴,重重地赏赐了新磨。

注释 ① 畋(tián):打猎。 ② 中牟:即今河南中牟。 ③ 亟(jí):迅速。 ④ 批:打。

原文

新磨尝奏事殿中,殿中多恶犬,新磨去,一犬起逐

翻译

敬新磨曾在宫殿奏事,殿中有许多凶狠的狗,敬新磨离开时,一条狗起来

之,新磨倚柱而呼曰:"陛下毋纵儿女啮人!"庄宗家世夷狄,夷狄之人讳狗,故新磨以此讥之。庄宗大怒,弯弓注矢将射之,新磨急呼曰:"陛下无杀臣! 臣与陛下为一体,杀之不祥!"庄宗大惊,问其故,对曰:"陛下开国,改元同光,天下皆谓陛下同光帝。且"同",铜也,若杀敬新磨,则同无光矣。"庄宗大笑,乃释之。

然时诸伶,独新磨尤善俳,其语最著,而不闻其佗过恶。其败政乱国者,有景进、史彦琼、郭门高三人为最。

是时,诸伶人出入宫掖,侮弄缙绅,群臣愤嫉,莫敢出气,或反相附托,以希恩幸,四方藩镇,货赂交行,而景进最居中用事。庄宗遣进等出访民间,事无大小皆以闻。每进奏事殿中,左右皆屏退,军机国政皆与参

追他,敬新磨靠着柱子大叫:"皇帝您不要让儿女来咬人!"庄宗出身于夷狄,夷狄的人忌讳说狗,所以敬新磨用这来讥讽他。庄宗大怒,弯弓搭箭要射他,敬新磨急忙喊道:"皇帝您不要杀我! 我与您已融为一体了,杀了就不吉祥!"庄宗大惊,问是什么原因,他回答说:"皇帝您建国时,改年号为同光,天下人都称您为同光帝。再说"同",通铜,如果杀了敬新磨,那么'同'就没'光'了。"庄宗大笑,就放了他。

然而当时的众乐工中,只是新磨最善于谐戏,他的话最有名,没听说他有什么过错和罪恶。乐工败政乱国的人,以景进、史彦琼、郭门高这三人为最。

这时,众乐工出入宫廷,侮弄官吏,臣僚愤恨嫉恶,没有谁敢吭声,有的人则反而巴结他们,希望受到恩宠,各地的藩镇交相纳贿,景进则在朝中最为掌权。庄宗派遣景进等人到民间探访,大小事情都要报告。每当景进在殿中奏事,旁边的人都要退下,让他参与所有的军机国政,三司使孔谦以兄长相待,称他为"八哥"。

决,三司使孔谦兄事之①,呼
为"八哥"。

注释　① 三司:唐置盘铁使、度支使、户部使管理财赋,五代后唐长兴元年(930)
以张延期行工部尚书充三司使,始著三司之名。孔谦:后唐官吏,魏州人。长于聚
敛,一直受到唐宗庄的信用。

原文

　　庄宗初入洛,居唐故宫
室,而嫔御未备。阉宦希
旨,多言宫中夜见鬼物,相
惊恐,庄宗问所以禳之者①,
因曰:"故唐时,后宫万人,
今空宫多怪,当实以人乃
息。"庄宗欣然。其后幸邺,
乃遣进等采邺美女千人,以
充后宫。而进等缘以为奸,
军士妻女因而逃逸者数千
人。庄宗还洛,进载邺女千
人以从,道路相属,男女
无别。

翻译

　　庄宗当初进入洛阳时,住在过去唐
朝的宫室里,但妃嫔女御很少。宦官迎
合上意,经常说宫中夜间闹鬼,相互惊
恐,庄宗问怎样驱鬼,景进于是回答:
"过去在唐代时,后宫有上万人,现在宫
室都是空的,所以鬼怪多,应当充实后
宫。"庄宗听了很高兴。后来驾临邺城,
就派景进等人选了千名邺城美女,以充
实后宫。景进等人则借此机会做坏事,
军士妻女因此而逃跑的达数千人。庄
宗回洛阳,景进带着千名邺女相随,道
路上络绎相接,男女都混杂在一起。

注释　① 禳(rǎng):消灭。

原文

　　魏王继岌已破蜀,刘皇

翻译

　　魏王李继岌已灭蜀,刘皇后听信了

后听宦者谗言，遣继岌贼杀郭崇韬。崇韬素嫉伶人，常裁抑之，伶人由此皆乐其死。皇弟存义，崇韬之婿也，进谗于庄宗曰："存义且反①，为妇翁报仇。"乃因而杀之。朱友谦②，以梁河中降晋者，及庄宗入洛，伶人皆求赂于友谦，友谦不能给而辞焉。进乃谗友谦曰："崇韬且诛，友谦不自安，必反，宜并诛之。"于是及其将五六人皆族灭之，天下不胜其冤。进，官至银青光禄大夫、检校左散骑常侍兼御史大夫，上柱国。

宦官的挑拨，派李继岌谋杀了郭崇韬。郭崇韬向来讨厌乐工，经常制裁他们，乐工因此都盼着郭崇韬死去。皇帝的弟弟李存义是郭崇韬的女婿，景进对庄宗进谗言道："李存义将作乱，为他岳父报仇。"于是把李存义囚禁起来杀了。朱友谦是献出梁的河中而投降于晋的梁臣，待庄宗进入洛阳，乐工都向朱友谦索取贿赂，朱友谦无法供给而只得辞谢。景进就中伤朱友谦道："郭崇韬要是被杀了，朱友谦不会安心，必然反叛，应当一起杀掉。"于是把朱友谦和他的五六名将领及其家族一起杀掉了，天下的人都认为十分冤枉。景进，官至银青光禄大夫、检校左散骑常侍兼御史大夫，上柱国。

注释 ① 存义：李克用第六子。封睦王，娶郭崇韬女。后为宦官、伶人谗死。② 朱友谦：历仕梁、唐。梁太祖录为子。庄宗灭梁，宠任为尚书令。

原文

史彦琼者，为武德使，居邺都，而魏博六州之政皆决彦琼，自留守王正言而下①，皆俯首承事之。是时，郭崇韬以无罪见杀于蜀，天

翻译

史彦琼，任武德使，住在邺都，而魏博六州的政事都由他掌管，从留守王正言以下都俯首听命服从于他。这时，郭崇韬在蜀无罪被杀，国内的人还不知道他已被杀死，只是看到在京城里杀死了

下未知其死也，第见京师杀其诸子，因相传曰："崇韬杀魏王继岌而自王于蜀矣，以故族其家。"邺人闻之，方疑惑。已而，朱友谦又见杀。友谦子建徽为澶州刺史②，有诏彦琼使杀之，彦琼秘其事，夜半驰出城。邺人见彦琼无故夜驰出，因惊传曰："刘皇后怒崇韬之杀继岌也，已弑帝而自立，急召彦琼计事。"邺都大恐，贝州人有来邺者③，传此语以归。戍卒皇甫晖闻之④，由此劫赵在礼作乱⑤。在礼已至馆陶⑥；邺都巡检使孙铎，见彦琼求兵御贼，彦琼不肯与，曰："贼未至，至而给兵岂晚邪？"已而贼至，彦琼以兵登北门，闻贼呼声，大恐，弃其兵而走，单骑归于京师。在礼由是得入于邺以成其叛乱者，由彦琼启而纵之也。

他的儿子们，于是相互传说："郭崇韬杀了魏王李继岌，自己就在蜀称王了，所以要杀尽他的家人。"邺都的人听到这话，才有了疑惑。接着，朱友谦又被杀了。朱友谦的儿子建徽时任澶州刺史，有诏令要彦琼杀建徽，史彦琼秘不声张此事，半夜里驰马出城。邺都的人见史彦琼无故半夜驰奔出城，就惊骇地相传："刘皇后对郭崇韬杀李继岌很恼怒，已经杀了皇帝而自立为主，紧急召史彦琼去商计事情。"邺都十分惊恐，有些来到邺都的贝州人，将这些话带回了贝州。驻军士卒皇甫晖听到这消息，因此强行胁逼赵在礼作乱。赵在礼已到了馆陶，邺都巡检使孙铎来见史彦琼，要求派兵抵抗叛军，史彦琼不肯给他派兵，说："叛军还没有到来，到了再给派兵难道就晚了么？"不久，叛军到了邺都，史彦琼率兵登上北门，听见叛军呼声，十分恐惧，扔下军队就逃走了，单人独马回到京城。赵在礼之所以能进入邺都并形成叛乱，是史彦琼引起和放纵的结果。

注释 ①王正言:后唐官吏。曾任魏州观察判官。 ②澶州:治所在今河南清丰。 ③贝州:治所在今河北清河。 ④皇甫晖:后唐军士。魏州人。庄宗失政,皇甫晖与赵在礼为乱。明宗时,擢拜陈州刺史。 ⑤赵在礼:后唐将领。涿州人。庄宗时为指挥使,明宗时历镇泰宁等处。后入晋,晋亡,自到死。 ⑥馆陶:治所在今河北馆陶内。

原文

郭门高者,名从谦,门高其优名也。虽以优进,而尝有军功,故以为从马直指挥使。从马直,盖亲军也。从谦以姓郭,拜崇韬为叔父,而皇弟存义又以从谦为养子。崇韬死,存义见囚,从谦置酒军中,愤然流涕,称此二人之冤。是时,从马直军士王温宿卫禁中,夜谋乱,事觉被诛。庄宗戏从谦曰:"汝党存义、崇韬负我,又教王温反。复欲何为乎?"从谦恐,退而激其军士曰:"罄尔之赀①,食肉而饮酒,无为后日计也。"军士问其故,从谦因曰:"上以王温故,俟破邺,尽坑尔曹。"军

翻译

郭门高,名从谦,门高是他的艺名。虽是以艺伎入仕,也曾有过军功,因此任命他为从马直指挥使。从马直,就是护卫皇帝的军队。从谦因姓郭,就拜郭崇韬为叔父,而唐庄宗的弟弟李存义又以从谦为养子。崇韬死,李存义被囚禁,郭从谦在军营中设酒宴,愤慨流泪,诉说这两人的冤屈。这时,从马直军士王温警卫宫廷,夜间图谋叛乱,事情发觉后被杀。庄宗和郭从谦开玩笑说:"你和李存义、郭崇韬结成一党,对不起我,又教王温作乱。还打算干什么呢?"郭从谦恐惧,回来后激发士兵说:"用尽你们的钱财,吃肉喝酒,不要为以后作打算。"士兵问什么缘故,郭从谦于是回答说:"皇上以王温谋反的缘故,等到攻破邺城后,把你们全部坑杀。"士兵相信了这话,都想作乱。

士信之，皆欲为乱。

注释 ① 罄（qìng）：用尽。

原文

　　李嗣源兵反，向京师①，庄宗车幸汴州②，而嗣源先入。庄宗至万胜③，不得进而还，军士离散，尚有二万余人。居数日，庄宗复东幸汜水④，谋扼关以为拒。四月丁亥朔，朝群臣于中兴殿，宰相对三刻罢。从驾黄甲马军阵于宣仁门、步军阵于五凤门以俟。庄宗入食内殿，从谦自营中露刃注矢，驰攻兴教门，与黄甲军相射。庄宗闻乱，率诸王卫士击乱兵出门。乱兵纵火焚门，缘城而入，庄宗击杀数十百人。乱兵从楼上射帝，帝伤重，踣于绛霄殿廊下⑤，自皇后、诸王左右皆奔走。至午时，帝崩，五坊人善友⑥，聚乐器而焚之。嗣源入洛，得其骨，葬新安之

翻译

　　李嗣源的军队反叛，开向京城，庄宗往东驾临汴州，李嗣源的军队则先进了城。庄宗来到万胜镇，不能进城便退回，军队离散，但还剩下两万多人。过了几天，庄宗又东进到达汜水，打算扼守关口进行抵抗。四月丁亥朔日，在中兴殿朝会群臣，与宰相在一起商议了三刻才散朝。随从护驾的黄甲马军排列在宣仁门、步兵排列在五凤门等候。庄宗到内殿进餐，郭从谦从军营中挺刀射箭，急攻兴教门，与黄甲军相射。庄宗听说有乱，带领众王的卫士反击乱兵将之逐出门外。乱兵又放火烧门，攀缘城墙进来，庄宗杀死数十百人。乱兵从楼上射庄宗，庄宗受重伤，跌倒在绛霄殿的走廊下，自皇后、王公及随从的人都跑掉了。到中午，庄宗死了，五坊的一个姓善名友的人将乐器堆在一起而焚烧了他的尸体。李嗣源进入洛阳，得到庄宗的遗骨，埋葬在新安的雍陵。任命郭从谦为景州刺史，不久又杀了他。

雍陵^⑦。以从谦为景州刺
史,已而杀之。

注释 ① 李嗣源:即唐明宗。926—933 年在位。 ② 汴州:治所在今河南开封。
③ 万胜:一名万胜寨,在今河南中牟西北。 ④ 汜水:源出今河南巩义东南,北流
经河南荥阳西北,注入黄河。 ⑤ 踣(bó):跌倒。 ⑥ 五坊:帝王饲养猎犬猎鹰的
官署。 ⑦ 新安:今河南新安。

原文	翻译
《传》曰:"君以此始,必以此终^①。"庄宗好伶,而弑于门高,焚以乐器。可不信哉!可不戒哉!	《左传》上说:"君王以它开始,也一定要以此告终。"庄宗喜好乐工,却被郭门高杀死,用乐器来焚烧。能不使人相信么!能不引为警戒么!

注释 ①"君以此始"句:出自《左传·宣公十二年》。

宦者传·张承业　张居翰

导读

宦者就是受过宫刑的宫廷奴隶。历史上,唐五代的"宦祸"是很突出的,直到宋代,人们还是谈"宦"变色。

欧阳修在此传中没有采取全盘否定的态度,而是进行实事求是的述评。在前一部分,他充分肯定了张承业和张居翰的"善"事。张承业不阿谀君主,爱惜国库钱财,保护人才,劝告庄宗缓称帝。张居翰大胆地更改了诏书上的一个字,使一千多人得以活命。在后一部分,他鞭挞了孟汉琼等人的"恶"迹。特别是深刻分析了宦者秉政的原因在于君主猜忌百官,轻信身边的仆从。他指出,宦者一参与政事,就将造成不可收拾的局面。君主应当防止骄怠,警惕小人的窃权。本文只节选了张承业、张居翰的有关史实。

此传文笔流畅,推理严密,是历来传诵的佳作。同时,它也是研究古代的畸形政治的一份重要资料。(选自卷三八)

原文

张承业,字继元,唐僖宗时宦者也①。本姓康,幼阉,为内常侍张泰养子。晋王兵击王行瑜②,承业数往来兵间,晋王喜其为人。及昭宗为李茂贞所迫③,将出

翻译

张承业,字继元,唐僖宗时的宦者。本姓康,从小就被阉割,是内常侍张泰的养子。晋王率兵攻击王行瑜,承业经常往来于军队中,晋王喜欢他的为人。当唐昭宗被李茂贞所逼,准备向太原出奔,就先派张承业到晋地讲明意向,因此任他为河东监军。之后崔胤杀戮宦

奔太原，乃先遣承业使晋以道意，因以为河东监军④。其后崔胤诛宦官⑤，宦官在外者，悉诏所在杀之。晋王怜承业，不忍杀，匿之斛律寺。昭宗崩，乃出承业，复为监军。

官，宦官在外地的，就下诏令让所在地方都把他们杀掉。晋王怜悯张承业，不忍杀他，把他藏在斛律寺。唐昭宗死后，就让承业出来，重新当了监军。

注释　① 唐僖宗：即李儇（xuān），874—888 年在位。他重用宦官，国政日衰。② 晋王：即李克用。王行瑜：唐末将领。他谋废昭宗，另立李保为帝，李克用率军南下，他败逃时为部下杀死。　③ 李茂贞：唐末五代藩将。景福二年（893），他率部入长安，逐渐控制了朝廷。后病死。　④ 监军：官名。随军监督，权力很大。⑤ 崔胤：唐末大臣。初附宰臣崔昭纬，后以朱全忠为外援，把持朝政。又欲发展私人势力，被朱全忠杀死。

原文

晋王病且革，以庄宗属承业曰："以亚子累公等①！"庄宗常兄事承业，岁时升堂拜母，甚亲重之。庄宗在魏，与梁战河上十余年，军国之事，皆委承业，承业亦尽心不懈。凡所以畜积金粟、收市兵马、劝课农桑而成庄宗之业者，承业之功为多。自贞简太后、韩德妃、

翻译

晋王病重危急，将庄宗托付给张承业，说："我留下亚子，麻烦你们照料了！"庄宗常像对兄长一样对待承业，年节时升堂拜母，对他很亲重。庄宗在魏时，与后梁在黄河一带征战了十几年，有关军国要事都委托张承业处理，张承业也尽心做好从不懈怠。凡是那些积蓄财物、粮食，招兵买马，督促农业和蚕桑业等这些成就庄宗的帝王事业的举措，要数张承业的功劳为最多。从贞简太后、韩德妃、伊淑妃和众公子等起，凡

伊淑妃及诸公子在晋阳者②，承业一切以法绳之，权贵皆敛手畏承业。

庄宗岁时自魏归省亲，须钱蒲博、赏赐伶人③，而承业主藏，钱不可得。庄宗乃置酒库中，酒酣，使子继岌为承业起舞，舞罢，承业出宝带、币、马为赠，庄宗指钱积呼继岌小字以语承业曰："和哥乏钱④，可与钱一积，何用带、马为也？"承业谢曰："国家钱，非臣所得私也。"庄宗以语侵之，承业怒曰："臣，老敕使⑤，非为子孙计，惜此库钱，佐王成霸业尔！若欲用之，何必问臣？财尽兵散，岂独臣受祸也？"庄宗顾元行钦曰⑥："取剑来！"承业起，持庄宗衣而泣，曰："臣受先王顾托之命，誓雪家国之仇。今日为王惜库物而死，死不愧于先王矣！"阎宝从旁解承业手令去⑦，承业奋拳欧宝踣，骂

在晋阳的，张承业一概都按法规约束他们，权贵都畏惧承业，不敢放肆。

庄宗每年按时从魏回来看望亲人，要用钱赌博和赏赐给乐工，而承业主管财物，庄宗得不到钱。庄宗就在库房里设置酒席，当喝得很痛快时，让儿子李继岌为承业跳舞，跳完后，张承业拿出宝带、钱币、马匹赠送给李继岌，庄宗指着库中堆积的财物，喊着李继岌的小名，对张承业说："和哥缺钱用，可以给他一堆钱，何必用宝带和马匹？"张承业恭敬地拒绝，说："国家的钱，不是做臣子的我所能据为私有的。"庄宗用语言触犯他，张承业气愤地说："我，不过是主子的一名老仆从，不是为自己的子孙作打算。爱惜这库中的钱财，是为了辅佐您君王成就霸业罢了！如果要用它，何必问我？钱财用完，军队散伙，难道只有我受祸么？"庄宗回头对元行钦说："拿剑来！"张承业站起来，拉着庄宗的衣服哭着说："我受先王临终时的委托，发誓要去雪家国的仇恨。今天因为大王爱惜库中的财物而死，这是对得起先王的啊！"阎宝从旁边扯开张承业的手让他离开，张承业挥拳将阎宝击倒在地，骂道："阎宝，你这朱温的贼子，受到晋的厚恩，不能说一句忠于国家的话，

曰："阎宝，朱温之贼，蒙晋厚恩，不能有一言之忠，而反谄谀自容邪！"太后闻之，使召庄宗。庄宗性至孝，闻太后召，甚惧，乃酌两卮谢承业曰[8]："吾杯酒之失，且得罪太后。愿公饮此，为吾分过。"承业不肯饮。庄宗入内，太后使人谢承业曰："小儿忤公，已笞之矣。"明日，太后与庄宗俱过承业第，慰劳之。

反而以谄谀保身！"太后听到这事，派人来召庄宗。庄宗的秉性很孝顺，听到太后召唤，很害怕，就斟了两杯酒向张承业赔礼，说："我因喝酒犯了错误，而且得罪了太后。请您喝了这杯酒，帮我减轻过错。"张承业不肯喝。庄宗进到内室，太后派人回报张承业说："小儿触犯了您，已经鞭打他了。"第二天，太后和庄宗一起到张承业的住宅，慰劳他。

注释　① 亚子：庄宗李存勖的小名。　② 晋阳：县名，治所在今山西太原西南。　③ 蒲博：即赌博。古代有一种赌博叫摴（chū）蒲，故赌博亦称蒲博。　④ 和哥：李继岌的小名。　⑤ 敕使：君主的使者，此指主子的仆从。　⑥ 元行钦：后唐明宗养子。庄宗以其骁勇，宠任超过诸将。　⑦ 阎宝：少为朱瑾牙将，后降于梁，又降于晋，任检校太尉、同中书门下平章事。　⑧ 卮（zhī）：盛酒的器皿。

原文

　　卢质嗜酒傲忽[1]，自庄宗及诸公子多见侮慢，庄宗深嫉之。承业乘间请曰："卢质嗜酒无礼，臣请为王杀之。"庄宗曰："吾方招纳贤才以就功业，公何言之过

翻译

　　卢质好饮酒，酒后狂傲，上自庄宗下至众公子多次被他轻慢侮辱，庄宗极为恨他，张承业乘机告请道："卢质嗜好饮酒，不讲礼仪，我请求为您杀掉他。"庄宗说："我正在招纳贤才以建立功业，你怎么说这些错话！"张承业站起来恭

也!"承业起贺曰:"王能如此,天下不足平也!"质因此获免。

天祐十八年,庄宗已诺诸将即皇帝位。承业方卧病,闻之,自太原肩舆至魏,谏曰:"大王父子与梁血战三十年,本欲雪家国之仇,而复唐之社稷。今元凶未灭,而遽以尊名自居,非王父子之初心,且失天下望,不可!"庄宗谢曰:"此诸将之所欲也。"承业曰:"不然,梁,唐、晋之仇贼,而天下所共恶也。今王诚能为天下去大恶,复列圣之深仇,然后求唐后而立之。使唐之子孙在,孰敢当之?使唐无子孙,天下之士,谁可与王争者?臣,唐家一老奴耳!诚愿见大王之成功,然后退身田里,使百官送出洛东门,而令路人指而叹曰:'此本朝敕使,先王时监军也。'岂不臣主俱荣哉?"庄宗不

贺道:"君王您能这样,就完全能平定天下了。"卢质因此免于一死。

天祐十八年(922),庄宗已答应众将的请求,愿意登上皇帝的宝座。张承业正在病中,听到这事,坐上内设软椅的轿子从太原来到魏地,劝告庄宗说:"大王父子与梁血战了三十年,本来是要为家国报仇,以恢复唐朝的天下。现在首恶还没有消灭,却马上自称皇帝,这不是您和先王当初的心意,还会使天下人失望,不能这样做!"庄宗婉言回答:"这是众将领的要求。"承业说:"不是这样,梁是唐和晋的仇敌,天下的人都痛恨它。现在您能替天下除掉这大坏蛋,报列祖列宗的深仇,然后找到唐代的后裔立为帝。如果李唐的子孙还在,谁敢称帝?如果李唐没有子孙了,天下还有谁能与您君王争帝?我,不过是唐家的一个老奴仆!确实愿意看到您的成功,然后隐退到乡下,让百官送我出洛阳的东门,让路上的人指着我感叹说:'这就是本朝的使臣,先王时的监军。'这难道不是臣子和君王都很荣耀的事吗?"庄宗不采纳这些话。张承业知道这事不可劝阻了,就仰天大哭道:"我王自己取的祸!害了我老奴呀。"由人扛着设软椅的轿子回到太原,绝食而

听。承业知不可谏,乃仰天大哭曰:"吾王自取之! 误老奴矣。"肩舆归太原,不食而卒,年七十七。同光元年,赠左武卫上将军,谥曰正宪。

死,终年七十七岁。同光元年,赠他为左武卫上将军,谥号正宪。

注释 ① 卢质:在后唐时任右仆射,擅长写文章。

原文

张居翰,字德卿,故唐掖廷令张从玫之养子。昭宗时,为范阳军监军①,与节度使刘仁恭相善②。天复中,大诛宦者,仁恭匿居翰大安山之北溪以免③。其后,梁兵攻仁恭,仁恭遣居翰从晋王攻梁潞州以牵其兵④,晋遂取潞州,以居翰为昭义监军。

翻译

张居翰,字德卿,是从前唐朝掖廷令张从玫的养子。唐昭宗时,任范阳军监军,与节度使刘仁恭相好。唐昭宗天复年间,大杀宦官,刘仁恭将张居翰藏在大安山北面的山沟里而得幸免。这以后,梁兵进攻仁恭,仁恭派居翰跟随晋王攻打梁的潞州,以牵制梁兵,晋于是夺取了潞州,任居翰为昭义监军。

注释 ① 范阳:方镇名,治所在今北京西南。 ② 刘仁恭:唐末、后梁将领。李克用任他为卢龙节度使,又叛附朱全忠,李存勖破燕时,被杀。 ③ 大安山:今北京房山西北百花山。仁恭筑馆于此。 ④ 潞州:治所在今山西长治。

原文

庄宗即位,与郭崇韬并

翻译

庄宗即位,居翰与郭崇韬都担任枢

为枢密使。庄宗灭梁而骄，宦官因以用事，郭崇韬又专任政，居翰默默，苟免而已。

魏王破蜀[①]，王衍朝京师[②]，行至秦川[③]，而明宗军变于魏[④]。庄宗东征，虑衍有变，遣人驰诏魏王杀之。诏书已印画，而居翰发视之，诏书言"诛衍一行"，居翰以谓杀降不祥，乃以诏傅柱，揩去"行"字，改为一"家"。时蜀降人与衍俱东者千余人，皆获免。

庄宗遇弑，居翰见明宗于至德宫，求归田里。天成三年，卒于长安，年七十一。

密使。庄宗在灭掉后梁以后就骄傲了，宦官因此参与政事，郭崇韬又专擅政务，张居翰沉默，只求无罪保身。

魏王灭蜀，王衍到京城朝见，行至秦川时，明宗的军队在魏叛变。庄宗东征，担心王衍有变化，派人骑马送诏书让魏王杀掉王衍。诏书已签发盖印，居翰打开诏书细看，见上面有"诛衍一行"（杀掉王衍一帮人）这四个字，张居翰认为杀掉来降的人不吉祥，就把诏书按在柱上，擦掉"行"字，改写为"家"字。这时和王衍一起向东来降的有一千多人，都幸免于死。

庄宗遭到杀害，张居翰在至德宫见到唐明宗，请求回到乡间。天成三年（928）在长安死去，终年七十一岁。

注释 ① 魏王：即李继岌。 ② 王衍：前蜀王建子。在位荒淫，为后唐所灭。 ③ 秦川：泛指关中。 ④ "明宗"句：同光四年（926），李嗣源受命征讨魏州兵变，至魏后，与叛军会合，回师攻洛。

原文

五代文章陋矣！而史官之职废于丧乱，传记小说多失其传，故其事迹，终始不完，而杂以讹缪。至于英

翻译

五代的文章真是浅陋啊！在丧乱中史官的职守被废止了，传记小说多已失传，因此有关五代的事迹，始终搜集不完备，并且混杂有错误。至于在英豪

豪奋起、战争胜败、国家兴废之际，岂无谋臣之略、辩士之谈？而文字不足以发之，遂使泯然无传于后世。然独张承业事卓卓在人耳目，至今故老犹能道之。其论议可谓杰然欤！殆非宦者之言也。

自古宦者乱人之国，其源深于女祸①。女，色而已；宦者之害，非一端也。盖其用事也近而习，其为心也专而忍。能以小善中人之意，小信固人之心，使人主必信而亲之。待其已信，然后惧以祸福而把持之。虽有忠臣硕士列于朝廷，而人主以为去己疏远，不若起居饮食、前后左右之亲为可恃也。故前后左右者日益亲，则忠臣硕士日益疏，而人主之势日益孤。势孤，则惧祸之心日益切，而把持者日益牢，安危出其喜怒，祸患伏于帷闼②，则向之所谓可恃

奋起、交战胜败、国家兴亡的时候，难道就没有谋臣的韬略、辩士的宏论？但文字记载又不足以考见这些，致使这些事迹不能传到后世。然而只有张承业的事迹，仍深刻地留在人们的记忆中，至今那些遗老们还能说得出。他的议论可称得上是杰出的了！好像不是宦者说的话。

自古以来，宦官败乱人的国家，它的根源比女人造成的祸害还要深。女祸，是靠姿容取宠罢了；宦官的危害却不止一个方面。原因是他们干的职事既贴近而又惯常，他们的用心既专一又能忍耐。能用小小的良好表现使人满意，小小的诚实来稳定人们的看法，使帝王必然信任和亲近他们。等受到了信任，然后就用祸福利害的说法来恐吓和控制帝王。虽然有忠臣大儒列位朝廷，可帝王认为他们距离自己较疏远，不如随从自己起居饮食、在身边侍奉的亲信可以依靠。所以在身边的人日益亲近，忠臣大儒日益疏远，因而帝王的处境日益孤立。形势孤单，恐惧祸患的心理就日益迫切，控制帝王的人的地位却日益牢固，帝王的安危决定于宦官的喜怒，祸患潜伏在家室之内，过去那些认为可以依靠的人，却正是成为祸患的

者，乃所以为患也。患已深
而觉之，欲与疏远之臣图左
右之亲近，缓之则养祸而益
深，急之则挟人主以为质，
虽有圣智不能与谋，谋之而
不可为，为之而不可成，至
其甚，则俱伤而两败。故其
大者亡国，其次亡身，而使
奸豪得借以为资而起，至抉
其种类，尽杀以快天下之心
而后已。此前史所载宦者
之祸常如此者，非一世也。
夫为人主者，非欲养祸于内
而疏忠臣硕士于外，盖其渐
积而势使之然也。夫女色
之惑，不幸而不悟，则祸斯
及矣；使其一悟，捽而去之
可也^③。宦者之为祸，虽欲
悔悟，而势有不得而去也，
唐昭宗之事是已^④。故曰
"深于女祸"者，谓此也。可
不戒哉？昭宗信狎宦者^⑤，
由是有东宫之幽。既出而
与崔胤图之，胤为宰相，顾
力不足为，乃召兵于梁，梁

根源。待到祸患已深才觉察时，想和疏
远的朝臣图谋除掉身边的亲信，处置迟
缓则会积留祸根而危害日益深重，急速
处置就会使宦者劫持帝王当人质。虽
然有圣人智士也没法参与帝王的谋划，
即使谋划了也不可能实行，实行了也不
可能成功，到情势极坏时，就会两败俱
伤。所以，为害大的就要亡国，稍次一
点也会殒命亡身，还会使得奸猾豪强能
够利用这种情势而起事，以至于搜捕宦
者全体，杀尽他们以使天下人称心才算
了结。前代历史所记载宦者的祸乱经
常都是这样的，不是一代的事。那些当
帝王的，并非愿意在宫廷之内培植祸害
而把忠臣大儒疏远到朝廷之外，是由于
逐渐积累起来的态势迫使他这样的。
至于女色的诱惑，不幸而不醒悟，祸害
就来临了；如果一下子觉悟，揪出她驱
逐出去就行了。但是宦者形成祸患之
后，即便想要悔悟，却已经形成了无法
除掉他们的局势，唐昭宗的情况就是这
样。所以说宦者为害的根源"比女人造
成的祸害还要深"，就是说的这种情形。
难道不应该警戒么？昭宗亲近信用宦
官，因此遭到幽禁在东宫的灾难。他从
东宫出来后与崔胤谋划对付宦官，崔
胤身为宰相，考虑到力量不够，就叫梁进

兵且至，而宦者挟天子走之岐，梁兵围之三年，昭宗既出，而唐亡矣。

兵，梁兵将要到来时，宦官挟持天子跑到岐，梁兵围了三年，当昭宗出来时，唐朝也就灭亡了。

注释　① 女祸：这里指后、妃干预政事造成的祸乱。　② 闼(tà)：小门。　③ 捽(zuó)：揪。　④ "唐昭宗"句：此指昭宗曾被宦官刘季述囚禁。刘死后，宰相崔胤接引梁王朱温诛杀宦官。　⑤ 狎(xiá)：亲近。

原文

　　初，昭宗之出也，梁王悉诛唐宦者第五可范等七百余人。其在外者，悉诏天下捕杀之，而宦者多为诸镇所藏匿而不杀。是时，方镇僭拟，悉以宦官给事，而吴越最多。及庄宗立，诏天下访求故唐时宦者悉送京师，得数百人，宦者遂复用事，以至于亡。此何异求已覆之车，躬驾而履其辙也？可为悲夫！

　　庄宗未灭梁时，承业已死。其后居翰虽为枢密使，而不用事。有宣徽使马绍宏者①，尝赐姓李，颇见信用。然诬杀大臣，黩货赂，

翻译

　　当初，昭宗从宦官挟制下脱身时，梁王将唐朝的第五可范等七百多个宦官全部杀掉。对那些在外的宦官，下诏让各地逮捕并杀掉，但是各地方镇却将许多宦官藏匿起来不杀。这时，方镇图谋不轨，都以宦官任事，吴越最为突出。待后唐庄宗即位，下诏各地访求过去唐朝时候的宦官都送到京城，得到数百人，宦官于是重新秉政，以至于灭亡。这与找到已经翻了的车，亲自驾着它重走原路有什么两样？真是可悲哟！

　　庄宗没有灭掉梁时，张承业就已经死了。这以后张居翰虽然担任枢密使，但不参与国事。有个宣徽使马绍宏，曾被赐姓李，很受信用。然而诬杀大臣，贪求贿赂，专断权势，使得天下人都抱怨的，是身边的亲信、宦官一类人物。此时，明宗从镇州来朝见皇上，在京师

专威福，以取怨于天下者，左右狎昵、黄门内养之徒也。是时，明宗自镇州入觐，奉朝请于京师。庄宗颇疑其有异志，阴遣绍宏伺其动静，绍宏反以情告明宗。明宗自魏而反②，天下皆知祸起于魏，孰知其启明宗之二心者，自绍宏始也！郭崇韬已破蜀，庄宗信宦者言而疑之。然崇韬之死，庄宗不知，皆宦者为之也。当此之时，举唐之精兵皆在蜀，使崇韬不死，明宗入洛，岂无西顾之患？其能晏然取唐而代之邪？及明宗入立，又诏天下悉捕宦者而杀之。宦者亡窜山谷，多削发为浮图③。其亡至太原者七十余人，悉捕而杀之都亭驿，流血盈庭。

参与朝会。庄宗很怀疑他有野心，私下派马绍宏观察他的动静，马绍宏却把这一情况告诉了明宗。明宗在魏反叛，天下的人都知道祸是从魏闹起来的，但是谁知道引起明宗有谋叛之心的，是从绍宏而起的呀！郭崇韬灭了蜀，庄宗听信宦官的话怀疑他。然而郭崇韬的死，庄宗并不知道，都是宦官干的。正在这时候，唐的所有精兵都在蜀地，如果郭崇韬活着，明宗进入洛阳时，能没有西顾之忧？他还能安安稳稳地取代庄宗吗？待明宗进朝廷即位后，又诏令天下搜捕所有宦官全部杀掉。宦官逃窜到山谷，许多人削发当了和尚。那些逃到太原的七十多人，都被抓起来，在都亭驿杀死，庭院里流满了血。

注释　①马绍宏：后唐宦吏。初与孟知祥同为中门使。庄宗领幽州，绍宏权知州事。明宗时官终枢密使。　②"明宗"句：后唐同光四年（926），李嗣源至邺都（即魏州），后进入洛阳，是为明宗。　③浮图：佛徒。

原文

明宗晚而多病，王淑妃专内以干政①，宦者孟汉琼因以用事②。秦王入视明宗疾已革③，既出而闻哭声，以谓帝崩矣，乃谋以兵入宫者，惧不得立也。大臣朱弘昭等方图其事④，议未决，汉琼遽入见明宗，言秦王反，即以兵诛之，陷秦王大恶，而明宗以此饮恨而终。后愍帝奔于卫州⑤，汉琼西迎废帝于路⑥，废帝恶而杀之。

翻译

明宗晚年多病，王淑妃专宠于内庭干预朝政，宦官孟汉琼利用她参与政事。秦王进宫见到明宗病已深重，出来后又听到哭声，由此认为皇帝死了，就谋划派兵入宫，他担心的是不能继位。大臣朱弘昭等人刚在讨论这事，还未做出决断，孟汉琼马上进去见明宗，说秦王谋反，随即用军队杀了他，陷秦王于首恶，明宗也因此饮恨而死。后来愍帝出奔到卫州，孟汉琼在半路上迎接西来的废帝，废帝厌恶他，把他杀了。

注释 ① 王淑妃：唐明宗妃。有美色，与曹后一起干政，为刘知远杀死。 ② 孟汉琼：后唐宦官。明宗时迁宣徽南院使。愍帝嗣位，以迎立功，累加骠骑大将军。 ③ 秦王：明宗第二子李从荣。 ④ 朱弘昭：后唐大臣。明宗时累迁山南东道节度使。愍帝立，朱弘昭投井死。 ⑤ 愍帝：唐明宗第三子李从厚，公元933—934年在位。卫州：治所在今河南卫辉。 ⑥ 废帝：即末帝李从珂，公元934—936年在位。

原文

呜呼！人情处安乐，自非圣哲，不能久而无骄怠。宦、女之祸非一日，必伺人之骄怠而浸入之。明宗非佚君，而犹若此者，盖其在

翻译

唉！人处安乐之中，本不是什么圣哲，不可能长久没有骄傲懈怠。宦官、女色的祸害并非成于一日，一定乘着人主的骄怠而逐渐深化。明宗并不是贪图逸乐的君主，却仍然这样，或许是他

位差久也。其余多武人崛起，及其嗣续，世数短而年不永，故宦者莫暇施为。其为大害者，略见可矣。独承业之论，伟然可爱，而居翰更一字以活千人。君子之于人也，苟有善焉，无所不取。吾于斯二人者有所取焉。取其善而戒其恶，所谓"爱而知其恶，憎而知其善"也。故并述其祸败之所以然者著于篇。

在位时间稍微久了一些。其他的帝王多是武人崛起，等到后来的人继位，世代短促，年岁也不长，所以宦官还来不及施展他们的手段。他们造成巨大危害的情况，已大略可以考见了。只有张承业的议论高明而令人起敬，而张居翰改一个字使千人活了下来。君子看待人，如果他有好的行为，没有不录载的。我对这两个人就有所录载。录载其好的，舍弃其恶的，这就是"爱而知道他的坏处，憎而知道他的好处"。因此，一并将他们祸败所以形成的原因写在这一篇里。

杂传·李茂贞

导读

　　李茂贞是唐末五代的著名藩镇。士兵出身,由神策军小校积功升为指挥使。唐僖宗奔兴元,他以护驾有功,赐姓名李茂贞。他在军阀混战中不断扩张势力,挟昭宗以自重,后在与梁的交战中失利,但仍开齐王府,署置职官,称妻为皇后,出入全用皇帝仪仗。只是他的这一割据小政权,还没有资格列入"十国"之内。本篇揭露了唐朝末年,朝廷已完全受制于藩镇,藩镇间争夺朝廷,兵连祸结,最终出现了五代十国的分裂局面。这种分裂局面的形成,实即唐末藩镇割据的继续和进一步的发展。(选自卷四〇)

原文

　　李茂贞,深州博野人也^①。本姓宋,名文通,为博野军卒,戍凤翔^②。黄巢犯京师,郑畋以博野军击贼^③,茂贞以功自队长迁军校。

翻译

　　李茂贞,是深州博野人。本姓宋,名文通,在博野军当士兵,戍守凤翔。黄巢军进犯京师,郑畋用博野军迎击黄巢,茂贞因为有功,由队长升为军校。

注释　①博野:今河北蠡县。　②凤翔:今陕西凤翔。　③郑畋(tián):唐末大臣,字台文,河南荥阳人。历任中书舍人、兵部侍郎、吏部侍郎同平章事等职。

原文

光启元年,朱玫反①,僖宗出居兴元②。玫遣王行瑜攻大散关③,茂贞与保銮都将李铤等败行瑜于大唐峰④。明年,玫遂败死。茂贞以功自扈跸都头拜武定军节度使⑤,赐以姓名。扈跸东归,至凤翔,凤翔节度使李昌符与天威都头杨守立争道,以兵相攻,昌符不胜,走陇州⑥。僖宗遣茂贞追击杀昌符,以功拜凤翔陇右节度使⑦。大顺元年,封陇西郡王⑧。

翻译

唐僖宗光启元年(885),朱玫反叛,唐僖宗逃往兴元。朱玫派遣部将王行瑜攻打大散关,李茂贞和保銮都将李铤等人在大唐峰击败了王行瑜。第二年,朱玫兵败为人所杀。茂贞因为有功由扈跸都头升为武定军节度使,赐以姓名为李茂贞。护驾东归,来到凤翔,凤翔节度使李昌符与天威都头杨守立争抢道路,相互用兵攻杀,昌符兵败,逃往陇州。唐僖宗派遣李茂贞攻杀李昌符,因功被授予凤翔陇右节度使。唐昭宗大顺元年(890),又封为陇西郡王。

注释 ① 朱玫:唐末将领,邠州(今陕西彬县)人。 ② 兴元:府名,治所在今陕西汉中东。 ③ 王行瑜:唐末将领,邠州人。大散关:在今陕西宝鸡西南,为秦蜀往来的要道。 ④ 大唐峰:在今陕西略阳东南。 ⑤ 扈跸:与扈驾同,皇帝出巡时止行清道,也指其时的侍从、护卫人员。都头:唐代田令孜募神策新军,为五十四都,每都置一都头,五代因之。武定军:治所在今陕西西乡。 ⑥ 陇州:治所在今陕西陇县东南。 ⑦ 陇右:唐方镇名,治所在今青海乐都。 ⑧ 陇西郡:治所在今甘肃陇西东南。

原文

二年,枢密使杨复恭得

翻译

大顺二年(891),枢密使杨复恭犯

罪，奔于兴元，兴元节度使杨守亮，复恭之养子也，纳之。茂贞乃上书言复恭父子罪皆当诛，因自请为山南招讨使[①]。昭宗以宦者故，难之，未许。茂贞擅发兵攻破兴元，复恭父子见杀。

茂贞表其子继密权知兴元军府事，暗宗乃徙茂贞山南西道节度使，以宰相徐彦若镇凤翔[②]。茂贞不奉诏，上表自论曰："但虑军情忽变，戎马难羁。徒令甸服生灵[③]，因兹受弊；未审乘舆播越，自此何之？"昭宗以茂贞表辞不逊，不能忍，以问宰相杜让能[④]，让能以谓："茂贞地大兵强，而唐力未可以致讨；凤翔又近京师，易以自危而难于后悔，佗日虽欲诛晁错以谢诸侯[⑤]，恐不能也。"昭宗怒曰："吾不能屡屡坐受凌弱！"乃责让能治兵，而以覃王嗣周为京西招讨使。令下，京师市人

罪，逃往兴元，兴元节度使杨守亮是杨复恭的养子，接纳了杨复恭。李茂贞于是上书说杨复恭父子犯罪都该杀，因而自动提出要求担任山南招讨使。昭宗因为宦官的缘故，感到为难，拒绝了李茂贞的请求。茂贞就擅自发兵攻破兴元，杨复恭父子被杀。

李茂贞推荐自己的养子李继密代理兴元军府职事，昭宗于是调李茂贞为山南西道节度使，让宰相徐彦若镇守凤翔。李茂贞拒绝接受这一诏命，上表申辩说："只是担忧军情突变，兵马难以约束。白白让甸服的人民，因此而蒙受灾祸；不知皇上大驾转徙，从此又往何处去？"昭宗认为李茂贞上表的言辞不恭顺，难以忍受，就向宰相杜让能问对策，让能因此就说："李茂贞地大兵强，而朝廷的兵力又不可能去征讨他；凤翔又接近京师，如果我们征讨李茂贞，就容易招致危险而且后悔不及，那时我们虽想像汉景帝杀晁错一样来向诸侯谢罪，恐怕也不行了。"昭宗发怒说："我不能懦弱地听任人家欺凌！"于是就强令杜让能主持军务，而任覃王李嗣周为京西招讨使。征讨李茂贞的命令已下，京城里的老百姓大都知道不可行，相互聚集在承天门，拦住宰相请不要出兵，争相向

皆知不可,相与聚承天门,遮宰相请无举兵,争投瓦石击宰相,宰相下舆而走,亡其堂印,人情大恐,昭宗意益坚。覃王率扈驾军五十四都战于盩厔[6],唐军败溃,茂贞遂犯京师,屯于三桥[7]。昭宗御安福门,杀两枢密以谢茂贞,使罢兵。茂贞素与让能有隙,因曰:"谋举兵者非两枢密,乃让能也。"陈兵临皋驿[8],请杀让能。让能曰:"臣故先言之矣,惟杀臣可以纾国难。"昭宗泣下沾襟,贬让能雷州司户参军[9],赐死,茂贞乃罢兵。

宰相投掷瓦块石头,宰相下车而逃,丢失了他的官印,人心大为惶恐,昭宗出兵讨伐李茂贞的意志更加坚决。李嗣周率领扈驾军五十四都与茂贞战于盩厔,唐军败溃,李茂贞于是进犯长安,屯军于三桥。昭宗到安福门,杀掉了两个枢密向茂贞表示悔恨,要他退兵。李茂贞一向与杜让能有矛盾,因此说:"主张出兵的不是两个枢密,而是杜让能。"李茂贞陈兵临皋驿,要求杀掉杜让能。杜让能对昭宗说:"我早在事前就说过了,现在只有杀我才可以排除国难。"昭宗泪滴衣襟,贬让能为雷州司户参军,并赐他死,这样李茂贞才退兵。

注释 ① 山南:即山南西道,治所在今陕西汉中市。 ② 徐彦若:唐昭宗宠臣,任同中书门下平章事,封齐国公。 ③ 甸服:古代在王畿外围,每五百里为一区划,按距离远近分侯服、甸服、绥服、要服、荒服为五服。 ④ 杜让能:唐末大臣,昭宗时被封为晋国公。 ⑤ 晁错:西汉政论家,景帝时任御史大夫,因建议削夺诸侯王国封地,被景帝采纳,遭到吴楚七国的反对,七国以诛晁错为名发动叛乱,晁错被谮,景帝杀晁错,企图缓解七国之乱。 ⑥ 盩厔(zhōu zhì):在今陕西周至。 ⑦ 三桥:在今陕西西安。 ⑧ 临皋驿:在今陕西西安西北。 ⑨ 雷州:治所在今广东雷州。

原文

明年,河中节度使王重盈卒,其诸子珂、珙争立。晋王李克用请立珂[①],茂贞与韩建、王行瑜请立珙,昭宗不许。茂贞等怒,率三镇兵犯京师[②],谋废昭宗,立吉王保。未果,而晋王亦举兵,茂贞惧,乃杀宰相韦昭度、李磎,留其养子继鹏以兵二千宿卫而去。晋兵至河中,继鹏与行瑜弟行实等争劫昭宗出奔,京师大乱,昭宗出居于石门[③]。茂贞以兵至鄠县[④],斩继鹏自赎。

翻译

第二年,河中节度使王重盈去世,他的儿子王珂、王珙争立为节度使。晋王李克用请求立王珂,李茂贞与韩建、王行瑜请求立王珙,昭宗不同意。李茂贞等人发怒,率领三镇的军队侵犯京城,企图废掉昭宗,另立吉王李保为帝。废立的事还没有实现,晋王李克用也举兵勤王,李茂贞惧怕李克用,就杀掉宰相韦昭度、李磎,留下自己的养子李继鹏统领士兵二千人保卫京师,自己率部众离去。李克用兵到河中,李继鹏与王行瑜的弟弟王行实等人互相争夺劫持昭宗出逃,京城大乱,昭宗出逃到了石门。李茂贞带兵到鄠县,杀掉李继鹏表示赎罪。

注释 ① 李克用:唐末将领,沙陀部人。其子李存勖灭梁,建立后唐,尊他为太祖。 ② 三镇:指李茂贞的凤翔、韩建的镇国、王行瑜的邠宁三镇。 ③ 石门:在今陕西汉中西北襄城镇北襄谷口。 ④ 鄠(hù)县:治所在今陕西鄠邑北。

原文

晋兵已破王行瑜,还军渭北[①],请击茂贞。昭宗以谓晋远而茂贞近,因欲庇之以为德,而冀缓急之可恃也;且茂贞已杀其子自赎

翻译

晋军已破王行瑜,回师屯驻渭北,请求讨伐李茂贞。昭宗认为晋王军队离长安远而李茂贞军队离长安近,因此想庇护李茂贞,使李茂贞感激自己,希望以后若有紧急情况时有所依恃;况且

矣,乃诏罢归晋军。克用叹曰:"唐不诛茂贞,忧未已也!"

昭宗自石门还,益募安圣、捧宸等军万余人,以诸王将之。茂贞谓唐将讨己,亦治兵请觐,京师大恐,居人亡入山谷。茂贞遂犯京师,昭宗遣覃王拒之,覃王至三桥,军溃,昭宗出居于华州[2]。遣宰相孙偓以兵讨茂贞,韩建为茂贞请,乃已。久之,加拜茂贞尚书令,封岐王。

李茂贞已杀掉自己的养子赎罪了,于是就下诏让晋军退兵。李克用慨叹道:"朝廷不杀李茂贞,忧患不会清除呀!"

昭宗由石门回到长安,更招募安圣、捧宸等禁军万余人,用宗室诸王为将率领。李茂贞认为唐朝廷将讨伐自己,也整顿军队请求朝见,京城十分恐慌,居民纷纷逃进山谷中。李茂贞便进攻长安,昭宗派覃王李嗣周抵抗,李嗣周到三桥,军队溃乱,昭宗逃亡华州。派宰相孙偓率兵讨李茂贞,韩建为李茂贞向昭宗请求,这事才罢休。过了一段时间,昭宗又加授李茂贞为尚书令,封为岐王。

注释 ① 渭北:唐方镇名,治所在今陕西富县。 ② 华州:治所在今陕西华州。

原文

其后,昭宗为宦者所废,既反正,宰相崔胤欲借梁兵诛诸宦者,阴与梁太祖谋之。中尉韩全诲等,亦倚茂贞之强,以为外援,茂贞遣其子继筠以兵数千宿卫京师,宦者恃岐兵,益骄不可制。

翻译

以后,昭宗被宦官废掉,复位以后,宰相崔胤想借梁兵来杀宦官,暗中与梁太祖朱温策划。神策军中尉宦官韩全诲等人,也倚仗李茂贞的强大,作为外援,茂贞派遣儿子李继筠率兵几千人守卫京师,宦官依恃李茂贞军队,更加骄横不能约束。

天复元年(901),崔胤召梁太祖朱

天复元年，胤召梁太祖以西，梁军至同州，全诲等惧，与继筠劫昭宗幸凤翔。梁军围之逾年，茂贞每战辄败，闭壁不敢出。城中薪食俱尽，自冬涉春，雨雪不止，民冻饿死者日以千数。米斗直钱七千，至烧人屎煮尸而食，父自食其子，人有争其肉者，曰："此吾子也，汝安得而食之！"人肉斤直钱百，狗肉斤直钱五百，父甘食其子，而人肉贱于狗。天子于宫中设小磨，遣宫人自屑豆麦以供御，自后宫、诸王十六宅，冻馁而死者日三四。城中人相与邀遮茂贞，求路以为生，茂贞穷急，谋以天子与梁以为解。昭宗谓茂贞曰："朕与六宫皆一日食粥，一日食不托①，安能不与梁和乎？"三年正月，茂贞与梁约和，斩韩全诲等二十余人，传首梁军，梁围解。天子虽得出，然梁遂劫东迁

温西行，梁军到达同州，韩全诲等人害怕，与李继筠一起劫持唐昭宗逃往凤翔。梁军包围凤翔一年多，李茂贞每战皆败，紧闭壁垒不敢出。城中粮食柴草都已用尽，从冬到春，雨雪不停，百姓冻死饿死的每天以千计。一斗米值钱七千，甚至到烧人屎煮人尸来吃的地步，父亲吃自己的儿子，有人与他争肉吃时，他说："这是我的儿子，你怎么能吃他呢！"一斤人肉值钱一百，一斤狗肉值钱五百，父亲情愿吃儿子的肉，因为人肉反而比狗肉便宜。皇上在宫中自设小磨，派宫人磨豆麦粉来供食用，即使这样后宫、诸王十六宅，每日冻饿而死的有三四人。城里的人邀集在一起拦住李茂贞，请求给予生路，李茂贞无法，打算把昭宗交出给梁作为和解的办法。昭宗对李茂贞说："我与六宫都是一天吃粥，一天吃汤面，怎能不愿和梁军和解呢？"天复三年（903）正月，李茂贞与梁军约和，斩韩全诲等二十多人，并把他们的首级送给梁军，梁军才解围。昭宗虽然得以出围，但梁太祖朱温却把昭宗劫向东都，唐朝因而灭亡，李茂贞不但使唐朝灭亡，自己的地位也由此而十分困窘。

而唐亡,茂贞非惟亡唐,亦
自困矣。

注释　① 不托:唐人把汤饼称为不托,汤饼即汤面。

原文

　　及梁太祖即位,诸侯之
强者皆相次称帝,独茂贞不
能,但称岐王,开府置官属,
以妻为皇后,鸣梢羽扇视
朝①,出入拟天子而已。茂
贞居岐,以宽仁爱物,民颇
安之,尝以地狭赋薄,下令
榷油,因禁城门无内松薪,
以其可为炬也,有优者诮之
曰:"臣请并禁月明。"茂贞
笑而不怒。

翻译

　　到梁太祖朱温称帝后,藩镇之中的
强者也都相继称帝,只有李茂贞不能称
帝,只称岐王,他开岐王府署置职官,称
妻为皇后,鸣梢羽扇上朝视事,出入套
用皇帝仪仗。茂贞在岐,政宽仁惠,民
众颇为安定,曾因辖地狭小赋税收入
少,下令对油实行专卖,因此下令城门
守卫不准让松柴运入城中,因为它可以
作为照明的火炬,有一艺人讥刺李茂贞
说:"我请求一并禁止月儿明亮。"李茂
贞笑而不怒。

注释　① 鸣梢:仪仗用器,振之发声,以使人肃静。羽扇:也是仪卫之器。

原文

　　初,茂贞破杨守亮取兴
元,而邠、宁、鄜、坊皆附
之①,有地二十州;其被梁围
也,兴元入于蜀;开平已
后②,邠、宁、鄜、坊入于梁,

翻译

　　当初,李茂贞攻破杨守亮取得兴
元,邠州、宁州、鄜州、坊州就都归附了
他,有地二十州;后被梁军所围困,兴元
归入蜀;梁建国以后,邠州、宁州、鄜州、
坊州归入梁,秦州、凤州、陇州、成州又
归入蜀;在梁的末年,李茂贞所剩下的

秦、凤、阶、成又入于蜀^③；当
梁末年，所有七州而已。

只有七个州罢了。

注释 ① 邠：州名，治所在今陕西彬州。宁：州名，治所在今甘肃宁县。鄜（fū）：
州名，治所在今陕西富县。坊：州名，治所在今陕西黄陵县西南。 ② 开平：后梁太
祖年号（907—911）。 ③ 秦：州名，治所在今甘肃秦安县西北。凤：州名，治所在今
陕西凤县。阶：州名，治所在今甘肃武都县东南。成：州名，治所在今甘肃成县。

原文

庄宗已破梁，茂贞称岐
王，上笺以季父行自处。及
闻入洛，及上表称臣，遣其
子从曤来朝。庄宗以其耆
老^①，甚尊礼之，改封秦王，
诏书不名。同光二年，以疾
卒，年六十九，谥曰忠敬。

翻译

后唐庄宗攻破梁后，李茂贞称为岐
王，他给庄宗的书信中把自己摆在叔父一
辈。后来听说庄宗进入洛阳，于是上表称
臣，派遣儿子李从曤去朝见庄宗。庄宗认
为李茂贞是老辈，对他很尊敬，改封他为
秦王，诏书中不书名字。同光二年（924），
李茂贞因病去世，终年六十九岁，谥
号忠敬。

注释 ① 耆（qí）：六十岁以上的人称耆老。

原文

李从曤为人柔而善书
画，茂贞承制拜李从曤彰义
军节度使^①。茂贞卒，拜凤
翔节度使。魏王继岌征蜀，
为供军转运应接使。

蜀平，继岌遣李从曤部

翻译

李从曤为人柔顺并善于书画，李茂
贞秉承皇帝旨意授李从曤为彰义军节
度使。李茂贞死后，又授为凤翔节度
使。魏王李继岌征伐蜀国，李从曤任供
军转运应接使。

蜀国已平，李继岌派李从曤领兵送
王衍，行至凤翔，监军使柴重厚拒绝接

送王衍，行至凤翔，监军使柴重厚拒而不纳，李从曮遂东至华州，闻庄宗之难乃西归。明宗入立，闻重厚尝拒李从曮，遣人诛之。李从曮上书，言重厚守凤翔，军民无所扰，愿贷其过。虽不许，士人以此多之。历镇宣武、天平②。

李从曮有田千顷、竹千亩在凤翔，惧侵民利，未尝省理，凤翔人爱之。废帝起凤翔，将行，凤翔人叩马乞李从曮。废帝入立，复以李从曮为凤翔节度使，卒年四十九。

纳，李从曮于是向东至华州，听说庄宗遇难于是西归。明宗李嗣源即位，听说柴重厚曾拒绝李从曮，派人杀柴重厚。李从曮上书，说柴重厚镇守凤翔，军民无所侵扰，希望宽恕他的过错。明宗虽没有接纳他的意见，但是士人因此很称赞李从曮的为人。李从曮历任宣武、天平方镇。

李从曮在凤翔有田地千顷、竹林千亩，他怕侵害百姓利益，不曾去过问管理，凤翔人很喜爱李从曮。后唐废帝李从珂在凤翔发难，将要出发，凤翔的官民拦住李从珂的马，请求以李从曮为当地镇帅。废帝李从珂即位，便授李从曮为凤翔节度使，李从曮终年四十九岁。

注释 ① 彰义军：唐、五代方镇名，治所在今甘肃泾川北。 ② 天平：唐、五代方镇名，治所在今山东东平西北十五里。

杂传·温韬

导读

温韬是京兆华原县人,从小就是乡里的无赖。成年后投奔李茂贞,并冒称李姓,以博取李茂贞的欢心。后来又屡次叛旧主附新主,是一个投机钻营的小人。温韬在其辖境内,发掘了唐代诸王的陵墓,盗取其中金宝文物,当时的人就嗤骂他是劫陵贼,罪不可赦。温韬本人因多行不义,被流放至德州,在后唐时被明宗赐死。

温韬传后面是欧阳修为批评厚葬之风而发的议论,也是就温韬盗发陵墓一事顺理成章的发挥,文字简洁,针砭弊俗,说理明快,是很有价值的短文。(选自卷四〇)

原文

温韬,京兆华原人也①。少为盗,后事李茂贞,为华原镇将,冒姓李,名彦韬。茂贞以华原县为耀州,以韬为刺史。梁太祖围茂贞于凤翔,韬以耀州降梁,已而复叛归茂贞。茂贞又以美原县为鼎州②,建义胜军③,以韬为节度使。末帝时,韬复叛茂贞降梁,梁改耀州为

翻译

温韬,是京兆华原县人。年少时即为盗贼,后追随李茂贞,成为镇守华原的将领,假称姓李,名彦韬。李茂贞把华原县改为耀州,任温韬为刺史。梁太祖朱温在凤翔围困李茂贞,温韬以耀州降附梁,不久又叛梁归顺李茂贞。李茂贞又把美原县改为鼎州,建立义胜军,任温韬为节度使。梁末帝时,温韬又反叛李茂贞投降梁,梁把耀州改为崇州,把鼎州改为裕州,把义胜军改为静胜军,就以温韬为节度使,恢复他姓温,改他

崇州,鼎州为裕州,义胜军
为静胜军,即以韬为节度
使,复其姓温,更其名曰
昭图。

的名为昭图。

注释 ① 京兆:今陕西西安。华原:县名,治所即今陕西耀州。 ② 美原县:治所
在今陕西富平。 ③ 义胜军:治所在今陕西耀州。

原文

韬在镇七年,唐诸陵在
其境内者,悉发掘之,取其
所藏金宝,而昭陵最固①,韬
从埏道下,见宫室制度闳丽,
不异人间,中为正寝,东西厢
列石床,床上石函中为铁匣,
悉藏前世图书,钟、王笔迹②,
纸墨如新,韬悉取之,遂传人
间,惟乾陵风雨不可发③。

翻译

温韬在方镇七年,唐代诸王陵墓在
他辖境内的,他都发掘了,取出陵中所
藏金宝,然而昭陵最坚固,温韬从墓道
下去,见墓中宫室规模宏大壮丽,与人
间无异,中间为正室,东西厢陈列石床,
床上石套中有铁匣,全部装的是前代图
书,钟繇、王羲之的笔迹,纸墨如新,温
韬全拿走了,于是就流传到人间,只有
乾陵因风雨而没有发掘。

注释 ① 昭陵:唐太宗李世民墓,在今陕西礼泉东北九嵕山。 ② 钟、王笔迹:钟
繇、王羲之的笔迹。钟繇是三国时期魏的书法家,王羲之是东晋著名书法家。
③ 乾陵:唐高宗李治和武则天的合葬陵,位于陕西乾县西北的梁山上。

原文

其后朱友谦叛梁,取同
州,晋王以兵援友谦而趋华

翻译

后来朱友谦叛梁,攻取同州,晋王
李克用拥兵援助朱友谦而奔赴华原,温

原,韬惧,求徙佗镇,遂徙忠武。庄宗灭梁,韬自许来朝,因伶人景进纳赂刘皇后,皇后为言之,庄宗待韬甚厚,赐姓名曰李绍冲。郭崇韬曰:"此劫陵贼尔,罪不可赦!"庄宗曰:"已宥之矣,不可失信。"遽遣还镇。

明宗入洛,与段凝俱收下狱,已而赦之,勒归田里。明年,流于德州①,赐死。

注释 ① 德州:治所在今山东陵县。

原文

呜呼!厚葬之弊,自秦汉已来,率多聪明英伟之主,虽有高谈善说之士,极陈其祸福,有不能开其惑者矣!岂非富贵之欲,溺其所自私者笃,而未然之祸,难述于无形,不足以动其心欤?然而闻温韬之事者,可以少戒也。

翻译

韬恐惧,请求调迁到别的军镇任职,于是就调往忠武军。后唐庄宗李存勖灭掉梁,温韬从许昌来朝见,通过得势的乐工景进贿赂刘皇后,刘皇后就为温韬进言,庄宗对待温韬十分优厚,赐他姓名为李绍冲。郭崇韬说:"温韬这人不过是个劫陵的强盗罢了,他的罪不可赦免!"庄宗说:"已经宽恕了,不可失信。"立即就让他回忠武军。

明宗进入洛阳,温韬与段凝一起被捕进监狱,不久又被赦免了,勒令他回归乡里。第二年,流放到德州,赐死。

唉!厚葬的流弊,从秦汉以来,经常出现在那些英明伟大的君主身上,虽有高谈善说的人,极力陈述它的危害,但还是不能开导他们的迷乱见解!这难道不是富贵的欲望,深深地沉迷于他们的个人占有,而未来盗掘坟墓的大祸,在事实没有出现时难以表述清楚,不足以触动他们沉迷于厚葬的心吧?然而听到温韬发掘唐代陵墓以取金宝的事,多少可以引起训戒吧。

原文

五代之君,往往不得其死,何暇顾其后哉?独周太祖能鉴韬之祸,其将终也,为书以遗世宗,使以瓦棺、纸衣而敛,将葬,开棺示人,既葬,刻石以告后世,毋作下宫,毋置守陵妾,其意丁宁切至,然实录不书其葬之薄厚也。又使葬其平生所服衮冕、通天冠、绛纱袍各二,其一于京师,其一于澶州;又葬其剑、甲各二,其一于河中,其一于大名者①,莫能原其旨也。

翻译

五代的君主,往往不得好死,哪有时间顾及死后呢?只有周太祖郭威能取鉴于温韬发掘陵墓的祸害,他在临终前,留言给世宗,他死后用瓦棺、纸衣装殓,将埋葬时,打开棺材让人看,葬后,刻石告诉后世,不要营造地下宫寝,不要安置守陵之妾,他的本意反复嘱咐,真切周到,但实录没有写他葬礼的薄厚。因而后来又命葬入他平生所穿戴的衮冕、通天冠、绛纱袍各二套,一套葬在京师,一套葬在澶州;又葬入他的剑、铠甲各二件,其一葬在河中府,其一葬在大名府,这都不能体现郭威本来的意图。

注释 ① 大名:府名,治所在今河北大名东北。

杂传·刘知俊

导读

　　刘知俊是后梁时的一名骁将。他能征善战,在群雄蜂起的乱世,不失为一个难得的人才。但是,他处处遭到别人的忌妒,先后投奔过时溥、朱温、李茂贞、王建,都得不到信用,终于在天汉元年(917)被王建杀死。

　　此传是了解唐末至后梁这段时间军阀战争的重要资料,从中也可使人懂得忌妒之可耻,获取应当充分利用和信任人才的教训。(选自卷四四)

原文

　　刘知俊,字希贤,徐州沛人也①。少事时溥②,溥与梁相攻,知俊与其麾下二千人降梁③,太祖以为左开道指挥使。

翻译

　　刘知俊,字希贤,徐州沛县人。年轻时侍奉时溥,时溥与梁相互攻战,刘知俊就带着部下两千人降于梁,梁太祖任他为左开道指挥使。

注释　　①沛:治所在今江苏沛县。　②时溥:唐末将领。僖宗时封巨鹿郡王。昭宗时为朱全忠所破,自焚死。　③麾(huī)下:将帅的部下。

原文

　　知俊姿貌雄杰,能被甲上马①,轮剑入敌②,勇出诸

翻译

　　刘知俊外表威武超群,能身穿盔甲跃马挥剑冲入敌阵,勇敢超过众将领。

将。当是时，刘开道名重军中③，历海、怀、郑三州刺史④，从破青州⑤，以功表匡国军节度使。

当时，军营中刘开道这个名字很有声望，他担任过海州、怀州、郑州刺史，跟随梁太祖攻破青州，因功封为匡国军节度使。

注释 ① 被(pī)：穿在身上。　② 抡：同"抡"，挥动。　③ 刘开道：即刘知俊。④ 海州：治所在今江苏连云港西南海州区。怀州：治所在今河南沁阳。郑州：治所在今郑州。　⑤ 青州：治所在今山东青州。

原文

邠州杨崇本以兵六万攻雍州①，屯于美原②。是时，太祖方与诸将攻沧州③，知俊不俟命，与康怀英等击败崇本④，斩馘二万⑤，获马三千匹，执其偏裨百人。

翻译

邠州的杨崇本率六万军队进攻雍州，在美原扎营。这时，太祖正与众将领进攻沧州，知俊没有等待命令，就与康怀英等进攻并打败了崇本，消灭两万人，得到三千匹马，俘获上百名偏将和随从。

注释 ① 邠州：治所在今陕西彬州。杨崇本：唐末靖难军节度使。后降于梁太祖，复叛，为其子彦鲁所杀。雍州：辖境相当今陕西、甘肃一带。　② 美原：在今陕西富平东北美原镇。　③ 沧州：治所在今河北沧州东南。　④ 康怀英：后梁将领。从攻李茂贞、杨行密有功，任保义军节度使。后被朱友谦战败。　⑤ 馘：(guó)：古代战争中割敌人左耳以计数献功。

原文

李思安为夹城攻潞州①，久不下，太祖罢思安，拜知俊行营招讨使，未至

翻译

李思安造夹城进攻潞州，久攻不下，太祖罢免了李思安，任刘知俊为行营招讨使，还没到潞，夹城已陷落了，改

潞,夹城已破,徙西路行营招讨使,败邠、岐兵于幕谷②。是时,延州高万兴叛杨崇本降梁③,太祖遣知俊会万兴,攻下丹、延、鄜、坊四州④,加检校太尉兼侍中,封大彭郡王。知俊功益高,太祖性多猜忌,屡杀诸将,王重师无罪见杀⑤,知俊益惧,不自安。太祖已下鄜、坊,遣知俊复攻邠州,知俊以军食不给未行。

任西路行营招讨使,在幕谷大败邠和岐的军队。这时,延州的高万兴背叛杨崇本而投降于梁,太祖派刘知俊与高万兴会合,攻占了丹、延、鄜、坊四州,加官检校太尉兼侍中,封大彭郡王。刘知俊的功劳越来越大,太祖本性多猜忌,经常杀将领,王重师没有罪被杀,刘知俊就越恐惧,感到不安。太祖已攻下鄜州、坊州,派刘知俊再攻邠州,刘知俊借口没有得到军粮而不出发。

注释 ① 李思安:后梁将领。历官相州刺史,以不得节镇,无意为政。潞州:治所在今山西长治。 ② 幕谷:一名漠谷,在今陕西乾县西北。 ③ 延州:治所在今陕西延安。高万兴:唐末为延州刺史胡敬璋骑将。后降梁,任延州刺史、忠义军节度使。 ④ 丹州:治所在今陕西宜川。鄜州:治所在今陕西富县。坊州:治所在今陕西黄陵西南。 ⑤ 王重师:后梁将领。善战,威震邻敌,累迁佑国军节度使。后被赐死。

原文

太祖幸河中①,使宣徽使王殷召知俊。其弟知浣为亲军指挥使,间遣人告知俊以不宜来。知俊遂叛,臣于李茂贞,以兵攻雍、华②,执刘捍送于凤翔③。太祖使人谓知俊

翻译

太祖驾临河中,派宣徽使王殷召刘知俊。刘知俊的弟弟刘知浣任亲军指挥使,私下派人告诉刘知俊最好不去。刘知俊于是反叛,投奔了李茂贞,率兵进攻雍州、华州,捉了刘捍送到凤翔。太祖派人对刘知俊说:"我待你够好了,为什么要背叛

曰:"朕待卿至矣,何相负邪?"知俊报曰:"王重师不负陛下而族灭,臣非背德,但畏死尔!"太祖复使语曰:"朕固知卿以此,吾诛重师,乃刘捍误我,致卿至此,吾岂不恨之邪?今捍已死,未能塞责。"知俊不报,以兵断潼关④。

我?"刘知俊回报说:"王重师没有背叛您,却遭到灭族,我并不是不讲德行,只是怕死呀!"太祖又派人来说:"我本来就知道你这样做的缘故,我杀王重师,是刘捍害了我,导致你这样,我难道不悔恨这件事吗?现在刘捍已死了,不能抵塞罪责。"刘知俊不回报,率兵占住潼关。

注释 ① 河中:治所在今山西永济西蒲州镇。 ② 华:华州。治所在今陕西华州。 ③ 刘捍:后梁将领。数有功,迁左天武指挥使,出为佑国军留后。被李茂贞杀死。凤翔:治所在今陕西凤翔。 ④ 潼关:在今陕西潼关。

原文

太祖遣刘鄩、牛存节攻知俊①,知俊遂奔于茂贞。茂贞地狭,无以处之,使之西攻灵武②。韩逊告急③,太祖遣康怀英、寇彦卿等攻邠宁以牵之④。知俊大败怀英于升平⑤,杀梁将许从实⑥,茂贞大喜,以知俊为泾州节度使⑦,使攻兴元⑧,取兴、凤⑨,围西县⑩。

翻译

太祖派刘鄩、牛存节进攻刘知俊,刘知俊就奔到李茂贞那里。李茂贞的地盘不大,没办法安置,就让他向西进攻灵武。韩逊告急,太祖就派康怀英、寇彦卿等进攻邠宁,以便牵制刘知俊。刘知俊在升平大败康怀英,杀了梁将许从实。李茂贞很高兴,任他为泾州节度使,派他进攻兴元,夺取兴、凤,围困西县。

注释 ① 刘鄩:后梁将领。太祖时累迁左龙武统军。末帝时领镇南军节度使,与唐庄宗作战失败,后被鸩杀。牛存节:后梁将领。太祖时任匡国军节度,末帝时以功进太尉。 ② 灵武:治所在今宁夏灵武。 ③ 韩逊:后梁将领。官至中书令,封颍川郡王。 ④ 寇彦卿:后梁将领。太祖时任威化军节度使。邠宁:治所在今陕西彬州。 ⑤ 升平:治所在今陕西宜君。 ⑥ 许从实:后梁时延州刺史。 ⑦ 泾州:治所在今甘肃泾川。 ⑧ 兴元:在今陕西汉中。 ⑨ 凤:凤县,属今陕西。 ⑩ 西县:治所在今陕西勉县。

原文

已而茂贞左右忌知俊功,以事间之,茂贞夺其军。知俊乃奔于蜀,王建以为武信军节度使①,使返攻茂贞,取秦、凤、阶、成四州②。建虽待知俊甚厚,然亦阴忌其材,尝谓左右曰:"吾老矣,吾且死,知俊非尔辈所能制,不如早图之!"而蜀人亦共嫉之。知俊为人色黑,而其生岁在丑。建之诸子,皆以"宗""承"为名,乃于里巷构为谣言曰:"黑牛出圈棕绳断③。"建益恶之,遂见杀。

翻译

李茂贞身边的人随即忌妒刘知俊的功劳,找些事情挑拨,李茂贞就夺了他的军权。刘知俊就投奔到蜀,王建任他为武信军节度使,让他回去进攻李茂贞,夺取秦、凤、阶、成四州。王建虽然待刘知俊很好,然而私下也忌妒他的才干,曾对身边的人说:"我已老了,我将死,刘知俊不是你们所能制服得了的,不如早些算计他!"蜀人也都嫉妒他。刘知俊皮肤黑,是在丑年生的。王建的儿子都以"宗""承"取名,有人就在社会上编造谣言说:"黑牛出圈棕绳断。"王建更加忌恨他,于是杀了他。

注释 ① 王建:前蜀建立者。903—918 年在位。 ② 秦州:治所在今甘肃秦安北。凤州:治所在今陕西凤县。阶州:治所在今甘肃康县西。成州:治所在今甘肃成县。 ③ "黑牛"句:据《太平广记》,刘知俊的别名是黑牛,"棕绳"与"宗承"音同,王建的子孙以"宗""承"为名字,句意是:"黑牛"得势,就会断送王建的基业。

杂传·段凝

导读

　　此传记载了一位善于阿谀奉承的小人段凝，他向君主进献自己的妹妹，笼络讨好君主身边的人，他对上奴颜卑色、投机取巧，相继得到了梁太祖和唐庄宗的恩宠。本传用简练和隐晦的笔墨批评了梁太祖和唐庄宗的昏庸。正是由于他们追求钱财美色，不分是非，轻信奸臣，耽误了朝政。这些历史事实至今仍有历史鉴戒的作用。（选自卷四五）

原文

　　段凝，开封人也。初名明远，后更名凝。为渑池主簿①。其父事梁太祖，以事坐徙。后凝弃官，亦事太祖，为军巡使。又以其妹内太祖②，妹有色，后为美人。

翻译

　　段凝，开封人。初名明远，后改名凝。任渑池主簿。他的父亲侍奉梁太祖，因受牵连而调职。后来，段凝不当主簿，也侍奉太祖，任军巡使。又把自己的妹妹入奉太祖，妹妹姿容美，后来封为美人。

注释　①渑池：今河南渑池。　②内：同"纳"，进献的意思。

原文

　　凝为人憸巧，善窥迎人意，又以妹故，太祖渐亲信之，常使监诸军。为怀州刺史①，梁太祖北征，过怀州，

翻译

　　段凝巧言谄媚，善于伺察、迎合人主的意图，又因妹妹的缘故，太祖逐渐亲信他，经常派他监督各军。任怀州刺史，梁太祖北上征战，经过怀州，段凝进

凝献馈甚丰，太祖大悦。过相州，相州刺史李思安献馈如常礼②，比凝为薄，太祖怒，思安因以得罪死。迁凝郑州刺史，使监兵于河上。李振亟请罢之③，太祖曰："凝未有罪。"振曰："待其有罪，则社稷亡矣！"然终不罢也。

献了丰厚的东西，太祖极为高兴。经过相州，相州刺史李思安像平常那样进献礼品，比段凝要少，太祖发怒，李思安于是得罪了太祖而被杀死。调段凝任郑州刺史，派他在黄河边监督军队。李振屡次请求罢免他，太祖说："段凝没有罪。"李振说："等到他有罪时，国家就已灭亡了！"然而梁太祖一直没有罢免他。

注释 ① 怀州：治所在今河南沁阳。 ② 李思安：见《刘知俊传》注。 ③ 李振：后梁官吏。经常为梁太祖出谋划策，累迁至户部尚书。唐庄宗灭梁，被杀。

原文

庄宗已下魏博①，与梁相距河上。梁以王彦章为招讨使②，凝为副。是时，末帝昏乱，小人赵岩、张汉杰等用事③，凝依附岩等为奸。彦章为招讨使，三日，用奇计破唐德胜南城④。而凝与彦章各自上其功，岩等从中匿彦章功状，悉归其功于凝。凝固纳金岩等，求代彦章，末帝惑岩等言，卒以凝为招讨使，军于王村。

翻译

唐庄宗已攻下魏博，与梁军在黄河边上相抗衡。梁任命王彦章为招讨使，段凝任副职。这时，末帝昏庸乱政，小人赵岩、张汉杰等把持朝政，段凝依附赵岩等朋比为奸。王彦章任招讨使，三天之内，用奇计攻破唐的德胜南城。段凝和王彦章各自向上报功，赵岩等人从中隐瞒王彦章的功劳，将功劳全都归于段凝。段凝于是贿赂赵岩等人，请求取代王彦章，末帝受赵岩等人花言巧语的蒙骗，终于以段凝为招讨使，在王村驻军。

注释 ① 魏博:治所在今河北大名东北。 ② 王彦章:后梁勇将。多有战功,被后唐俘虏,不屈被杀。 ③ 赵岩:后梁官吏。曾任户部尚书,后被温韬杀死。张汉杰:后梁外戚。末帝德妃张氏兄,后被唐庄宗杀死。 ④ 德胜南城:在今河南濮阳东南。

原文

　　是时,唐已下郓州①,凝乃自酸枣决河东注郓②,以隔绝唐军,号"护驾水"。庄宗自郓趋汴,汴兵悉已属凝,京师无备,乃遣张汉伦驰驲召凝于河上③,汉伦中道坠马,伤不能进。已而梁亡,凝率精兵五万降唐,庄宗赐以锦袍、御马。明日,凝奏:"故梁奸人赵岩、张汉杰等十余人侮弄权柄,残害生灵,请皆族之。"凝出入唐朝无愧色,见唐将相若倡优,因伶人景进纳赂刘皇后④,以求恩宠。庄宗甚亲爱之,赐姓名曰李绍钦,以为泰宁军节度使。居月余,用库钱数十万,有司请责其偿,庄宗释之。郭崇韬固

翻译

　　这时,唐已攻下郓州,段凝就从酸枣决开河水向东淹郓州,以便隔断唐军,号称为"护驾水"。庄宗从郓州奔赴汴,原来驻汴的军队都已被段凝带走了,京师没有武备,就派张汉伦急乘驿车到河上召回段凝,汉伦在中途从马上跌下,受伤不能前去。随即梁就灭亡了,段凝率领五万精兵向唐投降,庄宗赏赐给他锦袍、御马。第二天,段凝上奏:"已亡的梁朝奸人赵岩、张汉杰等十余人,玩弄权势,残害百姓,请将他们都处灭族之刑。"段凝在唐的朝廷上进进出出全无愧色,见到唐的将相就像艺人一样讨好他们,他通过乐工景进贿赂刘皇后,求取恩顾和宠信。庄宗很亲近喜爱他,赐给他姓名叫李绍钦,任他为泰宁军节度使。任职一个多月,便用去了数十万库钱,有关官吏请求督责他偿还库金,庄宗却不予追究。郭崇韬再三请求,认为不能这样,庄宗发怒说:"我被你控制,什么都不自由!"最后还是放过了他。

请⑤,以为不可,庄宗怒曰：
"朕为卿所制,都不自由!"
终释之。

注释 ① 郓州:治所在须昌县,今山东东平西北。 ② 酸枣:地名,在今河南延津西南。 ③ 张汉伦:张汉杰兄,后被唐庄宗杀死。驲(rì):古代驿站的专用车。 ④ 景进:见《伶官传》。 ⑤ 郭崇韬:见《郭崇韬传》。

原文

　　庄宗遣李绍宏监诸将备契丹①,凝军瓦桥关②,以谄事绍宏,绍宏数荐凝可大用,郭崇韬每以为不可。迁武胜军节度使。赵在礼反③,绍宏请以凝招讨,庄宗使凝条奏方略,凝所请偏裨,皆其故党,庄宗疑之,乃止。明宗即位,勒归田里。明年,长流辽州④,赐死。

翻译

　　庄宗派李绍宏监督众将领防备契丹,段凝在瓦桥关驻军,以此奉承李绍宏,李绍宏多次推举段凝,以为可重任,郭崇韬总认为不可重任。段凝调为武胜军节度使。赵在礼反叛,李绍宏请以段凝为招讨,庄宗让段凝拟定计划奏报,段凝所要求任用的偏裨兵将都是他过去的僚属亲信,庄宗怀疑他,事情就罢休了。明宗即位,勒令他回归乡里。第二年,流放到遥远的辽州,赐死。

注释 ① 李绍宏:即马绍宏。 ② 瓦桥关:在今河北雄县。 ③ 赵在礼:见《伶官传》注。 ④ 辽州:治所在今山西左权。

杂传·赵在礼

导读

赵在礼本是后唐庄宗时的一名指挥使,士兵皇甫晖发动兵变,推他为首领。他支持唐明宗登上帝位,受到宠用。后又侍奉晋出帝,身居要职。就是这样一位重臣,却是没有战功、贪生怕死、投机取巧、劫夺民财的庸官。阅读此传,有助于我们了解当时的官场黑暗,从而理解五代朝政动乱的原因。(选自卷四六)

原文

赵在礼,字干臣,涿州人也①。少事刘仁恭为军校②,仁恭遣佐其子守文袭取沧州。其后守文为其弟守光所杀,在礼乃奔于晋。庄宗时,为效节指挥使,将魏兵戍瓦桥关③。还至贝州,军士皇甫晖作乱④,推其将杨仁晟为首⑤,仁晟不从,杀之;又推一小校,小校不从,又杀之;乃携二首诣在礼。在礼闻乱,衣不及带,方逾垣而走,晖曳其足而下

翻译

赵在礼,字干臣,涿州人。年轻时侍奉刘仁恭当军校,刘仁恭派赵在礼辅佐他的儿子刘守文袭击夺取了沧州。这以后,刘守文被他的弟弟刘守光杀了,赵在礼就投奔到晋。庄宗时,任效节指挥使,带领魏州的兵屯驻在瓦桥关。回到贝州时,士兵皇甫晖作乱,推举他的将领杨仁晟当首领,杨仁晟不听从,就杀了杨仁晟;又推举一名小校,小校也不听从,又杀了小校;于是提着这两颗人头到赵在礼那里去。赵在礼听说发生动乱,衣服来不及系带子,刚翻墙要逃走,皇甫晖拉住他的脚扯下来,环颈以白晃晃的刀相逼,把两颗人头给

之⑥,环以白刃,示之二首,曰:"不从我者如此首!"在礼从之,遂反。

他看,说:"不听从我的就会像这个头!"在礼听从了皇甫晖,于是反了。

注释 ① 涿州:治所在今河北涿州。 ② 刘仁恭:唐末将领。先事李克用,又叛附朱全忠,后自称卢龙节度,被李存勖所杀。 ③ 瓦桥关:见《段凝传》注。 ④ 皇甫晖:后唐军卒。为人骁勇,赵在礼封他为马步都指挥使。 ⑤ 杨仁晟:或作杨聂。勇而有仁心,曾任威义军节度使。 ⑥ 曳(yè):拉。

原文

在礼白贝州还攻魏,纵军大掠。是时,兴唐尹王正言年老病昏①,闻在礼至,呼吏草奏,吏已奔散,正言犹不知,方据案大怒,左右告曰:"贼已市中杀人,吏民皆走,欲谁呼邪?"正言大惊曰:"吾初不知此。"即索马将去,厩吏曰②:"公妻子为虏矣,安得马乎?"正言惶恐,步出府门,见在礼,望而下拜,在礼呼正言曰:"公何自屈之甚邪!此军士之情,非予志也。"在礼即自称兵马留后。

翻译

赵在礼从贝州返回攻打魏州,让军队大肆抢掠。这时,兴唐尹王正言年老既病又糊涂,听说赵在礼来到,就呼喊小吏草拟奏报,小吏已经逃散了,王正言还不知道,正靠着案台发怒,身边的人告诉说:"叛军已在街上杀人,官吏和百姓都逃跑了,还想喊谁?"王正言大惊说:"我先前不知道这事。"接着就要身边的人备马,准备逃走。管马的小官说:"您的妻子和子女都被掳去了,哪里还会有马?"王正言惊慌恐惧,走出府门,见到赵在礼,仰首下拜,赵在礼大声对王正言说:"您为什么这样过分的屈尊!这都是军士皇甫晖的主意,并不是我要这样干的。"赵在礼就自称为兵马留后。

注释 ① 兴唐：即兴唐府。治所在今河北大名东。王正言：后唐官吏。庄宗时历任魏州观察判官、租庸调使、兴唐尹。 ② 厩（jiù）：马棚。

原文

庄宗遣元行钦讨之①，行钦攻魏不克，乃遣明宗代行钦。明宗至邺，军变，因入城与在礼合。明宗兵反向京师，在礼留于魏。明宗即位，拜在礼义成军节度使，在礼不受命，遂拜邺都留守、兴唐尹。久之，皇甫晖等皆去，在礼独在魏，患魏军之骄，惧及祸，乃求徙镇横海②。历镇泰宁、匡国、天平、忠武、武宁、归德、晋昌③，所至邸店罗列，积赀巨万。

翻译

庄宗派元行钦讨伐赵在礼，元行钦攻不下魏，庄宗就派明宗取代行钦。明宗到了邺，发生兵变，于是进城与赵在礼会合。明宗反戈，向京城进军，赵在礼留在魏。明宗即位，封赵在礼为义成军节度使，赵在礼不接受任命，于是封他为邺都留守、兴唐尹。过了一段时间，皇甫晖等人都走了，赵在礼独自留在魏，担心魏军骄横，害怕发生祸事，就请求调去镇守横海。先后镇守过泰宁、匡国、天平、忠武、武宁、归德、晋昌等军镇，所到之处开了许多店，积蓄了数万财资。

注释 ① 元行钦：后唐将领。庄宗因他骁勇，赐姓名李绍荣，宠爱信任超过其他将领。 ② 横海：治所在今河北沧州东南。 ③ 匡国：治所在今陕西大荔。天平：治所在今山东东平西北。忠武：治所在今河南许昌。武宁：治所在今江苏徐州。归德：治所在今河南商丘南。晋昌：治所在今陕西西安。

原文

晋出帝时①，以在礼为北面行营马步都虞候，以击

翻译

晋出帝时，任命赵在礼为北面行营马步都虞候，进攻契丹，没有成功。赵

契丹,未尝有战功。在礼在宋州②,人尤苦之;已而罢去,宋人喜而相谓曰:"眼中拔钉,岂不乐哉!"既而复受诏居职,乃籍管内,口率钱一千,自号"拔钉钱"。

在礼在宋州时,人们尤其以他的管辖为苦;不久他被罢免调走,宋州的人高兴地相互诉说:"拔去了眼中钉,真令人高兴!"接着他又接到诏令在宋州任职,他于是命令按户籍征收管辖地区的捐税,按人口征收一千钱,自称这是"拔钉钱"。

注释　① 晋出帝:即晋少帝石重贵。　② 宋州:治所在今河南商丘。

原文

晋亡,契丹入汴,在礼自宋驰至洛阳,遇契丹拽剌等①,拜于马首,拽剌等兵共侵辱之,诛责货财,在礼不胜其愤。行至郑州,闻晋大臣多为契丹所锁,中夜惶惑,解衣带就马枥自经而卒,年六十二。汉高祖立②,赠中书令。

翻译

晋灭亡后,契丹进入汴,赵在礼从宋州急奔到洛阳,遇到契丹的拽剌等人,就拜倒在马前,拽剌等人的士卒都侮辱他,斥责并索取他的财物,赵在礼非常愤恨。走到郑州,听到晋的大臣多被契丹关押,深夜惶恐,解下衣带系在马棚上自己上吊而死,年六十二岁。后汉高祖即位,追赠他为中书令。

注释　① 拽剌:或作伊剌,契丹使臣。　② 汉高祖:即刘知远。

杂传·唐景思

导读

唐景思是后汉的勇将。他的一个家奴因没有满足欲望而诬陷他谋反,权臣史弘肇偏听诬告,派官吏去捉唐景思下狱。从唐景思家搜不出任何谋反的证据,证明了他的清白。加上他的仆从以及颍、亳的百姓向着他,使他终于被无罪释放;而这个恶奴反送了自己的性命。

此传通过生动的情节说明了邪不压正,事实终将战胜谎言,但也借此可见其时政治的混乱、政局的凶险。(选自卷四九)

原文

唐景思,秦州人也①。幼善角抵②,以屠狗为生。后去为军卒,累迁指挥使。唐魏王继岌伐蜀③,景思为蜀守固镇④。继岌兵至,景思以城降,拜兴州刺史⑤。晋高祖时⑥,为贝州行军司马。出帝时⑦,契丹攻陷贝州,景思为赵延寿所得⑧,以为壕寨使。契丹灭晋,拜景思亳州防御使⑨。汉高祖时⑩,为邓州行军司马⑪,后为沿淮巡检。

翻译

唐景思,秦州人。年少时善于角力,靠屠狗谋生。后来当了士兵,逐步升任为指挥使。唐魏王李继岌征伐蜀,唐景思替蜀守卫固镇。李继岌的军队开到固镇,唐景思献城投降,被任为兴州刺史。后晋高祖时,任贝州行军司马。出帝时,契丹攻陷贝州,唐景思被赵延寿获得,任为壕寨使。契丹灭亡了后晋,任唐景思为亳州防御使。后汉高祖时,任邓州行军司马,后又任沿淮巡检。

注释 ① 秦州:治所在今甘肃秦安北。 ② 角抵:相互角力的一种技艺。 ③ 继岌:唐庄宗李存勖之子。 ④ 固镇:治所在今甘肃徽县。 ⑤ 兴州:治所在今陕西略阳。 ⑥ 晋高祖:即石敬瑭。 ⑦ 出帝:即少帝石重贵。 ⑧ 赵延寿:本为后唐枢密使,后降于契丹,任以南征之事。 ⑨ 亳州:治所在今安徽亳州。 ⑩ 汉高祖:即刘知远。 ⑪ 邓州:治所在今河南邓州。

原文

　　汉法酷,而史弘肇用事①,喜以告讦杀人②。景思有奴,尝有所求不如意,即驰见弘肇,言景思与李景交通③,而私畜兵甲。弘肇遣吏将三十骑往收景思,奴谓吏曰:"景思勇者也,得则杀之,不然将失之也。"吏至,景思迎前,以两手抱吏呼冤,请诣狱自理。吏引奴与景思验,景思曰:"我家在此,请索之;有钱十千,为受外赂。有甲一属,为私畜兵。"吏索之,惟一衣笥、军籍、粮簿而已。吏闵而宽之,景思请械送京师以自明。景思有仆王知权在京师,闻景思被告,乃见弘肇,

翻译

　　后汉的法治严酷,史弘肇又把持朝政,喜欢听信诬告揭发别人的阴私而杀人。唐景思有个家奴,曾经对景思有所要求而没有得到满足,就飞马去见史弘肇,说唐景思与李璟相交结,私自积储武器盔甲。史弘肇派官吏率领三十名骑兵去捉拿唐景思,家奴对官吏说:"唐景思是个骁勇的人,捉到他就杀掉,不然,就会让他跑掉了。"官吏到后,唐景思上前迎接,用双手抱住官吏呼喊冤枉,请到监狱去自己辩清缘由。官吏引家奴与唐景思对质,景思说:"我家就在这里,请搜索。如有十千钱,就算得到外面的贿赂;如有一副甲,就算是私自贮备的武器。"官吏搜查了他的家,仅有一个装衣服的竹箱,还有军籍册子、粮簿罢了。官吏同情并宽容了他,唐景思请求把自己戴上囚具押送到京城,以自表清白。唐景思有个仆人叫王知权的在京城,听说唐景思被人诬告,就去见

愿先下狱明景思不反,弘肇怜之,送知权狱中,日劳以酒食。景思既械就道,颍、亳之人随至京师共明之④。弘肇乃鞫其奴⑤,具伏,即奏斩奴而释景思。

史弘肇,愿意自己先被关到狱中,以证明唐景思不谋反,史弘肇同情他,送他到狱中,每天以酒食款待。唐景思已经戴着囚具上了路,颍、亳两地的百姓跟在后面到京城一起为景思作证。史弘肇于是审讯告发唐景思的家奴,家奴如实招供认罪,立即上奏杀了家奴而释放了唐景思。

注释 ① 史弘肇:后汉权臣。从刘知远,以武功显。 ② 讦(jié):揭发别人的阴私。 ③ 李景:即李璟,南唐皇帝。942—961 年在位。相继灭闽、楚。后周来攻,败后去帝号,称国主。 ④ 颍州:治所在今安徽阜阳。 ⑤ 鞫(jū):审讯。

原文

后从世宗战高平①,世宗以所得汉降兵数千为效顺指挥,以景思为指挥使,复戍淮上。周师伐淮南,以功领饶州刺史②,迁濠州行刺史③,兵攻濠州,以战伤重卒,赠武清军节度使。

翻译

后来,景思跟随世宗征战高平,世宗以所得到的数千名后汉降兵编为效顺指挥,任唐景思为指挥使,重新驻守在淮上。后周征伐淮南,唐景思因功封饶州刺史,又调任濠州代理刺史,带兵攻濠州,因战伤过重而死,追赠为武清军节度使。

注释 ① 世宗:即后周世宗柴荣。高平:治所在今山西高平。 ② 饶州:治所在今江西鄱阳。 ③ 濠州:治所在今安徽凤阳。

杂传·王进

导读

　　欧阳修在此传中记载了一个靠跑得快而官运亨通的"不齿之徒"。王进的"足力"先后得到唐明宗、汉高祖、周太祖的青睐，历官至节度使。欧阳修对这件事感叹不已，认为武夫当政，"君子"和"小人"地位颠倒，这既是时世混乱的结果，也是时世混乱的原因，五代十国的政权都短命，原因之一在此。但由此也可看到当时善良的百姓生活艰窘之一斑。（选自卷四九）

原文

　　王进，幽州良乡人也^①。为人勇悍，走及奔马。少聚徒为盗，乡里患之，符彦超遣人以赂招置麾下^②。彦超镇安远军，军中有变，遣进驰奏京师，明宗怪其来速^③，嘉其足力，以隶宁卫指挥。汉高祖为侍卫亲军指挥使，以进为军校。高祖镇河东^④，因以之从，每有急，遣进驰至京师，往返不过五六日，由是愈亲爱之，累迁奉

翻译

　　王进，幽州良乡人。为人勇敢强悍，快跑时能赶得上奔驰的马。年轻时聚集一帮人做强盗，乡里的人害怕他们，符彦超派人用财物收买，招引到自己的军中。彦超掌管安远军，军中发生变乱，便派王进急速赶到京城奏报，明宗对他来得这么快很惊奇，夸奖他脚力好，让他隶属在宁卫指挥。后汉高祖任侍卫亲军指挥使，以王进为军校。高祖镇守河东，让他跟随自己，每有紧急情况，就派王进急速赶到京城，来回不超过五六天，于是更加亲信宠爱他，逐渐升到奉国军都指挥使。跟着后周太祖

国军都指挥使。从周太祖起魏⑤迁虎捷右厢都指挥使。历汝、郑二州防御使、彰德军节度使⑥。显德元年秋,以疾卒,赠太师。

从魏起事,升为虎捷右厢都指挥使。先后任过汝、郑二州防御使、彰德军节度使。显德元年(954)秋季,因病而死,赠为太师。

注释 ① 幽州:治所在今北京西南。 ② 符彦超:后唐将领。先后任汾州刺史、建雄军留后、安辽军节度使。 ③ 唐明宗:即后唐明宗李嗣源。 ④ 河东:治所在今山西太原西南。 ⑤ 周太祖:即后周太祖郭威。 ⑥ 汝州:治所在今河南临汝。郑州:治所在今河南郑州。

原文

呜呼！予述旧史,至于王进之事,未尝不废书而叹曰:甚哉！五代之君,皆武人崛起,其所与俱勇夫悍卒,各裂土地封侯王,何异豺狼之牧斯人也！虽其附托遭遇,出于一时之幸,然犹必皆横身阵敌,非有百夫之勇,则必一日之劳。至如进者,徒以疾足善走而秉旄节①,何其甚欤！岂非名器之用,随世而轻重者欤？世治则君子居之而重,世乱则小人易得而轻欤？抑因缘

翻译

唉！我撰述五代的历史,写到王进的事迹,不能不搁下笔来感叹道:多么过分呀！五代的君主,都是武夫崛起,他们所结交的人都是勇猛的汉子和强悍的士卒,各自瓜分地盘封侯称王,这和豺狼役使这些地区的百姓有什么区别！虽然他们的投靠和相聚,出于一时的机缘,然而都必须是挺身临敌,即使没有百夫不当之勇,也必然有一日的功劳。至于像王进这个人,仅是以脚快善走而任为都指挥使,这是多么过分！难道官爵名分的授受,会随着时世变化而轻重迥别吗？时世太平那么君子官居要位而官爵名分授受就重而实,时世混乱那么小人易得要位而官爵名分的授

僥幸，未始不有，而尤多于乱世，既其极也，遂至于是欤？岂其又有甚于是者欤？当此之时，为国长者不过十余年，短者三四年至一二年。天下之人，视其上易君代国，如更戍长无异，盖其轻如此，况其下者乎！如进等者，岂足道哉！《易》否泰消长②，君子小人常相上下。视在上者如进等，则其在下者可知矣。予书进事，所以哀斯人之乱，而见当时贤人君子之在下者，可胜道哉！可胜道哉！

受就轻而易吗？或者靠关系僥幸而得到官爵的，也不是没有，只是在乱世时尤其多，发展到了极点，使出现了王进这样的事吗？难道还有比这更为过分的吗？在这个时期，立国时间长的不过十多年，短的只三四年到一两年。天下的人，看见在上面的更易君主改换国号，如同更换卫戍士卒的队长一样，竟是如此轻易随便，何况是下面的呢！像王进这类人，还值得说吗！《易》经上说的否泰消长，君子与小人也常互为上下。看见在上得势的像王进这类人，那么就可知道在下的是些什么人了。我写王进的事，是用来哀痛这些人的作乱，从而可见当时在下面的贤人君子处在怎样的境地，这哪能说得完！哪能说得完！

注释　①秉旄节：秉，持。旄节，使臣或镇守一方的军政长官所持有的信物，表示其身份与权力。　②否（pǐ）泰：《易》的两个卦名。否，闭塞。泰，通畅。天与地相交通就是泰，发展到了极点，便会转化成天与地相闭塞的否。

杂传·安重荣

导读

安重荣是后晋大将。石敬塘称帝,任为成德军节度使。他不甘屈从于契丹,经常辱骂和杀掉契丹使者,甚至联合吐谷浑等族为援,准备抗击契丹,这些说明他是有民族气节的。但是,他野心勃勃,觊觎皇位,曾说:"天子宁有种邪?兵强马壮者为之尔!"而又骄横残暴,虐待百姓,因而又失掉百姓的拥护。天福六年(941),他与安从进通谋,起兵反晋,兵败而死。

此传有助于我们了解后晋藩镇的动态,也是了解契丹与后晋以及当时各少数民族的重要资料。(选自卷五一)

原文

安重荣,小字铁胡,朔州人也[1]。祖从义,利州刺史[2]。父全,胜州刺史、振武马步军都指挥使[3]。

翻译

安重荣,小名铁胡,朔州人。祖父名从义,当过利州刺史。父亲名全,当过胜州刺史、振武马步军都指挥使。

注释 [1] 朔州:治所在今山西朔州。 [2] 利州:治所在今四川广元。 [3] 胜州:治所在今内蒙古自治区准格尔旗东北。

原文

重荣有力,善骑射,为振武巡边指挥使。晋高祖

翻译

安重荣有力气,善于骑马射箭,任振武巡边指挥使。晋高祖从太原起兵,

起太原①,使张颖阴招重荣②,其母与兄皆以为不可,重荣业已许颖,母、兄谋共杀颖以止之。重荣曰:"未可,吾当为母卜之。"乃立一箭,百步而射之,曰:"石公为天子则中。"一发辄中。又立一箭而射之,曰:"吾为节度使则中。"一发又中。其母、兄乃许,重荣以巡边千骑叛入太原。高祖即位,拜重荣成德军节度使③。

重荣虽武夫,而晓吏事,其下不能欺。有夫妇讼其子不孝者,重荣拔剑授其父,使自杀之,其父泣曰:"不忍也!"其母从旁诟骂④,夺其剑而逐之,问之,乃继母也。重荣叱其母出,后射杀之。

派张颖私下里招引安重荣,安重荣的母亲和兄长都认为不行,安重荣已经答应了张颖,母亲和兄长计划一起杀了张颖,以阻止安重荣投奔晋高祖。安重荣说:"不行,我应替母亲占卜这件事。"于是竖起一支箭,站在百步远向它发射,说:"石公能当天子就射中。"结果一发即中。又竖起一支箭再射,说:"我当得上节度使就射中。"一射又中了。他的母亲和兄长这才许可,安重荣带领巡边的千名骑军叛唐而投奔太原。后晋高祖即位,授重荣任成德军节度使。

安重荣虽是一介武夫,但他懂得行政方面的事,下面的人欺骗不了他。有一对夫妻告发他们的儿子不孝,安重荣拔出剑给那个父亲,让他杀掉自己的儿子,儿子的父亲哭着说:"不忍心啊!"那个母亲在一旁辱骂,并抢过剑去追逐儿子,询问之后,才知她是继母。安重荣喝令儿子的母亲出去,从后面射死了她。

注释　①晋高祖:即后晋高祖石敬瑭。　②张颖:后晋官吏。任安州防御使。　③成德军:唐、五代方镇名,治所在今河北正定。　④诟(gòu):辱。

原文

重荣起于军卒，暴至富贵，而见唐废帝^①、晋高祖皆自藩侯得国，尝谓人曰："天子宁有种邪？兵强马壮者为之尔！"虽怀异志，而未有以发也。是时，高祖与契丹约为父子，契丹骄甚，高祖奉之愈谨，重荣愤然，以谓："诎中国以尊夷狄，困已敝之民，而充无厌之欲，此晋万世耻也！"数以此非诮高祖^②。契丹使者往来过镇州，重荣箕踞慢骂^③，不为之礼，或执杀之。是时，吐浑白氏役属契丹^④，苦其暴虐，重荣诱之入塞。契丹数遣使责高祖，并求使者，高祖对使者鞠躬俯首，受责愈谨，多为好辞以自解，而姑息重荣不能诘。乃遣供奉官张澄以兵二千搜索并、镇、忻、代山谷中吐浑^⑤，悉驱出塞。吐浑去而复来，重荣卒纳之，因招集亡命，课

翻译

安重荣从士兵起家，暴发成富贵，见唐废帝、晋高祖都是从藩侯得到国家，曾对人说："天子难道是有血脉相传世代继承的么？兵强马壮的人就可当天子！"他虽然心中另有打算，却还没有采取行动。这时，晋高祖与契丹相约为父子关系，契丹骄横至极，高祖侍奉越发谨慎，安重荣愤愤不平，说："屈辱中国而尊奉夷狄，使已受蹂躏的百姓更趋困乏而去满足契丹贪得无厌的欲望，这是晋千秋万代不能洗刷的耻辱！"多次用这些话去反对责备高祖。契丹的使臣来往经过镇州，安重荣张开腿坐着，肆意谩骂，不向使臣行礼，有时还把使者拘捕杀掉。这时，吐谷浑的白氏被契丹征服，他们苦于契丹的暴虐，安重荣就诱导吐谷浑进入塞内。契丹多次派使者来责备高祖，并要求归还过去派出的使者，高祖对使者鞠躬俯首，受到谴责就更加谨慎，说了许多好听的话来解脱自己，又姑息安重荣不能加以责难。于是派了供奉官张澄带了两千兵士搜索并、镇、忻、代山谷中的吐谷浑，全部驱赶出塞。吐谷浑被赶走后又回来，安重荣最后还是收纳了他们，于是又招集那些逃亡的人，督促百姓种稗，以饲养

民种稗，食马万匹，所为益骄。因怒杀指挥使贾章，诬之以反，章女尚幼，欲舍之，女曰："吾家三十口皆死于兵，存者特吾与父尔，今父死，吾何忍独生，愿就死！"遂杀之。镇人于是高贾女之烈，而知重荣之必败也。重荣既僭侈[6]，以为金鱼袋不足贵，刻玉为鱼佩之。娶二妻，高祖因之并加封爵。

上万匹马，行为更加骄纵。借故发怒杀了指挥使贾章，诬告他谋反，贾章的女儿还幼小，准备放了她，女儿说："我一家三十个人都死于战争，仅有我父亲和我还活着，现在父亲死了，我怎么能忍心一个人活着，情愿被杀死！"安重荣于是杀了她。镇州的人由此推崇贾章女儿的贞烈，并知道安重荣肯定是要失败的。安重荣既是超越身份地奢侈，认为金鱼袋还不够高贵，就刻玉为鱼佩带。娶了两个妻子，晋高祖因此都加封了爵号。

注释 ①唐废帝：即李从珂。明宗养子，封潞王。应顺元年（934）起兵，赶走闵帝，改元清泰。清泰三年（936），石敬瑭入洛阳，自焚死。 ②诮（qiào）：责备。 ③箕踞：古代席地而坐，伸两足于前，手据膝，则体形如箕状，是傲慢的态度。若两足向后，则表示尊敬。 ④"吐浑"句：见《桑维翰传》注。 ⑤并、镇、忻、代山谷：在今山西太原、忻州、代县、河北正定一带。 ⑥僭（jiàn）：超越本人身份。

原文

天福六年夏，契丹使者拽剌过镇[1]，重荣侵辱之，拽剌言不逊，重荣怒，执拽剌，以轻骑掠幽州南境之民，处之博野[2]。上表曰："臣昨据熟吐浑白承福、赫连功德等领本族三万余帐自应州来

翻译

天福六年（941）夏天，契丹的使者拽剌经过成德镇，安重荣欺辱他，拽剌的言语也不谦让，安重荣发怒，拘捕了拽剌，派轻装骑兵虏掠幽州南边的百姓，安置在博野。向高祖上表说："我前些天根据下列情报：早就归降的吐谷浑白承福、赫连功德等带领他们本族的三

奔③，又据生吐浑、浑、契苾、两突厥三部，南北将沙陀、安庆、九府等各领其族、牛羊、车帐、甲马七八路来奔④，具言契丹残害，掠取生口羊马，自今年二月已后，号令诸蕃，点阅强壮，办具军装，期以上秋南向。诸蕃部诚恐上天不佑，败灭家族，愿先自归，其诸部胜兵众可十万。又据沿河党项、山前后、逸越利诸族首领皆遣人送契丹所授告身、敕牒、旗帜来归款⑤，皆号泣告劳，愿治兵甲以报怨。又据朔州节度副使赵崇杀节度使刘山，以城来归。窃以诸蕃不招呼而自至，朔州不攻伐而自归，虽系人情，尽由天意。又念陷蕃诸将等，本自勋劳，久居富贵，没身虏塞，酷虐不胜，企足朝廷，思归可谅，苟闻传檄，必尽倒戈。"其表数千言。又为书以遗朝廷大臣、四方藩镇，

万多户从应州来投奔，又新来归降的吐谷浑、浑、契苾、突厥的三部落，南北将沙陀、安庆、九府等各领部族老小、牛羊、车帐、甲马分七八路来归附，都详细地说到契丹残忍害民，掠夺牲口羊马，从今年二月以后，命令各蕃属部落，清点强壮的人，准备好军事装备，打算等到秋天就向南边征发。各蕃属部落确实惧怕上天不保佑，以至败灭家族而自愿先来归顺，这些部落的强兵约有十万。又根据黄河沿岸的党项、山前、山后、逸利、越利诸族首领都派人送来契丹授予他们的委任官职的文书、敕书、旗帜来归附，大声哭诉受契丹凌虐的积愤，愿意整治兵甲以报仇。又根据朔州节度副使赵崇杀节度使刘山，举城来归附。我以为各蕃部族不经招呼而自愿来归顺，朔州无须攻伐而自来归附，虽然是出于人情，但全部是由天意安排的。又想到那些还陷身在契丹的众将领，本来是有勋劳的，长期居于富贵的地位，不幸身陷契丹那边，受尽了残酷虐待，举踵盼望着朝廷，想念归国，实在可以体谅，假如他们听到讨伐契丹的檄文，必然都会倒戈。"他上的这个表有数千字。又写书信送给朝廷大臣和各地的藩镇，陈述的都是可以攻取契丹的观

皆以契丹可取为言。高祖患之，为之幸邺，报重荣曰："前世与虏和亲，皆所以为天下计，今吾以天下臣之，尔以一镇抗之，大小不等，无自辱焉！"重荣谓晋无如我何，反意乃决。重荣虽以契丹为言，反阴遣人与幽州节度使刘晞相结⑥。契丹亦利晋多事，幸重荣之乱，期两敝之，欲因以窥中国，故不加怒于重荣。

点。高祖担心这事，为此驾临邺，答复安重荣说："前代与契丹和亲，都是为了天下的利益考虑的，现在我以天下之大向契丹称臣，你以一个镇的力量与契丹抗衡，力量悬殊，不要自取败辱！"安重荣认为晋对他无可奈何，便决意谋反。安重荣虽然以讨伐契丹为借口，反而私下派人与幽州节度使刘晞相勾结。契丹也因为晋内部多生事故对自己有利，所以也希望安重荣作乱，等着晋高祖和安重荣的两败俱伤，想利用这个时机进犯中原，所以就不对安重荣发泄怨恨。

注释 ① 拽剌：或作伊剌。 ② 博野：治所在今河北蠡县。 ③ 应州：治所在今山西应县东。 ④ 契苾（bì）：古代少数民族敕勒诸部之一。初居焉耆西北，后南移。沙陀：亦作沙陁。 ⑤ 党项：少数民族的一支，居甘肃、宁夏、陕西一带。"山前"句：《旧五代史·安重荣传》作山前、山后、逸利、越利。 ⑥ 刘晞：后晋官吏。少以儒学称于乡，后陷于契丹，任燕京留守。契丹主死，随萧翰北归。

原文

重荣将反也，其母又以为不可，重荣曰："请为母卜之。"指其堂下幡竿龙口仰射之，曰："吾有天下则中之。"一发而中，其母乃许。饶阳令刘岩献水鸟五色①，

翻译

安重荣将要谋反，他的母亲又认为不行，安重荣说："我为母亲占卜这事。"指着堂下旗竿的龙口仰射，说："我能取得天下就命中。"一发而中，他母亲也就允许了。饶阳县令刘岩献上五色水鸟，安重荣说："这是凤。"把水鸟放养在后

重荣曰："此凤也。"畜之后潭。又使人为大铁鞭以献，诳其民曰："鞭有神，指人，人辄死。"号"铁鞭郎君"，出则以为前驱。镇之城门抱关铁胡人，无故头自落，铁胡，重荣小字，虽甚恶之，然不悟也。

其冬，安从进反襄阳[2]，重荣闻之，乃亦举兵。是岁，镇州大旱、蝗，重荣聚饥民数万，驱以向邺，声言入觐。行至宗城破家堤[3]，高祖遣杜重威逆之[4]，兵已交，其将赵彦之与重荣有隙，临阵卷旗以奔晋军，其铠甲鞍辔皆装以银[5]，晋军不知其来降，争杀而分之。重荣闻彦之降晋，大惧，退入于辎重中[6]，其兵二万皆溃去。是冬大寒，溃兵饥冻及见杀无孑遗[7]。重荣独与十余骑奔还，以牛马革为甲，驱州人守城以待。重威兵至城下，重荣裨将自城西水碾门

面的潭里。又派人做了大铁鞭进献，哄百姓说："鞭有神，指人，人立即就死。"号称"铁鞭郎君"，外出时就以铁鞭为前导。镇州铸有守城门的铁制胡人，无缘无故地头掉了下来。铁胡，是安重荣的小名，他虽然十分厌恶这件事，但不省悟。

这年冬天，安从进在襄阳反叛了，安重荣听到后，也就带兵起事。这年，镇州大旱，又有蝗灾，安重荣聚集了数万饥民，驱使他们向邺进发，扬言要朝见君主。走到宗城破家堤时，高祖派杜重威阻挡，军队已经接触，安重荣的部将赵彦之与安重荣有怨隙，临阵卷旗投奔晋军，他的铠甲和马上的装备都是用银装饰的，晋军不知道赵彦之是来投降的，争着追杀并瓜分了银饰的东西。安重荣听说赵彦之投降了晋，极为恐惧，退到辎重里，他的两万军队都溃散逃去。这年冬天很寒冷，溃散的士兵受饥受冻以及被杀，全部死光了。安重荣只和十几个骑兵逃奔回来，用牛马的皮革为甲，驱赶州里的人守城防备晋军。杜重威的军队来到城下，安重荣的副将从城西水碾门引官军进入，杀死守城的二万多人。安重荣率吐谷浑的几百名骑兵守牙城，杜重威派人活捉了他，斩首

引官军以入,杀守城二万余人。重荣以吐浑数百骑守牙城⑧,重威使人擒之,斩首以献,高祖御楼受馘,命漆其首送于契丹。改成德军为顺德,镇州曰恒州,常山曰恒山云。

向朝廷进献,高祖在城楼上接受擒敌杀贼之功,并命令将安重荣的首级涂上漆送到契丹。把成德军改为顺德,镇州改称恒州,常山改称恒山。

注释 ① 饶阳:治所在今河北饶阳。 ② 安从进:后晋的藩镇。与安重荣勾结,举兵于襄阳,为李建崇所击败,自焚而死。襄阳:治所在今湖北襄阳。 ③ 宗城:在今河北威县东。 ④ 杜重威:后晋大臣。石敬瑭的妹婿,典掌禁军,因平定安重荣,授成德军节度使。 ⑤ 鞍辔(pèi):马鞍和缰绳等。辔,驭马的缰绳。 ⑥ 辎(zī)重:行军时携带的器械、粮草、营帐等。 ⑦ 孑(jié):遗,剩余。 ⑧ 牙城:主将所居之城,有牙旗。

杂传·李守贞

导读

　　此传记载了后汉李守贞叛乱的经过。李守贞初为本郡牙将，晋高祖提拔他当上了宣徽使。后跟从出帝平息了杨光远的叛乱，又向契丹投降，任天平军节度使。后汉建立，他当上了河中节度使，乘隐帝刚即位，就联合赵思绾、王景崇发动叛乱，占据潼关，称秦王。枢密使郭威设计击溃了他，李守贞只得携妻子自焚而死。

　　五代是军阀用武力争雄的时代。郭威平息了李守贞之乱，也掘好了后汉的坟墓。在这分裂动荡的时期，军阀各藏祸心，百姓则遭殃受难，从此传可见一斑。（选自卷五二）

原文

　　李守贞，河阳人也^①。晋高祖镇河阳，以为客将，其后尝从高祖，高祖即位，拜客省使。监马全节军破李金全于安州^②，以功拜宣徽使。

翻译

　　李守贞，河阳人。后晋高祖镇守河阳，任他为客将，以后曾跟随高祖，高祖即位，授他客省使。监督马全节的军队在安州攻破李金全，以功授宣徽使。

注释　①河阳：治所在今河南孟州南。　②马全节：后晋横海军节度使。累败契丹，开运年间去世。李金全：吐谷浑人。晋高祖时为安远军节度使。安州：治所在今湖北安陆。

原文

出帝即位①，杨光远反②，召契丹入寇。守贞领义成军节度使③，为侍卫亲军都虞候，从出帝幸澶州④。麻答以奇兵入郓州⑤，渡马家口，栅于河东。守贞驰往破之，契丹兵多溺死，获马数百匹，裨将七十余人。徙领泰宁军节度使⑥，以兵二万讨之。光远降，其故吏宋颜悉取光远宝货、名姬、善马献之守贞。守贞德之，阴置颜麾下。是时，凡出师破贼，必有德音赦其余类。而光远党与十余人皆亡命，捕之甚急，枢密使桑维翰缓其制书⑦，久而不下。言事者告颜匿守贞所，诏取颜杀之。守贞大怒，乃与维翰有隙。

翻译

后晋出帝即位，杨光远反叛，联络契丹进犯。李守贞担任义成军节度使，任侍卫亲军都虞候，跟随出帝到澶州。麻答出奇兵攻入郓州，渡马家口，在河东扎营。李守贞急速前往攻破麻答，契丹兵多被淹死，获取数百匹马、七十多名副将。李守贞被调去担任泰宁军节度使，率二万名兵征伐。杨光远投降，他过去的下属宋颜把杨光远的宝货、美女、好马全都献给李守贞。李守贞感谢他，私下把宋颜安排在自己的部下。这时，凡是统率军队攻破敌军，一定有恩诏赦免敌军未死的将卒。但是杨光远的十几名党徒都已逃亡，追捕他们十分急切，枢密使桑维翰推迟了恩诏，久久不发下去。举报的人告发宋颜藏在李守贞那里，诏令捉拿宋颜，并杀掉他。李守贞大怒，因此与桑维翰有了矛盾。

注释　①出帝：即石重贵。　②杨光远：后晋节度使，勾结契丹，后被诛。　③义成军：治所在今河南滑县。　④澶州：治所在今河南濮阳。　⑤郓州：治所在须昌县，今山东东平西北。　⑥泰宁军：治所在今山东兖州。　⑦桑维翰：见《桑维翰传》。

原文

贼平行赏,守贞悉以黦茶染木给之①,军中大怒,以帛裹之为人首,枭于木间②,曰:"守贞首也。"守贞以功拜同平章事,赐以光远旧第,守贞取旁官民舍大治之,为京师之甲。出帝临幸,燕锡恩礼③,出于诸将。

翻译

平定了叛贼,论功行赏,李守贞只以变质的茶、脏木头赏给官兵,官兵大怒,用布包裹所得到的这些东西,像人的脑袋,悬挂在树上,说:"李守贞的头。"李守贞因功被授为同平章事,并赐给他杨光远的旧宅,李守贞占取旧宅旁的官房和民房进行扩建,成为京城最好的宅第。出帝亲自到他家,赐宴赏恩,超过其他将领。

注释 ① 黦(yuè):黄黑色,又指污迹。 ② 枭(xiāo):杀人而悬其头于木上。 ③ 燕锡:同"宴赐"。

原文

契丹入寇,出帝再幸澶州,杜重威为北面招讨使①,守贞为都监。晋兵素骄,而守贞、重威为将皆无节制,行营所至,居民豢圈一空②,至于草木皆尽。其始发军也,有赐赉③,曰"挂甲钱",及班师,又加赏劳,曰"卸甲钱",出入之费,常不下三十万,由此晋之公私重困。守贞与重威等攻下泰州④,破

翻译

契丹进犯,出帝又来到了澶州,杜重威任北面招讨使,守贞任都监。后晋兵向来骄横,李守贞、杜重威作为将领又都不加节制,以至军营安扎的地方,居民的牛马棚圈都被抢掠一空,甚至连草木都被砍光了。军队出发时有赏赐,称"挂甲钱",到军队回来时又增加赏赐慰劳,称为"卸甲钱",出入花费的钱财,常常不下三十万,因此后晋的公私财物都很困乏。李守贞与杜重威等攻下泰州,击破满城,杀了二千多人。归来,任侍卫亲军都指挥使,授天平军节度使,又主管归德。

满城⑤,杀二千余人。还,为
侍卫亲军都指挥使,领天平
军节度使⑥,又领归德⑦。

注释 ① 杜重威:见《安重荣传》注。 ② 豢(huàn)圈:养牛马的围栏栅圈。
③ 赉(lài):赏赐,赠赏。 ④ 泰州:治所在今河北清苑。 ⑤ 满城:治所在今河北
满城。 ⑥ 天平军:唐五代方镇。治所在郓州,今山东东平西北。 ⑦ 归德:治所
在今河南商丘南。

原文

是时,出帝遣人以书招
赵延寿使归国①,延寿诈言
思归,愿得晋兵为应,而契
丹高牟翰亦诈以瀛州降②,
出帝以为然,命杜重威等将
兵应之。初,晋大臣皆言重
威不忠,有怨望之心,不可
用,乃用守贞。是时,重威
镇魏州③,守贞尝将兵往来
过魏,重威待之甚厚,多以
戈甲金帛奉之。出帝尝谓
守贞曰:"卿常以家财散士
卒,可谓忠于国者乎!"守贞
谢曰:"皆重威与臣者。"因
请与重威俱北。于是卒以
重威为招讨使,守贞为都

翻译

这时,晋出帝派人写信招赵延寿让
他回国,赵延寿假装说想回来,希望得
到晋兵为接应,契丹高牟翰也假装说将
以瀛州投降,出帝信以为真,命令杜重
威等率兵接应他们。当初,后晋大臣都
说杜重威不忠,有怨恨的情绪,不可任
用,于是任用了李守贞。这时,杜重威
镇守魏州,李守贞曾带兵往来经过魏,
杜重威待他很好,奉送给他许多戈甲金
银财帛。出帝曾对李守贞说:"你经常
将家财散发给士卒,称得上是忠于国家
了吧!"李守贞答谢道:"都是杜重威送
给我的。"因此请求与杜重威一起北上。
到这时,终于以杜重威为招讨使,李守
贞为都监,屯驻在武强。契丹侵犯镇、
定,李守贞等在中渡驻营,便与杜重威
向契丹投降。契丹以李守贞为司徒。

监,屯于武强④。契丹寇镇、定⑤,守贞等军于中渡⑥,遂与重威降于契丹。契丹以守贞为司徒。契丹犯京师,拜守贞天平军节度使。

契丹进犯京城,授李守贞为天平军节度使。

注释 ① 赵延寿:本是后唐枢密使,北伐陷身于契丹,契丹封以燕王,进大丞相,图谋南侵。 ② 高车翰:即高模翰,契丹耶律德光的大将。多次打败后唐、后晋,会同九年(959)病死。瀛州:治所在今河北河间。 ③ 魏州:治所在今河北大名东北。 ④ 武强:县名,治所在今河北武强境。 ⑤ 定州:治所在今河北定州。 ⑥ 中渡:在今河南光山北淮河南岸。

原文

汉高祖入京师①,守贞来朝,拜太保、河中节度使②。高祖崩,杜重威死,守贞惧,不自安,以谓汉室新造,隐帝初立③,天下易以图,而门下僧总伦以方术阴干守贞,为言有非常之相,守贞乃决计反。而赵思绾先以京兆反④,遣人以赭黄衣遗守贞,守贞大喜,以为天人皆应,乃发兵西据潼关⑤,招诱草寇,所在窃发。汉遣白文珂、常思等出军击

翻译

后汉高祖入京城,李守贞来朝见,授太保、河中节度使。高祖死后,杜重威死,李守贞恐惧,感到不安,他认为后汉刚刚建立,隐帝才即位,这个天下容易谋得,他门下的僧人总伦用方术暗地里鼓动李守贞,说他有非同一般的长相,李守贞就决定反叛。赵思绾在京兆又先反了,派人送赭黄的服装给李守贞,李守贞大喜,认为天意和人事都合,于是派兵向西占据潼关,招引草寇,各在当地暗中起事。后汉派白文珂、常思等率军出击李守贞军。随即王景崇又在凤翔造反,王景崇和赵思绾派人推李守贞为秦王,李守贞授给王景崇等人官

之⑥。已而王景崇又以凤翔反⑦，景崇与思绾遣人推守贞为秦王，守贞拜景崇等官爵。又遣人间以蜡丸书遗吴、蜀、契丹，使出兵以牵汉。

爵。又暗地里派人把书信置于蜡丸中送到吴、蜀、契丹，让他们出兵牵制后汉。

注释　①汉高祖：即刘知远。　②河中：治所在今山西永济市蒲州镇。　③隐帝：即刘承祐，948—950年在位。　④赵思绾：后汉将领，叛乱后归附李守贞，守贞任为晋昌节度使，隐帝派郭威进行讨伐，赵思绾被郭从义杀死。京兆：治所在今陕西西安。　⑤潼关：在今陕西潼关东北黄河南岸。　⑥白文珂：后汉任西京留守、河南尹。常思：后汉武胜军节度使。　⑦王景崇：后汉凤翔巡检使。常怏怏以为有才不被重用，谋叛，兵败自焚死。凤翔：治所在今陕西凤翔。

原文

　　文珂等攻景崇、思绾等久无功，隐帝乃遣枢密使郭威率禁兵将文珂等督攻之①。诸将皆请先击思绾、景崇，威计未知所向。行至华州②，节度使扈彦珂谓威曰③："三叛连衡，以守贞为主，守贞先败，则思绾、景崇可传声而破矣。若舍近图远，使守贞出兵于后，思绾、景崇拒战于前，则汉兵屈

翻译

　　白文珂等人进攻王景崇、赵思绾等人，很长时间都没有进展，隐帝就派枢密使郭威率领皇帝身边的侍卫军队并统率白文珂等督促部署进攻叛军。众将领都请求先攻击赵思绾、王景崇，郭威没拿定主意先向哪一股叛军进攻。走到华州，节度使扈彦珂对郭威说："三部叛军联成一系，以李守贞为主，只要李守贞失败了，那么赵思绾、王景崇听到消息就会溃败了。如果舍弃近处的李守贞不攻而去攻击远处的赵思绾、王景崇，使得李守贞在我军的阵后出兵，

矣。"威以为然，遂先击守贞。

赵思绾、王景崇在我们阵前抗拒，汉兵就要吃亏了。"郭威认为很对，就先攻击李守贞。

注释　① 郭威：后周的建立者。此时任后汉枢密使，督师讨伐李守贞，论功拜邺都留守兼天雄军节度使。　② 华州：治所在今陕西华州。　③ 扈彦珂：曾任镇国军节度使。向郭威进言平定守贞，论功迁左卫上将军。

原文

是时，冯道罢相居河阳①，威初出兵，过道家问策，道曰："君知博乎？"威少无赖，好蒲博，以为道讥之，艴然而怒②。道曰："凡博者钱多则多胜，钱少则多败，非其不善博，所以败者，势也。今合诸将之兵以攻一城，较其多少，胜败可知。"威大悟，谋以迟久困之，乃与诸将分为三栅，栅其城三面，而阙其南，发五县丁夫筑长城以连三栅。守贞出其兵坏长城，威辄补其所坏，守贞辄出争之，守贞兵常失十三四，如此逾年，守贞城中兵无几，而食又尽，

翻译

这时，罢了相位的冯道住在河阳，郭威刚出师时经过冯道家询问对策，冯道说："你知道赌博吗？"郭威小时候是个无赖，喜好赌博，认为冯道讥讽他，脸色一变发了怒。冯道说："凡是赌博的人钱多就多胜，钱少就多输，不是他不会赌，之所以输，是形势决定的。现在聚合众将的军队进攻一座城，比较人数的多少，就可知道谁胜谁败。"郭威大悟，设计长久围困敌城，就与众将领分为三个营垒，围住城的三面，将南边空缺出来，派五个县的壮丁筑长城连接三道营垒。李守贞派出他的士兵破坏长城，郭威就修补被损坏的地方，李守贞立即派兵出来相争，李守贞的士兵经常损失十分之三四，这样过了一年，李守贞城中的军队就没有多少了，粮食也吃光了，就杀人吃。郭威说："可以攻城

杀人而食。威曰："可矣。"乃为期日，督兵四面攻而破之。

初，守贞召总伦问以济否，总伦曰："王当自有天下，然分野方灾③，俟杀人垂尽，则王事济矣。"守贞以为然。尝会将吏大饮，守贞指画虎图曰："吾有天命者中其掌。"引弓一发中之，将吏皆拜贺，守贞益以自负。

及城破，守贞与妻子自焚，汉军入城，于烟烬中斩其首，传送京师，枭于南市，其余党皆磔之④。

当初，李守贞召见总伦问能否能成功，总伦说："秦王您自当有天下，但是从星象上看这个地方正处于灾变，等到人快被杀光时，您的帝王之业就成功了。"李守贞认为是这样。曾经会同将领官吏痛饮，李守贞指着画虎图说："我若有天命就射中图上的虎掌。"拉开弓一箭就射中了，将士官员都拜贺，李守贞更加自以为了不起。

城被攻下，李守贞和妻子把自己烧死了，汉军进入城中，在烟烬中斩下李守贞的头，传送到京城，悬挂在南市，其余的党羽也都被杀死了。

注释 ① 冯道：见《冯道传》。 ② 艴(bó)：生气的样子。 ③ 分野：古人把十二星辰的位置跟地上州、国的位置相对应，他们认为天象的变异与州国的吉凶有关。 ④ 磔(zhé)：分裂肢体致死。

杂传·冯道

导读

冯道是河北瀛州景城人，是五代"事君犹佣者"的典型。在后唐事四帝，在后晋事二帝，在后汉、后周初也备受重用。因反对柴荣亲征刘旻，被罢中书令。

冯道自认为"孝于家，忠于国，为子、为弟、为人臣、为师长、为夫、为父，有子、有孙"，"别声，被色，老安于当代，老而自乐，何乐如之"。他对自己朝秦暮楚的一生，非常心安理得，并以"长乐老"自诩。

冯道一生在政治上和学术上都无所建树，也缺乏民族气节，但他在执政期间，为百姓多少还办过一些好事。他是五代时期这一特殊环境下产生的典型人物，随着分裂割据的混乱局面趋于结束，冯道也为时代自然地淘汰。欧阳修对他的为人深为鄙薄，但也如实记载了他做的若干好事，这是史家追求的实录。（选自卷五四）

原文

冯道，字可道，瀛州景城人也①。事刘守光为参军②，守光败，去事宦者张承业。承业监河东军③，以为巡官，以其文学荐之晋王，为河东节度掌书记。庄宗即位，拜户部侍郎，充翰林学士。

翻译

冯道，字可道，是瀛州景城人。起初在刘守光处任参军。刘守光兵败，离此而去投靠宦官张承业。张承业是河东军的监军使，他任冯道为巡官，因冯道有学术，承业又把他推荐给晋王，任河东节度掌书记。后唐庄宗即位，授冯道为户部侍郎，充任翰林学士。

注释 ① 景城：治所在今河北沧州市西景城。 ② 刘守光：五代藩镇。公元 911 年，自称大燕皇帝。 ③ 河东军：唐、五代方镇，治所在今山西太原西南。

原文

道为人能自刻苦为俭约，当晋与梁夹河而军，道居军中，为一茅庵，不设床席，卧一束刍而已。所得俸禄，与仆厮同器饮食，意恬如也。诸将有掠得人之美女者以遗道，道不能却，置之别室，访其主而还之。其解学士居父丧于景城^①，遇岁饥，悉出所有以赒乡里^①，而退耕于野，躬自负薪。有荒其田不耕者，与力不能耕者，道夜往，潜为之耕。其人后来愧谢，道殊不以为德。服除，复召为翰林学士。行至汴州，遇赵在礼乱^②，明宗自魏拥兵还，犯京师。孔循劝道少留以待，道曰："吾奉诏赴阙，岂可自留！"乃疾趋至京师。

翻译

冯道为人能刻苦俭约，当晋军与梁军在黄河两岸对峙时，冯道住在晋军中，住一简陋的草屋，不设置床席，只躺在一捆草上。所得的俸禄，也拿来与仆人一起做饭吃，心里安然满足。将领中有人抢得别人的美女送给冯道，冯道不便推却，而将美女安置在别的房间里，寻访到她的主子后再送她回家。在他因父丧而解除学士之职回景城时，恰遇饥荒，就把自己的财物全拿出来以救济同乡百姓，并到田野里去耕种，亲自砍柴草。有人荒废自己的田地不耕种的，或者有无力耕种自己田地的，冯道就晚上前去，暗地里替他们耕种。这些人后来惭愧而致谢，冯道并不认为这是什么恩惠。守丧期已满，冯道又被召为翰林学士。他走到汴州，遇到赵在礼反叛庄宗，明宗李嗣源也从魏州拥兵而回，攻犯京师洛阳。孔循劝冯道停留等待些时，以观事态，冯道说："我奉诏命赴朝，岂能自己停留！"于是他急速地赶到了京师。

注释　① 赒(zhōu)：周济，救济。　② 赵在礼：河北涿州人，五代时历仕三朝十余镇，所至重敛搜刮，民不堪命。

原文

庄宗遇弑，明宗即位，雅知道所为，问安重诲曰："先帝时冯道何在？"重诲曰："为学士也。"明宗曰："吾素知之，此真吾宰相也。"拜道端明殿学士，迁兵部侍郎。岁余，拜中书侍郎、同中书门下平章事。

天成、长兴之间①，岁屡丰熟，中国无事。道尝戒明宗曰："臣为河东掌书记时，奉使中山②，过井陉之险③，惧马蹶失，不敢怠于衔辔；乃至平地，谓无足虑，遽跌而伤。凡蹈危者虑深而获全，居安者患生于所忽，此人情之常也。"明宗问曰："天下虽丰，百姓济否？"道曰："谷贵饿农，谷贱伤农。"因诵文士聂夷中《田家诗》，其言近而易晓。明宗顾左

翻译

后唐庄宗被杀，明宗即位，平素知道冯道的为人处世，就问安重诲道："庄宗时的冯道在哪里？"安重诲说："现为翰林学士。"明宗说："我向来了解他，此人真是我的宰相呀。"授冯道为端明殿学士，调任兵部侍郎。一年后，又授他为中书侍郎、同中书门下平章事。

天成至长兴年间，年年丰收，国中平安无事。冯道曾告诫明宗说："我做臣子任河东掌书记时，奉命出使中山，路过井陉险隘之区害怕马有失足，掌握缰绳时不敢松懈；到了平地，以为太平无事了，却从马上摔下来受了伤。凡是处于危险境地的人往往谋虑深远，因而得以保全，处于平安的时候却往往因疏忽而发生祸患，这是人之常情。"明宗问道："天下虽然丰收了，老百姓都得好处了吗？"冯道说："谷物价贵就会使农民饥饿，谷物价贱就会损害农民。"于是吟咏起文士聂夷中的《田家诗》，它的文辞浅近易晓。明宗嘱侍臣把诗录下来，并经常自己朗诵。水运将军在临河县得到一个玉杯，上面有"传国宝万岁杯"这

右录其诗,常以自诵。水运军将于临河县得一玉杯,有文曰"传国宝万岁杯",明宗甚爱之,以示道,道曰:"此前世有形之宝尔,王者固有无形之宝也。"明宗问之,道曰:"仁义者,帝王之宝也。故曰:'大宝曰位,何以守位?曰仁。'"明宗武君,不晓其言,道已去,召侍臣讲说其义,嘉纳之。

几个字,明宗很喜爱这只杯子,拿给冯道看,冯道说:"这是前代有形的宝器罢了,帝王自当有无形之宝。"明宗问无形之宝是什么,冯道说:"仁义就是帝王之宝。所以说:'大宝称之为位,用什么守位?答案是仁。'"明宗是一位武君,不理解这些话,冯道离开后,就召侍臣讲解这些话的含义,赞许并采纳了这些话。

注释 ① 天成:后唐明宗年号(926—930)。长兴:后唐明宗年号(930—933)。② 中山:县名,治所在今河北唐县西。③ 井陉(xíng):关名,在今河北井陉西北井陉山上。

原文

道相明宗十余年,明宗崩,相愍帝。潞王反于凤翔,愍帝出奔卫州①,道率百官迎潞王入,是为废帝,遂相之。废帝即位,时愍帝犹在卫州,后三日,愍帝始遇弒崩。已而废帝出道为同州节度使,逾年,拜司空。晋灭唐,道又事晋,晋高祖拜道守

翻译

冯道在明宗朝为相十余年,明宗死后,又在愍帝朝为相。潞王李从珂在凤翔反叛,愍帝李从厚逃往卫州,冯道率领朝廷百官迎接潞王李从珂进入洛阳,潞王就是后唐废帝,冯道出任宰相。废帝即位时,愍帝还在卫州,过了三天,愍帝才被部将所杀而死。不久废帝出任冯道为同州节度使,一年后,拜冯道为司空。后晋灭掉后唐,冯道又侍奉后

司空、同中书门下平章事,加司徒,兼侍中,封鲁国公。高祖崩,道相出帝,加太尉,封燕国公,罢为匡国军节度使②,徙镇威胜③。契丹灭晋④,道又事契丹,朝耶律德光于京师。德光责道事晋无状,道不能对。又问曰:"何以来朝?"对曰:"无城无兵,安敢不来?"德光诮之曰:"尔是何等老子?"对曰:"无才无德痴顽老子。"德光喜,以道为太傅。德光北归,从至常山⑤。汉高祖立,乃归汉,以太师奉朝请。周灭汉,道又事周,周太祖拜道太师,兼中书令。

晋,晋高祖石敬瑭授冯道守司空、同中书门下平章事,加司徒,并兼侍中,封为鲁国公。高祖去世,冯道又在出帝朝为相,加太尉,被封为燕国公,后罢职为匡国军节度使,接着又调去任威胜军节度使。契丹灭亡晋,冯道又侍奉契丹,并在京师朝见耶律德光。耶律德光责备冯道在后晋供职政绩不佳,冯道不能答对。德光又问:"为什么来朝见?"冯道回答说:"我无城无兵,怎敢不来?"耶律德光责问冯道说:"你是什么样的老头子?"冯道说:"我是无才无德又傻又笨的老头子。"耶律德光听后感到高兴,任冯道为太傅。耶律德光北归,冯道随从到常山。后汉高祖刘知远即位,冯道于是又归附后汉,以太师身份参与朝会。后周灭掉后汉,冯道又侍奉后周,周太祖郭威授冯道为太师,兼中书令。

注释　①卫州:治所在今河南卫辉。　②匡国军:治所在今陕西大荔。　③威胜:五代方镇名,治所在今河南邓州。　④契丹:我国古代东北地区少数民族名,唐末,阿保机统一契丹,建立辽朝,与五代和北宋并立。　⑤常山:即北岳恒山。

原文

　　道少能矫行以取称于世,及为大臣,尤务持重以镇物,事四姓十君,益以旧

翻译

　　冯道年轻时就能做作而窃取世人的称誉,等到做了大臣,尤其注意老成持重,来稳定局面,先后侍奉四个朝代

德自处。然当世之士无贤愚皆仰道为元老，而喜为之称誉。

耶律德光尝问道曰："天下百姓如何救得？"道为俳语以对曰："此时佛出救不得，惟皇帝救得。"人皆以谓契丹不夷灭中国之人者，赖道一言之善也。周兵反，犯京师，隐帝已崩，太祖谓汉大臣必行推戴，及见道，道殊无意。太祖素拜道，因不得已拜之，道受之如平时，太祖意少沮，知汉未可代，遂阳立湘阴公赟为汉嗣①，遣道迎赟于徐州。赟未至，太祖将兵北至澶州，拥兵而反，遂代汉。议者谓道能沮太祖之谋而缓之，终不以晋、汉之亡责道也。然道视丧君亡国亦未尝以屑意。

十个君主，越发以前时的道德风范自居。然而当代的人不论知识高下都尊仰冯道为元老，喜欢替他宣扬声名。

耶律德光曾问冯道说："世上百姓怎样可以得救？"冯道用戏谑的话回答说："现在就是佛出来也救不了百姓，只有皇帝救得百姓。"人们都认为契丹之所以不杀尽中原的人民，就是因为冯道这句话说得好。后周兵反，侵犯京师，后汉隐帝刘承祐巳死，后周太祖郭威认为后汉大臣必定会拥戴自己为帝，当他见到冯道时，冯道却毫无拥戴的意思。郭威见到冯道一向下拜，因而不得已对冯道下拜，冯道受礼如同平时一样，太祖有点丧气，知道后汉还不可能取代，就表面上立湘阴公刘赟为后汉的继承人，派遣冯道到徐州迎接刘赟。刘赟还没有来到，郭威率兵北上到了澶州，拥兵而反，便取代了后汉。评论这事的人认为冯道能阻遏郭威代汉的谋算，他延缓了代汉的时间，始终不以后晋、后汉的灭亡来责备冯道。然而冯道对君丧国亡这些事也未曾介意。

注释　① 赟：音 yūn。

原文

当是时，天下大乱，戎夷交侵，生民之命，急于倒悬，道方自号"长乐老"，著书数百言，陈己更事四姓及契丹所得阶勋官爵以为荣。自谓："孝于家，忠于国，为子、为弟、为人臣、为师长、为夫、为父，有子、有孙。时开一卷，时饮一杯，食味、别声、被色，老安于当代，老而自乐，何乐如之？"盖其自述如此。

道前事九君，未尝谏诤。世宗初即位，刘旻攻上党①，世宗曰："刘旻少我，谓我新立而国有大丧，必不能出兵以战。且善用兵者出其不意，吾当自将击之。"道乃切谏，以为不可。世宗曰："吾见唐太宗平定天下，敌无大小皆亲征。"道曰："陛下未可比唐太宗。"世宗曰："刘旻乌合之众，若遇我师，如山压卵。"道曰："陛下作得山定否？"世宗怒，起

翻译

当这时候，天下大乱，契丹等少数族交相侵犯中原，人民的生命处于危急困苦之中，冯道这时却自号"长乐老"，写下数百字的文章，陈述自己更替侍奉后唐、后晋、后汉、后周四个朝代以及从契丹所得到的阶勋官爵，以为荣耀。自认为："对家长孝顺，对国家忠诚，为子、为弟、为臣子、为师长、为丈夫、为父亲，有子、有孙。有时开卷读书，有时饮上一杯，品尝美味，鉴赏声乐，穿着锦绣，年老而安于当代，年老而自得其乐，有什么快乐能比得上？"冯道的自述就是这样。

冯道以前侍奉九个君主，未曾直言规劝过。后周世宗柴荣刚即位，刘旻攻打上党，世宗说："刘旻小看我，以为我刚即位，而且国家又值后周太祖逝世，一定不能出兵迎战。然而善于用兵的就要出其不意，我要亲自率军迎击刘旻。"冯道于是痛切劝阻，认为不能这样做。周世宗说："我看过去唐太宗平定天下时，无论敌人大小他都亲征。"冯道说："陛下不可以与唐太宗相比。"周世宗说："刘旻是乌合之众，如果遇上我的军队，就像大山压卵。"冯道说："不知陛下做得到像大山一样安定么？"周世宗发怒，起身离开，终于亲征刘旻，果然在

去,卒自将击旻,果败旻于高平^②。世宗取淮南^③,定三关^④,威武之振自高平始。其击旻也,鄙道不以从行,以为太祖山陵使。葬毕而道卒,年七十三,谥曰文懿,追封瀛王。

高平击败了刘旻。周世宗又攻取淮南,平定三关,威武之声大振,是从高平大捷开始的。世宗出击刘旻时,鄙视冯道不愿随军出征,就委任冯道为主持后周太祖安葬事宜的山陵使。后周太祖安葬之事完毕,冯道也就去世了,终年七十三岁,谥号为文懿,追封为瀛王。

注释　①上党:县名,治所在今山西长治。　②高平:今山西晋城。　③淮南:唐、五代方镇名,治所在今江苏扬州。　④三关:即淤口关(今河北霸州东)、益津关(今霸州)、瓦桥关(今河北雄县),周世宗以三关与契丹为分界。

原文

道既卒,时人皆共称叹,以谓与孔子同寿,其喜为之称誉盖如此。道有子吉。

翻译

冯道去世后,当时的人都赞叹,认为他与孔子同寿,当时人就是这样喜欢称赞他。冯道有儿子冯吉。

杂传·和凝

导读

　　和凝历仕梁、唐、晋、汉，到后周显德二年（955）才死，是位"五朝"老臣。他从小好学，十九岁中了梁的进士。他很忠勇，在跟随贺瓌当从事时，临危不惧，救了贺瓌的性命。他知人善任，在他知贡举时，所录取的进士多是才名杰出之士。他有远见卓识，在安从进即将谋反的时候，能帮助晋高祖先发制人。他喜好表彰后进，并有宏富的著述。大概由于这些原因，他成为五代乱世中的贤臣与著名文士。（选自卷五六）

原文

　　和凝，字成绩，郓州须昌人也。其九世祖逢尧为唐监察御史[1]，其后世遂不复宦学。凝父矩，性嗜酒，不拘小节，然独好礼文士，每倾赀以交之，以故凝得与之游。而凝幼聪敏，形神秀发。举进士，梁义成军节度使贺瓌辟为从事[2]。瓌与唐庄宗战于胡柳[3]，瓌战败，脱身走，独凝随之，反顾见凝，

翻译

　　和凝，字成绩，郓州须昌人。他的九世祖和逢尧是唐朝的监察御史，自和逢尧以下，都没有做官读书。和凝的父亲和矩，喜好喝酒，不拘小节，但特别喜欢接纳文人，常常倾家财以交结文人，由于这个原因和凝跟着结识了一些文人。他从小就聪明，姿态俊秀，神采焕发。考取进士后，梁义成军节度使贺瓌聘他为从事。贺瓌与唐庄宗在胡柳交战，贺瓌被打败了，逃跑时只有和凝跟着他，贺瓌回过头来看见和凝，挥手要他走开。和凝说："大丈夫应为知己的

麾之使去。凝曰："大丈夫当为知己死，吾恨未得死所尔，岂可去也！"已而一骑追瓘几及，凝叱之不止，即引弓射杀之，瓘由此得免。瓘归，戒其诸子曰："和生，志义之士也，后必富贵，尔其谨事之！"因妻之以女。

人死，我恨没有死的好处所，怎么能走开！"不久有一名骑兵追过来，快赶上贺瓘了，和凝大声呵斥，那骑士仍不停止，和凝就拉弓射死了他，贺瓘于是幸免。贺瓘回来，告诫他的儿子们说："和凝这年轻人，有志气有义气，以后必然享有富贵，你们应当好好侍奉他！"于是将女儿嫁给了和凝。

注释 ① 逢尧：唐武后时官吏，曾任监察御史、柘州刺史。 ② 义成军：治所在今河南滑县东。贺瓘(guī)：郓州朱宣为都指挥使，降于梁，历曹、相二州刺史、宣义军节度使。 ③ 唐庄宗：即李存勖。胡柳：在今山东鄄城西南。

原文

天成中①，拜殿中侍御史，累迁主客员外郎、知制诰、翰林学士、知贡举。是时，进士多浮薄，喜为喧哗以动主司②。主司每放榜，则围之以棘，闭省门，绝人出入以为常。凝彻棘开门③，而士皆肃然无哗，所取皆一时之秀，称为得人。

翻译

天成年间，授郎中侍御使，多次升官任主客员外郎、知制诰、翰林学士、知贡举等官。当时，进士很多是轻浮的人，喜欢吵吵闹闹地对待主考部门。主考部门每次张榜，他们就围上荆棘，关上省门，不让人出入，以此成为常规。和凝拆掉荆棘、打开省门，考生见了榜都不喧哗，所录取的都是当时最优秀的人，称得上是得了人才。

注释 ① 天成：后唐明宗李嗣源年号。 ② 喧哗：声大而嘈杂。 ③ 彻：同"拆"。

原文

晋初，拜端明殿学士，兼判度支①，为翰林学士承旨。高祖数召之②，问以时事，凝所对皆称旨。天福五年③，拜中书侍郎、同中书门下平章事。

翻译

晋初，授他端明殿学士，兼管度支，任翰林院学士承旨。高祖多次召见他，问他时事，他的回答都能使高祖满意。天福五年，授他中书侍郎、同中书门下平章事。

注释 ① 度支：负责全国统计和支调财赋的官吏。 ② 高祖：即石敬瑭。 ③ 天福五年：当公元 940 年。

原文

高祖将幸邺①，而襄州安从进反迹已见②。凝曰："陛下幸邺，从进必因此时反，则将奈何？"高祖曰："卿将何以待之？"凝曰："先人者，所以夺人也。请为宣敕十余通，授之郑王③，有急则命将击之。"高祖以为然。是时，郑王为开封尹，留不从幸，乃授以宣敕。高祖至邺，从进果反，郑王即以宣敕命骑将李建崇、焦继勋等讨之④。从进谓高祖方幸

翻译

高祖将去邺都，当时在襄州的安从进已露出要谋反的迹象。和凝说："陛下您要到邺都去，安从进必然乘机反叛，您将怎么办？"高祖说："你将怎样处置这件事？"和凝回答："先于别人采取行动的人，就能制服别人。请写十几封诏书，授给郑王，有急事就命将领出击安从进。"高祖认为这样妥当。这时，郑王任开封尹，留下来不跟随高祖去邺都，就授给他诏书。高祖到了邺都，安从进果然反了，郑王就以诏书命骑将李建崇、焦继勋等人征讨安从进。安从进以为高祖刚去邺都，没料到晋兵会迅速出动，走到花山，遇见李建崇等人的军

邺,不意晋兵之速也,行至花山⑤,遇建崇等兵,以为神,遂败走。出帝即位⑥,加右仆射。岁余,罢平章事,迁左仆射。

汉高祖时⑦,拜太子太傅,封鲁国公。显德二年卒,年五十八,赠侍中。

队,以为他们有神助,于是败逃。出帝即位,加授和凝右仆射。一年后,免掉平章事,升为左仆射。

汉高祖时,授他太子太傅,封鲁国公。后周世宗显德二年(955)死,终年五十八岁,追赠侍中。

注释 ① 邺:治所在今河北大名东北。 ② "襄州"句:参见《安重荣传》注。 ③ 郑王:即晋出帝石重贵原来的封号。 ④ 李建崇:仕唐历晋,多有武功。汉初为右卫大将军。焦继勋:历仕晋、汉、周,屡有战功,入宋为右武卫上将军。 ⑤ 花山:在河南唐河南。 ⑥ 出帝:即石重贵。 ⑦ 汉高祖:即刘知远。

原文

凝好饰车服①,为文章以多为富,有集百余卷②,尝自镂板以行于世,识者多非之。然性乐善,好称道后进之士。唐故事,知贡举者所放进士,以己及第时名次为重。凝举进士及第时第五,后知举,选范质为第五③。后质位至宰相,封鲁国公,官至太子太傅,皆与凝同,当时以为荣焉。

翻译

和凝喜好装饰车子和章服,写文章以多为完备,有一百多卷的集子,曾经自己刻板印行于世,有识之士多非议此事。但他性情乐于做善事,喜好表扬后起的文士。唐代旧例,主管贡举的官吏在录取进士时,以自己当年及第的名次为最尊。和凝考中进士及第的名次是第五名,后来他主持贡举,就选中范质为第五名。后来范质做到宰相,封鲁国公,官至太子太傅,都与和凝相同,当时以此为荣耀。

注释 ① 车服：车和章服。古代车服和旗章表示上下有等。 ② 集：和凝有《香奁集》《游艺集》等。 ③ 范质：后唐进士。后周时累知枢密院，性情急躁，廉介自持。

闽世家·王审知

导读

此文选自《闽世家》，记载了王潮、王审知兄弟奠定闽政权的经过。

王潮本是王绪部将，王绪好猜忌，滥杀人，王潮就联合将领杀了王绪，并被推为首领。他接受了唐的任命，担任福建观察使，使得他的军队取得合法地位。

王潮死后，王审知代立。他先后表示接受唐、后梁的领属，以便巩固自己的地位。同时，他进行改革，礼贤下士，兴办教育，发展贸易，促进了经济文化的发展，使闽得以偏安。（选自卷六八）

原文

王审知，字信通，光州固始人也^①。父恁^②，世为农。兄潮^③，为县史。

翻译

王审知，字信通，光州固始人。父亲王恁，世代从事农业。哥哥王潮，任县史。

注释 ① 光州固始：今河南固始。 ② 恁：音 nèn。 ③ 王潮：后唐将领，字信臣。本为光州刺史王绪的军校，后任泉州刺史。

原文

唐末群盗起，寿州人王绪攻陷固始^①，绪闻潮兄弟材勇，召置军中，以潮为军校。是时，蔡州秦宗权方募

翻译

唐朝末年各地盗贼蜂起，寿州人王绪攻陷固始，王绪听说王潮兄弟有才干勇敢，就招到军队里，以王潮为军校。这时，蔡州秦宗权正在招募士人以扩充

士以益兵②,乃以绪为光州刺史,召其兵会击黄巢。绪迟留不行,宗权发兵攻绪。绪率众南奔,所至剽掠,自南康入临汀③,陷漳浦④,有众数万。绪性猜忌,部将有材能者,多因事杀之,潮颇自惧。军次南安⑤,潮说其前锋将曰:"吾属弃坟墓、妻子而为盗者,为绪所胁尔,岂其本心哉!今绪雄猜,将吏之材能者必死,吾属不自保朝夕,况欲图成事哉!"前锋将大悟,与潮相持而泣。乃选壮士数十人,伏篁竹间⑥,伺绪至,跃出擒之,囚之军中。绪后自杀。

队伍,就任王绪为光州刺史,要他的军队会合进攻黄巢。王绪迟迟不动,秦宗权派军队攻王绪。王绪率领队伍向南奔走,走到哪里就抢到哪里,从南康进入临汀,攻陷漳浦,队伍有数万人。王绪的本性好猜忌人,对有才能的将领,就找借口杀掉,王潮感到很不安。军队驻扎在南安,王潮游说他的前锋将领说:"我们离开家乡、妻子而当盗贼,是因为王绪的胁迫,哪里是我们的本意呢!现在王绪特别好猜疑,有才能的将领官吏必然会被处死,我们都朝不保夕,何况还考虑干大事呢!"前锋将领顿时醒悟,与王潮相抱而哭。于是挑选了几十名壮士,埋伏在竹林中,等王绪一到,就跳出来捉住他,关在军营中。王绪后来自杀了。

注释 ① 寿州:治所在今安徽寿县。王绪:唐末地方豪强。后据寿州,自称将军。② 蔡州:治所在今河南汝南。秦宗权:唐许州牙将。后与黄巢联合,围陈州。朱全忠来讨,战败被杀。 ③ 南康:治所在今江西南康。临汀:治所在今福建长汀。④ 漳浦:治所在今福建漳浦。 ⑤ 南安:在今福建南安。 ⑥ 篁(huáng):竹林。

原文

绪已见废,前锋将曰:"生我者潮也。"乃推潮为

翻译

王绪已经被废掉了,前锋将领说:"使我们活下来的是王潮。"就推举王潮

主。是时,泉州刺史廖彦若为政贪暴①,泉人苦之,闻潮略地至其境,而军行整肃,其耆老相率遮道留之②,潮即引兵围彦若,逾年克之。光启二年,福建观察使陈岩表潮泉州刺史③。景福元年,岩卒,其婿范晖自称留后。潮遣审知攻晖,久不克,士卒伤死甚众,审知请班师,潮不许。又请潮自临军,且益兵,潮报曰:"兵与将俱尽,吾当自往。"审知惧,乃亲督士卒攻破之,晖见杀。唐即以潮为福建观察使,潮以审知为副使。

当首领。这时,泉州刺史廖彦若为政贪婪残暴,泉州人受了他的很多苦,人们听说王潮进军到了泉州境内,队伍纪律严明,老年人便都当路挽留王潮的队伍,王潮就率领部队围攻廖彦若,过了一年,攻下泉州。唐僖宗光启二年(886),福建观察使陈岩上表推荐王潮任泉州刺史。唐昭宗景福元年(892),陈岩死了,他的女婿范晖自称留后。王潮派王审知进攻范晖,久攻不克,伤亡的士卒很多,王审知请求收兵,王潮不允许。王审知又请王潮自己来督军,并增加士卒,王潮答复说:"士兵与将领都死光了,我就会亲自来。"王审知害怕,就亲自督促士兵攻破了城,杀了范晖。唐政府就以王潮为福建观察使,王潮任王审知为副使。

注释 ①泉州:治所在今福建泉州市。 ②耆(qí):年老。 ③陈岩:唐末官吏,字梦臣。中和年间代郑镒为福建观察使。

原文

审知为人状貌雄伟,隆准方口,常乘白马,军中号"白马三郎"。乾宁四年,潮卒,审知代立。唐以福州为威武军①,拜审知节度使,累

翻译

审知相貌雄伟、高鼻方嘴,经常骑白马,军中称他为"白马三郎"。唐昭宗乾宁四年(897),王潮死了,王审知代替了他的职位。唐朝以福州为威武军,授王审知为节度使,逐渐提拔他为同中书

迁同中书门下平章事,封琅琊王。唐亡,梁太祖加拜审知中书令②,封闽王,升福州为大都督府。是时,杨行密据有江淮③,审知岁遣使泛海,自登、莱朝贡于梁④,使者入海,覆溺常十三四。

门下平章事,封他为琅琊王。唐朝灭亡后,梁太祖加授王审知为中书令,封闽王,升福州为大都督府。这时,杨行密占据江淮一带,王审知每年派遣使臣漂海,从登、莱去向梁朝贡,使臣漂海时,常有十分之三四的人因翻船淹死。

注释 ① 威武军:治所在今福建福州市。 ② 梁太祖:即朱温。 ③ 杨行密:吴国建立者。公元902—905年在位,据有扬州。 ④ 登、莱:登州,治所在今山东蓬莱。莱州,治所在今山东掖县。

原文

审知虽起盗贼,而为人俭约,好礼下士。王倓,唐相抟之子①;杨沂,唐相涉从弟②;徐寅③,唐时知名进士,皆依审知仕宦。又建学四门,以教闽士之秀者。招来海中蛮夷商贾。海上黄崎④,波涛为阻,一夕风雨雷电震击,开以为港。闽人以为审知德政所致,号为甘棠港。

翻译

王审知虽然是从盗贼起家,但讲究俭朴节约,礼贤下士。王倓,是唐朝丞相王抟的儿子;杨沂,是唐朝丞相杨涉的从弟;徐寅,是唐朝知名的进士,他们都投靠审知做官。又于四门建学校,用来教育闽地的优秀士人。招引海上异族人来通商。海上有个地方叫黄崎,受波涛阻挡相隔,忽然有一夜遭风雨雷电的震撼袭击,开辟为港口,闽人认为是王审知施行德政感召的结果,称为甘棠港。

注释　① 抟：即王抟，唐末大臣。历仕刑部郎中、工部尚书，后被朱温所杀。
② 杨涉：唐末大臣。历仕唐、后梁，为相。　③ 徐寅：闽国官吏。莆田人，唐乾宁进
士。曾仕宦，后被王审知任为掌书记。　④ 黄崎：在今福建福安南。

原文

　　审知同光三年卒，年六
十四，谥曰忠懿。子延
翰立。

翻译

　　审知于后唐庄宗同光三年（935）
死，六十四岁，谥号忠懿。儿子王延翰
继位。

宋史

淮沛 译注

汤墨

曾枣庄 审阅

导　言

　　宋代在我国历史上是一个重要的时代，政治、经济、文化、科技等方面都有很大发展，涌现出了不少值得重视的人物。杨家将、岳家军、王安石、苏东坡，都是人们熟悉的，至于包公，更可说是家喻户晓。除了这些人们比较熟悉的人物，更有大量人们不大了解的宋代人物。这些人物，在结束军阀割据、促进国家统一，在保卫国家安全、保障社会经济发展，在发展科技文化、推进祖国文明等方面，起过重要作用，作出过重要贡献。了解这些人物的事迹和活动，对于认识和了解我国历史文化的发展，发掘中华民族的优秀文化遗产，增强民族自豪感，都有一定的积极意义。因此，我们在《宋史》这部书中，选择了部分有一定代表性的人物的传记，加以翻译，介绍给读者。

　　那么，《宋史》是怎样的一部书呢？

　　《宋史》是元代官修的一部纪传体史书，全书共有四百九十六卷，包括本纪四十卷，志一百六十二卷，表三十二卷，列传二百五十五卷，总计约八百万字。在封建社会所谓"正史"的"二十四史"中，《宋史》是篇幅最大的一部书。《宋史》记载了宋太祖赵匡胤建隆元年（960）到宋帝昺祥兴二年（1279）间的历史，是一部比较系统、比较全面地记录两宋政治、经济、军事、文化、科技以及社会风俗的历史文献。它的作者，署名是"脱脱（清朝时改译作：托克托）等撰"，实际上，脱脱仅仅是由于官居宰相而担任了编修《宋史》的都总裁，全书的编修工作，是由汉、蒙古、回鹘、西夏等族数十名学者集体完成的。其中汉族史学家欧阳玄起了主要作用，是实际的总负责人。

《宋史》的编纂工作，从元顺帝至正三年(1343)二月开始，到至正五年(1345)十月成书，总共只用了两年半时间。由于成书时间短促，编纂者工作匆忙草率，这部史书存在着重大缺陷：内容繁芜杂乱，论述是非失当处不少，在史料剪裁、史实考订、编纂体例等方面也存在大量问题；全书内容极不平衡，详北宋而略南宋；褒贬人物基本以理学家(即道学家)的看法为标准；立传人物的选择上有重大遗漏，如著名史学家李埴、马端临(《元史》也无传)，著名文学家姜夔、刘克庄，著名女词人李清照、朱淑真，著名艺术家李成、僧巨然，著名爱国将领王坚、彭义斌，撰写《木经》的喻皓，发明活字印刷的毕昇，水利专家高超，精于天文历算的卫朴等人，都没有一席之地。

正因为存在着上述重大缺陷，所以自明代以来，就不断有人指责和批评《宋史》，还陆续有人重修《宋史》。明代重修而成书的有：王洙的《宋史质》一百卷，柯维骐的《宋史新编》二百卷，王维俭的《宋史记》二百五十卷，钱士升的《南宋书》六十卷等。清代的著名史学家顾炎武、朱彝尊、全祖望、杭世骏、邵晋涵、章学诚等人也计划重修《宋史》，但都未能实现；只有陈黄中编写成《宋史稿》二百十九卷。此外，朝鲜李朝的李算也编写了一部《宋史筌》，有一百四十八卷。

众多的指责，众多重修的《宋史》，使不少人难免要对《宋史》本身的价值发生怀疑。例如清代史学家章学诚，便直斥《宋史》在历代史书中"最为荒烂"。其实我们认为，一部历史文献的价值，首先取决于它所保存的历史记载的真实程度。而从这一点上讲，《宋史》有其特有的价值。

宋代史学发达，重视本朝历史的编写，各朝大多编纂了国史、实录、日历、起居注乃至宝训、会要等书；民间的私人著述数量也很大，包括编年史、纪传体、野史、杂史、笔记、小说、文集等，体裁繁富。元灭南宋后，大量宋代文献，尤其是官方文献，被元人运送到首都大都，保存在国史院中；元朝前期又曾一再搜集宋代史料，进一步充实了国史院。元人修

《宋史》时，为了快速成书，便主要以宋代的《国史》为底本，辅以《实录》等宋代史料，稍加删削、剪裁，有时则照录原文。这样做的结果，当然不免受到后人的批评。然而，正因为元朝史官们匆忙成书，未多改动，宋代《国史》的概貌才赖以保存，许多极为宝贵的史料才没有被自以为是的史官们删去，从而也就使《宋史》具有较高的史料价值。因此，我们在介绍宋代人物时，考虑从《宋史》中予以选择。

由于《宋史》卷帙浩繁，而本书的篇幅有限，不可能进行全面的翻译介绍，因此，我们只在《宋史》的列传部分选取了十六个比较有代表性的人物的传记，基本按人物的卒年先后排列，对原传略加删节后，加以注释、翻译，介绍给读者。《宋史》的列传，是集中介绍宋代人物的，除了以传主命名的普通列传，还有十八种特殊列传：循吏、道学、儒林、文苑、忠义、孝义、隐逸、列女、方技、宦者、佞幸、奸臣、叛臣、世家、周三臣、外国、蛮夷、外戚。我们选择的人物，除朱熹选自《道学传》，其余十五人都选自普通列传。

为了保存《宋史》原貌，在本书的翻译注释中，有下列问题需要加以说明，请读者在阅读时注意：

一、对原书的褒贬，不加辨正，翻译时一律依照原文，失实处一般也不加改正。

二、对原书中时间、地点、职官、人物上的错讹，翻译时一般不进行订正，均以原文为准。个别极为明显的脱字、错字，则加以注释，作特殊处理。

三、对原文的注释，以简明、扼要、说明问题为原则。所注释者，主要是地名（以注治所为主）、年号、职官、名物制度以及与传主有关的重要人物等。凡重出者，一般不再加注。

四、译文力求深入浅出，以期做到科学性与通俗性相结合。为求译文流畅通达，略有增删。

　　五、对所选各传，我们都作了或多或少的删节，以保存传主本人的生平事迹为要旨，也有选择地保留了部分重要的奏议。

　　六、为方便读者阅读，我们在每篇原文前面都写了一段简短的导读，反映了我们的观点及认识。

　　我们欢迎读者对我们的选译工作给予批评指正。

淮　沛　汤　默

赵 普 传

导读

公元八世纪的"安史之乱",使中国陷入了二百多年的分裂与混乱,直到公元960年北宋王朝建立,才逐步消灭了南北地区的割据政权,实现了中原地区的基本统一。在这段历史过程中建立了重要功勋的,除了宋太祖、宋太宗,还有作为宋初两朝重要辅臣的赵普(922—992)。

赵普是一位精明老练的政治家,他的所作所为,对于北宋的统一与宋初中央集权的巩固和加强,起了重要的作用。他参与策划了"黄袍加身"的陈桥兵变,导演了"杯酒释兵权"的政治喜剧,提出了加强中央集权的三项纲领——"削夺其权,制其钱财,收其精兵",策定了"先南后北"的统一方针。宋初任何一项重大政治决策,几乎无不与赵普有关。后世流传的赵普"半部论语治天下"的故事,可以真实地折射出他对宋代政治所产生的重要影响。

但是,赵普也有很大的缺点:他为人刻薄、排斥异己、贪财受贿等,很不利于当时的政治措施。我们研究宋初历史时,这也是应该注意的。
(选自卷二五六)

原文

赵普,字则平,幽州蓟人。后唐幽帅赵德钧连年用兵[①],民力疲弊,普父回举族徙常山[②],又徙河南洛阳。

翻译

赵普,字则平,幽州蓟县人。后唐时期,因为幽州节度使赵德钧连年用兵,人民生计困苦,因此,赵普的父亲赵回率领全族迁到了常山,后来又迁居到普沉厚寡言,镇阳豪族魏氏以女妻之③。

河南洛阳。赵普性格深沉厚重,不爱说话,镇阳有一个姓魏的豪强大族之家,把女儿嫁给了他。

注释 ① 赵德钧:后唐时任幽州节度使。 ② 回:《东都事略》卷二六、《隆平集》卷四、《名贤氏族言行类稿》卷三八的三个《赵普传》,以及《建炎以来系年要录》乙集卷一二《赵韩王六世小谱》,均作"迥",疑此处误。常山:今河北正定。 ③ 镇阳:即镇州,亦即常山。

原文

周显德初,永兴军节度刘词辟为从事①。词卒,遗表荐普于朝。世宗用兵淮上②,太祖拔滁州③,宰相范质奏普为军事判官④。宣祖卧疾滁州⑤,普朝夕奉药饵,宣祖由是待以宗分。太祖尝与语,奇之。时获盗百余,当弃市,普疑有无辜者,启太祖讯鞫之⑥,获全活者众。淮南平,调补渭州军事判官⑦。太祖领同州节度⑧,辟为推官⑨;移镇宋州⑩,表为掌书记⑪。

翻译

后周显德初年(954),永兴军节度使刘词征召赵普为从事。刘词临死时,又留下表章,向朝廷推荐赵普。后来当周世宗进兵攻打南唐的淮南地区,太祖攻下滁州后,宰相范质又上奏,推荐赵普担任滁州军事判官。宣祖在滁州生病,卧床不起,赵普每天早晚都为他送上药物,精心服侍。宣祖从此以同族的情分对待赵普。太祖曾经和赵普交谈,对他的见解感到惊奇赞叹。当时地方官捉到一百多个强盗,按照规定,应该在闹市处死并暴尸街头,赵普怀疑其中有无辜的人,报告太祖后又进行了一次复审,保全了许多无罪者的生命。淮南平定后,赵普调到渭州担任军事判官。太祖担任同州节度使时,征召他为推官;太祖改任宋州节度使后,向朝廷上書,任命赵普为掌书记。

注释 ① 永兴军:节镇名,治今陕西西安。节度:即节度使,官名,管几州的军、民、财。辟:征辟。 ② 淮上:指今皖北、苏北,当时为南唐控制。 ③ 太祖:指赵匡胤。滁州:今安徽滁州。 ④ 军事判官:州的中级官名。 ⑤ 宣祖:赵匡胤父亲赵弘殷。 ⑥ 讯鞫(jū):审讯,审问。 ⑦ 渭州:今甘肃平凉。 ⑧ 同州:今陕西大荔。 ⑨ 推官:节度使府中参谋性质的幕僚。 ⑩ 宋州:今河南商丘。 ⑪ 掌书记:节度使幕僚,掌管节度使府中的秘书工作。

原文

太祖北征至陈桥①,被酒卧帐中,众军推戴,普与太宗排闼入告②。太祖欠伸徐起,而众军擐甲露刃,喧拥麾下。及受禅③,以佐命功,授右谏议大夫④,充枢密直学士⑤。……

翻译

(显德七年[960],)太祖率军北征契丹,部队到达陈桥驿后,太祖喝醉了酒睡在营帐中,军士们要拥戴太祖当皇帝,赵普与太宗便推门直入帐中,将此事告知太祖。当太祖打着呵欠慢慢起来时,军士们都穿着盔甲,高举兵器,大声欢呼着将他簇拥到统帅旗下。待到太祖登上帝位后,赵普因为辅佐太祖建立新王朝有功,被授予右谏议大夫的官职,充任枢密直学士。……

注释 ① 陈桥:即陈桥驿,当时是开封到河北大名的第一个驿站,在今河南开封东北陈桥镇。 ② 太宗:指赵光义,赵匡胤的弟弟。闼(tà):门。 ③ 受禅:指赵匡胤当上皇帝。表面上,是周恭帝自动让位给赵匡胤的,叫禅让。赵匡胤接受,故称受禅。 ④ 右谏议大夫:官名,当时属中书省,为寄禄官,是加给赵普的官衔。 ⑤ 枢密直学士:官名,属枢密院,掌管具体事务,后来在宋代变成了虚职。

原文

乾德二年①，范质等三相同日罢，以普为门下侍郎、平章事②、集贤殿大学士。中书无宰相署敕③，普以为言，上曰④："卿但进敕，朕为卿署之可乎?"普曰："此有司职尔，非帝王事也。"令翰林学士讲求故实⑤，窦仪曰："今皇弟尹开封⑥，同平章事，即宰相任也。"令署以赐普。既拜相，上视如左右手，事无大小，悉咨决焉。是日，普兼监修国史⑦，命薛居正、吕余庆参知政事以副之⑧，不宣制⑨，班在宰相后，不知印，不预奏事，不押班，但奉行制书而已。……

太祖数微行过功臣家，普每退朝，不敢便衣冠。一日，大雪向夜，普意帝不出。久之，闻叩门声，普亟出，帝立风雪中，普惶惧迎拜。帝曰："已约晋王矣。"⑩已而太

翻译

乾德二年(964)，范质等三位宰相在同一天被罢免，赵普被任命为门下侍郎、平章事、集贤殿大学士。当时，中书没有宰相来副署皇帝的敕命，赵普将此事报告太祖，太祖说："你只管把敕命交上来，我为你签署可以吗?"赵普说："这是有关部门的事，不是皇帝的事。"太祖命令翰林学士寻找以前的事例，窦仪说："现在皇弟任开封尹、同平章事，正是宰相的职任。"于是让太宗副署敕命后交给赵普。赵普当宰相后，太祖把他看作左右手，事情不论大小，都要向他询问，然后决定。当天，任命赵普兼任监修国史的职务，又任命薛居正、吕余庆为参知政事，做他的副手，委派参知政事，不发布制书。参知政事上朝排班在宰相的后面，不掌管中书的印章，不参与宰相汇报工作的活动，上朝聚会时也不领班，只是按皇帝的指示办事而已。……

由于太祖屡次身着便服出宫到功臣家，因此赵普每次退朝后，都不敢换穿便服，以备太祖来访。有一天，大雪一直下到半夜，赵普以为太祖不会出来了。过了很久，听到敲门的声音，赵普急忙出门探看，见太祖站在风雪之中，赵普又慌又怕，赶紧跪下迎接。太祖

宗至,设重裀地坐堂中⑪,炽炭烧肉。普妻行酒,帝以嫂呼之。因与普计下太原⑫。普曰:"太原当西北二面,太原既下,则我独当之。不如姑俟削平诸国,则弹丸黑子之地,将安逃乎?"帝笑曰:"吾意正如此,特试卿尔。"

说:"我已经约了晋王到你家来。"不一会儿,太宗也到了,于是在大堂中间的地上铺了几层床垫,三人坐在上面,烧起了很旺的炭火来烤肉吃。赵普的妻子给他们依次斟酒,太祖称她为"嫂子"。于是,太祖和赵普商量攻打太原的事。赵普说:"太原抵挡着西北两面敌人的进攻,如果攻下了它,就得由我们单独来防卫外敌了。不如留待消灭了其他国家后再说,那时,像太原这样一块弹丸黑子似的小地方还逃脱得了覆灭的命运吗?"太祖笑着说:"我的意思正是这样,刚才不过是试试你罢了。"

注释 ① 乾德:宋太祖年号。 ② 平章事:又称"同平章事",均为"同中书门下平章事"的简称,是宰相的名称,其余是加给的官衔。 ③ 中书:宰相办事机构和办事处的名称,此处指前者。敕:皇帝的诏书。 ④ 上:即皇上,此处指赵匡胤。 ⑤ 翰林学士:官名,起草皇帝的机密诏令。 ⑥ 开封:北宋首都,今河南开封。 ⑦ 兼修国史:宰相加官。 ⑧ 参知政事:副宰相之名。 ⑨ 制:即制书,此处指皇帝任命宰相的文书。 ⑩ 晋王:指太宗赵光义。 ⑪ 裀(yīn):垫子。 ⑫ 太原:北汉首府,代指北汉。

原文

　　五年春……遂劝帝遣使分诣诸道①,征丁壮籍名送京师,以备守卫;诸州置通判②,使主钱谷。由是兵

翻译

　　乾德五年春(967)……赵普劝太祖派使者分别到各地招募壮丁,造好花名册送到京城,用来补充京城的守卫;在各州设置通判,让他们掌管州上的财政。

甲精锐，府库充实。……

从此，宋朝开始有了精锐的军队和兵器，国家仓库的储藏也充实起来。……

注释　① 道：此处系泛指州、军。　② 通判：宋设立的州一级的副职官。

原文

（开宝）六年，帝又幸其第①。时钱王俶遣使致书于普②，及海物十瓶，置于庑下③。会车驾至，仓卒不及屏，帝顾问何物，普以实对。上曰："海物必佳。"即命启之，皆瓜子金也。普惶恐，顿首谢曰："臣未发书，实不知。"帝叹曰："受之无妨，彼谓国家事皆由汝书生尔！"

翻译

宋太祖开宝六年（973），太祖又来到赵普家中。当时，吴越王钱俶派遣使者送信给赵普，还送来海鲜产品十瓶，放在走廊里。正好太祖一行来到，仓猝之间，赵普来不及叫人把东西藏起来。太祖看到后，询问是什么东西，赵普如实报告了情况。太祖说："海鲜产品肯定是很好的东西啰。"就叫人把它打开，一看，全部是瓜子形状的金块。赵普又慌又怕，一边磕头一边请罪说："我没有看信，实在是不知道。"太祖叹息说："收下吧，没有什么妨害，他以为国家大事都是由你这个书生决定的呢！"

注释　① 幸：指皇帝到臣下家中。　② 钱王俶（chù）：即吴越国王钱俶。当时，吴越政权还存在。　③ 庑（wǔ）：走廊。

原文

普为政颇专，廷臣多忌之。时官禁私贩秦、陇大木①，普尝遣亲吏诣市屋材，

翻译

赵普处理政务很是专横，朝廷的多数大臣都忌恨他。当时，政府禁止私自贩卖秦州、陇州一带的大木料，赵普曾

联巨筏至京师治第。吏因之窃货大木，冒称普市货鬻都下。权三司使赵玭廉得之以闻②。太祖大怒，促令追班③，将下制逐普，赖王溥奏解之。

经派遣亲信小吏去那儿购买修房的木材，扎成巨大木筏运到京城，修建自己的府第。小吏乘机私自偷运大木料，冒充赵普购买的货物，在京城贩卖。权三司使赵玭查访得知这些情况，报告太祖。太祖大为恼怒，马上下令补排朝班，准备下制书驱逐赵普出朝廷，幸亏王溥上奏章解救了他。

注释 ① 秦：即秦州，今甘肃天水。陇：即陇州，今陕西陇县。 ② 三司：官署名，掌管财政，长官是三司使。权：暂时代理。玭：音 pín。 ③ 追班：即补排朝班，增加一次朝廷官员的议事。

原文

　　故事，宰相、枢密使每候对长春殿①，同止庐中。上闻普子承宗娶枢密使李崇矩女，即令分异之。普又以隙地私易尚食蔬圃以广其居②，又营邸店规利。卢多逊为翰林学士，因召对屡攻其短。会雷有邻击登闻鼓③，讼堂后官胡赞④、李可度受赇枉法及刘伟伪作摄牒得官⑤，王洞尝纳赂可度，赵孚授西川官称疾不上⑥，

翻译

　　按照惯例，宰相、枢密使在长春殿等候皇帝召见问话的时候，是在同一间房子里休息的。太祖听说赵普的儿子承宗娶了枢密使李崇矩的女儿，马上下令，让宰相和枢密使分两处去等候召见。赵普用空地私自调换尚食的菜园，用来扩展自己的私宅，又经营旅店谋取财利。卢多逊当翰林学士，趁太祖召对的时候，多次揭发赵普的不法行为。恰巧雷有邻到登闻鼓院击鼓，控诉堂后官胡赞和李可度受贿枉法及刘伟伪造代理官职的公文而得到官职、王洞曾经向李可度行贿、赵孚被授予西川的官职但

皆普庇之。太祖怒，下御史府按问[⑦]，悉抵罪，以有邻为秘书省正字[⑧]。普恩益替，始诏参知政事与普更知印、押班、奏事，以分其权。未几，出为河阳三城节度、检校太傅、同平章事[⑨]。

自称有病而不去上任等事，这都是赵普包庇的。太祖大发脾气，命交御史府审问，对胡赞等人全都按照所犯罪行加以惩处，并任命雷有邻为秘书省正字。自此以后，太祖对待赵普越来越淡漠，并正式下诏授权参知政事与赵普轮流掌管中书的印章，上朝聚会时可以排在队伍的前头，并有权和宰相一块儿奏报事情，以此来分割赵普的权力。不久，太祖便免去了赵普的宰相职务，派他出朝担任河阳三城节度使、检校太傅、同平章事。

注释 ① 枢密使：掌管军事的机构枢密院的长官。长春殿：宫殿名。 ② 尚食：官署名，掌管皇帝膳食。 ③ 登闻鼓：登闻鼓院的鼓。登闻鼓院：官署名，主管接收文武官员和士民的章奏表疏。 ④ 堂后官：官名，中书办事官员。 ⑤ 赇（qiú）：贿赂。骫（wěi）：枉，曲。 ⑥ 西川：剑南西川的简称，即今四川西部。 ⑦ 御史府：官署名，监察机构。 ⑧ 秘书省：官署名，掌古今经籍图书、国史、实录、天文历数等事。正字：秘书省属官。 ⑨ 河阳三城：节镇名，治所在今河南孟州。检校太傅：外加的荣誉官衔。同平章事：此处是兼职，不管事。

原文

太平兴国初入朝……颇为卢多逊所毁，奉朝请数年[①]，郁郁不得志。会柴禹锡、赵镕等告秦王廷美骄恣[②]，将有阴谋窃发。帝召问，普言愿备枢轴以察奸

翻译

宋太宗太平兴国初年，赵普回到朝廷……常常受到卢多逊的谗言毁谤，奉朝请好几年，闷闷不乐，很不得意。柴禹锡、赵镕等人告发秦王廷美骄纵放肆，将有阴谋不轨之事发作。太宗召见赵普征求意见，赵普说愿意在中央担任机要职务，以便监视防范奸徒的变乱；

变;退又上书,自陈预闻太祖、昭宪皇太后顾托之事③,辞甚切至。太宗感悟,召见慰谕。俄拜司徒兼侍中④,封梁国公⑤。先是,秦王廷美班在宰相上,至是,以普勋旧,再登元辅,表乞居其下,从之。及涪陵事败⑥,多逊南迁⑦,皆普之力也。

退朝后,又向太宗上书,说自己曾经参与太祖、昭宪皇太后嘱托的事,言辞非常恳切。太宗看后很感动,特地召见他,给予安慰。不久又任命他为司徒兼侍中,封梁国公。在此以前,朝见皇帝时,秦王赵廷美排列班次在宰相的前面。到这时,因为赵普是元勋老臣,又第二次当了宰相,因此廷美上表,请求排班在赵普的后面,太宗应允了他的请求。及至涪陵县公廷美的事情败露,卢多逊被流放南方,都是赵普用的力。

注释 ① 奉朝请:指没有职掌而依旧逢一、五朝见皇帝。 ② 廷美:太宗弟弟。 ③ 昭宪皇太后:太祖、太宗之母杜太后。顾托:暗指杜太后临终要太祖传位弟弟之事,宋代称为"金匮之盟"。 ④ 司徒:外加的官衔。侍中:宋初是宰相职称。 ⑤ 梁国公:爵位,后同。 ⑥ 涪(fú)陵:即秦王赵廷美,后来被贬为涪陵县公,故称。事败:指赵廷美被诬陷要发动政变之事。 ⑦ 多逊南迁:赵廷美被贬时,卢多逊因为和赵廷美交往密切,也被指为参与了赵廷美的阴谋,所以被流放到崖州。赵廷美遭贬,多逊南迁,都是赵普任宰相后的事。

原文

　　八年,出为武胜军节度、检校太尉兼侍中①。帝作诗以饯之,普奉而泣曰:"陛下赐臣诗,当刻石,与臣朽骨同葬泉下。"帝为之动容。翌日,谓宰相曰:"普有

翻译

　　太平兴国八年(983),赵普离朝,担任武胜军节度使、检校太尉兼侍中。太宗在宴席上写诗为他饯行,赵普捧着诗篇,流着泪说:"陛下赐给我的诗,我要刻在石头上,让它和我的朽骨一同葬入地下。"太宗听后甚为感动。第二天,太

功国家,朕昔与游,今齿发衰矣,不容烦以枢务,择善地处之,因诗什以导意。普感激泣下,朕亦为之堕泪。"宋琪对曰②:"昨日普至中书,执御诗涕泣,谓臣曰:'此生余年,无阶上答,庶希来世得效犬马力。'臣昨闻普言,今复闻宣谕,君臣始终之分,可谓两全。"

宗对宰相说:"赵普对国家有功,我早年就同他相识交游,现在他已经高年,牙齿、头发都脱落了,不能够再用中央的政务来烦劳他,所以挑选了一个好地方安置他,并且写了诗篇表达我的意思。赵普因为感激而落泪,我也为他的话掉泪了。"宋琪回答说:"昨天赵普到中书来,捧着皇上的诗篇流泪,对我说:'我在这一生剩下的岁月里,已经无法报答皇上的恩情了,只望下一辈子能够效犬马之力。'我昨天听到赵普的话,今天又听到皇上的话,可见君臣之间各尽本分,做到善始善终,真可说是两全其美了。"

注释 ①武胜军:节镇名,治所在今河南邓州。侍中:此处是兼职,不管事。 ②宋琪:当时任宰相。

原文

雍熙三年春①,大军出讨幽蓟②,久未班师,普手疏谏曰:

翻译

宋太宗雍熙三年(986)春天,太宗派大军出征,讨伐幽、蓟一带地方,出兵很久了,还未班师回朝。赵普为此上奏疏进谏说:

注释 ①雍熙:宋太宗年号。 ②幽蓟:指被契丹占领的幽州、蓟州等十六州,在今河北北部(包括北京、天津)和山西北部一带。

原文

"伏睹今春出师，将以收复关外①，屡闻克捷，深快舆情。然晦朔屡更②，荐臻炎夏③，飞挽日繁④，战斗未息，劳师费财，诚无益也。

翻译

"今春王师出征，去收复关外失地，自出师以来，捷报频传，人心大快。然而出兵至今，已逾数月，入夏以来，又遇上酷暑，连日不消，而军运一天比一天繁忙，战斗还没有停息，这样既使军队疲乏，又耗费财力，实在没有好处。

注释 ① 关外：指瓦桥关、益津关以外的幽蓟十六州地区。 ② 晦：阴历月终。朔：阴历初一。晦朔：指一个月。 ③ 荐臻：重至，接连而来。 ④ 飞挽：急速运送。

原文

"伏念陛下自翦平太原，怀徕闽①、浙②，混一诸夏③，大振英声，十年之间，遂臻广济。远人不服，自古圣王置之度外，何足介意？窃虑邪诒之辈，蒙蔽睿聪④，致兴无名之师，深蹈不测之地。臣载披典籍，颇识前言，窃见汉武时主父偃⑤、徐乐、严安所上书及唐相姚元崇献明皇十事⑥，忠言至论，可举而行。伏望万机之暇，一赐观览，其失未远，虽悔可追。

翻译

"陛下自从平定太原，招抚闽、浙，统一中华以来，大大提高了声望，在十年时间内，就使广大的地区都沐浴到了皇上的恩泽。边远地区的人不愿降服，自古以来的圣明君王都置之度外，陛下又何必放在心上呢？我很担心有奸邪诒媚的人蒙蔽陛下的聪明智慧，以致使陛下发动没有正当名义和充分理由的战争，而深深陷入那吉凶不测的地方。我广阅经典史籍，记得前人的不少言论，曾见汉武帝时期的大臣主父偃、徐乐、严安等人所上的奏书，以及唐朝的宰相姚元崇呈给唐明皇的奏疏中谈到的十件事，那都是忠心的话语、正确的言论，可以按他们说的去做。希望陛下

"臣窃念大发骁雄，动摇百万之众，所得者少，所丧者多。又闻战者危事，难保其必胜；兵者凶器，深戒于不虞。所系甚大，不可不思。臣又闻上古圣人，心无固必，事不凝滞，理贵变通。前书有'兵久生变'之言，深为可虑，苟或更图稽缓，转失机宜。旬朔之间，时涉秋序，边庭早凉，弓劲马肥，我军久困，切虑此际，或误指踪。臣方冒宠以守藩，曷敢兴言而沮众？盖臣已日薄西山，余光无几，酬恩报国，正在斯时。伏望速诏班师，无容玩敌。"……

在处理完日常纷繁政务之后的空闲时间里，能够看一下这些奏书，错路还走得不远，只要悔悟，还来得及改正。

"我认为，大规模出动精锐的军队，使上百万的民众不得安宁，是一件得不偿失的事情。我又听说，战争是危险的事情，很难有必胜的把握；兵器是不祥之物，千万要高度警惕，绝不要发生什么意外。这件事关系重大，不能不深思熟虑。我又听说，古时的圣人都不固执己见，做事也不会一成不变，道理可贵就在于能够变通。以前的书中有'兵久生变'的话，很令人忧虑，不如及早撤军，免生不测之事，如果还想继续拖延下去，反会失掉最适宜的时机。再有十几天就到秋天了，边疆冷得早，敌人兵强马壮，而我军久已疲困，我很担心到那个时候，路途踪迹难寻，人马迷失方向。我刚刚蒙受皇恩，出守藩镇，哪敢任意说使众人丧气的话呢？只因我已是垂暮之年，剩下的日子也不多了，感谢皇恩报答国家，现在正是时候。希望陛下尽快下诏回军，绝不能轻敌。"……

注释　①怀徕：招来。闽：指割据漳泉一带的陈洪进政权。　②浙：指吴越国。③诸夏：泛指中国。　④睿：颂扬皇帝圣明之语。聪：听觉灵敏。　⑤汉武：汉武帝，公元前140年至公元前87年在位。主父偃：汉武帝时重要谋臣，官至中大夫。

⑥ 姚元崇：即姚崇，唐中期的著名宰相，与宋璟齐名，并称"姚宋"。明皇：唐玄宗。

原文

四年……会诏下亲耕籍田①，普表求入觐，辞甚恳切。上恻然谓宰相曰："普开国元臣，朕所尊礼，宜从其请。"既至，慰抚数四，普呜咽流涕。

陈王元僖上言曰②：

"伏见山南东道节度使赵普③，开国元老④，参谋缔构，厚重有识，不妄希求恩顾以全禄位，不私徇人情以邀名望，此真圣朝之良臣也。窃闻憸巧之辈⑤，朋党比周，众口嗷嗷，恶直丑正，恨不斥逐遐徼⑥，以快其心。何者？盖虑陛下之再用普也。然公谠之人，咸愿陛下复委以政，启沃君心，羽翼圣化。"……

翻译

雍熙四年（987）……正逢太宗下诏，亲自参加籍田仪式，赵普上表章，请求入朝进见皇上，辞语十分恳切。太宗看到表章以后，不禁伤感起来，对宰相说："赵普是开国元老，也是我所尊重的人，应该同意他的请求。"赵普到京城后，太宗再三安慰他，赵普极为感动，竟至呜咽流涕。

陈王赵元僖向太宗上表章说：

"山南东道节度使赵普，是开国元老，参与了建国大计，为人忠厚持重有见识，不随意要求国家的恩典和照顾，以求保全自己的俸禄官位，不私自照顾人情来博取名望，这真是我们国家优秀的大臣啊。听说奸邪浮夸的人，结成党羽，排斥异己，乱叫乱喊，他们憎恶和丑化正直的人，恨不得把他们贬斥到边远的地方，才感到高兴。为什么呢？就是因为害怕陛下再起用赵普啊。但是无私正直的人，都希望陛下重新交给他政事，使他能以治国之道开导君主之心，辅佐圣明的教化。"……

注释 ① 籍田:春耕前由皇帝象征性耕田的仪式。 ② 元禧:太宗的第二个儿子,当时任开封尹。 ③ 山南东道:节镇名,治所在今湖北襄阳。 ④ 开国:指宋朝建立。 ⑤ 恓(xiān):奸邪。 ⑥ 遐徼(xiá jiǎo):边远之地。

原文

籍田礼毕,太宗欲相吕蒙正,以其新进,借普旧德为之表率,册拜太保兼侍中①。帝谓之曰:"卿国之勋旧,朕所毗倚,古人耻其君不及尧、舜,卿其念哉。"普顿首谢。

翻译

籍田的仪式结束以后,太宗想任命吕蒙正为宰相,考虑他是新提拔上来的,有必要借助赵普的老臣德望为他作表率,就任命赵普为太保兼侍中。太宗对赵普说:"你是国家的元勋旧臣,也是我所依靠和看重的人,古人往往认为他们的君主比不上尧舜,是一件耻辱的事,请你也想想这一点吧。"赵普磕头表示感谢。

注释 ① 太保:官名,三公之一,多为大官加衔,并非实职。

原文

时枢密副使赵昌言与胡旦①、陈象舆、董俨、梁颢厚善。会旦令翟马周上封事②,排毁时政,普深嫉之,奏流马周,黜昌言等。郑州团练使侯莫陈利用骄肆僭侈③,大为不法,普廉得之,尽以条奏,利用坐流商州④,

翻译

当时,枢密副使赵昌言与胡旦、陈象舆、董俨、梁颢等关系亲密。正好胡旦让翟马周向皇帝上封事,诋毁当时的朝政,赵普深恨他们,就乘此机会上书,流放了翟马周,贬黜了赵昌言等人。郑州团练使侯莫陈利用骄横放纵,非分的奢侈,做了许多违法的事情,赵普查访得知后,把他的罪行全部列条上奏,侯莫陈

普固请诛之。其嫉恶强直皆此类。……

利用因此被流放到商州,后在赵普的坚决要求下,又被杀了头。赵普的刚强耿直、嫉恶如仇,都属于这一类。……

注释 ① 枢密副使:枢密院副长官。 ② 封事:密封的奏章,防止泄漏。 ③ 侯莫陈:是姓。利用:是名字。 ④ 商州:今陕西商洛。

原文

旧制,宰相以未时归第①,是岁大热,特许普夏中至午时归私第②。明年,免朝谒,止日赴中书视事,有大政则召对。冬,被疾请告,车驾屡幸其第省之,赐予加等。普遂称疾笃,三上表求致仕,上勉从之。以普为西京留守③、河南尹,依前守太保兼中书令④。普三表恳让,赐手诏曰:"开国旧勋,惟卿一人,不同他等。无至固让,俟首涂有日,当就第与卿为别。"普捧诏涕泣,因力疾请对,赐坐移晷⑤,颇言及国家事,上嘉纳之。普将发,车驾幸其第。

翻译

按以前的制度规定,宰相到未时才能回府第去,这一年天气非常热,太宗特别允许赵普在最热的中夏季节,到午时就可以回家。第二年,又免去他上朝参见的礼仪,只是每天到中书去办公,有重大的政事时才召他。这一年冬天,赵普因生病请假,太宗多次到他家中探望,并将赏赐他的东西增加一等。赵普便说自己病重,几次上表要求退休,太宗勉强同意了他的请求。任命赵普为西京留守、河南尹,仍然兼任太保兼中书令的官职。赵普又几次上表恳切辞让,太宗赐给他亲手书写的诏书说:"开国的旧有功勋大臣,只剩下你一个人了,所以不能与其他人一样对待。你不要坚持辞让了,等你定了上路的日子,我还要去你家,和你话别呢。"赵普捧着诏书流下了眼泪,于是竭力支撑着病体,请求朝见太宗,太宗赐给他座位,让他坐下,赵普坐了好久,谈到很多国家的事情,太宗赞许他的意见并加以采纳。赵普将要出发的时候,太宗亲自到他家去送别。

注释 ① 未时:十二时辰之一,相当于现在十三时至十五时。 ② 午时:十二时辰之一,相当于现在十一时至十三时。 ③ 西京:即河南府,今河南洛阳。留守:官名,首都或陪都、行都设,以地方长官兼。 ④ 中书令:原为中书省长官,宋代是虚职。 ⑤ 移晷(guǐ):日影移动。指过了一段时间。

原文

淳化三年春,以老衰久病,令留守通判刘昌言奉表求致政,中使驰传抚问①,凡三上表乞骸骨。拜太师②,封魏国公,给宰相奉料,令养疾,俟损日赴阙,仍遣其弟宗正少卿安易赍诏书赐之③,又特遣使赐普诏曰:"卿顷属微疴,恳求致政,朕以居守之重,虑烦耆耊④,维师之命,用表尊贤。伫闻有瘳,与朕相见。今赐羊酒如别录,卿宜爱精神,近医药,强饮食,以副朕眷遇之意。"七月卒,年七十一。……

翻译

宋太宗淳化三年(992)春天,赵普因年老体衰,长期有病,便让留守通判刘昌言代他奉表进奏,请求辞职退休,太宗闻奏后,派遣中使驾着驿车急忙赶来安抚慰问,赵普前后共三次上表,请求允许他告老还乡。然而太宗不许,拜他为太师,封魏国公,给他宰相的俸禄,令他养病,等病好了再到朝廷相见,并派他的弟弟宗正少卿安易带着诏书去赐给他,太宗又特地派遣使者赐诏书给赵普说:"你不久前身体偶有不适,便再三要求退休,看来我让你坐镇一方,肩负重责,想必会给你增添许多烦恼,今特拜你为太师,略表我对你的敬意。希望听到你病好的消息,能够与我相见。现在赐给你羊肉美酒,数目见所附清单,你要爱惜精神,勤用医药,勉力进点饮食,不要辜负了我的好意。"七月,赵普去世,享年七十一岁。

注释 ① 中使:皇帝派出的使者,指宦官。 ② 太师:官名,三公之一,大官加衔。
③ 宗正少卿:官名,管皇族事务的宗正寺副长官。 ④ 耆耋(qí dié):此处泛指老人。

原文

上闻之震悼,谓近臣曰:"普事先帝①,与朕故旧,能断大事。向与朕尝有不足,众所知也。朕君临以来,每优礼之,普亦倾竭自效,尽忠国家,真社稷臣也。朕甚惜之。"因出涕,左右感动。……

普少习吏事,寡学术,及为相,太祖常劝以读书,晚年手不释卷,每归私第,阖户启箧取书,读之竟日,及次日临政,处决如流。既薨,家人发箧视之,则《论语》二十篇也。

翻译

太宗听到赵普的死讯非常震惊,深表哀悼,并对近臣说:"赵普曾经辅佐先帝,又与我是故旧,能够决断大事。他从前有对不起我的地方,这是大家都知道的。但我自当皇帝以来,总是优待尊重他,他也能够竭尽全力为我效劳,尽忠于国家,他真称得上是善于治理国家的良臣啊。对于他的死,我感到万分痛惜。"太宗说着流下了眼泪,左右的人也被感动了。……

赵普从小就学习官吏办事的方法,但读书不多,到做了宰相后,太祖常常劝他读书,所以到晚年的时候,他总是手不释卷,常常一回到家就关上房门,打开箱子取出书,读上一整天,第二天处理起政务来,总是果断利落。及至他去世以后,家里的人打开箱子一看,原来是《论语》二十篇。

注释 ① 先帝:死去的皇帝,此处指太祖。

原文

普性深沉有岸谷，虽多忌克，而能以天下事为己任。宋初，在相位者多龌龊循默，普刚毅果断，未有其比。尝奏荐某人为某官，太祖不用。普明日复奏其人，亦不用。明日，普又以其人奏，太祖怒，碎裂奏牍掷地，普颜色不变，跪而拾之以归。他日补缀旧纸，复奏如初。太祖乃悟，卒用其人。又有群臣当迁官，太祖素恶其人，不与。普坚以为请，太祖怒曰："朕固不为迁官，卿若之何？"普曰："刑以惩恶，赏以酬功，古今通道也。且刑赏天下之刑赏，非陛下之刑赏，岂得以喜怒专之？"太祖怒甚，起，普亦随之。太祖入宫，普立于宫门，久之不去，竟得俞允。

太宗入弭德超之谗^①，疑曹彬不轨^②，属普再相，为彬辨雪保证，事状明白。太

翻译

赵普性情非常深沉，虽然对人常常嫉妒刻薄，但是能够把治理好国家大事看成是自己的责任。宋朝初年，在宰相位子上的人大多数器量狭小，遇事缄默无言，独赵普刚毅果断，无人能比。他曾经上奏，举荐某人为某官，太祖不肯任用。第二天，他还是推荐那人，太祖仍然不肯。第三天，他又向太祖推荐那个人，太祖发怒，把奏章撕碎扔到地上。赵普脸不变色，跪下拾起奏章返回家去了。过了几天，他把撕碎的奏章补贴好，再次像以前那样上奏。太祖方才省悟，终于任用了那个人。又一次，有一个大臣应当升官，太祖素来讨厌他，不给他升职。赵普坚决请求升职，太祖发怒说："我就是不给他升官，看你怎么办？"赵普："刑罚是用来惩罚坏人的，赏赐是用来酬劳功绩的，这是古今一致的道理。况且，刑赏是天下的刑赏，不是陛下一个人的刑赏，怎么能因为您个人的喜怒而独断专行呢？"太祖气极了，起身离去，赵普就跟在他后面。太祖进入皇宫，赵普就站在宫门口等候，很长时间也不离去，终于得到太祖的允诺。

太宗听信了弭德超的谗言，怀疑曹

宗叹曰:"朕听断不明,几误国事。"即日窜逐德超,遇彬如旧。

祖吉守郡为奸利,事觉下狱,案劾,爰书未具。郊礼将近[3],太宗疾其贪墨,遣中使谕旨执政曰:"郊赦可特勿贷祖吉[4]。"普奏曰:"败官抵罪,宜正刑辟。然国家卜郊肆类,对越天地,告于神明,奈何以吉而隳陛下赦令哉[5]?"太宗善其言,乃止。

真宗咸平初[6],追封韩王。……

彬不遵守法度,刚好这时赵普再次担任宰相,为曹彬分辨清楚并且予以担保,使事情的真相得以明白。太宗叹息说:"我听断不明,几乎误了国家的事。"当天就放逐了弭德超,对待曹彬一如既往。

祖吉做地方长官时非法谋取财利,事情暴露后被关进监狱,案件审理完毕,但案卷还没有办好。正巧南郊祭天的礼仪将要举行,太宗恨他贪图财利,就派遣中使去告诉执政:"郊礼大赦时,可以特地不宽免祖吉。"赵普进言说:"败坏官事抵罪,应当明正典刑。国家选择郊祭的日子释放各种人,是通于天地,禀告于神明的,为什么要因为祖吉而破坏陛下的赦令呢?"太宗赞许他的话,于是不再坚持不宽免祖吉了。

宋真宗咸平(998—1003)初年,追封赵普为韩王。……

注释 ① 弭德超:当时任镇州驻泊都监、酒坊使。 ② 曹彬:当时任枢密使。 ③ 郊礼:即郊祀,古代祭祀,在郊外祭祀天地。 ④ 郊赦:郊祀时,一般都要发布赦令,赦免罪犯。 ⑤ 隳(huī):毁坏。 ⑥ 咸平:宋真宗年号。

杨 业 传

导读

　　自唐末以来,原居我国东北地区的契丹族勃兴,他们在领袖耶律阿保机的领导下,建立了一个统一的国家,号称大辽,国力迅速壮大。在后晋石敬瑭时,夺走了原属后晋的河北、山西地区的幽云十六州之地,并经常派遣军队深入中原腹地进行骚扰。从后晋到宋真宗时期的澶渊之盟(1105)前,契丹的侵扰给中原人民带来了极大的灾难。杨业(? —986)就是在这一时期涌现出来的抗击契丹侵犯的著名将领,不论是在北汉还是在宋朝,他始终站在抗辽斗争的最前线,并留下了许多可歌可泣的动人事迹。在宋太宗雍熙三年(986)北伐契丹的战斗中,由于同僚的妒忌和陷害,杨业被俘,绝食而死,表现了可贵的民族气节。后来,人们为了纪念这位可敬的抗辽英雄,将他及他子孙的事迹编成了一系列杨家将的故事,以戏曲、小说的形式在人民中广泛传播开来。(选自卷二七二)

原文

　　杨业①,并州太原人②。父信,为汉麟州刺史③。业幼倜傥任侠,善骑射,好畋猎,所获倍于人。尝谓其徒曰:"我他日为将用兵,亦犹用鹰犬逐雉兔尔。"弱冠事

翻译

　　杨业是并州太原人,父亲杨信在后汉担任麟州刺史。杨业少年时性格豪爽,不拘小节,喜欢仗义行侠,善于骑马射箭,喜爱打猎,每次打猎,所得猎物总要比同伴多一倍。杨业曾对他的同伴说:"我以后当将军领兵打仗,也会像打

刘崇④,为保卫指挥使⑤,以骁勇闻。累迁至建雄军节度使⑥。屡立战功,所向克捷,国人号为"无敌"。

猎时用鹰犬去追逐野鸡和兔子一样。"他青少年时代就投归北汉,奉事北汉皇帝刘崇,担任保卫指挥使,并以勇猛矫健而闻名。经过多次提升以后,出任北汉建雄军节度使。在战争中多次立功,每战必胜,北汉人民都称他为"杨无敌"。

注释 ① 杨业:原名杨重贵,因在北汉皇帝刘崇手下做官,赐名为刘继业。北汉皇帝刘继元降宋后,宋太宗派人招他归宋,让他复姓杨,名业。但当时人们习惯称他为杨继业。 ② 并州:一般指今山西太原地区。当时的太原在今山西太原西南,但这里泛指山西。按五代至宋初,凡属北汉统治下的地区,习惯上都称作太原或河东。杨业实际是保德人,即今山西保德。 ③ 汉:指刘崇所建之北汉。麟州:今陕西神木北。刺史:北汉时州的最高长官。 ④ 刘崇:五代时建立北汉政权的第一个皇帝。 ⑤ 保卫指挥使:可能是北汉禁军的一种官职。 ⑥ 建雄军:节镇名,治所在今山西临汾。

原文

　　太宗征太原,素闻其名,尝购求之。既而孤垒甚危,业劝其主继元降①,以保生聚。继元既降,帝遣中使召见业②,大喜,以为右领军卫大将军③。师还,授郑州刺史④。帝以业老于边事,复迁代州⑤,兼三交驻泊兵马都部署⑥,帝密封囊装⑦,

翻译

　　太平兴国四年(979),宋太宗亲征北汉,兵至太原城下。因为平日早就听说杨业的名声,太宗曾经出重金想购求他。不久,太原城在宋军的包围下已成了一座孤城,形势危在旦夕,杨业劝北汉主刘继元主动投降,以保全太原城中百姓的生命。刘继元投降后,宋太宗派遣宫中的使者召见杨业,宋太宗因为得到杨业这样一员骁将,心中十分高兴,

赐予甚厚。会契丹入雁门⑧，业领麾下数千骑自西陉而出⑨，由小陉至雁门北口，南向背击之，契丹大败。以功迁云州观察使⑩，仍判郑州、代州⑪。自是契丹望见业旌旗，即引去。主将戍边者多忌之，有潜上谤书斥言其短，帝览之皆不问，封其奏以付业。

立即授予杨业右领军卫大将军的官位。出征北汉的大军凯旋后，又加授杨业郑州刺史之职。后来宋太宗考虑到杨业对边防事务十分熟悉，而且具有丰富的经验，因此，又升任他为知代州兼三交驻泊兵马都部署，并将许多宝物密封在口袋里，赏赐给他。有一次，正当契丹军队侵入雁门关时，杨业率领部下数千骑兵从代州北面的西陉寨出发，抄小路赶到雁门关的北口，从契丹军队的背后发动突然攻击，将契丹军队打得一败涂地。因立有战功，杨业被升为云州观察使，仍判郑州代州事。从此，契丹军队一看见杨业的军旗，就立即领兵逃走。这就引起了许多防守边境的主要将领的妒忌，有的人偷偷上书宋太宗，对杨业进行诽谤攻击，宋太宗看了这些奏疏后，都不予追问，还将那些攻击杨业的奏疏封好，交付杨业自己处理。

注释　①继元：即刘继元，是北汉最后一个皇帝。　②中使：帝王宫廷派出的使者，多由宦官充任。　③右领军卫大将军：宋禁卫官名，实为虚职。　④郑州：在今河南郑州南。　⑤代州：今山西代县。　⑥三交：即三交口，在太原府阳曲县北。驻泊兵马：指中央派出的轮流出外戍守的军队。都部署：官名，北宋前期临时委任的地区军事长官。当时潘美为都部署，此处"都"字，疑为衍文。　⑦橐（tuó）装：橐，袋子。橐装，即袋中装，这里指所装珠玉之类的宝物。　⑧雁门：指雁门关，在今山西雁门关西雁门山上。　⑨千：当作"百"。西陉：即西陉砦，属代州雁门县。　⑩云

州:宋时属辽,今山西大同。观察使:宋官名,实为虚职。 ⑪ 判:以高官兼任低职。

原文	翻译
雍熙三年①,大兵北征。以忠武军节度使潘美为云应路行营都部署②,命业副之。以西上阁门使、蔚州刺史王侁③,军器库使、顺州团练使刘文裕护其军④。诸军连拔云、应、寰、朔四州⑤,师次桑干河⑥,会曹彬之师不利⑦,诸路班师,美等归代州。	雍熙三年(986),宋朝军队开始了对契丹的大举征伐。宋太宗任命忠武军节度使潘美为云应路行营都部署,命令杨业为潘美的副手,并命令西上阁门使蔚州刺史王侁、军器库使顺州团练使刘文裕监护这支军队。当时,潘美手下的各路军队接连攻下契丹境内的云、应、寰、朔四州,大军已到达桑干河边,恰遇曹彬率领的部队打了败仗,各路北伐军队只好收兵回朝,潘美等人仍回归代州。

注释 ① 雍熙:宋太宗年号。 ② 忠武军:节镇名,治所在今河南许昌。潘美:即戏曲小说中的潘仁美、潘洪,宋初开国有功之臣,杨业死后,潘美受降职的处分。云应路:临时划分的军事区域,指云州、应州一线。行营都部署:也是北宋前期临时委任的地区军事长官。 ③ 西上阁门使:宋武官名。蔚州:辽州名,今河北蔚县。 ④ 军器库使:宋官名。顺州:辽州名,今北京顺义。团练使:官名,宋为武臣寄禄官,无实权。 ⑤ 应州:辽州名,今山西应县。寰州:在辽境内,今山西朔州东北的马邑。朔州:辽州名,今山西朔州。 ⑥ 桑干河:辽境内一条大河,流经现在山西、河北两省。 ⑦ 曹彬之师不利:指曹彬第二次攻涿州失败。

原文	翻译
未几,诏迁四州之民于内地,令美等以所部之兵护	不久,宋太宗下诏书,要将云、应、寰、朔四州的居民迁往内地,命令潘美

之。时,契丹国母萧氏①,与其大臣耶律汉宁、南北皮室及五押惕隐领众十余万②,复陷寰州。业谓美等曰:"今辽兵益盛③,不可与战。朝廷止令取数州之民,但领兵出大石路④,先遣人密告云、朔州守将,俟大军离代州日,令云州之众先出。我师次应州,契丹必来拒,即令朔州民出城,直入石碣谷⑤。遣强弩千人列于谷口⑥,以骑士援于中路,则三州之众,保万全矣。"侁沮其议曰:"领数万精兵而畏懦如此?但趋雁门北川中,鼓行而往。"文裕亦赞成之。业曰:"不可,此必败之势也。"侁曰:"君侯素号无敌⑦,今见敌逗挠不战,得非有他志乎?"业曰:"业非避死,盖时有未利,徒令杀伤士卒而功不立。今君责业以不死,当为诸公先。"

等人率领部下的军队护送这些居民。这时,契丹皇太后萧氏与他的大臣耶律汉宁、南北皮室及五押惕隐的官员一起,率领十几万军队向宋军进攻,又从宋军手中夺回寰州。杨业对潘美等人说:"现在辽国军队正处在士气最旺盛的时候,不能同他们交战。朝廷只命令我们把四州的居民护送到内地,因此,我们只要率领军队从大石寨这条路走,先派人秘密通知云、朔二州的守将,等我们的大部队离开代州城那天,就命令云州的老百姓迅速出城。我们的军队一到达应州,在寰州的契丹军队必然会来阻止我军,这时便可命令朔州百姓迅速出城,直接进入石碣谷。我们派遣持强弩的士兵一千人列守在石碣谷口,并派一些骑兵在山谷中间的道路上作为援兵,这样,云、朔、应三州的老百姓,就可以安全撤离了。"然而,王侁对此表示反对,他说:"我们率领着几万精锐军队,岂能这样胆小畏怯?只管朝雁门关北面的平川大道上击鼓而行。"刘文裕也赞成王侁的意见。杨业说:"不能这样,这样出兵势必失败。"王侁说:"你平日被人称为无敌,怎么现在遇到敌人却逗留徘徊不与交战呢?莫非你还有其他的意图吗?"杨业说:"我并非贪生怕死,只是现在出兵交战对我方不利,白白牺牲士兵而不能立功。既然现在你责备我不愿牺牲,那我就首先出战。"

注释 ① 萧氏:指辽景帝妻子、辽圣宗母亲萧绰。当时圣宗年幼,萧绰以皇太后身份管理国政,即戏曲小说中的萧太后。 ② 皮室:契丹语,有"金刚"之义,辽有皮室军五部,是辽国精锐部队。 ③ 辽:公元947年,契丹改国号为辽。 ④ 大石路:地名,代州繁峙县有大石砦,在今山西繁峙东北。 ⑤ 石碣谷:地名,辽朔州南,今山西朔州与宁武之间。 ⑥ 强弩:此处指强弩手,即带弩的步兵。 ⑦ 君侯:古时称列侯为君侯,后转为对尊贵者的敬称。

原文

将行,泣谓美曰:"此行必不利。业,太原降将,分当死。上不杀,宠以连帅①,授之兵柄。非纵敌不击,盖伺其便,将立尺寸功以报国恩。今诸君责业以避敌,业当先死于敌。"因指陈家谷口曰②:"诸君于此张步兵强弩,为左右翼以援,俟业转战至此,即以步兵夹击救之。不然,无遗类矣。"

翻译

临出兵前,杨业流着眼泪对潘美说:"这次出兵必定失败。我本是北汉投降的将领,按理当死。太宗皇帝不仅不杀我,还十分宠信,委任我为地方长官,并授予兵权。眼下我并不是放纵敌人不去进攻,只是想等候更有利的时机,以便能建立功勋,报答国家对我的恩典。现在,大家都以躲避强敌的罪名责备我,我自应首先战死在敌人跟前。"于是杨业指着代州西北的陈家谷口说:"请各位将军在这里埋伏下步兵和弓箭手,分成左右两翼准备支援,等我战败退到这里时,你们就命令伏兵从左右两边夹击敌军救援我。不然的话,只怕我会全军覆灭,不剩一人了。"

注释 ① 连帅：古十国诸侯之长名连帅，后泛称地方长官。 ② 陈家谷：地名，在辽朔州境内，今山西神池东、阳方口西南。

原文

美即与优领麾下兵阵于谷口，自寅至巳①。优使人登托逻台望之②，以为契丹败走，欲争其功，即领兵离谷口。美不能制，乃缘灰河西南行二十里③。俄闻业败，即麾兵却走。业力战，自午至暮，果至谷口。望见无人，即拊膺大恸，再率帐下士力战，身被数十创，士卒殆尽，业犹手刃数十百人。马重伤不能进，遂为契丹所擒，其子延玉亦没焉。业因太息曰："上遇我厚，期讨贼捍边以报，而反为奸臣所迫，致王师败绩，何面目求活耶！"乃不食，三日死。……

翻译

潘美与王优当时就带领部下士兵排好阵式，埋伏在陈家谷口，从寅时一直守到巳时。王优派人登上托逻台瞭望前面战场，以为契丹军队被杨业打败逃走，就想与杨业争功，马上带领军队离开陈家谷口。潘美阻挡不住，也只好带领军队沿着灰河向西南前进了二十里。不久，传来了杨业兵败的消息，潘美立即指挥军队退却。杨业奋力战斗，从中午一直打到傍晚，果然退到了陈家谷口。当他见陈家谷口没有伏兵时，当即捶胸大哭，随即再次率领部下奋力拼杀，直到身上受伤达几十处，士兵们也几乎全部战死，他还亲手斩杀了百十来个敌人。后来因为战马受了重伤，无法前进，他终于被契丹军队俘虏，他的儿子杨延玉也在这次战斗中牺牲。被俘后，杨业仰天长叹道："太宗皇帝待我恩重，我本来指望可以讨伐敌人、保卫边疆来报答皇恩，谁知却被奸臣逼迫出兵，致遭惨败，我还有什么脸面活下来呢！"于是绝食三天而死。……

注释 ① 寅:指寅时,十二时辰之一,相当于今三时至五时。巳:指巳时,十二时辰之一,相当于今九时至十一时。 ② 托逻台:地名,在辽朔州境,应在今山西神池东。 ③ 灰河:辽朔州境内河名,为桑干河的上游,也叫马邑川。

原文

业不知书,忠烈武勇,有智谋,练习攻战,与士卒同甘苦。代北苦寒,人多服毡罽①,业但挟纩,露坐治军事,傍不设火,侍者殆僵仆,而业怡然无寒色。为政简易,御下有恩,故士卒乐为之用。朔州之败,麾下尚百余人,业谓曰:"汝等各有父母妻子,与我俱死无益也,可走还报天子。"众皆感泣不肯去。淄州刺史王贵杀数十人②,矢尽遂死。余亦死,无一生还者。闻者皆流涕。……

翻译

杨业没有读过书,但品行忠烈,武艺高强,足智多谋,平日练习攻防战术时,他总是与士兵们同甘共苦。代州北部地区气候非常寒冷,人们都穿皮毛衣,而杨业却披着棉衣,在露天治理军中事务,并且身旁不放火炉,左右随从几乎快冻僵倒下了,他却谈笑自如,毫无寒意。杨业处理政务简易明快,统领部下有恩德,因此士兵们都乐意为他效力。朔州兵败时,杨业手下还剩一百多人,当时,杨业对他们说:"你们每人都有父母妻子,和我一起战死毫无益处,你们可以逃走,回朝廷将真实情况报告天子。"大家都感动得哭泣起来,不肯离去。淄州刺史王贵杀死敌人几十名,弓箭用完才被敌人杀死。其余将士也都战死沙场,没有一个活着回来的。听到这一消息的人,没有一个不为之痛哭流泪。……

注释 ① 罽(jì):皮织品。 ② 淄州:今山东淄博南。

寇 准 传

导读

　　寇准(962—1023)是宋朝初期一位有名的政治家。其主要政治活动是在宋太宗、宋真宗两朝,而影响最大的事件则是在宋真宗景德元年(1004)成功地抵御了契丹的南侵,并促成了宋辽和议的形成,促成了以后宋辽之间近百年的和平。

　　寇准刚正直率,敢于坚持自己的正确意见,甚至和皇帝当面论争。宋太宗曾将他比作唐代的魏徵。然而,他的过分直率也是政治上失败的重要原因。最高统治者的反感,奸佞的攻击,使寇准累遭贬谪,以致晚年死于岭南。寇准虽然是一位对宋初政治有过重要贡献的政治家,但也有一些毛病,如倚仗权势压人、生活过度骄奢等,给人不少的口实。(选自卷二八一)

原文

　　寇准,字平仲,华州下邽人也①。父相,晋开运中②,应辟为魏王府记室参军③。准少英迈,通《春秋》三传④。年十九,举进士。太宗取人,多临轩顾问,年少者往往罢去。或教准增年,答曰:"准方进取,可欺

翻译

　　寇准,字平仲,华州下邽人。父亲寇相,后晋开运年间,应征召做魏王府的记室参军。寇准少年时英俊豪迈,通晓《春秋》三传。十九岁考取进士。当时太宗录取进士,常常到殿前的平台视察提问,对年纪轻的人,往往不予录取。有人让寇准增报年龄,他回答说:"我目前刚准备要踏上仕途,怎么能欺骗皇上

君邪?"后中第,授大理评事,知归州巴东⑤、大名府成安县⑥。每期会赋役,未尝辄出符移,唯具乡里姓名揭县门,百姓莫敢后期。累迁殿中丞⑦、通判郓州⑧。……会诏百官言事,而准极陈利害,帝益器重之。……尝奏事殿中,语不合,帝怒,起,准辄引帝衣,令帝复坐,事决乃退。上由是嘉之,曰:"朕得寇准,犹文皇之得魏徵也。"⑨

呢?"后来他考取进士,授官大理评事,先后被任命为归州巴东县、大名府成安县的知县。他在担任知县时,每到征收赋税和征发徭役的时候,不是匆忙就发公文,只是开列县中应该纳税服役者的住址、姓名,张贴在县城门口,老百姓没有敢耽搁日期的。后来他经多次提拔,升到殿中丞,做了郓州的通判。……恰遇太宗下诏,让百官上书议论国家政事,寇准便大胆直言,陈说利害,因此越发受到太宗器重。……曾经有一次,他在朝廷上奏事,说话不合太宗心意,太宗大怒而起,他就拉住太宗的衣服,让太宗重新坐下来,直到事情解决了,他才退下。太宗因此赞许他,说:"我得到寇准,便如唐太宗得到了魏徵一样。"

注释　① 华州:即今陕西华阴和渭南之间。下邽:属华州,在今陕西渭南和蒲城之间。　② 开运:后晋少帝年号。　③ 记室参军:官名,相当于今天的秘书。　④《春秋》:相传孔子编写的春秋时期鲁国的一部史书。三传:解释《春秋》的《左传》《榖梁传》和《公羊传》三部书。　⑤ 归州:今湖北秭归。巴东:今湖北巴东,为归州属县。　⑥ 大名府:今河北大名。成安:今河北成安,大名府属县。　⑦ 殿中丞:官名,属殿中省,虚职。　⑧ 郓(yùn)州:今山东东平。　⑨ 文皇:即唐太宗。魏徵:唐太宗时的大臣,以直谏敢言有名。

原文

淳化二年春,大旱,太

翻译

淳化二年(991)春天,大旱,太宗召

宗延近臣问时政得失,众以天数对。准对曰:"《洪范》天人之际①,应若影响;大旱之证,盖刑有所不平也。"太宗怒,起入禁中。顷之,召准问所以不平状,准曰:"愿召二府至②,臣即言之。"有诏召二府入,准乃言曰:"顷者祖吉、王淮皆侮法受赇,吉赃少乃伏诛,淮以参政沔之弟,盗主守财至千万,止杖,仍复其官。非不平而何?"太宗以问沔,沔顿首谢,于是切责沔,而知准为可用矣。即拜准左谏议大夫③、枢密副使④,改同知院事⑤。

见亲近大臣询问是否处理朝政有不当之处,大臣们都说出现旱情是上天安排好了的。寇准回答说:"《洪范》说,天和人之间,相互有着影子、声响一样的感应;出现了大旱灾,证明施用刑罚有不公平的地方。"太宗生了气,起身退入宫中。过了一会儿,又召见寇准,问他什么地方不公平,寇准说:"请召中书与枢密院的大臣来,我就说。"太宗下诏,召二府大臣进入内宫,于是寇准说:"不久前,祖吉、王淮都因违法接受贿赂而被治罪,但贪赃数少的祖吉被杀掉了,而王淮却因为是参政王沔的弟弟,侵盗自己所主管的财物达到千万,反而只受杖刑,还恢复了官职。这不是不公平又是什么呢?"太宗向王沔询问此事,王沔叩头谢罪,太宗于是狠狠斥责了王沔,并由此知道寇准是可以任用的人。便任命寇准为左谏议大夫、枢密副使,不久又改任同知枢密院事。

注释 ①《洪范》:《尚书》中的一篇。 ② 二府:指中书与枢密院。 ③ 左谏议大夫:谏官名,虚职。 ④ 枢密副使:枢密院的副长官。 ⑤ 同知院事:职名,枢密院有时设枢密使、副使为长官,有时设知院事,同知院事为长官,前者地位高于后者。

原文

准与知院张逊数争事上前。他日，与温仲舒偕行①，道逢狂人迎马呼万岁，判左金吾王宾与逊雅相善②，逊嗾上其事③。准引仲舒为证，逊令宾独奏，其辞颇厉，且互斥其短。帝怒，谪逊，准亦罢知青州④。帝顾准厚，既行，念之，常不乐。……明年，召拜参知政事。……

翻译

寇准与知枢密院事张逊多次为一些事情在太宗面前争执。有一天，寇准与温仲舒同行，途中碰到个狂人迎着他们骑的马高呼万岁，掌管左金吾的王宾与张逊素来很要好，张逊便唆使他向太宗报告这件事。寇准提出温仲舒做证人，张逊则要让王宾单独报告，言辞很严厉，两人还互相指责对方的短处。太宗一怒之下，把张逊降职，也罢免了寇准的同知枢密院事之职，让他外出做了青州知州。太宗一向待寇准很好，因此寇准去青州后，太宗十分想念他，并常常因他不在身边而不高兴。……第二年又召回寇准，任命为参知政事。……

注释 ① 温仲舒：当时任枢密副使。 ② 左金吾：即左金吾卫，禁卫官属，不掌实事。 ③ 嗾（sǒu）：教唆。 ④ 青州：今山东青州。

原文

至道元年①，加给事中②。时太宗在位久，冯拯等上疏乞立储贰③，帝怒，斥之岭南④，中外无敢言者。准初自青州召还，入见，帝足创甚，自褰衣以示准⑤，且

翻译

至道元年（995），寇准在原官之外，又加升给事中。当时太宗在位的时间已经很长了，冯拯等人上奏疏，请求立太子，太宗发怒，把他们贬到岭南，于是朝廷内外没有人敢再提这件事。寇准刚从青州召还，入宫参见，太宗脚伤得很厉害，自己揭起衣裾让寇准看，并说：

曰："卿来何缓耶?"准对曰："臣非召不得至京师。"帝曰："朕诸子孰可以付神器者⑥?"准曰："陛下为天下择君,谋及妇人、中官⑦,不可也;谋及近臣,不可也;唯陛下择所以副天下望者。"帝俯首久之,屏左右曰："襄王可乎⑧?"准曰："知子莫若父,圣虑既以为可,愿即决定。"帝遂以襄王为开封尹,改封寿王,于是立为皇太子。庙见还,京师之人拥道喜跃,曰："少年天子也。"帝闻之不怿⑨,召准谓曰："人心遽属太子,欲置我何地?"准再拜贺曰："此社稷之福也。"帝入语后嫔,宫中皆前贺。复出,延准饮,极醉而罢。

"你为什么来得这么慢?"寇准回答说:"我不经征召是不能到京城的。"太宗说:"我的那些儿子中,谁可以继承皇位呢?"寇准说:"陛下为国家选择君主,不应该与妇女、中官商量;也不该与近臣商量;只请陛下选择能够符合天下期望的人。"太宗低头想了很久,屏退左右的人,对寇准说:"襄王可以吗?"寇准说:"了解儿子的人莫过于父亲了,皇上既然以为可以,请马上决定下来。"太宗便任命襄王为开封尹,改封寿王,立为皇太子。太子到宗庙拜见回来,京城的人夹道观看,喜悦跳跃,说:"真是个少年天子啊。"太宗得知后不高兴,召见寇准,对他说:"人心一下子归了太子,那将把我摆在什么地位呢?"寇准又一次跪下来磕头祝贺说:"太子众望所归,这是国家的福气啊。"太宗到后宫将此事告诉了皇后、嫔妃,一时后宫的人都前来祝贺。于是太宗又出来,邀请寇准喝酒,直到大醉才罢休。

原文

二年,祠南郊①,中外官皆进秩。准素所喜者多得台省清要官②,所恶不及知者退序进之③。彭惟节位素居冯拯下,拯转虞部员外郎④,惟节转屯田员外郎⑤,章奏列衔,惟节犹处其下。准怒,堂帖戒拯毋乱朝制⑥。拯愤极,陈准擅权,又条上岭南官吏除拜不平数事。广东转运使康戬亦言⑦:"吕端⑧、张洎⑨、李昌龄皆准所引⑩,端德之,洎能曲奉准,而昌龄畏懦,不敢与准抗,故得以任胸臆,乱经制。"太宗怒,准适祀太庙摄事⑪,召责端等。端曰:"准性刚自任,臣等不欲数争,虑伤国体。"因再拜请罪。及准入对,帝语及冯拯事,自辩。帝曰:"若廷辩,失执政体。"准犹力争不已,又持中书簿论曲直于帝前,帝益不悦,因叹曰:"鼠雀尚知人意,况人

翻译

至道二年(996),在南郊祭祀后,朝廷内外官员都加了官爵。寇准平常喜爱的人大多数得到了台省的清贵官职,他所讨厌的和不了解的人,就给他们升低于按资格次序应该升的官。彭惟节的官位一直在冯拯之下,冯拯升为虞部员外郎,而彭惟节升为屯田员外郎,但在章奏上排列名字官衔的时候,彭惟节仍然列名在冯拯的后面。寇准发怒,发下堂帖,警告冯拯不要扰乱朝廷的制度。冯拯气愤极了,上书诉说寇准独揽大权,又向太宗陈述岭南官吏升迁中的几件不公平事。广东转运使康戬也说:"吕端、张洎、李昌龄都是寇准所引荐的,吕端感激他的恩德,张洎只会委曲奉承寇准,而李昌龄胆小怕事,不敢和寇准抗争,所以寇准得以随心所欲,搞乱了国家的制度。"太宗听后极为生气,当时寇准恰巧去太庙代理主持祭祀,太宗就召见吕端等人,对他们进行了斥责。吕端说:"寇准性情刚烈,喜欢自己做主,我们不愿意常争吵,恐怕那样会伤害国家的体面。"于是一再跪拜谢罪。等到寇准入朝参见,太宗谈到冯拯升官的事,寇准为自己辩解。太宗说:"如果在朝廷上争辩,就有失执政的体面了。"

乎?"遂罢准知邓州。······

寇准仍然力争不止,又拿着中书的文册在太宗面前争论是非,太宗更不高兴,叹息说:"鼠和鸟还能体会到人的意思,何况是人呢?"于是罢免了寇准参知政事的职务,派他去做邓州的知州。······

注释 ① 祠南郊:在城南祭祀天地。 ② 台:指御史台。省:尚书省、中书省和门下省。台省:泛指中央。 ③ 序:升官的先后次序,这是有规定的。本应升到某一级而只升到低于这级的官,叫退序。 ④ 虞部:工部的一个机构,管工商业等。员外郎:官名,位于郎中之下。 ⑤ 屯田:工部的一个部门。在转官资序上,屯田高于虞部。 ⑥ 堂帖:宰相所下判事文书。 ⑦ 广东:即广南东路,大致相当于除去茂名市、雷州半岛的今广东省。 ⑧ 吕端:当时任宰相。 ⑨ 张洎:是参知政事。 ⑩ 李昌龄:是参知政事。 ⑪ 太庙:帝王祭祀祖先的庙。

原文

　　(咸平)六年①,迁兵部②,为三司使。时合盐铁、度支、户部为一使,真宗命准裁定,遂以六判官分掌之③,繁简始适中。

翻译

　　宋真宗咸平六年(1003),寇准升为兵部侍郎,担任三司使。当时刚把盐铁、度支、户部合并为三司使,真宗命令由寇准斟酌决定合并后的有关事项,于是寇准提出以六位判官分别掌管三司的事务,从而使政务的繁简得当。

注释 ① 咸平:宋真宗年号。 ② 兵部:在此以前,寇准的官是工部侍郎,此处指升为兵部侍郎。兵部侍郎是兵部副长官,虚职。 ③ 判官:官名,在三司中地位低于三司使和副使。

原文

帝久欲相准,患其刚直难独任。景德元年,以毕士安参知政事。逾月,并命同中书门下平章事,准以集贤殿大学士位士安下①。是时,契丹内寇,纵游骑掠深②、祁间③,小不利辄引去,徜徉无斗意。准曰:"是狃我也④。请练师命将,简骁锐据要害以备之。"是冬,契丹果大入。急书一夕凡五至,准不发,饮笑自如。明日,同列以闻,帝大骇,以问准。准曰:"陛下欲了此,不过五日尔。"因请帝幸澶州⑤。同列惧,欲退,准止之,令候驾起。帝难之,欲还内。准曰:"陛下入则臣不得见,大事去矣,请毋还而行。"帝乃议亲征,召群臣问方略。

翻译

真宗早就想任命寇准为宰相,但担心他性格刚直,不便让他一人独任。景德元年(1004),任命毕士安为参知政事。过了一个月,寇准与毕士安一同被任命为同中书门下平章事,寇准以集贤殿大学士,位次在毕士安之下。当时,契丹南下侵犯,派遣了一支游击骑兵到深州、祁州一带掳掠,他们一遇到小小的不利就急忙领兵退却,游走徘徊,没有交战的意思。寇准说:"这是想麻痹我们。应当训练军队,任命将帅,并选精锐部队占据要害地方,以防备他们进攻。"当年冬天,契丹军队果然大规模侵入宋境。报告军情的紧急文书一晚上就到了五次,寇准全都不打开,只管喝酒,谈笑自如。第二天,同僚将这件事报告了真宗,真宗大惊,询问寇准。寇准说:"陛下要了结这件事,不过五天时间就足够了。"于是提出请真宗御驾亲往澶州。同僚们极为害怕,纷纷打算退朝,寇准制止了他们,命令等候皇帝一同起身。真宗感到为难,想回内宫。寇准说:"陛下一进去,那我就见不到您,大事就完了,请不要回宫,马上就走。"真宗这才决定讨论对契丹亲征的事,并召见大臣们询问征讨的办法。

注释 ① 集贤殿大学士:宰相的加官。宋初,宰相为二人时,首相加监修国史,次相加集贤殿大学士。 ② 深:即深州,在今河北深州南。 ③ 祁:即祁州,在今河北安国。 ④ 狃(niǔ):习惯,习以为常。 ⑤ 澶州:今河南濮阳。

原文

　　既而契丹围瀛州①,直犯贝②、魏③,中外震骇。参知政事王钦若,江南人也,请幸金陵④;陈尧叟⑤,蜀人也,请幸成都⑥。帝问准,准心知二人谋,乃阳若不知,曰:"谁为陛下画此策者?罪可诛也!今陛下神武,将臣协和,若大驾亲征,贼自当遁去。不然,出奇以挠其谋⑦,坚守以老其师,劳佚之势,我得胜算矣。奈何弃庙社欲幸楚、蜀远地?所在人心崩溃,贼乘势深入,天下可复保邪?"遂请帝幸澶州。

翻译

　　不久,契丹包围了瀛州,直攻贝州、魏州,全国震惊。参知政事王钦若是江南人,请真宗去金陵;陈尧叟是四川人,请真宗到成都。真宗问寇准的意见如何,寇准心中十分清楚他俩的计划,却故意装作不知道,说:"谁给陛下出的这个主意?真是该杀!现在陛下神圣英武,武将文臣都同心协力,如果您亲自出征,敌人自然会逃走。纵令敌人不逃,我们可派出奇兵去破坏他们的计划,同时坚守城池以待他们的军队疲惫,如此以逸待劳,我们也稳操胜券。为什么要抛弃宗庙社稷而去江南、四川那样遥远的地方?所到之处,人心涣散,倘若敌人乘机深入我国境地,天下还能够保得住吗?"于是请真宗去到澶州。

注释 ① 瀛州:今河北河间。 ② 贝州:今河北武城。 ③ 魏州:今河北大名东北。 ④ 金陵:今江苏南京,古代是楚国之地。 ⑤ 陈尧叟:当时任签书枢密院事。 ⑥ 成都:今四川成都。 ⑦ 奇:指奇兵,即乘敌不意而突袭的部队。

原文

及至南城①，契丹兵方盛，众请驻跸以觇军势。准固请曰："陛下不过河，则人心益危，敌气未慑，非所以取威决胜也。且王超领劲兵屯中山以扼其亢，李继隆、石保吉分大阵以扼其左右肘，四方征镇赴援者日至，何疑而不进？"众议皆惧，准力争之，不决。出遇高琼于屏间②，谓曰："太尉受国恩③，今日有以报乎？"对曰："琼武人，愿效死。"准复入对，琼随立庭下，准厉声曰："陛下不以臣言为然，盍试问琼等？"琼即仰奏曰："寇准言是。"准曰："机不可失，宜趣驾。"琼即麾卫士进辇，帝遂渡河，御北城门楼。远近望见御盖，踊跃欢呼，声闻数十里。契丹相视惊愕，不能成列。

翻译

到了澶州南城，契丹军队的气势正盛，大家都请求真宗住下来，以观察敌我形势。寇准则坚决请求说："陛下如果不过黄河，人心就会更加恐惧，而敌人的气焰却没有压住，这样做，怎能树立军威取得胜利呢？况且，王超率领精锐强悍的部队驻扎在中山，控制着敌人的咽喉要害；李继隆、石保吉领兵分别布成了大阵，控制了左右两侧；各地来支援的军队每天都有到达的，在这种形势下，为什么还疑虑而不前进呢？"然而由于多数人都表现出畏敌情绪，尽管寇准竭力争论，真宗仍然犹疑不定。寇准退出来，在屏风间遇到了高琼，便对他说："太尉蒙受国家的恩惠，今天能够有所报答吗？"高琼回答说："我是军人，愿以死报效国家。"于是寇准又进去奏报，高琼跟进去站在行宫庭下，寇准大声说："陛下如果认为我的话不对，何不问一下高琼他们？"高琼随即抬头上奏说："寇准的意见是正确的，望陛下采纳。"寇准又对高琼说："机不可失，应当催促皇帝赶快出发。"高琼就指挥卫士推进皇帝乘坐的车子，真宗于是渡过黄河，登上了澶州北城的门楼。远近军士们望见皇帝的伞盖，踊跃欢呼，声音传到几十里外。契丹士兵听到欢呼声,面面相觑惊愕不已,以至连队列都混乱了。

注释 ① 南城:当时澶州分为南北二城,分别在黄河南北。 ② 高琼:当时任殿前都指挥使,领节度使。 ③ 太尉:禁军高级将领一般都有"检校太尉"的官衔,所以常尊称为"太尉"。

原文

帝尽以军事委准,准承制专决,号令明肃,士卒喜悦。敌数千骑乘胜薄城下,诏士卒迎击,斩获太半,乃引去。上还行宫,留准居城上,徐使人视准何为,准方与杨亿饮博①,歌谑欢呼。帝喜曰:"准如此,吾复何忧?"相持十余日,其统军挞览出督战②。时威虎军头张瑰守床子弩③,弩撼机发,矢中挞览额,挞览死,乃密奉书请盟。准不从,而使者来请益坚,帝将许之,准欲邀使称臣,且献幽州地。帝厌兵,欲羁縻不绝而已。有谮准幸兵以自取重者,准不得已许之。帝遣曹利用如军

翻译

真宗到澶州后,把军务全部委托给寇准去处理,寇准按照皇帝的旨意全权指挥决定,号令严明整肃,士兵们都很高兴。不久敌人有数千骑兵乘胜进逼到城下,真宗下令士兵迎击,斩杀和俘虏了敌军大半,于是敌军退去。真宗回到行宫,留下寇准住在城楼上,过了一会儿,真宗派人去观察寇准在干什么,却见寇准正与杨亿喝酒赌输赢胜负,唱歌欢呼,打趣逗乐。真宗听到汇报后,高兴地说:"寇准这样轻松,我还有什么忧虑的呢?"宋军和契丹军相持了十几天后,契丹的统军萧挞览出来督战。当时,威虎军头张瑰守着床子弩,发动弩机,一箭射中萧挞览的前额,萧挞览中箭身亡,于是契丹秘密送上书信,请求订立盟约。寇准不同意,契丹使者请求得更加坚决。真宗准备同意他们的要求,但寇准想要让契丹称臣,并且献出

中议岁币④,曰:"百万以下皆可许也。"准召利用至幄,语曰:"虽有敕,汝所许毋过三十万,过三十万,吾斩汝矣。"利用至军,果以三十万成约而还。河北罢兵,准之力也。

幽州一带地方。无奈真宗厌恶打仗,只想笼络契丹,不断绝关系就行了。这时又有人攻击寇准想靠战事来提高自己的地位,寇准不得已只好同意与契丹议和。真宗派曹利用到契丹军中商量每年送给契丹财礼的事,说:"百万以下的要求,都可以同意。"寇准把曹利用召到营帐中,告诉他:"虽然皇帝有命令,但你所同意的数目不能超过三十万,超过了三十万,我就杀你的头。"曹利用到契丹军中,果然以三十万的数目达成和约归来。这次河北战事能够顺利结束,都是依靠寇准的力量。

注释 ① 杨亿:与寇准友善,当时任知制诰。 ② 统军:即统军使,挞览当时任辽的南京统军使,是统率南京汉军的长官,辽南侵时的先锋。 ③ 威虎:属侍卫步军司虎翼军。床子弩:一种大型弩机,可发箭射至七百步。 ④ 岁币:即宋朝每年送给契丹的财物。

原文

准在相位,用人不以次,同列颇不悦。它日,又除官,同列因吏持例簿以进。准曰:"宰相所以进贤退不肖也,若用例,一吏职尔。"二年,加中书侍郎兼工部尚书。准颇自矜澶渊之

翻译

寇准做宰相,用人不论资排辈,同僚们很不高兴。有一天,又要任命官吏,同僚让一个小吏拿着记载惯例的文书呈进。寇准说:"宰相就是要引进贤人,斥退不贤的人,如果只按惯例办,那只用一个小吏办就行了。"景德二年(1005),加官为中书侍郎兼工部尚书。

功,虽帝亦以此待准甚厚。王钦若深嫉之。一日会朝,准先退,帝目送之,钦若因进曰:"陛下敬寇准,为其有社稷功邪?"帝曰:"然。"钦若曰:"澶渊之役,陛下不以为耻,而谓准有社稷功,何也?"帝愕然曰:"何故?"钦若曰:"城下之盟,《春秋》耻之;澶渊之举,是城下之盟也。以万乘之贵而为城下之盟,其何耻如之?"帝愀然为之不悦^①。钦若曰:"陛下闻博乎?博者输钱欲尽,乃罄所有出之,谓之孤注。陛下,寇准之孤注也,斯亦危矣!"

由是,帝顾准寖衰。明年,罢为刑部尚书^②、知陕州^③,遂用王旦为相。帝谓旦曰:"寇准多许人官,以为己恩。俟行,当深戒之。"……迁兵部尚书,入判都省^④。幸亳州^⑤,权东京留守^⑥。……

寇准很以澶渊之战的功劳而自豪,就是真宗也因此而对他特别好。王钦若因此非常嫉妒和仇恨他。有一天,大臣们在朝廷相会,寇准先退朝,真宗目送他离去,王钦若乘机上前说:"陛下敬重寇准,是因为他有保卫社稷的功劳吗?"真宗说:"是的。"王钦若说:"澶渊那一仗,陛下不认为是耻辱,反而说寇准有保卫社稷的功劳,这是为什么呀?"真宗吃惊地说:"怎么是耻辱呢?"王钦若说:"兵临城下签订的盟约,在《春秋》的记载中是耻辱的事情;我们在澶渊的行动,就是城下之盟啊。以帝王这样尊贵的地位而签订城下之盟,还有比这更大的耻辱吗?"真宗脸色一沉,极不高兴。王钦若说:"陛下听说过赌博吗?赌钱的人在钱快输光的时候,就把剩下的钱全部拿出来下赌注,这就叫作孤注。陛下就是寇准的孤注啊,真够危险的了!"

由于听了王钦若的一番话,真宗对待寇准逐渐疏远了。第二年,免去了寇准的宰相职务,派他担任刑部尚书、陕州知州,于是起用王旦为宰相。真宗对王旦说:"寇准屡次答应给人家官职,把这当作自己对人的恩典。等他去上任的时候,要好好告诫他。"……后来,寇准又升为兵部尚书,回到朝廷,掌管尚书省。真宗到亳州去时,寇准还临时担任过东京留守。……

注释　① 愀（qiǎo）然：形容不愉快。　② 刑部：尚书省六部之一。尚书：刑部的长官。刑部尚书是虚职。　③ 陕州：今河南三门峡。　④ 都省：尚书省别称。　⑤ 亳州：今安徽亳州。　⑥ 东京：北宋首都开封。

原文

　　天禧元年，改山南东道节度使，时巡检朱能挟内侍都知周怀政诈为天书①，上以问王旦。旦曰："始不信天书者准也。今天书降，须令准上之。"准从上其书，中外皆以为非。遂拜中书侍郎兼吏部尚书、同平章事、景灵宫使②。

翻译

　　天禧元年（1017），寇准改任山南东道节度使，当时巡检朱能伙同内侍都知周怀政假造天书，真宗问王旦这事应当如何办。王旦说："最初不相信天书的人就是寇准。现在降下了天书，就要让他来进献。"寇准按照朝廷的意思，献上了那份天书，朝廷内外人士都认为这样做不对。于是就这样任命了寇准为中书侍郎兼吏部尚书、同平章事、景灵宫使。

注释　① 内侍都知：内侍省长官。内侍省：拱侍殿中，备洒扫之职、役使杂品者隶之。然此处误，当时周怀政为入内内侍副都知，是入内内侍省副长官。入内内侍省：通侍禁中、役服亵近者隶之，比内侍省更为亲近。天书：指天上降下来的书卷，大中祥符元年（1008）真宗与王钦若首先伪造天书。　② 中书侍郎：中书省副长官，虚衔。景灵宫：创建于大中祥符五年（1012），以宰相兼使。

原文

　　三年……真宗得风疾，刘太后预政于内①。准请间曰："皇太子人所属望，愿陛下思宗庙之重，传以神器，

翻译

　　天禧三年（1019）……真宗得病中风，刘皇后在宫内干预朝政。寇准请求屏开左右之人，对真宗说："皇太子人望所属，希望陛下考虑到国家大事的重

择方正大臣为羽翼。丁谓②、钱惟演③，佞人也，不可以辅少主。"帝然之。准密令翰林学士杨亿草表，请太子监国，且欲援亿辅政。已而谋泄，罢为太子太傅，封莱国公。时怀政反侧不自安，且忧得罪，乃谋杀大臣，请罢皇后预政，奉帝为太上皇，而传位太子，复相准。客省使杨崇勋等以告丁谓④，谓微服夜乘犊车诣曹利用计事⑤，明日以闻。乃诛怀政，降准为太常卿⑥，知相州⑦，徙安州⑧，贬道州司马⑨。帝初不知也，他日，问左右曰："吾目中久不见寇准，何也？"左右莫敢对。帝崩时亦言惟准与李迪可托⑩，其见重如此。

要，把皇位传给他，并选择端方正直的大臣辅佐。丁谓、钱惟演是奸邪小人，不能让他们辅佐年轻君主。"真宗同意了他的建议。寇准秘密地命令翰林学士杨亿起草表章，安排让太子监理国政，并且想提拔杨亿辅佐国政。不久计划泄露，他被免去职务，改任太子太傅，受封为莱国公。当时，周怀政担心伪造天书事败露，心中惶惶不安，唯恐自己被治罪，于是阴谋杀害大臣，谋请停止皇后干预政事，尊奉真宗做太上皇，而把帝位传给太子，仍然让寇准担任宰相。客省使杨崇勋等人把这件事告诉了丁谓，丁谓便在夜里身着便服，乘坐牛车赶到曹利用家中商量，第二天他们将此事报告了刘皇后。于是刘皇后下令诛杀了周怀政，并把寇准降为太常卿，派出去担任相州知州，又调换到安州做知州，接着又贬为道州司马。真宗最初不知道这些情况，后来有一天，他问左右的人说："我很久没有看到寇准了，这是什么缘故？"左右的人都不敢回答。真宗临死的时候还说，只有寇准与李迪可以托付后事，寇准就是这样为真宗所看重。

注释 ①刘太后：这是后人追称，就是真宗的皇后刘氏。 ②丁谓：当时任参知政事。 ③钱惟演：当时任翰林学士。 ④客省使：官名，负责接待工作。 ⑤曹利用：当时任枢密使、同平章事。 ⑥ 太常卿：太常寺的长官，虚职。 ⑦ 相州：今河南安阳。 ⑧ 安州：今湖北安陆。 ⑨ 道州：今湖南道县。司马：官名，州的佐官，宋代是虚职。 ⑩ 李迪：天禧四年(1020)六月寇准罢相后，与丁谓同任宰相。因与丁谓忿争，十一月被罢职。

原文

乾兴元年①，再贬雷州司户参军②。初，丁谓出准门至参政，事准甚谨。尝会食中书，羹污准须，谓起，徐拂之。准笑曰："参政国之大臣，乃为官长拂须邪？"谓甚愧之，由是倾构日深。及准贬未几，谓亦南窜，道雷州，准遣人以一蒸羊逆境上。谓欲见准，准拒绝之。闻家僮谋欲报仇者，乃杜门使纵博，毋得出，伺谓行远，乃罢。

翻译

乾兴元年(1022)，寇准再次被贬为雷州司户参军。当初，丁谓出寇准门下，当到了参知政事，伺奉寇准很谨慎小心。他俩曾经一道在中书吃饭，寇准的胡须沾上了汤，丁谓起身，仔细擦掉寇准胡须上的汤汁。寇准笑着说："参知政事是国家的大臣，还为官长擦胡须吗？"丁谓羞愧难当，从此日益强烈地想陷害寇准。寇准被贬斥后没有多久，丁谓也被流放到南方，途中经过雷州，寇准派人在州境上迎候，并送上一只蒸羊。丁谓要见寇准，寇准拒绝了他的要求。寇准听说家里的仆人中有人计划要报仇，就关起门来让他们赌博游戏，不许外出，等到丁谓走远了，才将仆人放出来。

注释 ① 乾兴：宋真宗最后一个年号。 ② 雷州：今广东海康。司户参军：州的幕职官，此处是虚衔。

原文

天圣元年,徙衡州司马①。初,太宗尝得通天犀②,命工为二带,一以赐准。及是,准遣人取自洛中,既至数日,沐浴,具朝服③,束带,北面再拜,呼左右趣设卧具,就榻而卒。

翻译

天圣元年(1023),寇准改任衡州司马。当初太宗曾经得到一支通天犀,让工匠做成两条带子,把一条赐给寇准。到这时候,寇准派人从洛阳取来了犀带,过了几天,寇准洗过澡,穿上朝服,束上犀带,向北面拜了两次,招呼左右的人赶快设置卧具,上床睡下,就这样死去了。

注释 ① 衡州:今湖南衡阳。 ② 通天犀:一种犀牛的角。 ③ 朝服:君臣朝会时所穿的礼服。

原文

初,张咏在成都①,闻准入相,谓其僚属曰:"寇公奇材,惜学术不足尔。"及准出陕,咏适自成都罢还,准严供帐,大为具待。咏将去,准送之郊,问曰:"何以教准?"咏徐曰:"《霍光传》不可不读也。"准莫谕其意。归取其传读之,至"不学无术",笑曰:"此张公谓我矣。"……

在雷州逾年。既卒,衡

翻译

当初,张咏在成都担任知州时,听说寇准入朝担任宰相,便对他的同僚和属下说:"寇公是个奇才,可惜学术不足啊。"等到寇准担任陕州知州时,张咏刚好从成都免职回朝,路过陕州,寇准郑重地陈设了帷帐等用具,隆重款待张咏。张咏离去时,寇准送到郊外,问他:"您对我有什么教诲吗?"张咏慢吞吞地说:"《霍光传》不可以不读。"寇准不明白他的意思,回去后取出《汉书·霍光传》阅读,读到"不学无术"一句时,笑着说:"这是张公说我啊。"……

寇准在雷州住了一年多。在他死

州之命乃至,遂归葬西京。道出荆南公安②,县人皆设祭哭于路,折竹植地,挂纸钱,逾月视之,枯竹尽生笋。众因为立庙,岁时享之。……

后,调往衡州的任命才到,于是就将尸体运回洛阳安葬。途中经过荆州公安县时,县里的人都哭着在路旁祭奠他,大家折下竹子插在地上,挂上纸钱,过了一个月去看,那些枯竹都已长出笋来。众人因此而为他建了一座庙,每年都按时前往祭祀。……

注释 ① 张咏:与寇准同年考取进士,相友善,为宋初治蜀名臣。 ② 公安:今湖北公安西北。

范 仲 淹 传

导读

　　在中国封建社会中,范仲淹(989—1052)是一位始终为后人敬重的政治家。"先天下之忧而忧,后天下之乐而乐",不仅是他的人生哲学,而且是他一生的重要实践。他的一生活动,正是中国儒家士大夫强调"知行合一"、身体力行的光辉典范。

　　范仲淹一生主要干了两件大事,一是在西北边境展开了对西夏有效的防御,二是主持了宋仁宗庆历年间的改革。前者可以说取得了很大的成绩,而后者却失败了。庆历改革虽然失败,却为宋神宗时候的王安石变法开启了先河。

　　范仲淹不仅是一位政治家,而且还是一位文学家,虽然他的作品留存下来的不多,但脍炙人口的名篇《渔家傲》和《岳阳楼记》,千百年来一直传诵于人们口中。(选自卷三一四)

原文

　　范仲淹,字希文……其先,邠州人也①,后徙家江南,遂为苏州吴县人②。仲淹二岁而孤,母更适长山朱氏③,从其姓,名说。少有志操,既长,知其世家,乃感泣辞母,去之应天府④,依戚同

翻译

　　范仲淹,字希文……祖籍原为邠州,后来全家迁徙到江南,成了苏州吴县人。范仲淹两岁的时候,父亲就死了,母亲改嫁给长山一个姓朱的人,他也随继父姓朱,起名叫说。范仲淹少年时就很有志气,品行优良,长大后,他了解到自己的家世,便怀着伤感的心情,

文学。昼夜不息,冬月惫甚,以水沃面;食不给,至以糜粥继之,人不能堪,仲淹不苦也。举进士第,为广德军司理参军⑤,迎其母归养。改集庆军节度推官⑥,始还姓,更其名。……

含泪辞别了母亲,来到应天府,在戚同文门下学习。他日夜不停地刻苦读书,冬天学得十分疲累的时候,就用冷水浇脸;粮食不够时,就以碎米粥来充饥,这种一般人都不能忍受的困难,范仲淹却丝毫不以为苦。后来他考上进士,被任命为广德军司理参军后,便将母亲接来赡养。不久他改任集庆军节度推官,这时才恢复范姓,改名为仲淹。……

注释 ① 邠(bīn)州:今陕西彬州。 ② 苏州吴县:今江苏苏州。 ③ 长山:今山东淄博西北、邹平东。 ④ 应天府:今河南商丘。 ⑤ 广德军:今安徽广德。司理参军:官名,掌地方州府狱讼之事。 ⑥ 集庆军:今安徽亳州。节度推官:节度使的属官。

原文

母丧去官。晏殊知应天府①,闻仲淹名,召置府学。上书请择郡守,举县令,斥游惰,去冗僭,慎选举,抚将帅,凡万余言。服除,以殊荐,为秘阁校理②。仲淹泛通《六经》③,长于《易》,学者多从质问,为执经讲解,亡所倦。尝推其奉以食四方游士,诸子至易衣

翻译

范仲淹在母亲去世后辞官守丧。晏殊当时任应天府知府,因久闻范仲淹的名声,把他召来安置在府里的学校教书。在这期间,他曾向皇帝上书,请求严格选择州郡长官,精心任用各地知县,斥退游手好闲的懒人,清除庸劣不称职的官吏,认真考选人才,安抚边地将帅,全书洋洋万言。守丧期满后,由于晏殊的推荐,进入秘阁任校理官。范仲淹知识广博,通晓《六经》,最擅长的是《易经》,不少读书人遇到问题,常喜

而出,仲淹晏如也。每感激论天下事,奋不顾身,一时士大夫矫厉尚风节,自仲淹倡之。……

欢前来向他请教,每当这时,他总是拿着经书认真讲解,从不厌倦。他曾经拿出自己的俸禄款待来自各地向他学习的读书人,以至于他的儿子们要轮换穿见客的衣裳才能外出,而他却毫不在意。

每当谈论国家大事,他都慷慨激昂,将自身置之度外,在那一时期的士大夫中有一种正直、严肃、崇尚气节的风度,便是由于他的带头而形成的。……

注释 ① 晏殊:宋仁宗时宰相,著名文学家。 ② 秘阁校理:官名,掌皇宫藏书的校勘整理。 ③《六经》:指《诗》《书》《礼》《乐》《易》《春秋》等六种儒家经典。

原文

　　岁大蝗旱,江、淮、京东滋甚①。仲淹请遣使循行,未报。乃请间曰:"宫掖中半日不食,当何如?"帝恻然,乃命仲淹安抚江、淮,所至开仓振之②,且禁民淫祀,奏蠲庐③、舒折役茶④、江东丁口盐钱⑤,且条上救敝十事。

翻译

　　有一年,发生了严重的蝗灾和旱灾,江南、淮南、京东等路的情况最为严重。范仲淹请求皇帝派遣使臣到各路去巡视,皇帝没有答复。于是,他又单独求见皇帝说:"如果皇宫中半天没有东西吃,将会怎么样呢?"这句话引起了皇帝的同情,于是就任命范仲淹去安抚江南、淮南等地,他每到一地,立即打开官仓救济灾民,并下令禁止民间举行不合礼制的祭祀,还蠲免了庐、舒二州的折役茶和江东路的丁口盐钱,并归纳了整治当时社会弊病的十项措施上呈皇帝。

注释 ① 京东：即京东路。江：指江南东西两路。淮：指淮南路。 ② 振：同"赈"，救济。 ③ 蠲（juān）：免除。庐：庐州，今安徽合肥。 ④ 舒：舒州，今安徽潜山。折役茶：向国家交纳一定数量的茶叶，免去应服的劳役。 ⑤ 江东：指江南东路。丁口盐钱：国家按丁口征收的盐税钱。

原文

会郭皇后废①，率谏官、御史伏阁争之，不能得。明日，将留百官揖宰相廷争，方至待漏院②，有诏出知睦州③。岁余，徙苏州。州大水，民田不得耕，仲淹疏五河④，导太湖注之海⑤，募人兴作，未就，寻徙明州⑥，转运使奏留仲淹以毕其役⑦，许之。……召还，判国子监⑧，迁吏部员外郎、权知开封府⑨。

翻译

明道二年（1032），恰逢仁宗下诏废郭皇后，范仲淹率领谏官、御史们跪伏在殿阁之前力争，但没有成功。第二天，他准备留下文武百官，请宰相出面，到朝廷上与仁宗面争，然而刚到待漏院，皇帝已下诏命他出任睦州知州。一年多后，又迁往苏州。他到苏州后，遇上苏州涨大水，农田被淹，无法耕种，他即领导疏通五河，准备将太湖水引出，灌注入海，他已招募了许多民夫开始动工，然而还未完工，又被调任到明州，当地转运使得知后，奏请仁宗要求留下他来完成这一工程，得到了朝廷的同意。……不久，他被召回朝廷，担任国子监判监事，又提升为吏部员外郎、权知开封府。

注释 ① 郭皇后：宋仁宗天圣二年（1024）立为皇后，明道二年，被废，封净妃。 ② 待漏院：百官清晨入朝准备朝见皇帝时等待的地方。 ③ 睦州：今浙江建德西。 ④ 五河：当指太湖西面的五条小河。 ⑤ 太湖：即今太湖，在江苏境内。 ⑥ 明州：今浙江宁波。 ⑦ 转运使：宋代路一级的长官，掌一路财政并兼监察之职。 ⑧ 国子监：宋代的最高学府；判：指判监事，为国子监长官。 ⑨ 权知开封府：官名。权，指暂代某官职务。《宋史·职官志》："开封府，牧、尹不常置，权知府一人，以待制以上充。"

原文

时吕夷简执政，进用者多出其门。仲淹上《百官图》，指其次第曰，如此为序迁，如此为不次，如此则公，如此则私。"况进退近臣，凡超格者，不宜全委之宰相。"夷简不悦。他日，论建都之事，仲淹曰："洛阳险固①，而汴为四战之地②，太平宜居汴，即有事必居洛阳。当渐广储蓄，缮宫室。"帝问夷简，夷简曰："此仲淹迂阔之论也。"仲淹乃为《四论》以献，大抵讥切时政，且曰："汉成帝信张禹③，不疑舅家④，故有新莽之祸⑤。臣恐今日亦有张禹，坏陛下家法。"夷简怒诉曰："仲淹离间陛下君臣，所引用皆朋党也。"仲淹对益切，由是罢

翻译

当时，吕夷简当宰相执掌朝政，政府起用的官员大都出自他的门下。范仲淹向仁宗进呈《百官图》，并指着图中升官的次序说，这样是按照资序的升迁，这样是不按资序的升迁，依前面的做法是出以公心，依后面的做法就是出自私心。"凡是提升和贬降亲近的大臣，如有超出规定的，不应该全部交给宰相去办理。"吕夷简听后很不高兴。后来，朝廷议论迁都的事，范仲淹说："洛阳地形险固，而开封是四面无险可守、容易受到攻击的地方，天下太平的时候适宜居住在开封，一旦有战争就只能居住到洛阳去。现在应当在洛阳逐渐多储备一些钱帛粮食，并维修那里的宫殿。"仁宗问吕夷简，吕夷简说："这是范仲淹不切实际的议论。"范仲淹于是写了《四论》上呈皇帝，大都是谴责当时朝政的言辞，其中说："汉成帝信任张禹，不怀疑当时权势极大的外戚舅家王氏，因此，后来出了新朝王莽篡位的祸乱。我担心今天也有张禹这样的人，在

知饶州⑥。

破坏陛下的家法。"吕夷简怒气冲冲地向仁宗控诉说:"范仲淹离间陛下和大臣的关系,他所引用的人都是他的同伙党羽。"范仲淹的反驳越发严厉,因此,被贬出朝廷,到饶州当知州。

注释 ① 洛阳:宋西京,今河南洛阳。 ② 汴:即开封,又称汴京,今河南开封。 ③ 汉成帝:西汉皇帝。张禹,汉成帝时丞相。 ④ 舅家:指汉成帝时外戚王氏。 ⑤ 新莽:指王莽篡位建新朝事。 ⑥ 饶州:今江西鄱阳。

原文

殿中侍御史韩渎希宰相旨①,请书仲淹朋党,揭之朝堂②。于是秘书丞余靖上言曰③:"仲淹以一言忤宰相,遽加贬窜,况前所言者在陛下母子夫妇之间乎④?陛下既优容之矣,臣请追改前命。"太子中允尹洙自讼与仲淹师友⑤,且尝荐己,愿从降黜。馆阁校勘欧阳修以高若讷在谏官⑥,坐视而不言,移书责之。由是三人者偕坐贬。明年,夷简亦罢,自是朋党之论兴矣。……

翻译

殿中侍御史韩渎迎合宰相吕夷简的意旨,上书请求仁宗公布范仲淹朋党的名字,贴在朝廷的正殿上示众。于是,秘书丞余靖上书说:"范仲淹因为一句话触犯了宰相,就将他贬官放逐,那么他以前所讲的涉及陛下母子、夫妇之间关系的话,又该怎么办呢?既然连那次陛下都宽容他了,我请求更改这次下达的命令。"太子中允尹洙也自称与范仲淹是师友关系,而且范仲淹还曾经推荐过他,表示愿意跟随范仲淹一起降官受贬。馆阁校勘欧阳修看到高若讷身为谏官,却眼看着这件事不说话,因而写信责备他。结果,三个人都因此获罪而被贬官。第二年,吕夷简也被罢免了宰相职务,从此,朋党的议论就开始了。……

注释　①殿中侍御史:宋监察官名,属御史台殿院,负责用仪法纠举百官违失。
②朝堂:指朝廷正殿,百官与帝王议事之所。　③秘书丞:秘书省的属官。　④这里是指范仲淹曾上疏请仁宗母亲章献太后还政和劝仁宗不要废郭皇后两件事。⑤太子中允:东宫官名,为太子的属官。尹洙:宋仁宗时人,著名古文家,欧阳修的好友,政治上支持范仲淹。　⑥馆阁校勘:史馆属官,常以他官兼领,委任京官者称馆阁校勘,委任朝官者称馆阁校理。

原文

　　元昊反,召为天章阁待制①,知永兴军②,改陕西都转运使③。会夏竦为陕西经略安抚④、招讨使⑤,进仲淹龙图阁直学士以副之⑥。夷简再入相,帝谕仲淹使释前憾。仲淹顿首谢曰:"臣乡论盖国家事⑦,于夷简无憾也。"

翻译

　　康定元年(1040)李元昊叛变,朝廷召回范仲淹,任命为天章阁待制,担任永兴军知军,又改任陕西都转运使。正逢夏竦任陕西经略安抚、招讨使,仁宗又提升范仲淹为龙图阁直学士,充任夏竦的副手。不久,吕夷简再度出任宰相,仁宗告知范仲淹,要他消除对吕夷简的旧怨。范仲淹叩头谢恩说:"我过去议论的都是国家的事,对吕夷简个人并没有什么怨恨。"

注释　①天章阁:宋阁名。待制:馆阁官名。　②永兴军:即宋京兆府,今陕西西安。　③都转运使:兼管两路以上的转运司官员。　④经略安抚:即经略安抚使,宋代掌管一路兵民之政的官员。　⑤招讨使:为一路或数路地区统兵官,掌招抚讨伐事务。　⑥龙图阁直学士:为龙图阁次于学士一级的官员。当时范仲淹和韩琦被任命为陕西经略安抚副使,同管勾都部署司事,作为夏竦的副手,所以这里说"以副之"。　⑦乡:同"向",从前。

原文

延州诸砦多失守①，仲淹自请行,迁户部郎中兼知延州②。先是,诏分边兵:总管领万人③,钤辖领五千人④,都监领三千人⑤。寇至御之,则官卑者先出。仲淹曰:"将不择人,以官为先后,取败之道也。"于是大阅州兵,得万八千人,分为六,各将三千人,分部教之。量贼众寡,使更出御贼。时塞门、承平诸砦既废⑥,用种世衡策⑦,城青涧以据贼冲⑧,大兴营田⑨,且听民得互市,以通有无。又以民远输劳苦,请建鄜城为军⑩,以河中⑪、同⑫、华中下户税租就输之⑬。春夏徙兵就食,可省籴十之三⑭,他所减不与。诏以为康定军⑮。

翻译

延州周围有许多寨子被西夏军攻破,范仲淹主动请求前往御敌,于是仁宗任命他为户部郎中兼延州知州。以前,诏书上有分边兵的规定:边境军队,总管统领一万人,钤辖统领五千人,都监统领三千人。每遇敌人来犯要进行抗御时,则由官职卑微的首先出战。范仲淹说:"不选择将领,而以官职高低来决定出战先后,这是自取失败的办法。"于是,他大规模检阅延州军队,共得一万八千人,他将这一万八千人分为六部,每将各领三千人,分部进行教习训练。根据来犯敌人的多寡,派各部轮换出战抵御。当时,塞门、承平几个寨都已经废掉,他即采纳种世衡的方策,修筑青涧城以占据敌人来往的要道,又下令大办营田,并允许边境百姓与西夏人民互相贸易,互通有无。此外,他又因百姓从很远的地方运输给养,十分劳苦,请求将鄜城建为军,让河中府及同、华二州的中下户就地交纳租税。春夏两季时,则将军队移驻到那里,就地解决军粮,这样,每年可以减少购买谷物钱的十分之三,其他方面所减省的费用还不计算在内。于是,宋仁宗下诏,以鄜城为康定军。

注释　① 延州:今陕西延安。这里指康定元年西夏围困延安、破金明寨等。　② 户部郎中:户部的重要官员。　③ 总管:即都部署,一个地区的军事统帅。　④ 钤辖:地方统兵官,位在总管、都部署下。　⑤ 都监:地方统兵官,位在钤辖下。　⑥ 塞门:砦名,今陕西延安西北。承平:砦名,为延州废砦。　⑦ 种世衡:宋仁宗时抗夏名将,足智多谋。　⑧ 青涧:城名,今陕西清涧。　⑨ 营田:由民户经营的官田。　⑩ 鄜(fū)城:今陕西黄龙东。军:宋地方行政区划之一。　⑪ 河中:府名,今山西省西南部,治所在今山西永济西南。　⑫ 同:即同州,治所在今陕西大荔。　⑬ 华:即华州,治所在今陕西华州。中下户:宋代主户分五等,第三等称中户,四、五等称下户。　⑭ 籴(dí):买进粮食。　⑮ 康定军:即鄜州鄜城,今陕西洛川东南。

原文

　　明年正月,诏诸路入讨,仲淹曰:"正月塞外大寒,我师暴露,不如俟春深入,贼马瘦人饥,势易制也。况边备渐修,师出有纪,贼虽猖獗,固已慑其气矣。鄜①、延密迩灵②、夏③,西羌必由之地也。第按兵不动,以观其衅,许臣稍以恩信招来之。不然,情意阻绝,臣恐偃兵无期矣。若臣策不效,当举兵先取绥、宥,据要害,屯兵营田,为持久计,则茶山、横山之民④,必挈族来归矣。拓疆御寇,策

翻译

　　第二年(康定二年〔1041〕)正月,仁宗下诏,命令陕西各路军队进兵讨伐西夏,范仲淹建议说:"正月正是塞外最寒冷的时候,我军暴露于野外,极为不利,不如等到春天再深入讨伐,那时敌人马瘦人饥,比较容易制服。何况那时我们的边境防御逐渐完备,军队出战更有纪律,敌人虽然猖獗,但近来也已对我有所畏惧而气焰收敛。鄜州和延州离西夏的灵州和夏州很近,是西夏侵宋的必经之地。我们只需按兵不动,观察他们内部的分裂,并望准许我渐渐以恩惠和信义招降他们。不然的话,羌人与我们情意阻绝,我担心战争就会没有止息的时候了。如果我的办法没有效果,那就应当出动军队,首先攻占西夏的绥州和

之上也。"帝皆用其议。仲淹又请修承平、永平等砦⑤，稍招还流亡，定堡障，通斥候，城十二砦，于是羌汉之民，相踵归业。……

宥州，占据要害的地方，驻扎军队，营田守卫，作持久的打算，这样，茶山和横山的居民必然会带领自己的家族来归附我们。开拓边境，抵御敌人，这是最好的办法。"仁宗全部采用了范仲淹的建议。范仲淹又请求修复承平、永平等寨，逐渐将流亡在外的居民招还，又修建了许多小土堡作为站岗放哨的地方，还修筑了城寨十二座，于是，当地的羌族和汉族居民又先后回归自己的家园，恢复了正常的生产。……

注释 ①鄜：即鄜州，今陕西富县。 ②延：即延州，今陕西延安。灵：即灵州，今宁夏灵武。 ③夏：即夏州，今内蒙古乌审旗南。 ④茶山、横山：均为西夏境内之山名，在今陕西省北部。 ⑤永平：今陕西延安东北。

原文

　　仲淹为将，号令明白，爱抚士卒，诸羌来者，推心接之不疑，故贼亦不敢辄犯其境。元昊请和，召拜枢密副使。王举正懦默不任事，谏官欧阳修等言仲淹有相材，请罢举正用仲淹，遂改参知政事。……帝方锐意太平，数问当世事，仲淹语

翻译

　　范仲淹领兵戍边时，号令明白，爱护士兵，而且对各部落来归顺的羌人能推心置腹，诚意接纳，使对方不产生疑心，因此，西夏军队不敢随意侵犯他所管辖的边境。庆历三年（1043），李元昊请求与宋朝进行和平谈判，仁宗召范仲淹回朝，任命为枢密副使。当时参知政事王举正软弱无能，不能担当国家大事，谏官欧阳修等人奏称范仲淹有宰相的才能，请求罢免王举正，起用范仲淹，仁宗

人曰："上用我至矣，事有先后，久安之弊，非朝夕可革也。"帝再赐手诏，又为之开天章阁^①，召二府条对。仲淹皇恐，退而上十事^②：

于是任命范仲淹为参知政事。……当时宋仁宗一心想治理出一个太平盛世，几次向范仲淹询问当今的事情应该怎么办，范仲淹对别人说："皇帝陛下对我的信任和倚重已经到了无以复加的地步，但是，办任何事都有一个先后顺序，长期的太平日子所带来的种种弊病，不是一朝一夕所能革除的啊!"仁宗再次赐给范仲淹亲笔书写的诏书，又为他专门打开天章阁，让他翻阅里面的文件档案，并召开中书和枢密院大臣会议讨论。范仲淹害怕触怒皇帝，只好回到家中，写出了《答手诏条陈十事》，向仁宗皇帝上奏：

注释 ① 天章阁：收藏真宗御制文集、御书之所。 ② 十事：即范仲淹"庆历新政"的改革纲领——《答手诏条陈十事》。

原文

"一曰明黜陟。二府非有大功大善者不迁，内外须在职满三年，在京百司非选举而授，须通满五年，乃得磨勘^①，庶几考绩之法矣。二曰抑侥幸。罢少卿^②、监以上乾元节恩泽^③，正郎以

翻译

第一，明确官员的升降制度。在中书和枢密院任职的官员如没有大功劳和完美品德，不能提升，朝内与朝外的官员必须在职任满三年，在京城各个部门的官员，凡不是经过考试而授官的，必须任满五年，才可以磨勘，这样才算是有了考核官吏政绩的办法了。第二，减少由意外机缘、恩遇获得职位或升迁

下若监司④、边任，须在职满二年，始得荫子⑤；大臣不得荐子弟任馆阁职⑥，任子之法无冗滥矣。三曰精贡举。进士、诸科请罢糊名法⑦，参考履行无阙者，以名闻。进士先策论，后诗赋，诸科取兼通经义者。赐第以上⑧，皆取诏裁。余优等免选注官⑨，次第人守本科选⑩。进士之法，可以循名而责实矣。四曰择长官。委中书、枢密院先选转运使、提点刑狱⑪、大藩知州⑫；次委两制⑬、三司、御史台⑭、开封府官⑮、诸路监司举知州、通判；知州、通判举知县、令⑯。限其人数，以举主多者从中书选除⑰。刺史、县令可以得人矣。五曰均公田⑱。外官廪给不均，何以求其为善耶？请均其入，第给之，使有以自养，然后可以责廉节，而不法者可诛废矣。六曰厚农桑。每岁预下诸路，

的官员。废除少卿、监以上官员在乾元节仁宗皇帝生日享受的升迁恩典，正郎以下的官员例如在监司或在边境任职的，必须在职满二年，其子才能荫官；大臣不得推荐自己子弟进入馆阁任职，这样，任用官僚子弟才不会出现冗滥。第三，精选科举的考生。请废除进士和诸科考试时把名字密封的办法，要结合品行考察，把没有缺点错误的人的名字报上去。进士先考策论，后考诗赋，诸科则录取精通经书义理的人。所有被录取的人，都由皇帝下诏书裁定。其余考试得优等的可以免选直接注授差遣，次等的人则守本科选。用这种方法选择任用人才，就可以考察他是否名副其实了。第四，选拔官员逐级负责制。委托中书和枢密院首先选任转运使、提点刑狱、大藩的知州；其次再委托两制、三司、御史台、开封府的官员和各路监察机构推荐知州和通判；知州和通判则推荐知县或县令。限定他们推荐的人数，在举荐人数多的被荐人中，由中书进行选择授官。这样做，刺史、县令就会得到合适的人选了。第五，调整分配给地方官的职田。朝廷给地方官的俸禄不合理，怎能要求地方官去做善事呢？请朝廷调整他们的收入，分别情况按等第

风吏民言农出利害；堤堰渠塘，州县选官治之。定劝课之法以兴农利，减漕运。江南之圩田[19]，浙西之河塘，隳废者可兴矣。七曰修武备。约府兵法，募畿辅强壮为卫士[20]，以助正兵。三时务农，一时教战，省给赡之费。畿辅有成法，则诸道皆可举行矣。八曰推恩信。赦令有所施行，主司稽违者，重置于法。别遣使按视其所当行者，所在无废格上恩者矣。九曰重命令。法度所以示信也，行之未几，旋即厘改。请政事之臣参议可以久行者，删去烦冗，裁为制敕行下，命令不至于数变更矣。十曰减徭役。户口耗少而供亿滋多，省县邑户少者为镇[21]；并使[22]、州两院为一；职官白直[23]，给以州兵；其不应受役者悉归之农，民无重困之忧矣。"

给职田，让他们能够供养家口，这样就可以要求他们廉洁奉公，而对于违法的官员也就可以进行惩罚和罢免了。第六，发展农业生产。每年预先降下诏书到各路，对各州军的官吏百姓大讲发展农业的利害关系；对于堤坝、水渠、池塘，各州县要选派官员进行修治。制定奖励和考核的办法来发展农业生产，减少每年的水道运粮。这样，原来毁坏废弃了的江南圩田、浙西河渠池塘，也都可以重新修复起来。第七，整顿军队加强军事建设。大略如府兵法，招募京都地区的强壮百姓，担任本地区的守备，以协助正规军。这些部队，一年之中，用三个季度从事农业生产，一个季度练习行军作战，这样，就可以节省国家供养军队的费用。待京都地区有了固定的办法后，各路都可以仿效实行。第八，推行朝廷的恩泽，提高朝廷的信誉。国家颁布实施的大赦命令，有关部门的主管官员要稽查违令不行的人，对他们依法严厉惩处。另外再派遣使者巡视各地，检查赦令是否得到贯彻执行，全国各地就不会有阻隔皇帝恩典下达的人了。第九，重视朝廷命令的制定和颁行。法令制度一定要表现出有信用，一项命令推行没有多久就更改，这就没有信誉可谈了。请让主管政事的大臣商量出可以长久实行的法令制度,删掉那些繁杂多余的部分,裁定为皇帝制书、敕书颁行天下,这样,朝廷的命令就不至于屡次变更了。第十,减轻人民负担的徭役。现在,国家户口日益减少,而国家负担的供应量却越来越多;应合并一些户口少的县,所废的县改为镇,将使院和州院两套办事机构合并为一;对原设置的那些为官员白当值的人员,一律配给州兵来代替;凡属不应当服役的人,全部遣返回乡从事农业生产,这样一来,老百姓就不会为负担过重而忧急了。

注释 ① 磨勘:宋代勘验官员每年劳绩过失,经吏部复查后决定升降的一种办法。 ② 少卿:宋诸寺之副职。 ③ 监:宋诸监之正职。乾元节:宋仁宗生于四月十四日,故以此日为乾元节。 ④ 正郎:官名,指各部下面的各司的郎中。员外郎为副郎。 ⑤ 荫子:封建时代官僚子孙因先代官爵而被推恩赐官爵。 ⑥ 馆阁职:三馆、秘书省及秘阁官员称馆阁职。 ⑦ 诸科:指学究、明经、明法、三礼、三史、三传等贡举科目。糊名法:宋科举考试卷名字糊掉,以文定等第。 ⑧ 赐第:宋代科举经皇帝亲试后分等级录取,其等第有及第、出身、同出身等。凡被录取的一般叫作中第,由于是被皇帝取中的,故又称赐第。 ⑨ 免选:宋铨选制的一项规定,选人不经过守选,直接赴吏部注授差遣。 ⑩ 守选:宋铨选制的一项规定,选人任满,须待下次到吏部注授差遣。 ⑪ 提点刑狱:简称提刑,路一级主管司法、刑狱官员。 ⑫ 大藩:即大节镇,原指节度使所掌控的地方大,这里指重要的州郡。 ⑬ 两制:宋代以翰林学士掌内制,知制诰掌外制,合称两制。 ⑭ 御史台:最高监察机关。 ⑮ 开封府官:即开封府尹,一般置权知府一人。 ⑯ 知县:宋县级行政区长官。 ⑰ 举主:指举荐官员的人。 ⑱ 公田:此指职田,即作为官吏在职补贴的官田。因"近日屡有臣僚乞罢职田,以其有不均之谤,有侵民之害",故范仲淹提出此项建议。见《答手诏条陈十事》原文。 ⑲ 圩(wéi)田:江边、淤湖、低洼地四周筑堤围垦的耕地。 ⑳ 畿辅:泛指首都地区。 ㉑ 镇:县下面的行政区划。 ㉒ 使:宋代地方官有许多"使职",即带有"使"字的官职。范仲淹奏文中说:"防团州以下,有使、州两院者,皆为一院。"故这里指州一级的团练使、防御使等。 ㉓ 白直:在官当直无月俸的人员。

原文

天子方信向仲淹,悉采用之,宜著令者,皆以诏书画一颁下;独府兵法,众以为不可而止。……

初,仲淹以忤吕夷简,放逐者数年,士大夫持二人曲直,交指为朋党。及陕西用兵,天子以仲淹士望所属,拔用之。及夷简罢,召还,倚以为治,中外想望其功业。而仲淹以天下为己任,裁削幸滥,考覆官吏,日夜谋虑兴致太平。然更张无渐,规摹阔大,论者以为不可行。及按察使出①,多所举劾,人心不悦。自任子之恩薄,磨勘之法密,侥幸者不便,于是谤毁稍行,而

翻译

宋仁宗当时正信任和敬重范仲淹,所以,范仲淹所上十事全部被采纳施行,应该写进敕令的,都用诏书的形式统一颁发到全国去;只有府兵法,大家都认为不可推行,因而没有实行。……

当初,范仲淹因为触犯了吕夷简,被放逐在外好几年,当时的士大夫各自抓住两人的是非,互相指责对方是朋党。到陕西交战时,仁宗见范仲淹在士大夫中有很高的人望,就将他提拔起用。到吕夷简罢相后,又将他召回朝廷,想依靠他来治理国家,朝廷内外举国人士都期待着范仲淹建立一番功业。范仲淹则把治理好天下大事看作自己的职责,大力裁减侥幸得官、升官之人和冗官,考核复查官吏,日夜思谋策划,一心想达到太平盛世。但是,他所推行的改革不是逐步渐进,规模又很阔大,很多人都认为不可能推行。等朝廷派出按察使,检举弹劾了很多地方官员

朋党之论浸闻上矣。

后，又引起了许多人不满。此外，自从削减了任用官员子弟的恩荫，严格规定了官员磨勘的办法以来，侥幸得官和希望侥幸得官的人感到很是不利，于是，对范仲淹的毁谤慢慢在朝廷传开，而关于朋党的议论也渐渐传到了仁宗的耳中。

注释　① 按察使：官名，宋以各路转运使兼按察，主管对地方巡察。

原文

　　会边陲有警，因与枢密副使富弼请行边①。于是，以仲淹为河东、陕西宣抚使②，赐黄金百两，悉分遗边将。麟州新罹大寇，言者多请弃之，仲淹为修故砦，招还流亡三千余户，蠲其税，罢榷酤予民③。又奏免府州商税④，河外遂安⑤。比去，攻者益急，仲淹亦自请罢政事，乃以为资政殿学士⑥、陕西四路安抚使⑦、知邠州。其在中书所施为，亦稍稍沮罢。……

翻译

　　这时，恰好有边境形势危急的消息，因此，范仲淹与枢密副使富弼要求到边境任职。于是，仁宗任命范仲淹为河东、陕西两路宣抚使，并赐给黄金一百两。范仲淹将黄金全部分送了戍守边境的将领。当时麟州刚遭受了西夏军队的严重劫掠，许多人都主张放弃，但范仲淹却领导修复了这里已废的营寨，招还流亡在外的居民三千多户，减免他们的赋税，并下令废止当地官府经销酒类专利权以便让百姓自己卖酒。又奏请朝廷免掉府州的商业税，河外地区于是安定下来。范仲淹离开朝廷后，对他的攻击更加激烈，他只好自己主动请求罢免参知政事的职务，仁宗于是任命他为资政殿学士、陕西四路安抚使、邠州知州。他在中央时所施行的改革，

‖ 也就慢慢被人阻止而罢废了。……

注释 ①富弼:仁宗时宰相,曾与范仲淹一起推行"庆历新政"。 ②宣抚使:宋沿边地区军事长官,统率一路或数路军队。 ③榷酤:官府专利卖酒。 ④府州:今陕西府谷。 ⑤河外:指河东路的黄河以西部分。 ⑥资政殿学士:宋侍从官,以备顾问,无官守但资望高。 ⑦陕西四路:指鄜延、环庆、泾原、秦凤四路。

包　拯　传

导读

　　包拯(999—1062),是中国民间传说中最著名的清官,有大量的戏剧演他的故事,有不少小说讲他的故事,"包公""包黑子""包青天",在我国几乎是家喻户晓的人物。他在民间的影响之大,是其他宋代人物难以相比的。

　　历史上的包拯,与小说、戏剧中的包公有很大不同,他并没有做过宰相,也没有那许多神奇的故事。然而,历史上的包拯,的确为官清廉,刚正不阿,敢于冒犯权贵,这是与戏剧、小说中的包公一致的。

　　包拯生活在北宋中期,他的主要活动是在宋仁宗时期。当时因循守旧之风严重,包拯以他敏锐的办案能力、刚毅的从政作风、不畏权贵的大胆态度,给当时的政治生活吹进了一股清风,从而在民间被神化,成为千古清官的代表。(选自卷三一六)

原文

　　包拯,字希仁,庐州合肥人也①。始举进士,除大理评事②,出知建昌县③。以父母皆老,辞不就。得监和州税④,父母又不欲行,拯即解官归养。后数年,亲继亡,拯庐墓终丧,犹徘徊不

翻译

　　包拯,字希仁,庐州合肥人。刚考中进士时,朝廷授予他大理评事的官称,派他做建昌知县。他因为父母年老,没有就职。随后受任监和州税,父母又不愿随他到任,于是他便辞了官,回家侍养父母。过了几年,双亲相继去世,他就在父母墓旁搭茅棚守丧,守丧

忍去，里中父老数来劝勉。久之，赴调，知天长县⑤。有盗割人牛舌者，主来诉。拯曰："第归，杀而鬻之⑥。"寻复有来告私杀牛者，拯曰："何为割牛舌而又告之?"盗惊服。徙知端州⑦，迁殿中丞⑧。端土产砚，前守缘贡，率取数十倍以遗权贵。拯命制者才足贡数，岁满不持一砚归。

期满，仍然徘徊不忍离去，乡里的父老们多次劝说，勉励他出去做官。过了一段时间，他才应命就任天长县知县。天长县内有个盗贼偷偷割了人家一头牛的舌头，牛的主人到县衙门告状。包拯说："你暂且回去，把牛杀了卖掉吧。"不久就有人来告发，说有人私自宰杀耕牛，包拯说："你为什么割了人家牛舌头又来告发呢?"偷割牛舌的盗贼吃了一惊，只得认罪。包拯又被调任端州知州，升为殿中丞。当时，端州产砚台，以前的知州总要借着向皇帝进贡的名义，索取数十倍于进贡数的砚台，用来赠送给权贵们。包拯到任后，命令制作之数刚够进贡用就行，他自己则到期满离任时都没有带走一个砚台。

注释 ① 合肥：今安徽合肥。 ② 大理评事：官名，大理寺的低级官员。北宋前期是授予初及第人的官，实无职掌。 ③ 建昌县：今江西永修西北。 ④ 和州：今安徽和县。 ⑤ 天长县：今安徽天长。 ⑥ 鬻（yù）：卖。 ⑦ 端州：今广东肇庆。 ⑧ 殿中丞：殿中省的官员，殿中省为掌管皇帝日常生活的总机构。

原文

寻拜监察御史里行①，改监察御史。时张尧佐除节度、宣徽两使②，右司谏张择行③、唐介与拯共论之，语

翻译

不久，包拯被任命为监察御史里行，又改任监察御史。当时，张尧佐被授予节度、宣徽两使，右司谏张择行、唐介和包拯共同上奏争论这件事，言词非

甚切。又尝建言曰:"国家岁赂契丹,非御戎之策,宜练兵选将,务实边备。"又请重门下封驳之制④,及废锢赃吏,选守宰,行考试补荫弟子之法。当时诸道转运加按察使,其奏劾官吏多摭细故,务苛察相高尚,吏不自安,拯于是请罢按察使。

常恳切。他又曾经上书建议:"国家每年给契丹送财物,这不是抵御敌人的办法,应该训练士兵,挑选将领,大力充实边境的战备力量。"他又提请重视门下省封驳的制度,并建议对赃官贪吏革职永不起用,有选择地任用地方长官,官员的子弟凭恩荫补官时要进行考试。当时,各路的转运使都加了按察使头衔,他们弹劾官吏常是故意搜罗人家的小过,用苛刻的审察来标榜自己高尚,致使地方官吏都不安心,于是,包拯请求罢免转运使所加的按察使职衔。

注释 ① 监察御史里行:官名,属御史台察院,是官卑而任监察御史的人的授职,负责监察政府机构。 ② 张尧佐:是仁宗所宠贵妃张氏的伯父。宣徽使:官名,宣徽院的长官,地位仅次于执政。 ③ 右司谏:官名,原名右补阙,端拱元年(988)改,隶属于中书省,凡朝政阙失、用人不当,都可以进谏。 ④ 门下封驳:即诏书有不当处,门下省官吏可以封好驳回。

原文

去使契丹,契丹令典客谓拯曰①:"雄州新开便门②,乃欲诱我叛人,以刺疆事耶?"拯曰:"涿州亦尝开门矣③,刺疆事何必开便门哉?"其人遂无以对。……

翻译

包拯出使契丹时,契丹派遣接待官去对包拯说:"雄州新开放了一座便门,是要招诱我方叛变的人,以便刺探边境的事情吗?"包拯说:"你们涿州也曾开了一座便门啊,刺探边境的事情何必要待开便门呢?"使接待官无话可说。……

注释　①典客:官名,负责接待。　②雄州:今河北雄县,当时属宋。　③涿州:今河北涿州,时属契丹。

原文

入为三司户部副使①,秦陇斜谷务造船材木②,率课取于民③;又七州出赋河桥竹索,恒数十万,拯皆奏罢之。契丹聚兵近塞,边郡稍警,命拯往河北调发军食。拯曰:"漳河沃壤④,人不得耕;邢、洺、赵三州民田万五千顷⑤;率用牧马,请悉以赋民。"从之。解州盐法率病民⑥,拯往经度之,请一切通商贩。

翻译

包拯入朝担任三司户部副使,秦州、陇州和斜谷造船场的造船木材,都是作为课役从民间征取的;还有七个州要交纳河桥竹索的税钱,经常有几十万贯,包拯奏请废止了这些课税的征收。契丹在靠近宋朝边塞的地方集结军队,边境州、军的形势逐渐紧张,朝廷命令包拯向河北调发部队的军粮。包拯说:"漳河一带土壤肥沃,而人们不能够耕种;邢、洺、赵三州的民田一万五千顷,都用来牧马;请全部交给百姓,让他们耕种交租。"朝廷同意了。又解州的盐法总是危害民众,包拯前去经营规划,请求在解州所有的盐产地都让商贩去运盐来卖。

注释　①三司户部:三司分三个机构——户部、盐铁、度支,户部分掌五案——户税、上供、修造、麴(专卖)、衣粮。　②斜谷务:设于斜谷镇的船务——造船场。斜谷镇:在今陕西眉县西南,当时属凤翔府。　③课:即课役,课纳财赋或分派劳役。　④漳河:约在今河北清河西至河北东光一段。　⑤邢:今河北邢台。洺:今河北永年。赵:今河北赵县。　⑥解州:今山西运城解州。

原文

除天章阁待制、知谏院①。数论斥权幸大臣,请罢一切内除曲恩。又列上唐魏郑公三疏,愿置之坐右,以为龟鉴。又上言,天子当明听纳,辨朋党,惜人才,不主先入之说,凡七事;请去刻薄,抑侥幸,正刑明禁,戒兴作,禁妖妄。朝廷多施行之。

翻译

包拯被任命为天章阁待制、知谏院。他多次上奏疏,斥责那些倚仗皇帝宠信而又滥用威权的大臣,请求废止一切由皇帝从宫里下达的加官进爵的恩命。他又抄录了唐朝魏徵的三项奏疏上呈,希望皇帝放在座旁,作为借鉴。他还上言说,天子应该善于听取和采纳好的意见,分辨清楚朋党,应当爱惜人才,不要坚持先入为主的看法,这些意见共有七条;他请求不用刻薄的人为官吏,抑制侥幸得官升官的人,整顿刑法,明确禁令,不要大兴土木,禁止借妖邪惑众的人。这些意见大多数被朝廷采纳实行。

注释 ① 知谏院:谏院的长官。谏院管左右司谏、左右正言等监察官员。

原文

除龙图阁直学士、河北都转运使。尝建议无事时徙兵内地,不报。至是,请:"罢河北屯兵,分之河南兖①、郓、齐②、濮③、曹④、济诸郡⑤,设有警,无后期之忧。借曰戍兵不可遽减,请

翻译

包拯改任龙图阁直学士、河北都转运使。他曾经建议,边境没有事的时候,调动一部分军队到内地,但朝廷没有答复。到此时,他再次请求说:"屯驻河北的军队,可分派到黄河以南的兖、郓、齐、濮、曹、济等州去,即使有警报传来,也可以不必担心会来不及支援。如果说驻守的军额不能一下子削减很多,

训练义勇⑥,少给糇粮⑦,每岁之费,不当屯兵一月之用,一州之赋,则所给者多矣。"不报。徙知瀛州⑧,诸州以公钱贸易,积岁所负十余万,悉奏除之。……

那么,请训练义勇,多少发给他们一些干粮,这样做,每年花费的还不到驻屯军一个月的费用,这样一个州的财力,能够养活的部队就多了。"朝廷还是没有答复。包拯又被调到瀛州做知州,当时,各州都用公家的钱来做买卖,日积月累共亏损了十几万贯,包拯上奏,把亏损全部注销,不必再偿还。……

注释 ① 兖:今山东兖州。 ② 齐:今山东济南。 ③ 濮:今山东菏泽鄄城北。④ 曹:今山东曹县西北。 ⑤ 济:今山东巨野。 ⑥ 义勇:军名。从河北、河东、陕西民家抽丁,在手背刺字后组成的军队,驻在各州。 ⑦ 糇(hóu):干粮。 ⑧ 瀛州:今河北河间。

原文

召权知开封府,迁右司郎中①。拯立朝刚毅,贵戚宦官为之敛手,闻者皆惮之,人以包拯笑比黄河清②。童稚妇女,亦知其名,呼曰"包待制"。京师为之语曰:"关节不到,有阎罗包老。"③旧制,凡讼诉不得径造庭下。拯开正门,使得至前陈曲直,吏不敢欺。中官势族筑园榭侵惠民河④,以故河

翻译

朝廷召回包拯,派他权知开封府,官职升为右司郎中。包拯在朝刚强果断,贵戚宦官因而有所收敛,听到他的名字的人都害怕他,人们笑把包拯比作黄河清。就连儿童和妇女也知道他的名字,称他做"包待制"。京师流传着关于他的民谣说:"关节不到,有阎罗包老。"原来的制度规定,凡是告状的人,不能够直接进到官衙庭下来。包拯让打开正门,使告状的人都能够到庭前陈述是非曲直,于是,办事的衙吏就不敢再欺骗长官、欺凌下民了。宦官和豪门

塞不通,适京师大水,拯乃悉毁去。或持地券自言,有伪增步数者⑤,皆审验劾奏之。

大族修建园亭台榭的时候,侵占了惠民河,所以河水堵塞不通,正好碰到京城发大水,包拯就将那些园亭台榭全部拆毁。有人拿着地券来表白申诉,其中有造假私增土地面积的,包拯都查明验实,奏报了朝廷。

注释 ① 右司郎中:官名,属尚书省。 ② 黄河清:黄河水浑浊难清,因此人们比喻罕见难得的事情为"黄河清"。 ③ 阎罗包老:此处是说关节托不到阎王与包公处。 ④ 惠民河:古运河名,从今河南开封市向西南延伸,至今河南长葛北接溴水。 ⑤ 步:长度单位。

原文

迁谏议大夫、权御史中丞①。奏曰:"东宫虚位日久②,天下以为忧,陛下持久不决,何也?"仁宗曰:"卿欲谁立?"拯曰:"臣不才备位,乞豫建太子者,为宗庙万世计也。陛下问臣欲谁立,是疑臣也。臣年七十,且无子,非邀福者。"帝喜曰:"徐当议之。"请裁抑内侍,减节冗费,条责诸路监司③,御史府得自举属官,减一岁休暇日,事皆施行。

翻译

包拯升为谏议大夫、权御史中丞。他上奏说:"太子的位子空了很久,天下的人都为这件事忧虑,陛下这么长久的时间还不做决定,是为了什么呢?"仁宗说:"你想立谁呢?"包拯说:"我以微末才能,充数供职朝廷,所以请求预先确立太子,是为皇朝江山能延续千秋万代而考虑。陛下问我要立谁,这是怀疑我了。我已经快七十岁了,而且没有儿子,并不希图追求富贵。"仁宗高兴地说:"好!这件事会慢慢商议。"不久,包拯又请求裁减和抑制宦官,减少不必要的开支以节省费用,并写成条文,责成各路的监察机构进行督察,御史府可以自己举荐所属的官吏，减少每年的休假日，这些事都得到朝廷的批准施行。

注释 ① 御史中丞：监察机构御史台的长官。 ② 东宫：指太子。 ③ 监司：诸路转运使司、提点刑狱司、提举常平司等机构的总称，这些机构都有监察各州官吏的责任。

原文

张方平为三司使，坐买豪民产，拯劾奏罢之；而宋祁代方平，拯又论之；祁罢，而拯以枢密直学士权三司使。欧阳修言："拯所谓牵牛蹊田而夺之牛①，罚已重矣，又贪其富，不亦甚乎！"拯因家居避命，久之乃出。其在三司，凡诸管库供上物，旧皆科率外郡，积以困民。拯特为置场和市②，民得无扰。吏负钱帛多缧系③，间辄逃去，并械其妻子者，类皆释之。迁给事中，为三司使。数日，拜枢密副使。顷之，迁礼部侍郎，辞不受。寻以疾卒。年六十四。赠礼部尚书，谥孝肃。

翻译

张方平任三司使，因为购买豪民的产业，包拯上奏弹劾其有罪，因而被罢免了职务；宋祁代替方平担任三司使，包拯又抨击他；宋祁被免职，而包拯却以枢密直学士官阶任职权三司使。欧阳修说："包拯这样做，就是所谓的有人牵牛践踏了某人的田，就夺了他的牛作为处罚，这样的惩罚已经够重了，还要贪图他的财富，这不是太过分了吗！"包拯因此在家回避任命，很久以后才出任就职。他在三司的时候，所有仓库里供应宫廷的物品，原来都是摊派给外地州郡进贡的，因此给老百姓增加了很多负担。包拯特地设置机构——场，去交易这些物品，民间才免除了这些负担。以往三司的小吏欠了钱帛后常常被囚禁起来，得到机会往往逃走，于是把他的妻子与儿女也一并囚禁，包拯把属于这类情况的人全部释放。包拯又升为给事中,正式被任命为三司使。几天后,被任命为枢密副使。不久又升为礼部侍郎,包拯辞谢不肯接受。很快他就因病去世了,享年六十四岁。朝廷追赠他为礼部尚书,谥号孝肃。

注释 ① 蹊(xī):践踏。 ② 和市:官民议价买卖。 ③ 缧(léi):捆绑犯人的绳索。引申为捆绑、拘禁。

原文

拯性峭直,恶吏苛刻,务敦厚,虽甚嫉恶,而未尝不推以忠恕也。与人不苟合,不伪辞色悦人,平居无私书,故人、亲党皆绝之。虽贵,衣服、器用、饮食如布衣时。尝曰:"后世子孙仕宦,有犯赃者,不得放归本家,死不得葬大茔中①。不从吾志,非吾子吾孙也。"……

注释 ① 茔(yíng):坟地。

翻译

包拯性情严峻刚直,厌恶官吏的苛刻,行事力求敦厚,虽然非常憎恨恶行,但并不是不以宽厚之心推诚待人。他和人相处时不随意附和,不说假话装笑脸让别人高兴,平时没有私人书信往来,同熟人、亲戚都断绝了交往。他虽然当了高官,但是衣服、器用、饮食仍然和没有做官时一样。他曾经说:"我的后代子孙出去做官,如果有犯贪污罪的,不许回到我家,死后也不能葬进家族的墓地。如果不遵照我的意志,就不是我的子孙。"……

欧阳修传

导读

欧阳修(1007—1072),北宋中期的重要政治人物,曾参与范仲淹主持的政治改良运动,与范仲淹、余靖、杜衍合称为"庆历四君子"。

然而,欧阳修在历史上的最大影响并不在于他参加了政治改革,而在于他对北宋文学改革运动所作出的卓越贡献。他一方面反对晚唐以来的不良文风,一方面提倡继承韩愈的道统和文统,以致在北宋中叶形成了一场规模浩大的古文运动,欧阳修因此一举成为北宋中叶的文坛领袖。欧阳修又是一位具有多方面文学才能的作家,在散文、诗、词及诗歌理论方面都很有成就,在史学上亦有建树,曾著《新五代史》,并和宋祁合著《新唐书》。

欧阳修的晚年趋于保守,在王安石变法运动中,这位一度曾颇为激进的革新派却站到对立面去了。(选自卷三一九)

原文

欧阳修,字永叔,庐陵人①。四岁而孤,母郑,守节自誓,亲诲之学,家贫,至以荻画地学书。幼敏悟过人,读书辄成诵。及冠②,嶷然有声③。

翻译

欧阳修,字永叔,庐陵人。他四岁时死了父亲。母亲姓郑,一直守节未嫁,亲自教他学习。由于家中贫穷,他不得不用芦苇秆当笔在地上练写字。欧阳修从小聪明过人,书读过以后即能背诵。到了二十岁左右,已因为才华出众而出了名。

注释 ① 庐陵：今江西吉安。 ② 冠：古时男子二十岁称"冠"，表示已是成人了。 ③ 嶷(nì)：幼小聪慧。

原文

宋兴且百年，而文章体裁，犹仍五季余习①。锼刻骈偶，澒涩弗振②，士因陋守旧，论卑气弱。苏舜元、舜钦、柳开、穆修辈③，咸有意作而张之，而力不足。修游随④，得唐韩愈遗稿于废书簏中⑤，读而心慕焉。苦志探赜⑥，至忘寝食，必欲并辔绝驰而追与之并。

翻译

当时，宋朝建立已将近百年，然而文章的体裁，还是沿袭五代的余风，刻意追求骈文的对偶排比，污浊不振，读书人守着粗劣陈旧的成规，议论卑下，气格软弱。苏舜元、苏舜钦、柳开、穆修一班人，都有意以创作来振兴文风，但是才力不足。欧阳修寄居随州时，曾在书筐中得到唐朝韩愈的遗稿，读完以后心中非常倾慕，于是苦心探求其中的奥秘玄妙，以至忘记了睡眠饮食，一心要快马加鞭追上韩愈，与他并驾齐驱。

注释 ① 五季：指后梁、后唐、后晋、后汉和后周。 ② 澒涩(tiǎn niǎn)：污浊，卑污。 ③ 苏舜元、舜钦、柳开、穆修：都是宋初有名的文人，苏氏兄弟以诗章雄健著名，柳、穆是古文大家，他们都倡导古文运动。 ④ 随：即随州，今湖北随州。 ⑤ 韩愈：唐朝文学家、政治家，唐宋八大家之首。 ⑥ 赜(zé)：精微，深奥。

原文

举进士……调西京推官。始从尹洙游，为古文，议论当世事，迭相师友；与梅尧臣游，为歌诗相倡和，遂以文章名冠天下。入朝，

翻译

欧阳修考取进士……调任西京推官。这时才开始跟尹洙交游，写作古文，议论世间时事，彼此互相做老师和朋友；他又和梅尧臣交游，作诗相唱和，于是以文章超群而名冠天下。后来入

为馆阁校勘。

范仲淹以言事贬,在廷多论救,司谏高若讷独以为当黜。修贻书责之①,谓其不复知人间有羞耻事。若讷上其书,坐贬夷陵令②。……庆历三年,知谏院。

时仁宗更用大臣,杜衍、富弼、韩琦、范仲淹皆在位,增谏官员,用天下名士,修首在选中。每进见,劝帝延问执政③,咨所宜行。既多所张弛,小人翕翕不便④。修虑善人必不胜,数为帝分别言之。

朝,任馆阁校勘。

范仲淹因为上书言事被贬黜,在朝廷的大臣多数争论救解,只有司谏高若讷认为应当贬黜。欧阳修写信责备高若讷,说他不再知道人间有羞耻事。高若讷把信上交朝廷,欧阳修因此被贬为夷陵县令。…… 宋仁宗庆历三年(1043),担任知谏院。

当时,仁宗更换大臣,杜衍、富弼、韩琦、范仲淹都身居要职。仁宗又决定增加谏官的人数,任用天下的名士,欧阳修因此首先被选中。他每次进见时就劝仁宗向执政询问情况,征求关于哪些事应该做的意见。政事既然有了不少兴革,小人感到不安,群相呼应,认为不便。欧阳修忧虑好人必然不能取胜,因而多次为仁宗陈说、分析这些情况。

注释 ① 贻(yí):赠送。 ② 夷陵:今湖北宜昌。 ③《四朝国史》欧阳修本传作"劝帝延问执政",见《欧阳文忠公集》附录四。《宋史》脱"劝"字,此据《国史》本传加。 ④ 翕(xī)翕:形容失意不满。

原文

初,范仲淹之贬饶州也①,修与尹洙、余靖皆以直仲淹见逐,目之曰"党人"。自是,朋党之论起,修乃为

翻译

当初范仲淹被贬到饶州时,欧阳修和尹洙、余靖都因为支持范仲淹而遭到贬逐,并被看作是"党人"。从此以后,"朋党"的说法就出现了,欧阳修为此专

《朋党论》以进。其略曰："君子以同道为朋，小人以同利为朋，此自然之理也。臣谓小人无朋，惟君子则有之。小人所好者利禄，所贪者财货，当其同利之时，暂相党引以为朋者，伪也。及其见利而争先，或利尽而反相贼害，虽兄弟亲戚，不能相保，故曰小人无朋。君子则不然，所守者道义，所行者忠信，所惜者名节。以之修身，则同道而相益；以之事国，则同心而共济，终始如一。故曰：惟君子则有朋。纣有臣亿万^②，惟亿万心，可谓无朋矣，而纣用以亡。武王有臣三千^③，惟一心，可谓大朋矣，而周用以兴。盖君子之朋，虽多而不厌故也。故为君但当退小人之伪朋，用君子之真朋，则天下治矣。"

门写了《朋党论》，进献给仁宗。这篇文章的大略是："君子因为道义上一致而结为朋党，小人因为利害相同而结为朋党，这是自然的道理。我认为，小人并没有朋党，只有君子才有。小人喜欢的是优厚的俸禄，贪图的是非分的钱财，当他们有共同利益的时候，暂时互相勾结、引荐，成为朋党，这种朋党是假的。等到他们见到好处就争先抢夺，或是好处抢光而互相残害的时候，即使是兄弟亲戚，也不能够互相保全，所以说，小人没有朋党。君子就不一样，他们坚持的是道义，实行的是忠信，爱惜的是名节。用这些来提高道德修养，就可以因为志同道合而互相得到补益；用这些来为国家尽力，就可以同心协力而共同办好国事，自始至终都一样。所以说：只有君子才有朋党。纣有臣民亿万人，亿万人就有亿万条心，可以说没有结朋党了，但纣因而灭亡。武王有臣下三千人，只有一条心，可以说是大朋党了，但周朝却因而兴起。这是因为，君子的朋党纵然人数多，人们也不会嫌多的缘故。因此，当君主的只要屏退小人的假朋党，进用君子的真朋党，就可以使政治清明、国家兴盛了。"

注释 ① 饶州：今江西波阳。 ② 纣：商朝最后一个君主。 ③ 武王：即周武王，周朝的开国君主，率兵灭商。

原文

　　修论事切直，人视之如仇，帝独奖其敢言，面赐五品服①。顾侍臣曰："如欧阳修者，何处得来！"同修起居注②，遂知制诰③。故事，必试而后命，帝知修，诏特除之。

翻译

　　欧阳修议论政事，痛切直率，有些人把他视为仇人，唯独仁宗赞赏他敢于说话，当面赐给他五品官的服饰。仁宗还对侍臣们说："像欧阳修这样的人，从什么地方才能够找得来啊！"欧阳修升任同修起居注，担任知制诰。按照惯例，知制诰一定要经过考试才能任命，仁宗了解欧阳修，直接下诏让他担任了这一职务。

注释 ① 五品服：欧阳修当时是谏官，为正七品，赐五品服，是一种提高其地位的奖赏。 ② 起居注：记录皇帝言行的言行录。 ③ 知制诰：官名，负责起草皇帝的各种诏令，如制、诰、诏、令、赦书等。

原文

　　奉使河东①。自西方用兵，议者欲废麟州以省馈饷。修曰："麟州天险，不可废；废之，则河内郡县②，民皆不安居矣。不若分其兵，驻并河内诸堡，缓急得以应援，而平时可省转输，于策

翻译

　　欧阳修奉命出使河东。自从西部边境发生战事以来，有人就建议放弃麟州，以便节省运输粮饷的力量。欧阳修说："麟州是天然险要之地，不能放弃；放弃了它，那么黄河内侧郡县的人民，就都不能安居了。不如分散麟州的兵力，驻扎到靠近黄河的各个寨堡去，有紧急情况时能够进行援助，平时又可以

为便。"由是州得存。又言："忻③、代、岢岚多禁地废田④，愿令民得耕之，不然将为敌有。"朝廷下其议，久乃行，岁得粟数百万斛。凡河东赋敛过重民所不堪者，奏罢十数事。

省却辗转运输，这是方便适宜的办法。"因此麟州得以保留下来。他又说："忻州、代州、岢岚军一带，有许多禁止耕种的荒田，请允许农民去耕种，不然，这些地方就要被敌人占有了。"朝廷发下他的建议讨论，很长时间后才得以施行。施行后，每年都收得谷子数百万斛。在河东赋税中，凡征敛过重而人民不能负担的，欧阳修上奏废止了十几件。

注释 ① 河东：指河东路，大致相当于今山西省。 ② 河：即黄河。河内：指黄河自河套以下由北而南的一段以东之地，即今之山西省，这里主要指今之山西省西北部。 ③ 忻：即忻州，今山西忻州。 ④ 岢岚：即岢岚军，今山西岢岚。

原文

使还，会保州兵乱①，以为龙图阁直学士、河北都转运使。陛辞，帝曰："勿为久留计，有所欲言，言之。"对曰："臣在谏职得论事，今越职而言，罪也。"帝曰："第言之，毋以中外为间。"贼平，大将李昭亮、通判冯博文私纳妇女，修捕博文系狱，昭亮惧，立出所纳妇。兵之始乱也，招以不死，既而皆杀

翻译

欧阳修出使河东归朝，恰巧遇到保州发生兵乱，朝廷因此又派他任龙图阁学士、河北都转运使。他上殿告辞时，仁宗说："你不要作长久停留的打算，有什么话要陈说的，就说吧。"欧阳修回答说："我在谏官的职位上可以议论政事，现在越职而说，是有罪的。"仁宗说："你只管说来，不要因为在朝中任职或出外到地方任职，就有所分别。"兵乱平定后，大将李昭亮、通判冯博文私下把妇女弄到家中做姬妾，欧阳修把冯博文逮捕入狱，李昭亮害怕了，立刻把所收纳

之,胁从二千人,分隶诸郡。富弼为宣抚使,恐后生变,将使同日诛之,与修遇于内黄②,夜半,屏人告之故。修曰:"祸莫大于杀已降,况胁从乎?既非朝命,脱一郡不从,为变不细。"弼悟而止。

的妇女送了出去。兵士们刚作乱时,官方曾用不杀投降者来进行招降,但这些人投降后却全部被杀掉,对于在威胁之下跟从作乱的二千人,则分别发配到各州去。富弼当时任宣抚使,恐怕以后再发生变乱,准备在同一天全部杀掉这二千人,他在内黄县遇到欧阳修,半夜,遣开从人,告诉欧阳修这件事。欧阳修说:"祸患没有比杀害已投降的人更大的了,何况是受胁迫跟着干的呢?再说这又不是朝廷的命令,如果有一个州不听从,发生的变故就不会小。"富弼省悟,因而停止了这件事。

注释 ① 保州:今河北保定。 ② 内黄:今河南内黄。

原文

方是时,杜衍等相继以党议罢去,修慨然上疏曰:"杜衍、韩琦、范仲淹、富弼,天下皆知其有可用之贤,而不闻其有可罢之罪。自古小人谗害忠贤,其说不远。欲广陷良善,不过指为朋党,欲动摇大臣,必须诬以

翻译

就在这时,杜衍等人陆续因为朋党的争议罢官去职,欧阳修慨然上疏说:"杜衍、韩琦、范仲淹、富弼,天下的人都知道他们有可用的品德才能,没有听说他们有应该罢官的罪行。从古以来,小人进谗言陷害忠良,所用的说法并不深奥。要大批陷害善良的人,不过是指为朋党;要动摇大臣的地位,必须诬陷他专权。这是什么原因呢?因为,只去掉

颛权。其故何也？去一善人，而众善人尚在，则未为小人之利；欲尽去之，则善人少过，难为一一求瑕；唯指以为党，则可一时尽逐。至如自古大臣，已被主知而蒙信任，则难以他事动摇，唯有颛权是上之所恶，必须此说，方可倾之。正士在朝，群邪所忌，谋臣不用，敌国之福也。今此四人一旦罢去，而使群邪相贺于内，四夷相贺于外，臣为朝廷惜之。"于是邪党益忌修，因其孤甥张氏狱傅致以罪，左迁知制诰、知滁州①。居二年，徙扬州、颍州②。复学士，留守南京③，以母忧去。服除，召判流内铨④，时在外十一年矣。帝见其发白，问劳甚至，小人畏修复用，有诈为修奏，乞澄汰内侍为奸利者。其群皆怨怒，潜之，出知同州，帝纳吴充言而止。迁翰林学士，俾修《唐书》。

一个好人，而众多的好人还在，对小人并不够有利；如要想去掉所有的好人，则好人的过失又少，难以一一找出他们的缺点错误；因此只有指责他们是朋党，才可以把他们一齐赶走。至于大臣，自古以来，凡已经得到君主了解并蒙受信任的，很难用其他的事情动摇他，只有专权是君主所厌恶的，必须用这种说法，才可以倾陷他们。朝廷之上有正人君子存在，最为一切邪恶小人所忌恨，能出谋划策的臣子不被重用，是敌国的福音。现在如果这四个人一下子罢去，而使众多奸邪小人在朝廷内部互相庆贺，四方的外族在境外互相庆贺，我为朝廷感到惋惜。"因此，邪党更加仇恨欧阳修，借着他那幼年失父的外甥女张氏犯法的案件，强行把他牵连定罪，降职为知制诰，出任滁州知州。他在滁州两年，又调到扬州、颍州。后来恢复了龙图阁直学士的官职，担任南京留守，不久由于母亲去世而离任。守丧完毕，被召回朝廷，任职判流内铨，到这时欧阳修已经离开朝廷十一年了。仁宗见他头发已白，对他亲切慰问安抚。小人们害怕欧阳修又被重用，便有人假造欧阳修的奏疏，说他要淘汰宦官中作奸谋利的人。于是宦官们都怨恨欧阳

奉使契丹，其主命贵臣四人押宴，曰："此非常制，以卿名重故尔。"

修，说他的坏话，因此欧阳修又被派出去任同州知州。后来仁宗听从了吴充的话，才停止了他的外任，升他为翰林学士，以便参加编修《唐书》的工作。不久他又奉命出使契丹，契丹君主派四个贵臣陪他饮宴，并解释说："这不是例行规矩，而是因为你的名声大才这样招待的。"

注释 ① 滁州：今安徽滁州。 ② 颍州：今安徽阜阳。 ③ 南京：宋之南京为应天府，治所在今河南商丘。 ④ 流内铨：官署名，属吏部，负责对幕职州县官以下的官员进行考核。

原文

知嘉祐二年贡举。时士子尚为险怪奇涩之文，号"太学体"。修痛排抑之，凡如是者辄黜。毕事，向之嚣薄者伺修出，聚噪于马首，街逻不能制。然场屋之习，从是遂变。

加龙图阁学士，知开封府。承包拯威严之后，简易循理，不求赫赫名，京师亦治。旬月，改群牧使①。《唐书》成，拜礼部侍郎兼翰林侍读学士②。修在翰林八

翻译

宋仁宗嘉祐二年（1057），欧阳修奉命主持当年的科举考试。当时，读书人喜欢作险怪奇涩的文章，称作"太学体"。欧阳修坚决予以排斥抵制，对写这样文章的人，一律不予录取。考试录取完毕，一向喜欢喧嚷闹事的轻薄考生等候欧阳修出门，一看到他出来就群聚在他的马前大吵大闹，巡街的兵士也制止不住。但是，科举考试的风气，从此以后却有了改变。

欧阳修又加官龙图阁学士，担任开封府知府。在包拯威严治事之后，他继任知府，简易为政，按理办事，不追求大名声，京师也很安定。一个月后，他改

年,知无不言。……

任群牧使。到《唐书》写成,被任命为礼部侍郎兼翰林侍读学士。他在翰林院前后八年,知无不言。……

注释 ① 群牧使:群牧司长官,主管全国各地有关饲养国马的事务。 ② 翰林侍读学士:官名,为皇帝进读书史、讲释经义,备顾问应对。

原文

台谏论执中过恶①,而执中犹迁延固位。修上疏,以为:"陛下拒忠言,庇愚相,为圣德之累。"未几,执中罢。……修尝因水灾上疏曰:"陛下临御三纪,而储宫未建。昔汉文帝初即位②,以群臣之言,即立太子,而享国长久,为汉太宗③。唐明宗恶人言储嗣事④,不肯早定,致秦王之乱⑤,宗社遂覆。陛下何疑而久不定乎?"其后建立英宗,盖原于此。

翻译

御史和谏官上奏疏,陈说宰相陈执中的恶劣行为和过失,但陈执中仍然拖延不肯辞职,一心想保住官位。欧阳修为此上奏疏,认为:"陛下拒绝忠诚的言论,包庇愚昧的宰相,使皇上神圣的德望受到了损害。"不久,陈执中被罢去宰相职务。……欧阳修又曾因为发生了水灾而上奏疏说:"陛下登上皇位已有三十多年,但是太子还没有确立。以前,汉文帝刚登上帝位,因为听了群臣的话,就立了太子,所以能长期统治天下,成为汉朝的太宗。唐明宗讨厌人们说到继承人的事,不愿意及早确定下来,结果引起了秦王作乱,国家终于倾覆灭亡。陛下为什么长期疑虑不决呢?"后来仁宗择立英宗为太子,就是听了这些话才开始考虑的。

注释 ①陈执中:当时任宰相。 ②汉文帝:西汉第三个皇帝。 ③太宗:指开国第二代皇帝,亦指对巩固皇朝作出大贡献的非开国皇帝,此处指后者。 ④唐明宗:五代后唐的皇帝,926—933年在位。 ⑤秦王:指后唐明宗的儿子李从荣,他曾起兵要夺取帝位,未成功,被杀。

原文

五年,拜枢密副使。六年,参知政事。修在兵府①,与曾公亮考天下兵数及三路屯戍多少②、地理远近,更为图籍。凡边防久缺屯戍者,必加蒐补。其在政府③,与韩琦同心辅政④。凡兵民、官吏、财利之要,中书所当知者,集为总目,遇事不复求之有司。时东宫犹未定,与韩琦等协定大议,语在《琦传》。英宗以疾未亲政,皇太后垂帘⑤,左右交构,几成嫌隙。韩琦奏事,太后泣语之故。琦以帝疾为解,太后意不释。修进曰:"太后事仁宗数十年,仁德著于天下。昔温成之宠⑥,太后处之裕如,今母子

翻译

嘉祐五年(1060),欧阳修担任了枢密副使。六年,任参知政事。他在枢密院时,与曾公亮调查天下军队的数量以及河北、河东三路屯驻军队的多少、地理方位的远近,重新制作地图和户口簿册。对于边防上很久没有派军队去屯戍的地方,则必定要抽调军队去驻扎。他在中书时,与韩琦同心辅佐皇帝处理政务。把凡是中书应当知道的一切有关兵民、官吏、财利的要点都汇集成总目,这样,遇事就不必再到有关机构去查找。当时东宫的人选尚未确定,他与韩琦等人共同协助皇帝商定了这项重大的决策,这记录在《韩琦传》之中。英宗因病没有亲自过问政事,皇太后垂帘听政,两人身边的宦官虚构情节扩大事态,使两人彼此猜疑,几乎形成仇怨。韩琦奏事时,太后哭着告诉他不和的原因。韩琦用皇帝有病来劝解,太后没有想通,仍然有怨意。欧阳修上前说:"太后服事仁宗数十年,仁义德行,天下著

之间，反不能容邪？"太后意稍和。修复曰："仁宗在位久，德泽在人。故一日晏驾，天下奉戴嗣君，无一人敢异同者。今太后一妇人，臣等五六书生耳，非仁宗遗意，天下谁肯听从？"太后默然，久之而罢。

名。过去温成皇后受仁宗宠爱，太后不加计较，从容对待。现在母子之间，反而不能容忍了吗？"太后的情态稍见缓和。欧阳修又说："仁宗在位的时间长，功德恩泽存在于人们心中。所以他去世之后，天下拥护继位的君主，没有一个人敢表示不同意见。现在，太后是一个妇人，我们不过是五六个书生，如果不是仁宗的遗意，天下谁肯听从号令呢？"太后默然不语，过了很长时间，终于不计较这件事。

注释 ① 兵府：指枢密院。 ② 曾公亮：当时任枢密使。 ③ 政府：指中书。 ④ 韩琦：当时任宰相。 ⑤ 皇太后垂帘：皇太后或皇后临朝听政，殿上用帘子遮隔，叫作"垂帘"。此处指仁宗的曹皇后。她在英宗即位后被尊为皇太后。 ⑥ 温成：即仁宗的张贵妃，死后谥温成，追册为皇后。

原文

修平生与人尽言无所隐。及执政①，士大夫有所干请②，辄面谕可否，虽台谏官论事，亦必以是非诘之，以是怨诽益众。……

翻译

欧阳修平生与人谈话畅所欲言，不加隐藏。到做了执政后，每当士大夫有所求而来找他，他总是当面告知是否可以办，就是台谏官议论政事，他也一定要以是非曲直来质问他们，因此怨恨和诽谤他的人就更多了。……

注释 ① 执政：指担任宰相、参知政事、枢密使、枢密副使等中央政府的首脑。 ② 士大夫：指有官职的读书人。

原文

修以风节自持,既数被污蔑,年六十,即连乞谢事,帝辄优诏弗许。及守青州①,又以请止散青苗钱②,为安石所诋,故求归愈切。熙宁四年③,以太子少师致仕。五年,卒,赠太子太师,谥曰文忠。

修始在滁州,号醉翁,晚更号六一居士。……

翻译

欧阳修以刚劲正直的风骨和气节作为自己生活的规范,由于多次遭受污蔑,所以年纪刚到六十岁,就接连上书,请求辞去官职,神宗总是下达称许的诏书,不答应他的要求。等他担任青州知州以后,又因为请求停止发放青苗钱,被王安石诋毁,因而要求辞职回乡的心情更加迫切。熙宁四年(1071),他以太子少师退休。第二年即去世,朝廷赠官太子太师,谥号文忠。

欧阳修当初在滁州时,别号叫醉翁,晚年又改为六一居士。……

注释　①青州:今山东青州。 ②青苗钱:王安石当政时颁布的新法之一,春天刚下种时由政府发放贷款,等秋天作物成熟时再偿还。 ③熙宁:宋神宗年号。

王 安 石 传

导读

　　王安石（1021—1086），是中国十一世纪的伟大改革家。在宋神宗时期，他主持发动了一场声势浩大的变法运动，针对北宋王朝的各种弊政进行了全面的改革，以求达到富国强兵的目的。由于改革触动了属于统治阶层的大地主、大官僚们的切身利益，他领导的变革运动遭到了保守派的强烈反对与攻击，被迫辞职，新法不久也被全部废除，王安石含着悲愤的心情去世了。

　　对王安石领导的变法运动，虽然有不少人攻击，然而，对于王安石个人的道德品质和学术文章，却是众口一辞地称颂。他不仅是一位杰出的政治家、思想家，同时也是一位极为出色的文学家。

　　王安石性格坚毅，为人刚直不阿，反对派直呼其为"拗相公"，这里面除了反映他那独立完整的人格外，多少也能说明王安石确有固执己见的缺点。他对人才的使用，他的某些变法措施的不切实际，他的急于求成的心态，不能不说是他变法运动失败的部分原因。鹰有时候比鸡飞得低，但它毕竟是鹰，王安石就是高翔在时代上空的一只雄鹰。（选自卷三二七）

原文

　　王安石，字介甫，抚州临川人[①]。……安石少好读书，一过目终身不忘。其属文动笔如飞，初若不经意，

翻译

　　王安石，字介甫，抚州临川人。……王安石从小喜欢读书，一过目就终身不会忘记。他写文章时动笔如飞，开始好像并不在意，完成后，看到的人都佩服

既成,见者皆服其精妙。友生曾巩携以示欧阳修,修为之延誉。擢进士上第,签书淮南判官②。……再调知鄞县③,起堤堰,决陂塘,为水陆之利;贷谷与民,出息以偿,俾新陈相易,邑人便之。通判舒州④。文彦博为相⑤,荐安石恬退,乞不次进用,以激奔竞之风。寻召试馆职,不就。修荐为谏官,以祖母年高辞。修以其须禄养言于朝,用为群牧判官⑥,请知常州⑦。移提点江东刑狱⑧,入为度支判官,时嘉祐三年也。

他文章精妙。他的朋友曾巩把他的文章拿去给欧阳修看,欧阳修大为赞赏,并到处称颂他。庆历年间,他考中进士,名列上等,被派为签书淮南节度判官。……又调任鄞县知县。在鄞县,他筑起堤坝,挖掘池塘,发展了水利,便利了交通;将谷子借贷给人民,偿还时付利息给公家,使公家仓库中储藏的粮食能够不断更新,鄞县的人民感到很方便。又任舒州通判。文彦博做宰相,向仁宗推荐王安石,说他为人淡于名利,请求破格提拔,借以阻止那种奔走争官的风气。不久,朝廷召他来参加馆阁职务的考试,他不肯来。欧阳修推荐他任谏官,他以祖母年老为借口辞谢。欧阳修对朝廷说,王安石需要俸禄供养亲人,于是朝廷任用他为群牧判官,他又请求做常州知州。后来调任提点江东刑狱,以后又回到朝廷,任度支判官,当时是嘉祐三年(1058)。

注释　①抚州:今江西抚州。临川:属抚州,抚州治所在此,亦即今江西抚州。　②签书:京官以上充州府判官时用此名。淮南:当时称淮南节度使,治扬州,今江苏扬州。判官:即节度判官,节度使属官。　③鄞(yín)县:今浙江宁波。　④舒州:今安徽潜山。　⑤文彦博为相:在庆历八年(1048)至皇祐三年(1051)。　⑥群牧判官:管理养马事务的群牧司的属官,以京朝官充任。　⑦常州:今江苏常州。　⑧江东:指江南东路。提点江东刑狱:掌一路的诉讼事。

原文

安石议论高奇,能以辨博济其说;果于自用,慨然有矫世变俗之志。于是上万言书,以为:"今天下之财力日以困穷,风俗日以衰坏,患在不知法度,不法先王之政故也[①]。法先王之政者,法其意而已。法其意,则吾所改易更革,不至乎倾骇天下之耳目,嚣天下之口,而固已合先王之政矣。因天下之力以生天下之财,收天下之财以供天下之费;自古治世,未尝以财不足为公患也,患在治财无其道尔。在位之人才既不足,而闾巷草野之间亦少可用之才;社稷之托,封疆之守,陛下其能久以天幸为常,而无一旦之忧乎?愿监苟且因循之弊,明诏大臣,为之以渐,期合于当世之变。臣之所称,流俗之所不讲,而议者以为迂阔而熟烂者也。"

翻译

王安石的议论高深新奇,并能够以广博的知识进行辩论,以发扬自己的学说;敢于坚持按照自己的想法办事,慷慨奋发,有矫正世事改变传统风俗习惯的志向。于是,他向仁宗上万言书,认为:"现在,天下的财力一天比一天贫困,风俗一天天衰败,出现这种令人忧虑的情况,其原因在于不知道法度,不效法先王的政治。效法先王的政治,就是要效法先王的用意。只要效法先王的用意,那么我们的改革,既不至于惊世骇俗,又不至于使天下的人吵吵嚷嚷地反对,就已经符合先王的政治了。应该以天下的力量来创造天下的财富,征收天下的财富来供应天下的消费;自古以来的太平盛世,从来没有出现过财富不足的大患,问题只在治理财政时不得法罢了。现在,当官任职的人才能已经不足,而民间也缺乏可用之人;向谁托付国家大事,靠谁来守卫边境地区,陛下怎么能够长期靠老天爷赐给的幸运,而不担心有突然的忧患吗?我希望皇上能看到苟且因循的弊病,公开下诏告诉大臣,准备逐步改变它,以便能够符合当前形势的变化。我所说的事,庸庸碌碌的俗人是不会讲的,而一些议论国

后安石当国,其所注措,大抵皆祖此书。

事的人又把这当作人人知道的陈词滥调。"后来王安石执政时,他所施行的办法,差不多都来源于这封万言书。

注释 ①先王:指古代的圣贤的君王。

原文

俄直集贤院①。先是,馆阁之命屡下,安石屡辞;士大夫谓其无意于世,恨不识其面。朝廷每欲畀以美官,惟患其不就也。明年,同修起居注②,辞之累日。阁门吏赍敕就付之,拒不受;吏随而拜之,则避于厕;吏置敕于案而去,又追还之;上章至八九,乃受。遂知制诰,纠察在京刑狱,自是不复辞官矣。……

翻译

不久,王安石任直集贤院。以前,任命王安石担任馆阁职务的命令屡次下达,王安石屡次辞谢;士大夫认为他是无意于高官厚禄,都以不认识他为遗憾。朝廷多次想任命他担任较好的官职,但都因怕他不肯就任而作罢。第二年,任命他为同修起居注,他又推辞了多天。阁门的小吏带来任命书交给他,他也拒绝不肯接受;小吏追上他下拜,他就躲入厕所内;小吏把任命书放在桌子上离去,他又追上去把任命书还给小吏;这样上章辞谢了八九次,才接受新职的任命。于是担任知制诰,负责纠察在京师的刑事案件,此后便不再辞官了。……

注释 ①直集贤院:即三馆之一的集贤院的官员,简称直院。 ②起居注:记录皇帝言行的书。同修起居注:官名。

原文

以母忧去,终英宗世,

翻译

王安石因母亲去世而离任,在整个

召不起。……

神宗在颍邸，维为记室①，每讲说见称，辄曰："此非维之说，维之友王安石之说也。"及为太子庶子②，又荐自代。帝由是想见其人，甫即位，命知江宁府③。数月，召为翰林学士兼侍讲④。熙宁元年四月，始造朝。入对，帝问为治所先，对曰："择术为先。"帝曰："唐太宗何如？"曰："陛下当法尧、舜，何以太宗为哉？尧、舜之道，至简而不烦，至要而不迂，至易而不难。但末世学者不能通知，以为高不可及尔。"帝曰："卿可谓责难于君，朕自视眇躬⑤，恐无以副卿此意。可悉意辅朕，庶同济此道。"……

英宗当政时期，朝廷屡次召他，都不肯来。……

神宗当颍王的时候，韩维任记室，每当他的话受到神宗称赞时，就说："这不是我的话，是我的朋友王安石的话。"韩维升任太子庶子时，又推荐王安石代替自己继任记室职位。神宗因此很想见到王安石本人，后来神宗刚即位，就任命他为江宁府知府。几个月后，召回朝廷，任命为翰林学士兼侍讲。熙宁元年(1068)四月，王安石才到达朝廷。他入宫回答皇帝的问题，神宗问治理国家应当先做什么事，他回答："应当首先选择适当的政策。"神宗说："按唐太宗的办法怎么样？"他说："陛下应当效法尧、舜，为什么要学唐太宗？尧、舜治国的办法，非常简略而不繁杂，扼要而不迂阔，容易而不烦难。只是后代的学者不能完全了解，才认为高不可及。"神宗说："你这可以说是用难做的事情来要求君主了，我自顾力量微薄，恐怕无法符合你的期望。你可以全心全意地辅佐我，以便能够共同成就这事。"……

注释　①记室：亲王府属官。　②太子庶子：太子东宫官。　③江宁府：今江苏南京。　④翰林学士兼侍讲：翰林学士院掌制、诰、诏、令撰述之事，宋代只有资历最深的才正式除授翰林学士。侍讲是皇帝经筵官，掌进读书史，讲解经义，备顾问应对，一般都是兼职。　⑤眇(miǎo)：渺小，微小。

原文

二年二月，拜参知政事。上谓曰："人皆不能知卿，以为卿但知经术，不晓世务。"安石对曰："经术正所以经世务，但后世所谓儒者，大抵皆庸人，故世俗皆以为经术不可施于世务尔。"上问："然则卿所施设以何先？"安石曰："变风俗，立法度，最方今之所急也。"上以为然。于是设制置三司条例司①，命与知枢密院事陈升之同领之。安石令其党吕惠卿任其事。而农田水利、青苗、均输、保甲、免役、市易、保马、方田诸役相继并兴，号为新法，遣提举官四十余辈，颁行天下。……

御史中丞吕诲论安石过失十事②，帝为出诲，安石荐吕公著代之。韩琦谏疏至③，帝感悟，欲从之，安石求去。司马光答诏④，有"士

翻译

熙宁二年(1069)二月，王安石就任参知政事。神宗对他说："人们都不能了解你，以为你只知道研究经书，不了解世间的事务。"王安石回答："研究经书正是为了处理世间的事务，但是后代所谓儒者的人，差不多都是些庸人，所以社会上都习惯地认为，研究经书是不可能用来处理世事的。"神宗说："那么，你要先进行什么工作呢？"王安石说："改变风俗，确立法度，是当前最为急迫的事。"神宗认为很对。于是设立制置三司条例司，任命王安石和知枢密院事陈升之共同掌管。王安石派他的党徒吕惠卿承担条例司的具体事务。于是，陆续制定了农田水利、青苗、均输、保甲、免役、市易、保马、方田等法，称为新法，并派遣了四十多个提举官到全国各地去颁布推行。……

御史中丞吕诲指责王安石犯下十大错误，神宗为此将吕诲派到外地去做官，王安石推荐吕公著继任吕诲的职务。不久韩琦反对青苗法的谏疏到了朝廷，神宗有所感悟，打算依从韩琦的意见，王安石就请求辞职离任。司马光在起草答复王安石的诏书中，有"士夫沸腾，黎民骚动"的话，激怒了王安石，

夫沸腾，黎民骚动"之语，安石怒，抗章自辨。帝为巽辞谢，令吕惠卿谕旨，韩绛又劝帝留之⑤。安石入谢，因为上言中外大臣、从官、台谏、朝士朋比之情，且曰："陛下欲以先王之正道胜天下流俗，故与天下流俗相为重轻。流俗权重，则天下之人归流俗；陛下权重，则天下之人归陛下。权者与物相为重轻，虽千钧之物，所加损不过铢两而移。今奸人欲败先王之正道，以沮陛下之所为，于是陛下与流俗之权适争轻重之时，加铢两之力，则用力至微，而天下之权，已归于流俗矣。此所以纷纷也。"上以为然。安石乃视事，琦说不得行⑥。……

他上章疏为自己辩解。神宗用谦逊和婉的言辞道歉，并命吕惠卿传达旨意，后经韩绛劝说，神宗又留下了他。王安石入朝谢恩，因而对神宗诉说中外大臣、从官、台谏、朝士结党，相互依附勾结的情况，并说："陛下要用先王的正道来战胜天下的庸流末俗，所以陛下和天下的庸流末俗是互为轻重的。流俗之辈的权力重了，那么天下的人就归向流俗；陛下的权力重，那么天下的人就归向陛下。秤锤与物品互为轻重，虽然是千钧重物，只要在秤锤上增加或减少极轻微的重量，就能移动位置。现在奸人要败坏先王的正道，用以阻挠陛下所做的事，这正是陛下与庸流末俗的秤锤较量轻重的时候，如果在流俗方面增加极轻微的力量，那么所用的力量虽小，但天下的权力，已经归属于流俗了。这就是议论纷纷的缘故。"神宗认同。于是王安石到中书重新任职，而韩琦的意见就没有能够施行。……

注释 ①制置三司条例司：官署名，变法时的立法机构。 ②御史中丞：为监察机关御史台的长官。 ③韩琦：当时判相州。相州：今河南安阳。韩琦谏疏，是反对散青苗钱。 ④司马光：当时任翰林学士。 ⑤韩绛：当时任枢密副使。 ⑥琦说：指韩琦乞罢青苗法。

原文

三年十二月,拜同中书门下平章事。……

欧阳修乞致仕,冯京请留之①,安石曰:"修附丽韩琦,以琦为社稷臣。如此人,在一郡则坏一郡,在朝廷则坏朝廷,留之安用?"乃听之。富弼以格青苗解使相②,安石谓不足以阻奸,至比之共、鲧③。灵台郎尤瑛言天久阴④,星失度,宜退安石。即黥隶英州⑤。唐坰本以安石引荐为谏官⑥,因请对极论其罪,谪死。文彦博言市易与下争利⑦,致华岳山崩。安石曰:"华山之变,殆天意为小人发。市易之起,自为细民久困,以抑兼并尔,于官何利焉?"阁其奏⑧,出彦博守魏。……

翻译

熙宁三年(1070)十二月,王安石担任了同中书门下平章事。……

欧阳修要求退休,冯京请求留下他,王安石说:"欧阳修依附韩琦,认为韩琦是关系国家安危的大臣。这样的人,在一个郡就败坏一个郡的政事,在朝廷就败坏朝廷的政事,留下他有什么用呢?"于是皇帝同意欧阳修退休。富弼因为阻挠青苗法的实施,被解除了使相之职,王安石说这还不能够阻止奸人,甚至还把富弼比作是共工和鲧。灵台郎尤瑛说,天阴了很长时间,星星都乱了秩序,这是天象示警,所以应该黜退王安石。朝廷立即把尤瑛刺字发配到英州。唐坰本来是因为王安石的引荐才当谏官的,只因他乘向皇帝奏对的机会,极力陈述王安石的罪过,结果遭到贬谪而死去。文彦博说市易法是与庶民争利益,以致使华山崩塌。王安石说:"华山的灾变,那是天意为小人而发作的。制定市易法,就是因为平民百姓久被困扰,是用来抑制兼并的,于当官的,有什么利益呢?"于是压下文彦博的章奏不上报,并把他派出去做魏州的地方长官。……

注释 ①冯京：当时任参知政事。 ②富弼：当时以镇海军节度使、同平章事判河阳，宋代这类官职都称使相。 ③共、鲧（gǔn）：指共工、鲧，都是传说中的人物，治水都不成功，有的史书把他们列入"四凶"。 ④灵台郎：官名，属太史局官员。 ⑤英州：今广东英德。 ⑥坰：音 jiōng。 ⑦文彦博：当时任枢密使。 ⑧阏（è）：堵塞。

原文

七年春，天下久旱，饥民流离，帝忧形于色，对朝嗟叹，欲尽罢法度之不善者。安石曰："水旱常数，尧、汤所不免①，此不足招圣虑，但当修人事以应之。"帝曰："此岂细事？朕所以恐惧者，正为人事之未修尔。今取免行钱太重②，人情咨怨，至出不逊语。自近臣以至后族，无不言其害。两宫泣下③，忧京师乱起，以为天旱更失人心。"安石曰："近臣不知为谁？若两宫有言，乃向经④、曹佾所为尔⑤。"冯京曰："臣亦闻之。"安石曰："士大夫不逞者以京为归，故京独闻此言，臣未之闻也。"监安上门郑侠上疏，

翻译

熙宁七年（1074）春天，全国都长时间的干旱，饥民流离失所，神宗忧容满面，上朝时感叹不已，想要全部罢去那些不好的法令。王安石说："水旱是平常的事，即使是尧、汤的时候也不能避免，这事不足以让皇上忧虑，只要整治世事来应付它就是了。"神宗说："这怎么是小事呢？我所以害怕，就是因为世事没有整治好啊。现在征收免行钱太重了，人们怨叹，甚至说出不敬的话来。从近臣到皇后家族的人，没有不说它有害的。两宫还流下了眼泪，很忧虑京师有变乱发生，认为天旱就更加失去了人心。"王安石说："近臣不知道是指谁？如果两宫有这些话，那就是向经、曹佾干的事。"冯京说："我也听说了。"王安石说："士大夫中心怀不满的人归附冯京，所以只有冯京听到这些话，我却没有听说。"管理安上门的郑侠上疏，把所见到的流民扶老携幼的困苦情形画成

绘所见流民扶老携幼困苦之状，为图以献，曰："旱由安石所致，去安石，天必雨。"侠又坐窜岭南。慈圣、宣仁二太后流涕谓帝曰："安石乱天下。"帝亦疑之，遂罢为观文殿大学士⑥、知江宁府。……

图献上，说："天旱是王安石引来的，罢去王安石，老天必然下雨。"郑侠又因此被贬到岭南。慈圣、宣仁两位太后流着泪对神宗说："王安石扰乱了天下。"神宗也怀疑王安石，便罢免了他的宰相职务，任命他为观文殿大学士、知江宁府。……

注释　①尧：古代传说中的帝王。汤：商朝的开国君主。　②免行钱：行户向官府交纳免除科配应交物资的钱，亦称免行役钱。　③两宫：即后文所言慈圣、宣仁两位太后。慈圣曹后：仁宗的皇后。宣仁高后：英宗的皇后。　④向经：神宗皇后向氏之父。　⑤曹佾(yì)：仁宗皇后曹氏之弟。　⑥观文殿大学士：官名，备顾问，无具体职掌，凡曾任宰相者才授此职。

原文

　　吕惠卿服阕，安石朝夕汲引之。至是，白为参知政事，又乞召韩绛代己。二人守其成模，不少失，时号绛为"传法沙门"，惠卿为"护法善神"。而惠卿实欲自得政，忌安石复来，因郑侠狱陷其弟安国，又起李士宁狱以倾安石。绛觉其意，密白帝请召之。八年二月，复拜

翻译

　　吕惠卿守丧期满时，王安石早晚不停地推荐他。此刻自己将要离任，便向神宗建议任命吕惠卿为参知政事，又请求召回韩绛来继任宰相。两人奉行王安石已经制定的法规，没有丝毫改变，所以当时人们称韩绛是"传法沙门"，吕惠卿是"护法善神"。但吕惠卿实际上想自己掌权，生怕王安石复出，所以，在办理郑侠的案件时，就乘机陷害王安石的弟弟王安国，又制造了李士宁的案件

相,安石承命,即倍道来。《三经义》成,加尚书左仆射兼门下侍郎①,以子雱为龙图阁直学士②。雱辞,惠卿劝帝允其请,由是嫌隙愈著。惠卿为蔡承禧所击③,居家俟命。雱风御史中丞邓绾,复弹惠卿与知华亭县张若济为奸利事④,置狱鞫之,惠卿出守陈⑤。……

来陷害王安石。韩绛发觉了吕惠卿的意图,秘密报告神宗,请求召回王安石。熙宁八年(1075)二月,王安石再次被任命为宰相,他接到任命后,马上以加倍的速度赶来京师。《三经义》成书,王安石加官尚书左仆射兼门下侍郎,神宗又任命他的儿子王雱为龙图阁直学士。王雱辞官,吕惠卿劝神宗答应他的请求,因此,王、吕两人之间的矛盾和不满更加明显。吕惠卿被蔡承禧抨击,在家等候皇帝的处理。王雱唆使御史中丞邓绾又弹劾吕惠卿与华亭县知县张若济相互勾结、违法谋利的事,于是立案审查他们,吕惠卿因此罢职出朝,去任陈州的长官。……

注释 ①尚书左仆射:尚书省长官。门下侍郎:门下省副长官。当时都是加给宰相的官衔。 ②雱:音 páng。 ③蔡承禧:当时为御史。 ④华亭:此处指属秀州的华亭,今上海松江。 ⑤陈:即陈州,今河南淮阳。

原文

华亭狱久不成,雱以属门下客吕嘉问、练亨甫共议,取邓绾所列惠卿事,杂他书下制狱,安石不知也。省吏告惠卿于陈①,惠卿以状闻,且讼安石曰:"安石尽

翻译

华亭的案子很久不能解决,王雱把它交给门下的谋士吕嘉问、练亨甫共同商议,他们取来邓绾所列的吕惠卿的事项,混在其他文书中发到审讯罪人的机关,王安石并不知道这些事。省吏到陈州告知吕惠卿,吕惠卿就上书把这些事

弃所学,隆尚纵横之末数,方命矫令,罔上要君。此数恶力行于年岁之间,虽古之失志倒行而逆施者,殆不如此。"又发安石私书曰"无使上知"者。帝以示安石,安石谢无有,归以问雱,雱言其情,安石咎之。雱愤恚,疽发背死②。安石暴绾罪,云"为臣子弟求官及荐臣婿蔡卞",遂与亨甫皆得罪。……

报告皇帝,并且控告王安石说:"王安石完全丢弃了自己所学的东西,崇尚纵横家的末流手段,违抗君命,假传号令行事,欺骗和要挟君主。在这一年多的时间内,极力推行这些坏事,就是古代丧失志节而倒行逆施的人,恐怕也没有这样的。"吕惠卿又揭发王安石在私人信件中说过"不要让皇上知道"的话。神宗把报告交给王安石看,王安石谢罪,说没有此事,回家问王雱,王雱告诉他实际情况,王安石听后很生气,责备了王雱。王雱愤怒怨恨,背上的痈疽发作而死去。王安石公开宣布了邓绾的罪行,说他"为我的儿子、兄弟求取官职及推荐我女婿蔡卞",于是,邓绾和练亨甫都定为有罪。……

注释 ① 省吏:指中央政府的吏员。 ② 恚(huì):怨恨。疽(jū):毒疮。

原文

安石之再相也,屡谢病求去,及子雱死,尤悲伤不堪,力请解机务。上益厌之,罢为镇南军节度使①、同平章事、判江宁府。……哲宗立,加司空②。

翻译

王安石再次当宰相以后,多次称病要求去职,他儿子王雱死后,更是悲伤不堪,坚决要求解除中枢职务。神宗更加厌恶他,罢免了他宰相的职务,任命为镇南军节度使、同平章事、判江宁府。……哲宗即位后,加官司空。

元祐元年(1086),王安石死去,年

元祐元年③,卒,年六十六,赠太傅。绍圣中④,谥曰文。……

六十六岁,赠官太傅。绍圣年间,赐谥号为文。……

注释 ① 镇南军:治洪州,今江西南昌。 ② 司空:三公(太尉、司徒、司空)之一,加给大官的虚衔。 ③ 元祐:哲宗即位后的第一个年号。 ④ 绍圣:哲宗的第二个年号。

司马光传

导读

　　司马光(1019—1086)，是宋代历史上一位争议较大的政治家,在北宋中后期变法派与反变法派的斗争中,他是后一派的领袖人物。宋神宗时,他极力反对王安石变法,提出了"祖宗之法不可变"的政治主张;宋哲宗即位初,他主持朝政,数月之间,将新法全部废除,将新党全部罢黜,史称"元祐更化"。可以说,司马光在政治上是一位保守派。

　　然而,不能因为政治上的保守,就对司马光这个历史人物加以全部否定。作为一个封建士大夫,他的忠君报国,他的爱民思想,他的个人品德都有许多可取之处,特别是他呕心沥血,用十九年的时间完成了一部不朽的史学巨著——《资治通鉴》。这一文化史上的伟大贡献,就能使司马光的名字永远也不会黯淡失色。(选自卷三三六)

原文

　　司马光,字君实,陕州夏县人也①。父池,天章阁待制。光生七岁,凛然如成人,闻讲《左氏春秋》,爱之,退为家人讲,即了其大指。自是手不释书,至不知饥渴寒暑。群儿戏于庭,一儿登瓮,足跌没水中,众皆弃去,

翻译

　　司马光,字君实,陕州夏县人。父亲司马池,曾任天章阁待制。司马光七岁时就严肃庄重,像一个成年人,听有人讲解《左氏春秋》后,极为喜爱,回来讲给家里人听,就已能了解这部书中的大意。从此书不离手,以至不知道饥饿和口渴、冬寒或夏热。有一次,一群孩子在庭院中玩耍,有一个孩子爬上一个

光持石击瓮破之，水迸，儿得活。其后，京、洛间画以为图②。仁宗宝元初，中进士甲科。……

大水缸，不小心失足掉进水缸中，其他的孩子都丢开这个孩子跑掉了，司马光却拿了一块石头朝水缸砸去，水缸破了，缸里的水流出来，掉进水缸的那个孩子才得救。后来，汴京和洛阳一带，还有人将这件事画成了图画。宋仁宗宝元元年间，司马光考中了进士甲科。……

注释 ① 陕州：今河南三门峡西。夏县：今山西夏县。 ② 京：指汴京，即今河南开封。洛：即洛阳。

原文

仁宗始不豫①，国嗣未立，天下寒心而莫敢言。谏官范镇首发其议②，光在并州闻而继之，且贻书劝镇以死争。至是，复面言："臣昔通判并州，所上三章，愿陛下果断力行。"帝沉思久之，曰："得非欲选宗室为继嗣者乎？此忠臣之言，但人不敢及耳。"光曰："臣言此，自谓必死，不意陛下开纳。"帝曰："此何害？古今皆有之。"光退未闻命，复上疏曰："臣向者进说，意谓即

翻译

宋仁宗最初生病时，还没有确立皇位继承人，朝廷士大夫都对这件事感到恐惧担心，却不敢发表意见。谏官范镇首先提出立太子的建议，司马光在并州听到后也紧跟着提出，并写信劝范镇对这件事要以死力争。司马光进京后，又当面向仁宗进言："我过去任并州通判时，曾上了三份奏章，希望陛下果断决定，尽力而行。"仁宗思索了很久，说："是不是要挑选一位皇家宗室子弟为皇位继承人？这是忠臣的言论，只是一般人不敢提及罢了。"司马光说："我说这件事，以为必然会被处死，想不到还能被陛下考虑采纳。"仁宗说："这有什么害处？从古到今都有这样的事。"司马

行,今寂无所闻,此必有小人言陛下春秋鼎盛,何遽为不祥之事。小人无远虑,特欲仓卒之际,援立其所厚善者耳。'定策国老''门生天子'之祸,可胜言哉?"帝大感动曰:"送中书。"光见韩琦等曰:"诸公不及今定议,异日禁中夜半出寸纸,以某人为嗣,则天下莫敢违。"琦等拱手曰:"敢不尽力。"未几,诏英宗判宗正③,辞不就,遂立为皇子,又称疾不入。光言:"……愿以臣子大义责皇子,宜必入。"英宗遂受命。……

光退朝后许久,却没有听到仁宗下达建立皇储的诏令,又上奏章说:"我前些时进献的建议,以为陛下会立即施行,但至今还没有听到一点消息,这肯定是有小人进言,说陛下正是年富力强的时候,为什么要这么早准备那些不吉利的事。小人不作长远考虑,主要是想等陛下百年之后,在匆忙慌乱的时候,扶立和他们关系密切的宗室子弟。这样,他们就成了定策拥立皇帝的国家元老,而皇帝就成了他们的门生天子,这里面蕴藏的灾祸,能说得尽吗?"宋仁宗大为感慨说:"立即将司马光的建议送到中书去。"司马光见到韩琦等人说:"各位大人不赶快趁现在决定这件事,等日后某天半夜从宫中送出一张小纸条,说是立某人为皇太子,到那时,天下人都不敢违抗了。"韩琦等人都拱手作揖说:"我们不敢不尽力而为。"不久,仁宗下诏命英宗判宗正寺事,英宗推辞不就职,于是,仁宗将英宗立为皇子,英宗又说有病,不进宫中。司马光说:"……希望陛下用臣子应尽的职责来督促皇子,他必定会进宫来。"这样,英宗才接受诏命。……

注释 ① 不豫:指天子生病。 ② 范镇:仁宗时谏官,曾连上十九章劝仁宗立嗣。③ 判宗正:即判宗正寺事,宋由皇族担任判宗正事,管理皇家宗族事务。

原文

神宗即位,擢为翰林学士,光力辞。帝曰:"古之君子,或学而不文,或文而不学,惟董仲舒①、扬雄兼之②。卿有文学,何辞为?"对曰:"臣不能为四六③。"帝曰:"如两汉制诰可也,且卿能进士取高第,而云不能四六,何邪?"竟不获辞。……

翻译

宋神宗继位当皇帝后,司马光被提升为翰林学士,他极力推辞。宋神宗说:"古代的君子,有的有学问而不会写文章,有的会写文章而又没有学问,只有董仲舒、扬雄才是既有学问又会写文章的人。你二者兼有,为什么要推辞呢?"司马光回答说:"我不会作四六骈文。"宋神宗说:"只要写得像两汉时代的制书和诏令一样就行了,况且你能够考上进士高第,却说不会写四六骈文,这是为什么?"司马光终于没有辞掉翰林学士之职。……

注释　①董仲舒:西汉哲学家,今文经学大师。　②扬雄:西汉文学家、哲学家、语言学家。　③四六:骈文多以四字、六字为对偶相间成句,故又称"四六"。

原文

光常患历代史繁,人主不能遍览,遂为《通志》八卷以献。英宗悦之,命置局秘阁,续其书。至是,神宗名之曰《资治通鉴》,自制序授之,俾日进读。……

西戎部将嵬名山欲以横山之众①,取谅祚以降②,

翻译

司马光常常感到各朝的史书太繁杂琐碎,怕皇帝不能全部阅览,于是写了一部八卷本的《通志》献给皇上。宋英宗很喜欢,命令在秘阁开设史局,继续修撰。到宋神宗时,这部书被命名为《资治通鉴》,神宗还亲自撰写了序,交给司马光,并让司马光每日进宫把《资治通鉴》讲给他听。……

诏边臣招纳其众。光上疏极论，以为："名山之众，未必能制谅祚。幸而胜之，灭一谅祚，生一谅祚，何利之有？若其不胜，必引众归我，不知何以待之？臣恐朝廷不独失信谅祚，又将失信于名山矣。若名山余众尚多，还北不可，入南不受，穷无所归，必将突据边城以救其命。陛下不见侯景之事乎③？"上不听，遣将种谔④发兵迎之，取绥州⑤，费六十万，西方用兵，盖自此始矣。……

西夏境内的党项族将领嵬名山想用他所控制的横山地区的部众，俘虏李谅祚来归降宋朝，宋神宗下诏，命令守御边境的大臣招纳嵬名山的部众。司马光上奏章竭力争论这件事，他认为："嵬名山的力量，不一定能够制服李谅祚。即使他侥幸战胜了李谅祚，岂不是消灭了一个李谅祚，又产生了一个李谅祚？这对我们又有什么好处呢？如果他不能战胜李谅祚，必然会带领部众归附我朝，那如何对待他们呢？到那时，我担心朝廷就不仅仅是失信于李谅祚，又将要失信于嵬名山了。如果嵬名山留下的部众还有很多，回北面去不可能，到南边来又不能接受，穷途末路无家可归，必定会突袭占据我方的边境城市。陛下您难道不知道侯景的故事吗？"宋神宗没有听从司马光的劝告，派大将种谔发兵去迎接嵬名山，并夺取夏国的绥州城，耗费了六十万钱。宋朝在西方作战，就是从这时候开始的。……

注释 ① 嵬(wéi)名山：西夏银州监军司监军。 ② 谅祚：李元昊遗腹子，西夏第二代皇帝。 ③ 侯景：初为北朝大将，后归附梁朝，封河南王，又举兵叛变，攻破建康，到处烧杀抢掠，长江下游地区惨遭破坏，史称"侯景之乱"。 ④ 种谔：北宋力主开边的重要将领，名将种世衡之子。 ⑤ 绥州：今陕西绥德。

原文

执政以河朔旱伤①，国用不足，乞南郊勿赐金帛。诏学士议，光与王珪、王安石同见，光曰："救灾节用，宜自贵近始，可听也。"安石曰："常衮辞堂馔②，时以为衮自知不能，当辞位不当辞禄。且国用不足，非当世急务，所以不足者，以未得善理财者故也。"光曰："善理财者，不过头会箕敛尔。"安石曰："不然，善理财者，不加赋而国用足。"光曰："天下安有此理？天地所生财货百物，不在民，则在官，彼设法夺民，其害乃甚于加赋。此盖桑羊欺武帝之言③，太史公书之以见其不明耳④。"争议不已。……

翻译

执政官因为黄河以北地区遭到旱灾的危害，国家的经费不够开支，请求宋神宗在南郊大祀的时候不要再赏赐钱物。宋神宗下诏命令学士们讨论，司马光和王珪、王安石一同去见皇帝。司马光说："抢救灾荒，节约开支，应该从地位尊贵的人开始，执政的意见可以听从。"王安石说："常衮辞掉堂馔，当时大家都认为常衮既然自知没有才能，那就应当辞掉官位，但不应当辞掉俸禄。况且，国家费用不够开支，并不是现在最急迫的事情，费用所以不够开支，那是因为没有找到善于治理国家财政的人啊。"司马光说："所谓善于治理财政的人，不过是按人头盘剥税利，用畚箕搜刮粮食而已。"王安石说："不是这样，善于治理财政的人，不必增加赋税就会使国家的经费充足。"司马光说："天底下哪里有这样的道理？天地所产生的诸般财富，不在民间，就在官府，你想办法去夺取民间的财富，那种祸害比增加赋税更厉害。这原是桑弘羊欺骗汉武帝的说法，司马迁记载这件事，不过是要显示汉武帝知人见事不明罢了。"两人争论不休。……

注释 ① 河朔：朔为北，泛指黄河以北。 ② 堂馔：唐宋时政事堂准备的公用膳食。 ③ 桑羊：即桑弘羊，汉武帝时著名理财家。 ④ 太史公：即司马迁，汉武帝时人，我国历史上著名史学家，《史记》的作者。

原文

安石得政，行新法，光逆疏其利害。迩英进读，至曹参代萧何事①，帝曰："汉常守萧何之法不变，可乎？"对曰："宁独汉也？使三代之君常守禹、汤、文②、武之法③，虽至今存可也。汉武取高帝约束纷更④，盗贼半天下；元帝改孝宣之政⑤，汉业遂衰。由此言之，祖宗之法不可变也。"……

翻译

王安石掌握政权后推行新法，司马光上书预先陈述新法的种种危害。他到迩英阁给神宗讲书时，讲到曹参代萧何为丞相的事，宋神宗说："假如汉朝长期保持萧何制定的法律不改变，能行吗？"司马光回答说："岂止汉朝？假如三代的君主长期保持禹、汤、文、武的法规，就是存在到今天也是可能的。汉武帝乱改汉高祖的规约，盗贼遍布半个天下；汉元帝改变汉宣帝的政治，汉朝的大业就衰落。由此说来，祖宗制定的法规是不可以改变的。"……

注释 ① 曹参：西汉开国元勋，接替萧何为相，一依萧何成规。萧何：西汉开国元勋，第一位丞相。 ② 文：即周文王，名姬昌，周族领袖。 ③ 武：即周武王，名姬发，西周王朝的建立者。 ④ 汉武：指汉武帝刘彻。高帝：指汉高祖刘邦。 ⑤ 元帝：指汉元帝刘奭(shì)。孝宣：指汉宣帝刘询。

原文

安石以韩琦上疏，卧家求退。帝乃拜光枢密副使，光辞之曰："陛下所以用臣，

翻译

王安石因为韩琦上奏章弹劾自己，躲在家中不出，请求引退。宋神宗于是任命司马光为枢密副使，司马光辞让不

盖察其狂直，庶有补于国家。若徒以禄位荣之，而不取其言，是以天官私非其人也[1]。臣徒以禄位自荣，而不能救生民之患，是盗窃名器以私其身也[2]。陛下诚能罢制置条例司，追还提举官，不行青苗、助役等法，虽不用臣，臣受赐多矣。今言青苗之害者，不过谓使者骚动州县，为今日之患耳。而臣之所忧，乃在十年之外，非今日也。夫民之贫富，由勤惰不同，惰者常乏，故必资于人。今出钱贷民而敛其息，富者不愿取，使者以多散为功，一切抑配[3]。恐其逋负，必令贫富相保，贫者无可偿，则散而之四方；富者不能去，必责使代偿数家之负。春算秋计，展转日滋，贫者既尽，富者亦贫。十年之外，百姓无复存者矣。又尽散常平钱谷，专行青苗，它日若思复之，将何

肯就职，说："陛下之所以起用我，是因为看到我是一个耿直的人，希望对国家有所补益。如果只是用俸禄官位来尊荣我，而又不采纳我的意见，这是把天官当作给私人的赏赐，却又赏给了不适当的人。我如果只能以俸禄官位来使自己增添荣耀，不能解救黎民百姓的艰难困苦，那就是盗窃了名誉地位来谋自身的私利。陛下如果真能废除制置条例司，将派到各地的提举官下诏追回，不再推行青苗、助役等法，就是不起用我，我受到的恩赐也是够多的了。今天说青苗法危害的人，不过是说派下去的使者骚扰惊动了地方州县，成为今天的灾难。而我所担忧的，却是在十年以后，并不指今天。须知人民的贫穷与富裕，是由于他们勤劳和懒惰的程度不同，懒惰的人经常缺这少那，因此必然要依靠别人。现在国家出钱借给人民而收取他们的利息，富裕人家不会愿意领取贷款，朝廷的使者则以多散发青苗钱为有功，所以一定会强行摊派。又害怕借钱的人负债逃跑，必然就命令贫户和富户互相担保，贫穷的人无法偿还，于是逃散流落四方；富裕人家不能离开，必然就要被迫代替偿还几家所欠的债。每年春天借贷的钱秋天偿还，一年

所取？富室既尽，常平已废，加之以师旅，因之以饥馑，民之羸者必委死沟壑，壮者必聚而为盗贼，此事之必至者也。"抗章至七八，帝使谓曰："枢密，兵事也，官各有职，不当以他事为辞。"对曰："臣未受命，则犹侍从也④，于事无不可言者。"安石起视事，光乃得请，遂求去。……

年增多，贫穷人户逃光了，富裕人户也变穷了。十年以后，百姓都将逃亡光了。还有，把常平仓里的钱粮散发光，专门去推行青苗法，以后如果想要恢复它，又将从哪里去取得这些钱粮呢？富裕人家已经空了，常平仓已经废了，如果出现了战争，饥荒随之而来，人民中间的老弱病残必然会大量死亡，弃尸于山谷沟渠之中，强壮的人则必然会聚众造反，成为盗贼，这是事情发展的必然结果。"司马光辞不就职的奏章递上了七八次，神宗派人对他说："枢密，是掌管军事的，每一种官位都有自己的职责，不应当用其他的事情作为借口。"司马光回答说："我没有接受任命，就还是侍从官，任何事没有不可以谈的。"到王安石又被神宗起用执掌朝政，司马光的请求才被批准，于是，司马光便请求离开朝廷到外地去。……

注释　①天官：古以冢宰为天官，为百官之长，这里指枢密院长官。　②名器：古代表示等级称号和仪制等，泛指名誉地位。　③抑配：强行摊征税物。　④侍从：宋代诸殿阁学士皆称侍从，无职掌，在皇帝身边备咨询。

原文

　　元丰五年，忽得语涩疾，疑且死，豫作遗表置卧

翻译

　　元丰五年(1082)，司马光忽然得了说话艰难、口舌不灵的病，他担心自己

内①，即有缓急，当以界所善者上之。官制行②，帝指御史大夫曰："非司马光不可。"又将以为东宫师傅③。蔡确曰："国是方定，愿少迟之。"《资治通鉴》未就，帝尤重之，以为贤于荀悦《汉纪》④，数促使终篇，赐以颍邸旧书二千四百卷⑤。及书成，加资政殿学士。凡居洛阳十五年，天下以为真宰相，田夫野老皆号为"司马相公"，妇人孺子亦知其为君实也。

快要死了，预先写好一份遗表放在卧室，准备一旦自己病情危急，就将遗表交给要好的朋友上呈给皇帝。实行新官制时，宋神宗指着御史大夫的职位说："这个官职非司马光担任不可。"又准备委任司马光为东宫的师傅。蔡确说："国家的大计才制定，希望能稍等一等再任命他。"当时，《资治通鉴》一书还未完成，神宗特别重视这件事，认为《资治通鉴》胜过荀悦的《汉纪》，几次催促司马光完成这部书，并将过去自己在颍王府邸时收藏的二千四百卷书赐给他。到《资治通鉴》完成时，给司马光加官为资政殿学士。司马光在洛阳共住了十五年，天下的百姓都把他当作真宰相，种地的老农都称他为"司马相公"，连妇女小孩也知道他的表字是君实。

注释 ① 遗表：古大臣临死前写好的奏章，死后上奏，称遗表。 ② 官制行：指元丰五年宋神宗改用的一套新官制的实行。 ③ 东宫师傅：指太子的师傅。 ④ 荀悦：东汉史学家，将《汉书》改写成编年体的《汉纪》三十卷。 ⑤ 颍邸：宋神宗原封颍王，颍邸即颍邸王府旧邸。

原文

帝崩，赴阙临，卫士望见，皆以手加额曰："此司马相公也。"所至，民遮道聚

翻译

神宗逝世，司马光到朝廷哭吊，宫中的卫士看见，都把手放在额前说："这是司马相公。"他所到之处，老百姓都挤

观,马至不得行。曰:"公无归洛,留相天子,活百姓。"哲宗幼冲,太皇太后临政^①,遣使问所当先,光谓:"开言路。"诏榜朝堂。而大臣有不悦者,设六语云:"若阴有所怀,犯非其分,或扇摇机要之重,或迎合已行之令,上以徼幸希进,下以眩惑流俗。若此者,罚无赦。"后复命示光,光曰:"此非求谏,乃拒谏也。人臣惟不言,言则入六事矣。"乃具论其情,改诏行之,于是上封者以千数。

在路上看他,以至于他的马都无法前进。百姓对他说:"您不要回洛阳去了,留在皇帝身边当宰相,救我们百姓的命吧!"哲宗即位时还是一个幼童,由太皇太后代为掌握朝政,她派遣使者去问司马光,当今首先要做的是什么事,司马光说:"让大家说话。"于是,太皇太后就下达征求意见的诏令,张贴在朝堂之上。大臣中有一些人不高兴这件事,代太皇太后草拟了六句话说:"如果别有用心不守本分,或煽惑人心动摇国家机要大政,或迎合现今推行的命令,对上希求侥幸升官,对下迷乱世俗之人。凡属于上述情况而提意见的人,严厉惩罚决不赦免。"太皇太后又命令将诏书拿给司马光看,司马光说:"这不是求别人提意见,是拒绝别人提意见了。臣子们除非不讲话,一讲话就会被套进这六条。"司马光又上书详细地论述了这件事,太皇太后改写了诏书,颁行全国,于是向朝廷进献意见书的数以千计。

注释 ① 太皇太后:即英宗高皇后,神宗即位尊称皇太后,哲宗即位尊称为太皇太后。

原文

起光知陈州^①，过阙，留为门下侍郎^②。苏轼自登州召还^③，缘道人相聚号呼曰："寄谢司马相公，毋去朝廷，厚自爱以活我。"是时，天下之民引领拭目以观新政^④，而议者犹谓："三年无改于父之道。"但毛举细事，稍塞人言。光曰："先帝之法，其善者虽百世不可变也。若安石、惠卿所建，为天下害者，改之当如救焚拯溺。况太皇太后以母改子，非子改父。"众议甫定。遂罢保甲团教^⑤，不复置保马^⑥，废市易法^⑦，所储物皆鬻之，不取息，除民所欠钱。京东铁钱及茶盐之法^⑧，皆复其旧。或谓光曰："熙丰旧臣^⑨，多憸巧小人，他日有以父子义间上，则祸作矣。"光正色曰："天若祚宗社，必无此事。"于是天下释然，曰："此先帝本意也。"

翻译

朝廷起用司马光任陈州知州。他经过京城时被留下任门下侍郎。苏轼从登州被朝廷召回，沿途的百姓都围聚一起大声呼叫："请代我们致谢司马相公，要他千万不要离开朝廷，珍重爱护他自己，这样才能救活我们。"当时，天下的百姓都迫不及待地等着观看朝廷的新政，然而，朝中有些议论政事的大臣还在说："父亲去世三年之内，不可以改变他所制定的法度。"他们仅仅粗略地列举了一些琐碎的小事进行变更，想稍微搪塞一下舆论。司马光说："先帝的立法，其中好的部分，就是千百年也不应该改变。如果是王安石、吕惠卿所定的法规，又成为天下祸害的，就该像救火和救快要淹死的人一样，赶快改变它。更何况太皇太后是以母亲的身份改变儿子的政策，并不是以儿子去改变父亲的施政。"众说纷纭的议论这才安定下来。于是就废除了保甲团教法，不再推行保马法，又废除了市易法，市易仓库中所储藏的物资全部卖掉，不收取利息，免除民间所欠的钱。京东地区的铁钱法和茶盐法，也都恢复了原来的规章制度。有人对司马光说："熙宁、元丰年间推行新法的大臣，其中大多数是逢迎弄巧的人,以后如有人用父子之间的道义在皇帝面前拨弄是非,那祸害就会兴起了。"司马光严肃地说:"天如果赐福于宗庙社稷,必然不会有这样的事。"于是,全国的人才消除疑虑,都说:"这正是先帝本来的意思。"

注释 ① 陈州:今河南淮阳。 ② 门下侍郎:门下省副职主管官员,当时是副宰相之职。 ③ 登州:今山东蓬莱。 ④ 引领拭目:伸长颈项,擦亮眼睛,喻迫切期待之意。 ⑤ 保甲团教:王安石新法之一,称保甲法,将民户分为保甲,并要以保甲为单位进行军事训练。 ⑥ 保马:即保马法,王安石新法之一,规定由民户养马,养马户免赋税,马归国家。 ⑦ 市易法:王安石新法之一,旨在限制和抑制城市豪商兼并。 ⑧ 京东:即北宋京北两路。 ⑨ 熙丰旧臣:指熙宁、元丰年间推行新法的大臣。

原文

元祐元年复得疾,诏朝会再拜,勿舞蹈①。时青苗、免役、将官之法犹在②,而西戎之议未决③。光叹曰:"四患未除,吾死不瞑目矣!"折简与吕公著云④:"光以身付医,以家事付愚子,惟国事未有所托,今以属公。"乃论免役五害,乞直降敕罢之。诸将兵皆隶州县⑤,军政委

翻译

元祐元年(1086),司马光又得了病,太皇太后下诏,让司马光朝见时只拜两次,不必舞蹈。当时,青苗、免役、将官等新法还没有罢废,同西夏的和议也没有决定。司马光叹息说:"这四大患害没有消除,我是死也不会闭上眼睛的!"然后写信给吕公著说:"我把身体交付给医生,将家事交付给我的儿子,只有国家大事还没有交付委托,现在就全部委托给你了。"于是,上书论免役法的五大危害,请求太皇太后直接下敕令

守令通决。废提举常平司⑥，以其事归之转运、提点刑狱。边计以和戎为便⑦。谓监司多新进少年⑧，务为刻急，令近臣于郡守中选举⑨，而于通判中举转运判官⑩。又立十科荐士法⑪。皆从之。

罢除。将原来各个将领的军队全部隶属于州县，军队事务委任州县长官统一指挥。废掉提举常平司，将它原来所掌管的事务划归转运和提点刑狱司管理。提出守御边境的主要方针以同西夏结盟为好。他又说，监察官大多是新提拔上来的年轻人，他们办事力图严酷苛刻，应该命令近臣从各州郡的长官中挑选、推荐监察官，从各州郡通判中推荐转运判官。又设立十科荐士之法。这些建议，都获得太皇太后的批准。

注释 ① 舞蹈：古代朝拜帝王的礼节。 ② 将官之法：王安石新法之一，即将兵法，宋神宗时对旧有军事制度的改革。 ③ 西戎之议：指元祐元年西夏向宋索取兰州及米脂等寨的和议。 ④ 折简：简，亦作柬。折简，即写信。吕公著：元祐名臣，与司马光同为宰相，废除新法。 ⑤ 将：宋军队编制单位。 ⑥ 提举常平司：神宗时，为推行新法，设提举常平司，主管各路役钱、青苗钱、义仓、赈济、水利、茶盐等事。 ⑦ 和戎：古代称汉族与少数民族结盟友好为和戎，这里戎指西夏。 ⑧ 监司：指监察地方属吏的官。 ⑨ 近臣：皇帝左右亲近之臣。 ⑩ 转运判官：转运司中的属官。 ⑪ 十科荐士法：司马光当宰相时，设立十个科目，让朝中高官进行推荐，并写状保任，如推荐不当，推荐人获罪。

原文

拜尚书左仆射兼门下侍郎①，免朝觐，许乘肩舆，三日一入省。光不敢当，曰："不见君，不可以视事。"

翻译

朝廷又任命司马光为尚书左仆射兼门下侍郎，免去他朝觐皇帝的礼仪，允许他进宫时可以乘坐轿子行走，每三天去政府办公一次。司马光不敢承受

诏令子康扶入对,且曰:"毋拜。"遂罢青苗钱,复常平粜籴法。两宫虚己以听[2]。辽、夏使至,必问光起居,敕其边吏曰:"中国相司马矣,毋轻生事,开边隙。"光自见言行计从,欲以身徇社稷,躬亲庶务,不舍昼夜。宾客见其体羸,举诸葛亮食少事烦以为戒,光曰:"死生,命也。"为之益力。病革,不复自觉,谆谆如梦中语,然皆朝廷天下事也。是年九月薨,年六十八。……

如此重大的恩典,说:"没有见到君王,是不可以处理国家政务的。"太皇太后下诏,让他的儿子司马康扶他进宫和皇帝面谈,还说:"不要跪拜。"于是罢除了青苗钱,恢复了常平仓所实行的每年在夏秋谷贱时向农民增价收购、遇谷贵则减价出售的办法。高太后和宋哲宗都虚心听取司马光的意见。辽国和西夏的使臣到宋朝来时,必定要询问司马光的日常生活情况,并且还告诫本国边境上的官吏说:"宋朝现在是司马光当宰相了,不要随意挑起事端,引发边境战争。"司马光看到太皇太后对自己几乎是言听计从,便更想为国家献出自己的全部生命,于是不分昼夜地亲自处理国家的各种事务。宾客们见他身体很虚弱,便举诸葛亮食少事烦、心力劳竭而死的先例,劝他引以为戒,司马光说:"生和死,听天由命而已。"办事更加卖力。到病危将死时,已不再有任何知觉,只嘴里还断断续续吐出一些像梦呓一样的话,但所说的全部都是朝廷和国家的大事。这一年九月,司马光去世,享年六十八岁。……

注释 ① 尚书左仆射:尚书省长官,当时尚书左仆射即宰相。 ② 两宫:指高太后和宋哲宗。

沈 括 传

导读

　　沈括(1033—1097)在政治上并不是一位十分重要的人物,虽然他也曾积极地投入那个时代的变革运动中,虽然他也曾在军事、外交、理财等方面做过一些有实际意义的工作,但是,这些活动并没有给他在历史上带来多大的影响。他之所以能得到今天人们的重视,主要是他在中国古代科技史上所作出的辉煌贡献。他在天文、数学、历法、地理、物理、生物、医药、文学、史学、音乐等各门学科中,都有卓越成就,为举世所公认,特别是他的《梦溪笔谈》一书,被英国著名科学史家李约瑟博士誉为"中国科学史上的里程碑"。(选自卷三三一)

原文

　　括,字存中,以父任为沭阳主簿①。……擢进士第,编校昭文书籍②,为馆阁校勘,删定三司条例。故事,三岁郊丘之制,有司按籍而行,藏其副,吏沿以干利。坛下张幔,距城数里为园囿,植采木,刻鸟兽绵络其间。将事之夕,法驾临观,御端门,陈仗卫以阅严

翻译

　　沈括,字存中,由于父亲的官位,他享受朝廷恩荫,担任了沭阳县主簿的官职。……考中进士后,被派编集校对昭文馆的书籍,担任馆阁校勘,删节制定三司的条例。按照惯例,皇帝每三年一次往南郊举行祭祀天地的礼仪,是由有关机构按照典籍记载安排,然后收藏副本,办事人员往往借机谋求私利。祭祀前,在祭坛下面张起帐幕,在宫城外几里的地方修建园林,种植树木,装饰雕刻飞鸟走兽,绵延不断放置于林木之

警,游幸登赏,类非斋祠所宜。乘舆一器,而百工侍役者六七十辈③。括考礼沿革,为书曰《南郊式》。即诏令点检事务,执新式从事,所省万计,神宗称善。

间。将要从事祭祀的那一天傍晚,皇帝亲自来观赏园林景色,登上端门的南面正门,陈设仪仗卫队,检阅戒严警卫的部队,游览赏玩,这些都不是斋戒祭祀时所应该有的景象。皇帝使用的一个器物,就需要六七十个工匠制作。沈括考察了礼制的发展变化,写成一本书《南郊式》。朝廷于是命令他掌管郊祀的事务,按照新礼仪办事,这样一来,每次省下的经费数以万计,宋神宗十分满意。

注释　①沭阳:今江苏沭阳。　②昭文馆:官署名,宋三馆之一,藏有经、史、子、集四部图书。　③百工:各种手工业工人的总称。

原文

迁太子中允①、检正中书刑房②、提举司天监③。日官皆市井庸贩,法象图器,大抵漫不知。括始置浑仪、景表、五壶浮漏④,招卫朴造新历⑤,募天下上太史占书⑥,杂用士人,分方技科为五⑦,后皆施用。……

翻译

沈括升为太子中允、检正中书刑房、提举司天监。当时,掌管天文历数的官员都是些庸庸碌碌的人,对于天体的现象、图像及观象的器械,几乎一窍不通。沈括任提举司天监后,才设置了浑仪、景表、五壶浮漏,并招请卫朴修成新的历法,向天下征集太史用的观测天象的书,此外他还在司天监中任用读书人,把方技科分为五项,这些办法后来都被施行采用。……

注释 ① 太子中允：太子府属官。 ② 检正中书刑房：官名，中书属官，掌管监督中书所属五房之一的刑房。 ③ 提举司天监：司天监长官，司天监是负责观看天象、写造历书等事的机构。 ④ 浑仪、景表、浮漏：都是观象仪器。 ⑤ 卫朴：北宋淮南人，精通历法。 ⑥ 太史：掌天文历法。 ⑦ 方技科：指录取天文、医学等方面人才的考试科目。

原文

淮南饥①，遣括察访。发常平钱粟②，疏沟渎，治废田，以救水患。迁集贤校理③，察访两浙农田水利。……时大籍民车，人未谕县官意，相挺为忧④；又市易司患蜀盐之不禁⑤，欲尽实私井而辇解池盐给之⑥。言者论二事如织，皆不省。括侍帝侧，帝顾曰："卿知籍车乎？"曰："知之。"帝曰："何如？"对曰："敢问欲何用？"帝曰："北边以马取胜，非车不足以当之。"括曰："车战之利，见于历世。然古人所谓兵车者，轻车也，五御折旋，利于捷速。今之民间辎车重大，日不能三十里，故

翻译

淮南发生饥荒，朝廷派沈括去巡视调查。他到达淮南后，便下令发放常平仓的钱和粮食，同时组织疏通河渠，修治荒废的田地，以此来消除水灾造成的困难。随后他又升任集贤校理，奉命巡视调查两浙地区的农田水利情况。……当时，朝廷大量征集民间的车辆，人们不了解官家的意思，都引以为忧；市易司忧虑四川禁止不了私贩贩盐牟取暴利，想要全部填塞私人的盐井，而运解州的盐去解决四川的吃盐问题。上书议论这两件事的奏疏多得像织机上的纱线，但都没有把问题讲清楚。沈括侍立在神宗身旁，神宗看着他说："你知道征集车辆的事吗？"沈括回答说："知道。"神宗问："这事怎么样？"沈括说："请问征集车辆要做什么用途呢？"神宗说："北面的辽军用马来取胜，没有车是不足以抵挡他们的。"沈括说："车战的好处，在历代都可以看到。但是，

世谓之'太平车',但可施于无事之日尔。"帝喜曰:"人言无及此者,朕当思之。"遂问蜀盐事,对曰:"一切实私井而运解盐,使一出于官售,诚善。然忠[7]、万[8]、戎[9]、泸间夷界小井尤多[10],不可猝绝也,势须列候加警,臣恐得不足偿费。"帝领之。明日,二事俱寝。擢知制诰,兼通进、银台司[11]。自中允至是才三月。

古人所说的兵车,是轻车,有五匹马来拉,有利于快速进军。现在民间的载货车笨重庞大,每天走不了三十里路,所以人们都叫作'太平车',只能够在平时用用罢了。"神宗高兴地说:"别人的话没有说到这些,我要好好考虑一下。"又问他川盐的事,他回答说:"把所有的私人盐井都填塞掉而运解州的盐去,使盐都由官府发售,当然好。但是,忠州、万州、戎州、泸州一带少数民族居住的地方,小盐井特别多,是不能够一下子禁绝的,势必要派人去守卫它们,这样一来,恐怕就得不偿失了。"神宗点头,认为很对。第二天,两件事都停止了。随即又提升沈括为知制诰,兼管通进、银台司。从升任太子中允之职到这时候,才不过三个月。

注释 ① 淮南:指淮南东西两路。 ② 常平:即常平仓,用以平准粮价的粮仓。 ③ 集贤校理:官名,属集贤院。集贤院负责收藏、校勘书籍。 ④ 挻(shān):引发。 ⑤ 市易司:官署名,掌贸易、平衡物价等事。 ⑥ 解池:指解州的盐池。解州:今山西运城西南解州。解池在运城与解州之间。 ⑦ 忠:忠州,今重庆忠县。 ⑧ 万:万州,今重庆万州。 ⑨ 戎:戎州,今四川宜宾。 ⑩ 泸:泸州,今四川泸州。 ⑪ 通进、银台司:官署名,隶给事中,掌抄录进呈奏疏等文件及颁布之事,二司分工稍有不同。

原文

为河北西路察访使。

翻译

接着沈括又出任河北西路察访使。

先是，银冶，转运司置官收其利。括言："近宝则国贫，其势必然。人众则囊橐奸伪何以检颐？朝廷岁遗契丹银数十万，以其非北方所有，故重而利之。昔日银城县①、银坊城皆没于彼②，使其知凿山之利，则中国之币益轻，何赖岁饷？邻衅将自兹始矣。"

按以前的惯例凡是河北西路有人炼银的地方，转运司就设置官员，收取利息。沈括发表意见说："靠近宝藏就会使国家贫穷，这是必然的事。人如果多了，那么窝藏的奸伪之徒怎样检查呢？朝廷每年送给契丹数十万的财物，正因为它不是北方所有的东西，所以他们看重它，认为获得它是有利的。现在，原来的银城县、银坊城都在他们境内，假如他们知道开凿山中矿产的利益，中国的货币就更被看轻了，每年拿什么东西送给他们呢？与邻国契丹的矛盾就要从这儿开始了。"

注释　①银城县：在今河北，当时宋辽边境处，具体方位不清。　②银坊城：在今河北涞源东南，当时属辽。

原文

时赋近畿户出马备边，民以为病。括言："北地多马而人习骑战，犹中国之工强弩也。今舍我之长技，强所不能，何以取胜？"又边人习兵，唯以挽强定最，而未必能贯革，谓宜以射远入坚为法。如是者三十一事，诏

翻译

当时朝廷要靠近京畿的居民每户交出马匹作赋税，用来守卫边境，人民认为这是一种灾难。沈括说："北方的契丹地区马匹多，人人熟悉骑马作战，这就好比中国擅长用强劲的弓箭。现在舍弃我们擅长的技艺，勉强去做不擅长的事，怎么能取胜呢？"另外，边境的人们学习军事技术时，只用拉开弓的强度来确定高下，但不一定能射穿皮革，应该考

皆可之。

辽萧禧来理河东黄嵬地①,留馆不肯辞,曰:"必得请而后反。"帝遣括往聘。括诣枢密院阅故牍,得顷岁所议疆地书,指古长城为境,今所争盖三十里远,表论之。帝以休日开天章阁召对,喜曰:"大臣殊不究本末,几误国事。"命以画图示禧,禧议始屈。赐括白金千两使行。至契丹庭,契丹相杨益戒来就议。括得地讼之籍数十,预使吏士诵之,益戒有所问,则顾吏举以答。他日复问,亦如之。益戒无以应,谩曰:"数里之地不忍,而轻绝好乎?"括曰:"师直为壮,曲为老。今北朝弃先君之大信,以威用其民,非我朝之不利也。"凡六会,契丹知不可夺,遂舍黄嵬而以天池请②。括乃还。在道图其山川险易迂直,风俗之纯庞,人情之向背,为

核他们射箭的距离和射入硬物的程度。沈括提出的类似建议有三十一件,朝廷都下诏同意施行。

辽国的萧禧来争论河东黄嵬一带地方,留在宾馆不肯辞去,说:"我一定要达到目的,才能返回。"神宗派沈括出使辽国。沈括到枢密院翻看以前的档案文件,查找到往年商定边境的文件,文件上指定以古代的长城为边界,而现在所争的地方与长城相差三十里远,就上表论述这件事。神宗特地在休假日打开天章阁召见沈括讨论,神宗听后,高兴地说:"大臣们根本不去探讨事情的原委,差点误了国家大事。"神宗命令将所画地图拿给萧禧看,萧禧才不再争论了。神宗赏赐了沈括白金一千两,让他出发去辽国。他到了契丹宫廷,契丹宰相杨益戒来同他面议。沈括找到争论土地的文件数十件,预先让办事人员和幕僚背熟它,杨益戒提出问题,沈括就让办事人员举例回答。另一天再提问,还是同样回答。杨益戒无话可答,傲慢地说:"你们连几里的地方也不愿意放弃,难道想轻易断绝两国的交好吗?"沈括说:"出兵有道理,士气就高,没有道理,士气就低落。现在你们北朝舍弃你们以前皇帝的重大信誓,用暴力

《使契丹图抄》上之。拜翰林学士、权三司使。

来役使你们的人民，这对我们宋朝没有什么不利。"总共会晤了六次，契丹方面知道沈括的意志不会屈服，就丢开黄嵬地区不谈，只要求将天池一带地方划归他们。沈括于是启程回朝。他在路上画下沿途山川的险峻和平缓，道路的迂曲和顺直，风俗的单纯和复杂，人心的拥护和不满，写成《使契丹图抄》一书，献给朝廷。朝廷任命他为翰林学士、权三司使。

注释　① 黄嵬地：在今山西原平西北。　② 天池：即天池庙，在今山西宁武西南管涔山上。

原文

　　尝白事丞相府，吴充问曰①："自免役令下，民之诋訾者今未衰也，是果于民何如？"括曰："以为不便者，特士大夫与邑居之人习于复除者尔，无足恤也。独微户本无力役，而亦使出钱，则为可念。若悉弛之，使一无所预，则善矣。"充然其说，表行之。

　　蔡确论括首鼠乖剌②，

翻译

　　沈括曾经到丞相府中报告事情，吴充问他："自从下了免役令以后，到现在都有很多百姓诋毁攻击它，这件事到底对百姓怎样？"沈括说："认为不方便的，只是士大夫和城中历来被免除徭役的人，这不必怜惜他们。只是，贫穷寒微的人户本来没有出力役的，现在也要让他们出钱，那是应该考虑的。如果对这些人全部放宽，不收他们的钱，就好了。"吴充认为他说得对，上表报告朝廷，施行了这项建议。

　　蔡确抨击沈括，说他前后不一致，

阴害司农法,以集贤院学士知宣州③。明年,复龙图阁待制、知审官院④,又出知青州⑤。未行,改延州⑥。至镇,悉以别赐钱为酒,命廛市良家子驰射角胜,有轶群之能者,自起酌酒以劳之,边人欢激,执弓傅矢,唯恐不得进。越岁,得彻札超乘者千余,皆补中军义从,威声雄他府。以副总管种谔西讨拔银⑦、宥功⑧,加龙图阁学士。朝廷出宿卫之师来戍,赏赍至再而不及镇兵。括以为卫兵虽重,而无岁不战者,镇兵也,今不均若是,且召乱。乃藏敕书,而矫制赐缗钱数万,以驿闻。诏报之曰:"此右府颁行之失⑨,非卿察事机,必扰军政。"自是,事不暇请者,皆得专之。蕃汉将士自皇城使以降⑩,许承制补授。

暗中危害司农寺颁布的法令,因此,沈括以集贤院学士的职名被派出去担任宣州知州。第二年,复官龙图阁待制、知审官院,再次被派出朝,担任青州知州。他还没有去青州上任,就又改任延州知州。到延州后,他把朝廷额外赐给的钱全部买成酒,命令街道平民中清白人家的子弟参加骑马射箭,比赛高下,每当看到有超群出众的,就亲自起身,斟酒慰劳,边境上的人们因而欢欣发,拿着弓箭,唯恐不能参加。过了一年,沈括共选能够射穿箭靶、跳跃上车的人一千多名,都补充到中军做志愿兵,因此,延州军队的威名和声望超过其他州府。由于副总管种谔攻下西夏银州、宥州立了功,沈括也因功加官为龙图阁学士。朝廷将守卫京师的部队派出到边疆驻防,两次赏赐他们财物,却没有赏给地方的士兵。沈括认为,京师的卫兵虽然重要,但是每年都参加战斗的还是地方的士兵,像现在这样的赏赐不均,会引起变乱。于是藏起敕书,假称有命令,赐给地方士兵几万贯钱,并通过驿站报告朝廷。神宗下诏回答他说:"这是枢密院颁布赏赐时的失误,如果不是你看到事情的要害,必然会扰乱军政。"从这以后,办事时有来不及报告的，沈括都可以自己做主决定。蕃汉将士中，自皇城使以下的官职，也允许他以朝廷的名义补充授官。

注释 ①吴充：当时任宰相。 ②蔡确：当时任御史。 ③宣州：今安徽宣城。 ④知审官院：官名，掌管审官院。审官院，官署名，掌管京中朝官考核。 ⑤青州：今山东青州。 ⑥延州：今陕西延安。 ⑦银州：今陕西榆林南。 ⑧宥州：今陕西靖边西北。银州、宥州当时均属西夏。 ⑨右府：指枢密院。 ⑩皇城使：宋代官名，无职掌，仅为迁转之阶。

原文

谞师次五原，值大雪，粮饷不继，殿直刘归仁率众南奔①，士卒三万人皆溃入塞，居民怖骇。括出东郊饯河东归师，得奔者数千，问曰："副都总管遣汝归取粮，主者为何人？"曰："在后。"即谕令各归屯。及暮，至者八百，未旬日，溃卒尽还。括出按兵，归仁至，括曰："汝归取粮，何以不持军符？"归仁不能对，斩以徇。经数日，帝使内侍刘惟简来诘叛者②，具以对。

翻译

有一次，种谞率领部队到达五原，遇到下大雪，粮食给养没有及时运来，殿直刘归仁率领部下向南逃去，三万多士兵全部溃散退入边关，当地居民十分害怕。沈括出城，在东郊用酒食接待回来的河东部队，见到逃回的人有几千人，问他们说："副都总管派你们回来取粮食，为首的人是谁呢？"他们说："在后面。"便命令他们各自回到兵营去。到晚上，又到了八百人，不到十天，溃散的士兵全部回到营房。沈括去检查部队，刘归仁来到，沈括说："你回来取粮食，为什么没有拿军符呢？"刘归仁无法回答，沈括就将他斩首示众。过了几天，神宗派内侍刘惟简来查询叛乱的人，沈括将处理的情况报告了朝廷。

注释　① 殿直:武将官名,属禁军殿前司。 ② 内侍:皇宫的宦官。

原文

　　大将景思谊、曲珍拔夏人磨崖、葭芦、浮图城①,括议筑石堡以临西夏②。而给事中徐禧来,禧欲先城永乐③。诏禧护诸将往筑,令括移府并塞,以济军用。已而禧败没,括以夏人袭绥德④,先往救之,不能援永乐,坐谪均州团练副使⑤。元祐初,徙秀州⑥。继以光禄少卿分司⑦,居润八年卒⑧,年六十五。

　　括博学善文,于天文、方志、律历、音乐、医药、卜算,无所不通,皆有所论著。又纪平日与宾客言者为《笔谈》⑨,多载朝廷故实、耆旧出处,传于世。……

翻译

　　大将景思谊、曲珍攻下西夏的磨崖、葭芦、浮图城后,沈括提议修筑石堡城来对付西夏。但是,给事中徐禧来到,他要先修建永乐城。朝廷命令徐禧指挥将领们前去筑城,命令沈括把他的帅府移到边界,以便接济军用物资和出兵救援。不久,徐禧失败战死,沈括因为西夏军队袭击绥德,先去援救绥德,因而没有能够援救永乐城,被贬为均州团练副使。元祐初年(1086),又被改派到秀州安置。接着,被任命为光禄少卿,在南京领取俸禄,居住在润州,八年后去世,享年六十五岁。

　　沈括学问广博,善于写文章,对于天文、方志、律历、音乐、医药、卜算,没有不通晓的,而且都有论述和著作。他又把平时与宾客谈论的事记录下来,写成《梦溪笔谈》一书,记载了许多朝廷中的典故、事实、故旧老臣的情况,流传于世上。……

注释　① 磨崖、浮图城:两城大约在今陕西子洲和米脂以北地区。葭芦:今陕西佳县。 ② 石堡:即石堡城,在银、夏州之间。 ③ 永乐:在今陕西米脂西北。 ④ 绥德:今陕西绥德,在永乐之南。 ⑤ 均州:今湖北十堰东。 ⑥ 秀州:今浙江嘉兴。

⑦ 光禄少卿：官名，属光禄寺，为副长官，此处为虚职。光禄寺掌管祭祀时的供品安排等事。分司：官职名，此处指分司南京，在南京支取俸禄。 ⑧ 润州：今江苏镇江。 ⑨《笔谈》：即《梦溪笔谈》。

宗 泽 传

导读

北宋末年,女真人崛起于东北,建立金国,随即挥兵南进,先灭辽国,进而攻灭北宋,俘虏了徽宗、钦宗两个皇帝,中原陆沉,人民遭难。宗泽(1060—1178)正是在这混乱时期涌现出来的杰出的抗金将领。

宗泽原是一位读书人,喜欢谈论经术。当金兵南下,国难当头之际,他毅然出任河北前线的地方官,整军经武,组织民兵队伍,他力劝康王赵构即位当皇帝,直接促成了南宋政权的建立。他曾经多次率兵与金人浴血奋战,招纳黄河南北的民间武装力量,击退金兵的多次进攻,形成中原抗金力量,声威远震。他多次上书,要求高宗返回故都开封,以便领导收复失地。但是,高宗惧敌,奸相阻挠,宗泽的要求无人理睬。忧愤中,他痈疽溃发,临死仍三次高呼"过河",念念不忘收复失地。"出师未捷身先死,长使英雄泪满襟",宗泽的抗战业迹,永远鼓舞着历代人民的爱国热忱,他的死,给人们留下了不少的怅惘和遗憾。(选自卷三六〇)

原文

宗泽,字汝霖,婺州义乌人①。……泽自幼豪爽有大志,登元祐六年进士第。廷对极陈时弊,考官恶直,置末甲。……

翻译

宗泽,字汝霖,婺州义乌人。……他从小性格豪爽,有远大志向,考中元祐六年(1091)的进士。在朝廷回答问题时,他极力陈说当时的弊病,考官厌恶他过于直率,把他放在甲科进士的最末。……

调衢州龙游令②。民未知学，泽为建庠序，设师儒，讲论经术，风俗一变，自此擢科者相继。……

宗泽被调任衢州龙游县令。县中的民众不知道学习，宗泽为他们建立了学校，聘请读书人做老师，讲解经书讨论学术，使当地的风俗完全改变，从此以后，考中科举的人不断出现。……

注释 ① 婺(wù)州：今浙江金华。义乌：今浙江义乌。 ② 衢(qú)州：今浙江衢州。龙游：今浙江衢州龙游。

原文

通判登州①。境内官田数百顷，皆不毛之地，岁输万余缗，率横取于民。泽奏免之。朝廷遣使由登州结女真②，盟海上，谋夹攻契丹。泽语所亲曰："天下自是多事矣。"退居东阳③，结庐山谷间。

翻译

他又任登州通判。登州境内有官田几百顷，都是不能生长谷物的地方，但每年要交税一万多缗，都是从民间强行征取而来的。宗泽上奏章，免除了上交任务。朝廷派遣使者从登州渡海交结女真，并和他们在海上订立了盟约，计划夹攻契丹。宗泽对自己的亲信说："天下从此要多事了。"于是辞掉官职，退居东阳郡，在山谷间建房隐居下来。

注释 ① 登州：今山东蓬莱。 ② 结女真：女真，即建立金朝的民族。宋徽宗政和五年(1115)，女真完颜阿骨打称帝，建国号为"金"。宋徽宗宣和元年(1118)二月，宋朝遣使由海道赴女真，约夹攻辽。 ③ 东阳：今浙江东阳。

原文

靖康元年①……命知磁州②。时太原失守，官两河

翻译

靖康元年(1126)……宗泽被任命为磁州知州。当时太原已经失守，任命

者率托故不行③。泽曰："食禄而避难，不可也。"即日单骑就道，从羸卒十余人。磁经敌骑蹂躏之余，人民逃徙，帑廪枵然④。泽至，缮城壁，浚隍池，治器械，募义勇，始为固守不移之计。上言："邢⑤、洺⑥、磁、赵⑦、相五州各蓄精兵二万人⑧，敌攻一郡则四郡皆应，是一郡之兵常有十万人。"上嘉之，除河北义兵都总管。……

到两河做官的人都找理由不去。宗泽说："吃皇家的饭而逃避艰难，这是不可以的。"当天就单人独马上路，只有十几个瘦弱士兵跟随他。磁州经过敌人骑兵蹂躏之后，人民逃亡迁徙，仓库的粮食空虚。宗泽到任后，修缮城墙，开通护城河，修造武器军械，招募义勇军，开始作坚守磁州的长远打算。他向朝廷建议说："邢、洺、磁、赵、相五州各准备精兵二万人，敌人攻一郡则其他四郡都来救应，这样一郡的军队就常有十万人了。"钦宗对他进行了嘉奖，任命为河北义兵都总管。……

注释 ①靖康：宋钦宗年号。 ②磁州：今河北磁县。 ③两河：宋代合称河东、河北地区为两河。 ④枵(xiāo)然：空虚貌。 ⑤邢州：今河北邢台。 ⑥洺州：今河北永年东。 ⑦赵州：今河北赵县。 ⑧相州：今河南安阳。

原文

康王再使金①，行至磁，泽迎谒曰："肃王一去不反②，今敌又诡辞以致大王，愿勿行。"王遂回相州。

翻译

康王再次出使金国，走到磁州，宗泽迎见康王，说："肃王已经一去不回，现在敌人又用假话来骗大王去，请不要去了。"康王于是回到相州，不去金国。

注释 ①康王：赵构，即后来的高宗，徽宗第九子，曾使金。 ②肃王：徽宗第五子赵枢，当时在金营为人质。

原文

有诏以泽为副元帅,从王起兵入援。……时康王开大元帅府,檄兵会大名①。泽履冰渡河见王,谓京城受围日久,入援不可缓。会签书枢密院事曹辅赍蜡封钦宗手诏②,至自京师,言和议可成。泽曰:"金人狡谲,是欲款我师尔。君父之望入援,何啻饥渴?宜急引军直趋澶渊,次第进垒,以解京城之围。万一敌有异谋,则吾兵已在城下。"汪伯彦等难之③,劝王遣泽先行。自是泽不得预府中谋议矣。

翻译

朝廷有诏书到,任命宗泽为副元帅,跟随康王,调遣军队援救京师。……当时康王建立大元帅府,召集军队到大名府集合。宗泽踏着冰渡过黄河,进见康王,说京城被包围的时间已经很久了,前去救援的事不能迟缓。正好签书枢密院事曹辅带着用蜡封起来的钦宗手写的诏书,从京师赶来,说和议能够达成。宗泽说:"金人是狡猾的,这是要延缓我们进军啊。皇帝盼望救援的军队,何止是像饥渴的人想吃饭喝水?应该赶快率军直接去澶渊,按照次序建立堡垒,逐步向前推进,以解救被围困的京城。万一敌人有其他打算,那我们的军队也已经在城下了。"汪伯彦等人阻难宗泽的建议,劝康王派遣宗泽先行进军。从此,宗泽就不能够参与大元帅府中商议计划的会议了。

注释 ① 大名:今河北大名。 ② 签书枢密院事:官名,枢密院官员,地位在枢密使、副使之下。 ③ 汪伯彦:当时为副元帅。

原文

二年正月,泽至开德①,十三战皆捷,以书劝王檄诸道兵会京城。……

翻译

(靖康)二年(1127)正月,宗泽到达开德府,打了十三仗,都获得胜利,他写信给康王,建议下达文书征调各地军队

泽兵进至卫南②,度将孤兵寡,不深入不能成功。先驱云前有敌营,泽挥众直前与战,败之。转战而东,敌益生兵至,王孝忠战死,前后皆敌垒。泽下令曰:"今日进退等死,不可不从死中求生。"士卒知必死,无不一当百,斩首数千级。金人大败,退却数十余里。泽计敌众十倍于我,今一战而却,势必复来;使悉其铁骑夜袭吾军,则危矣。乃暮徙其军。金人夜至,得空营,大惊,自是惮泽,不敢复出兵。泽出其不意,遣兵过大河袭击,败之。王承制以泽为徽猷阁待制③。……

会战京师。……

宗泽率军前进到卫南,考虑到自己的将士太少,不深入敌军就不能成功。先行部队报告说,前面有敌人的军营,宗泽指挥部众一直前进与敌人交战,击败敌军。转战到东面,敌人增调的生力军来到,部将王孝忠战死,前后都是敌人的营垒。宗泽下令说:"今天,进和退都一样是死,不能不从死中求生。"士兵们知道必然要死,无不以一当百,杀死敌人数千人,把金军打得大败,退却了几十里地。宗泽考虑,敌军是我军的十倍,今天一交战就退却,势必还要再来;如果他们派全部精锐骑兵在夜里来袭击,那就危险了。于是他在傍晚转移了自己的军队。金军夜里来袭击,看到的是一个空空的营垒,大为吃惊,从此害怕宗泽,不敢再出兵交战。宗泽又乘金人没有防备时,派兵渡过黄河袭击金军,又一次击败了他们。康王以朝廷名义,任命宗泽为徽猷阁待制。……

注释 ①开德:今河南濮阳,即澶渊。 ②卫南:今河南濮阳西南。 ③徽猷阁:大观二年(1108)建,收藏哲宗文集。

原文

王即帝位于南京①，泽入见，涕泗交颐，陈兴复大计。时与李纲同入对②，相见论国事，慷慨流涕，纲奇之。上欲留泽，潜善等沮之。除龙图阁学士、知襄阳府③。……

翻译

康王在商丘就了皇帝位，宗泽入朝参见，泪流满面，陈述复兴故国的方针。当时，他与李纲一同入朝见皇上，两人相见后纵谈国家大事，宗泽慷慨激昂，热泪盈眶，李纲对他十分敬佩。高宗想留下宗泽，黄潜善等人加以阻挠。结果他被任命为龙图阁学士、襄阳府知府。……

注释 ① 南京：今河南商丘。 ② 李纲：著名抗金派大臣，高宗时用为相。 ③ 襄阳：今湖北襄阳。

原文

开封尹阙，李纲言绥复旧都，非泽不可。寻徙知开封府。时敌骑留屯河上，金鼓之声，日夕相闻，而京城楼橹尽废，兵民杂居，盗贼纵横，人情恟恟。泽威望素著，既至，首捕诛舍贼者数人，下令曰："为盗者，赃无轻重，并从军法。"由是盗贼屏息，民赖以安。

王善者，河东巨寇也。拥众七十万，车万乘，欲据

翻译

开封缺知府，李纲说安抚和恢复故都，非宗泽不可。不久，调宗泽任开封府知府。当时敌人的骑兵还驻扎在黄河边上，军鼓的声音，从早到晚都可以听到，而京城的城楼和瞭望敌人的望楼都坏了，军队和百姓混居在一起，小偷强盗横行无忌，人心恐慌不安。宗泽一直威望很高，到开封后，首先逮捕、杀掉了好几个窝藏盗贼的人，并颁布命令说："凡是做盗贼的，不管偷盗多少东西，一律按军法处置。"因此，盗贼都不敢乱动了，人民才安定下来。

王善是河东地区的大强盗，手下有

京城。泽单骑驰至善营，泣谓之曰："朝廷当危难之时，使有如公一二辈，岂复有敌患乎？今日乃汝立功之秋，不可失也！"善感泣曰："敢不效力！"遂解甲降。时杨进号没角牛，兵三十万，王再兴、李贵、王大郎等各拥众数万，往来京西①、淮南②、河南北③，侵掠为患。泽遣人谕以祸福，悉招降之。上疏请上还京。俄有诏：荆④、襄、江⑤、淮悉备巡幸。泽上疏言："开封物价市肆，渐同平时。将士、农民、商旅、士大夫之怀忠义者，莫不愿陛下亟归京师，以慰人心。其唱为异议者，非为陛下忠谋，不过如张邦昌辈⑥，阴与金人为地尔。"除延康殿学士⑦、京城留守，兼开封尹。……

七十万人，一万辆战车，想要占据京城。宗泽独自一人骑马来到王善营中，流着泪对他说："朝廷在危难的时候，如果有一二个像你这样的，怎么还会再有敌人的危害呢？现在正是你立功的时候，不能失去机会啊！"王善感动得哭了起来，说："我怎么敢不效力呢！"于是放下兵器投降。当时杨进称没角牛，拥有三十万军队，王再兴、李贵、王大郎等人也各有部众几万，在京西、淮南、黄河南北一带，掳掠危害民众。宗泽派人去劝说，向他们指出什么是祸，什么是福，并全部招降了他们。宗泽上奏疏，请皇上回到东京开封。不久，有诏书来说：荆州、襄阳、江南、淮南都在准备迎接皇上驾临巡视。宗泽上疏说："开封的物价与市场，已经逐渐恢复得同原先一样了。将士、农民、商人、士大夫中胸怀忠义的人，都希望陛下赶快回到京城，以便安慰人心。那些提出不同意见的人，并不是忠心为陛下谋划，不过是像张邦昌一流人，暗中为与金人勾结留地步罢了。"他被任命为延康殿学士、京城留守，并任开封尹。……

注释 ① 京西：大致包括河南南部、湖北北部、安徽西部一带。 ② 淮南：大致包括今长江以北的安徽、江苏两省。 ③ 河南北：指黄河南北。 ④ 荆：即今湖北荆州，此系沿袭古称，当时称江陵府。 ⑤ 江：即江南路，大致包括今安徽的长江以南地区，江苏的南京、镇江以及江西省。 ⑥ 张邦昌：北宋末大臣，金人南侵，力主和议，曾被金人立为皇帝，建立傀儡政权"大楚"。 ⑦ 延康殿：即原端明殿，宋徽宗政和中改此名，是西京正衙殿。

原文

真定①、怀②、卫间③，敌兵甚盛，方密修战具为入攻之计，而将相恬不为虑，不修武备。泽以为忧，乃渡河约诸将共议事宜，以图收复。而于京城四壁，各置使以领招集之兵。又据形势立坚壁二十四所于城外，沿河鳞次为连珠砦，连结河东、河北山水砦忠义民兵，于是陕西、京东西诸路人马咸愿听泽节制。有诏如淮甸，泽上表谏，不报。

翻译

真定、怀州、卫州一带，敌军力量很强，正在秘密准备战斗器械，计划南下进攻，而宋朝的大将和宰相并不担心，也不修整武器装备。宗泽因此很是忧愁，于是渡过黄河，召集各位将领来共同商议，以图收复失地。宗泽在京城的四面军营中，每一处都安排了使臣，以统率招集来的士兵。又根据地势，在城外建立了牢固的军营二十四处，沿着黄河像鱼鳞一样依次排列成连珠寨，以便联络接应河东、河北山水寨的忠义民兵，于是陕西、京东西各路的人马都愿意听从宗泽的指挥。高宗下诏要去淮南，宗泽上表劝阻，但没有得到答复。

注释 ① 真定：今河北正定。 ② 怀州：今河南沁阳。 ③ 卫州：今河南卫辉。

原文

秉义郎岳飞犯法将

翻译

秉义郎岳飞犯了法将要受刑，宗泽

刑①,泽一见奇之,曰:"此将材也。"会金人攻氾水②,泽以五百骑授飞,使立功赎罪。飞大败金人而还,遂升飞为统制③。飞由是知名。

一见他就很惊异,说:"这是大将的材料啊。"正好金兵来进攻氾水,宗泽交给岳飞五百骑兵,让他立功赎罪。岳飞把金人打得大败,回来后,宗泽就提升岳飞为统制。岳飞从此出名。

注释 ① 秉义郎:武官名,原名西头供奉官,系三班小使臣,政和二年(1112)改此名。 ② 氾水:即氾水关,在今河南氾水镇西。 ③ 统制:官名,统兵官。

原文

泽视师河北还,上疏言:"陛下尚留南都①,道路籍籍,咸以为陛下舍宗庙朝廷,使社稷无依,生灵失所仰戴。陛下宜亟回汴京,以慰元元之心。"不报。……

诏遣官迎奉六宫往金陵②,泽上疏曰:"京师,天下腹心也。两河虽未粉宁③,特一手臂之不信尔。今遽欲去之,非惟一臂之弗瘳④,且并与腹心而弃之矣。昔景德间,契丹寇澶渊,王钦若江南人,即劝幸金陵;陈尧叟蜀人,即劝幸成都,惟

翻译

宗泽从河北巡视军队回来,上奏疏说:"陛下还留在南都,道路的人们纷纷议论,都认为陛下舍弃了祖宗的祠庙和朝廷,使得国家没有依靠,人民失去了尊奉拥戴的对象。陛下应该赶快回到汴京,以安抚百姓的心情。"仍然没有答复。……

高宗下诏书,派遣官员迎接六宫到金陵去,宗泽上疏说:"京城是国家的心脏。两河地区虽然还没有安定,只是一只手臂不能起作用而已。现在突然要舍弃京城,就不只是一只手臂治不好的问题,而是要把心脏和一只手臂一块儿丢掉了。早先景德年间,契丹军队侵犯澶渊,王钦若是江南人,就劝真宗皇帝到金陵去;陈尧叟是四川人,就劝真宗到成都去,只有寇准毅然请求真宗亲自

寇准毅然请亲征，卒用成功。臣何敢望寇准，然不敢不以章圣望陛下⑤。"又条上五事，其一言黄潜善、汪伯彦赞南幸之非。泽前后建议，经从三省⑥、枢密院，辄为潜善等所抑，每见泽奏疏，皆笑以为狂。

出征，终于因此而获得成功。我当然不敢和寇准相比，但不能不期望陛下成为又一个章圣皇帝。"他又逐条列上五件事，其中有一项是说黄潜善、汪伯彦鼓吹皇上南行的错误。宗泽前后所上的建议，从三省、枢密院经过，总是被黄潜善等人压下，他们每次见到宗泽的奏疏，都讥笑他狂妄。

注释 ① 南都：宋以商丘为南京，今河南商丘。 ② 六宫：泛指皇后妃嫔。金陵：今江苏南京。 ③ 粖（mǐ）宁：安定。 ④ 瘳（chōu）：病愈。 ⑤ 章圣：指真宗。 ⑥ 三省：中书省、门下省、尚书省总称。北宋元丰改制后，三省即中央政府，唯枢密院仍掌军事。

原文

　　金将兀术渡河①，谋攻汴京。诸将请先断河梁，严兵自固，泽笑曰："去冬，金骑直来，正坐断河梁耳。"乃命部将刘衍趋滑②，刘达趋郑③，以分敌势，戒诸将极力保护河梁，以俟大兵之集。金人闻之，夜断河梁遁去。

翻译

　　金国大将兀术渡过黄河，打算进攻汴京。将领们要求先切断黄河上的桥梁，紧急部署部队，坚持固守，宗泽笑着说："去年冬天，金国骑兵直接来到，正是因为切断了河梁。"于是命令部将刘衍去滑州，刘达去郑州，分散敌人的兵势，并告诫将领们，要极力保护黄河上的桥梁，以便等待大部队会集。金国的军队听说后，在夜间切断黄河上的桥梁逃跑了。

注释 ① 兀术:金太祖第四子,进攻宋朝的主要军事统帅。 ② 滑州:今河南滑县东。 ③ 郑州:今河南郑州。

原文

二年,金人自郑抵白沙①,去汴京密迩,都人震恐。僚属入问计,泽方对客围棋,笑曰:"何事张皇?刘衍等在外必能御敌。"乃选精锐数千,使绕出敌后,伏其归路。金人方与衍战,伏兵起,前后夹击之,金人果败。……

刘衍还,金人复入滑,部将张捴请往救,泽选兵五千付之,戒毋轻战以需援。捴至滑迎战,敌骑十倍,诸将请少避其锋,捴曰:"避而偷生,何面目见宗公?"力战死之。泽闻捴急,遣王宣领骑五千救之。捴死二日,宣始至,与金人大战,破走之。泽迎捴丧归,恤其家,以宣权知滑州。金人自是不复犯东京。

翻译

(建炎)二年(1128),金国部队从郑州到达白沙,离汴京很近了,京城里的人感到震惊恐慌。同事和部下到宗泽家中询问对策,宗泽正和客人下围棋,笑着说:"什么事这么慌张?刘衍等人在外面是肯定能够抵御敌人的。"就挑选了精锐士兵几千人,让他绕到敌军的后面,埋伏在敌军回去的路上。金国军队刚和刘衍的部队交战,埋伏的部队就出现,前后夹击金军,金军果然大败。……

刘衍回来后,金国军队又进入滑州,部将张捴请求去救援滑州,宗泽挑选了五千名战士交给他,告诫他不要轻易交战,以便等待援助。张捴到滑州迎战,敌人的骑兵有十倍之多,将领们要求稍微避开一下敌人的锋芒,张捴说:"避开敌人而偷生,那我有什么脸去见宗公呢?"于是,率领部队奋力作战,结果战死在战场上。宗泽听到张捴危急,派遣王宣率领骑兵五千去救援他。张捴死后两天,王宣才赶到,与金国军队大战一场,击败并赶走了金军。宗泽迎接回张捴的

山东盗起②，执政谓其多以义师为名③，请下令止勤王④。泽疏曰："自敌围京城，忠义之士愤懑争奋，广之东西、湖之南北、福建、江、淮，越数千里，争先勤王。当时大臣无远识大略，不能抚而用之，使之饥饿困穷，弱者填沟壑，强者为盗贼。此非勤王者之罪，乃一时措置乖谬所致耳。今河东、西不从敌国而保山砦者，不知其几；诸处节义之夫，自黥其面而争先救驾者⑤，复不知其几。此诏一出，臣恐草泽之士一旦解体，仓卒有急，谁复有愿忠效义之心哉？"……

尸体，抚恤了他的家属，派王宣代理滑州知州。金国军队从此不再侵犯东京了。

山东地区强盗蜂拥而起，执政的人说，强盗中间有很多人使用义师的名义，请求高宗下命令停止勤王。宗泽上奏疏说："自从敌人包围京城以来，忠义之士怀着对敌人的满腔仇恨奋然起兵，广南东西、荆湖南北、福建、江南、淮南等地，跨越几千里的地方，人们都争先恐后来勤王。当时的大臣没有高远的见识和战略，不能够安抚并使用他们，使他们饥饿穷困，衰残病弱的人死去，尸体填塞了沟渠，强壮的人就做了强盗。这不是勤王者的罪过，而是那时的措施布置错误、荒谬导致的。现在黄河东西两面不服从金国号令而保守山寨的人，不知道有多少；各处有气节的忠义人士，自己在脸上刺字而争先援救皇帝的，又不知道有多少。这份禁止勤王的诏书一发，我恐怕草野山泽中的人士，一旦人心离散，遇有紧急情况发生，谁还愿意尽忠效义呢？"……

注释 ①白沙：当时属开封府，在今河南中牟西。 ②山东：指太行山以东地区。 ③义师：勤王的军队多称义师。 ④勤王：指出兵来援救皇朝。 ⑤自黥其面：指王彦率领的"八字军"。王彦是有名的抗金将领，他的部下为表示与他共同抗金到底的决心，相约在脸上刺"赤心报国，誓杀金贼"八个字。

原文

泽威声日著,北方闻其名,常尊惮之,对南人言,必曰"宗爷爷"。……

泽前后请上还京二十余奏,每为潜善等所抑,忧愤成疾,疽发于背。诸将入问疾,泽矍然曰:"吾以二帝蒙尘①,积愤至此。汝等能歼敌,则我死无恨。"众皆流涕曰:"敢不尽力!"诸将出,泽叹曰:"出师未捷身先死,长使英雄泪满襟②!"翌日,风雨昼晦。泽无一语及家事,但连呼"过河"者三而薨。都人号恸。遗表犹赞上还京。赠观文殿学士③、通议大夫④,谥忠简。

翻译

宗泽的威望名声越来越高,金国人听到他的名字,常常是既尊重又害怕,而对宋人提起他,必称他"宗爷爷"。……

宗泽前后上奏朝廷请求回东京的奏疏二十多封,总是被黄潜善等人压下,以致忧虑愤怒引发疾病,背上生疮,化脓溃烂。将领们来问候他的疾病,宗泽振作精神,急迫地说:"我是因为徽、钦二帝被金人掳走,愤恨郁积而成了这样。你们能够歼灭敌人,那我就是死也没有怨恨了。"大家都流着眼泪说:"我们一定尽力!"将领们走了,宗泽叹息说:"出师未捷身先死,长使英雄泪满襟!"第二天,整天都刮风下雨,宗泽没有一句话说到家里的事,只是连呼三声"过河",就去世了。京城的人们得知消息,都放声痛哭。他在留下的表章中,仍然坚持请高宗回到京城开封。朝廷给他的赠官是观文殿学士、通议大夫,谥号忠简。

注释　①二帝蒙尘:指徽宗、钦宗被金人俘虏带往东北。　②出师未捷身先死,长使英雄泪满襟:这是杜甫歌颂诸葛亮的一首七律《蜀相》诗中的两句。　③观文殿:庆历八年(1048),改延恩殿为观文殿,置学士,非曾任执政者不除,除者乃异恩。④通议大夫:即原给事中,元丰改制后改名。

岳 飞 传

导读

　　岳飞(1103—1142),可以说是我国历史上影响最大的爱国英雄。

　　岳飞生于一个普通农民家庭,具有许多极为优秀的个人禀赋:聪颖、强悍、正直、坚毅。他将自己一生全部投入反对金人侵略的斗争中,虽然只活了三十九个春秋,但为当时的国家和民族建立了卓越的功勋,作出了伟大的贡献。然而,这位力图拯救人民于水火、挽狂澜于既倒的英雄人物,没有死在敌人的刀剑之下,却死在他始终不渝地为之"尽忠报国"的统治王朝的牢狱之中,他没有"踏破贺兰山阙",没有"痛饮黄龙";"莫须有"一语,就使英雄含恨离开了人间。岳飞死后,出于当时人和后人对他的怀念和景仰,他的生平事迹被编写成种种传奇般的故事,虽然其中不乏杜撰之事,但可以反映出岳飞这位伟大的爱国英雄在广大人民心目中的崇高地位。(选自卷三六五)

原文

　　岳飞,字鹏举,相州汤阴人①,世力农。父和,能节食以济饥者,有耕侵其地,割而与之,贳其财者不责偿②。飞生时,有大禽若鹄③,飞鸣室上,因以为名。未弥月,河决内黄④,水暴

翻译

　　岳飞,字鹏举,相州汤阴县人,祖上世代务农。父亲名叫岳和,能省吃俭用去帮助那些不得温饱的人,有人耕田时侵占了他家的土地,他就划出那一块地送给那人;有人赊欠他家的钱财,他也不去向人家讨还。岳飞刚生下来的时候,有一只像天鹅似的大鸟在他家的房

至,母姚抱飞坐瓮中,冲涛及岸得免,人异之。少负气节,沉厚寡言,家贫力学,尤好《左氏春秋》、孙吴兵法⑤。生有神力,未冠,挽弓三百斤,弩八石。学射于周同,尽其术,能左右射。……

顶上飞旋鸣叫,因此取了岳飞这个名字。岳飞还没有满月,黄河从内黄县决口,洪水突然降临,他的母亲姚氏抱着他坐在一口大水缸中,波涛将他们母子冲到岸边,才免于一死,人们都觉得这是一件奇怪的事。岳飞从小就有志气,朴实敦厚,不爱多讲话,家中虽然十分贫困,但学习却十分努力,特别喜爱《左氏春秋》和孙吴兵法。他天生力大,还没有成年,就能拉动三百斤的硬弓、八石的强弩。他曾向周同学习射箭,将周同的射技全部掌握,能左右开弓发射。……

注释 ① 汤阴:今河南汤阴。 ② 贳(shì):赊欠。 ③ 鹄:即天鹅。 ④ 内黄:今河南内黄。 ⑤ 孙吴兵法:孙武和吴起,战国时都以善用兵知名,所留下兵书即称《孙子兵法》和《吴子兵法》。

原文

宣和四年①,真定宣抚刘韐募敢战士②,飞应募。……康王至相,飞因刘浩见,命招贼吉倩,倩以众三百八十人降。补承信郎③。……从浩解东京围,与敌相持于滑南④。……敌猝至……乃独驰迎敌。……敌大败。迁秉

翻译

宣和四年(1122),真定路宣抚使刘韐招募勇于作战的士兵,岳飞应募从军。……康王赵构来到相州,岳飞由刘浩带领调见,康王命令岳飞去招降当地的盗贼吉倩,吉倩带领自己的部众三百八十人投降。岳飞被授官为承信郎。……他又跟着刘浩去解除金人对东京的围困,与金人相持于滑州之南。……金兵突然来到……岳飞单骑奔向前去迎敌交

义郎，隶留守宗泽。……

战。……敌人大败。岳飞升为秉义郎，隶属于东京留守宗泽。……

注释 ① 宣和：宋徽宗年号。 ② 鞈：音 gé。 ③ 承信郎：宋武官名，政和二年(1112)由三班借职改名。 ④ 滑南：即滑州南，今河南滑县南。

原文

康王即位，飞上书数千言。……书闻，以越职夺官归。诣河北招讨使张所①，所待以国士②，借补修武郎③，充中军统领④。所问曰："汝能敌几何？"飞曰："勇不足恃，用兵在先定谋。"……所矍然曰："君殆非行伍中人。"飞因说之曰："国家都汴，恃河北以为固，苟冯据要冲，峙列重镇，一城受围，则诸城或扰或救，金人不能窥河南，而京师根本之地固矣。招抚诚能提兵压境，飞唯命是从。"所大喜，借补武经郎⑤。命从王彦渡河⑥，至新乡⑦，金兵盛，彦不敢进，飞独引所部鏖战，夺其纛而舞⑧，诸军争奋，遂拔新乡。翌日，战侯兆川，身被十

翻译

康王登上皇帝宝座后，岳飞呈上了数千字的奏书。……皇帝看了奏书，以超越本职议论国事的罪名，免了他的任命，他于是返回家乡。后来投奔河北招讨使张所处，张所以国士对待岳飞，暂时让他补为修武郎，充当中军统领。张所问岳飞："你能够打败多少人？"岳飞说："人不能光依靠勇力，指挥军队作战，首先在于制定谋略。"……张所吃惊地说："你简直不像是当兵出身的人。"岳飞乘机向他建议说："国家建都在开封，依靠河北平原作为首都安全的保障，如果能在河北占据交通紧要的地方，建立起一系列有重兵驻守的军事城镇，一座城池被敌人包围，其他的城镇或者出兵扰乱敌阵，或者发兵救援，使金国的军队不能够侵犯河南，首都这一根本之地就有了安全的保证。您如果能够带领军队镇守境上，我一定绝对服从您的命令。"张所大喜，又升他为武经郎。命令他跟随王彦过黄河，大军到达新乡，金军

余创,士皆死战,又败之。夜屯石门山下,或传金兵复至,一军皆惊,飞坚卧不动,金兵卒不来。食尽,走彦壁乞粮,彦不许。飞引兵益北,战于太行山,擒金将拓跋耶乌。居数日,复遇敌,飞单骑持丈八铁枪,刺杀黑风大王,敌众败走。飞自知与彦有隙,复归宗泽,为留守司统制⑨。……

阵容强盛,王彦不敢前进,岳飞便独自带领自己的部下与金军展开激烈战斗,他夺过金军的大旗挥舞,士兵们争先恐后,奋勇杀敌,于是夺回了新乡城。第二天,岳飞又与金军在侯兆川交战,他身上受伤十几处,士兵们都拼死作战,又打败了敌人。夜晚他的军队驻扎在石门山下,有人传来消息说金军又杀过来了,整个军队都惊慌失措,而岳飞却安睡帐中,不为所动,金军终于没有来。军中粮食吃完了,岳飞到王彦的营中求借军粮,王彦不答应。岳飞带领军队更加深入北方,又与金军在太行山下交战,活捉了金国将领拓跋耶乌。过了几天,又遇上敌人,岳飞一人一骑,手持一丈八尺的铁枪,刺死金军将领黑风大王,敌军的士兵们纷纷逃走。岳飞自知与王彦有矛盾,便又回归宗泽部下,被宗泽任命为东京留守司统制。……

注释　①招讨使:路一级的统兵官。　②国士:国中才能出众的人。　③修武郎:武官名。　④统领:宋军队将官名,位在统制下。　⑤武经郎:武官名。　⑥王彦:见《宗泽传》注。　⑦新乡:今河南新乡。　⑧纛(dào):大旗。　⑨留守司:留守的官署,这里指东京留守司。

原文

三年春,召赴行在①。江西宣谕刘大中奏②:"飞兵有

翻译

绍兴三年(1133)春天,宋高宗召岳飞到行在杭州。江西宣抚使刘大中上奏章

纪律，人恃以安，今赴行在，恐盗复起。"不果行。……秋，入见。帝手书"精忠岳飞"字，制旗以赐之。……四年，除兼荆南③、鄂、岳州制置使。飞奏："襄阳等六郡为恢复中原基本，今当先取六郡，以除心膂之病④。李成远遁⑤，然后加兵湖湘，以殄群盗⑥。"……抵郢州城下⑦，伪将京超号"万人敌"，乘城拒飞。飞鼓众而登，超投崖死，复郢州。遣张宪、徐庆复随州⑧。飞趣襄阳，李成迎战，左临襄江⑨，飞笑曰："步兵利险阻，骑兵利平旷，成左列骑江岸，右列步平地，虽众十万何能为？"举鞭指王贵曰："尔以长枪步卒击其骑兵。"指牛皋曰："尔以骑兵击其步卒。"合战，马应枪而毙，后骑皆拥入江，步卒死者无数，成夜遁，复襄阳。……进兵邓州，成与金将刘合孛堇列砦拒飞。

说："岳飞的军队有纪律，人民依靠这支军队才能安定，今天要他到行在来，恐怕那些盗贼又会重新作乱。"最后还是没有去。……秋天，岳飞进京城见皇帝，高宗亲手书写"精忠岳飞"四个字，并绣在军旗上赐给岳飞。……绍兴四年（1134），高宗任命岳飞兼荆南府、鄂、岳州制置使。岳飞上书说："襄阳一带六个州郡是收复中原的基地，现今应当首先攻取这六个州郡，消除这个心腹之患。这样李成一定会远远逃遁，然后发兵向湖湘地区进军，彻底消灭所有的盗贼。"……率兵直抵郢州城下，李成部将京超号称"万人敌"，登上城楼抵御岳飞。岳飞击鼓，激励士兵登上了城楼，京超跳崖而死，宋军收复了郢州。岳飞又派遣张宪、徐庆去收复随州。岳飞亲自率军直奔襄阳，李成出军迎战，左边紧靠襄江，岳飞笑着说："步兵作战适宜于险阻的地形，骑兵作战适宜于宽敞的平原，李成将骑兵排列在左边的襄江岸边，却将步兵排列在右边的平地之上，虽有十万军队，又能起什么作用呢？"他举起马鞭，指着王贵说："你带领持长枪的步兵去进攻他的骑兵。"又指着牛皋说："你带领骑兵去进攻他的步兵。"一交战，宋军的长枪直刺敌骑，枪到马死，

飞遣王贵、张宪掩击,贼众大溃,刘合孛堇仅以身免。贼党高仲退保邓城,飞引兵一鼓拔之,擒高仲,复邓州。帝闻之,喜曰:"朕素闻岳飞行军有纪律,未知能破敌如此。"又复唐州⑩、信阳军⑪。……兀术、刘豫合兵围庐州,帝手札命飞解围,提兵趋庐,伪齐已驱甲骑五千逼城,飞张"岳"字旗与"精忠"旗,金兵一战而溃,庐州平。……

后面的骑兵都被挤进江水之中,敌人的步兵死于宋军马蹄之下的不计其数,李成连夜逃遁,宋军收复襄阳。……岳飞又领兵进军邓州,李成和金军将领刘合孛堇在城外筑起营寨抵御岳飞。岳飞派遣王贵、张宪乘敌军不备发动了攻击,敌军四处逃散,仅刘合孛堇一人逃脱。李成的党羽高仲退回邓州,据城死守,岳飞带领军队一鼓作气攻下邓州城,活捉高仲,收复邓州。宋高宗听到这些消息,高兴地说:"我早就听说岳飞行军很有纪律,不知道他攻城破敌还这样厉害。"岳飞又收复了唐州和信阳军。……兀术和刘豫合兵包围庐州,高宗亲自写信,命令岳飞去解庐州之围。岳飞率军直奔庐州,伪齐军队已经发动了五千铁甲骑兵向庐州城逼近,岳飞高举"岳"字军旗和高宗赐给的"精忠"绣旗率军冲进敌阵,与金军一交锋,就把敌人打得大败溃逃,迅速解救了庐州的危急。……

注释　①行在:皇帝和朝廷百官临时停留的地方,此时在杭州。　②江西:即江南西路,岳飞当时任武安军承宣使,驻军江州(今江西九江),属江南西路。　③荆南:即荆南府,今湖北沙市市。　④膂(lǚ):脊椎骨。　⑤李成:宋叛将,降伪齐,屡为攻略南宋的先锋。　⑥殄(tiǎn):消灭。　⑦郢州:今湖北钟祥北。　⑧随州:今湖北随州。　⑨襄江:靠近湖北襄樊的汉水一段。　⑩唐州:今河南唐河。　⑪信阳军:今河南信阳。

原文

六年,太行山忠义社梁兴等百余人慕飞义,率众来归①。……张浚至江上会诸大帅②,独称飞与韩世忠可倚大事。命飞屯襄阳,以窥中原,曰:"此君素志也。"飞移军京西③,改武胜、定国军节度使④,除宣抚副使,置司襄阳。……

翻译

绍兴六年(1136),太行山忠义社以梁兴为首的一百多个义士,仰慕岳飞的忠义,率领自己的部众来投归岳飞。……张俊在镇江府召集各路军事统帅开会商议抗金大计,在会上唯独称赞岳飞和韩世忠,说可以依靠他们两人成大事。张俊命令岳飞驻军襄阳,准备等候时机进取中原,并对岳飞说:"这是你向来的心愿啊。"岳飞将部队转移到襄阳地区,改任武胜、定国两镇节度使,并任宣抚副使,坐镇襄阳。……

注释 ① 忠义社:又称忠义巡社,南宋民间抗金军事组织。 ② 张浚:南宋著名抗金将领,时为宰相兼知枢密院事,统辖各路军马。江上:这时张浚由平江府(即苏州)赴镇江府,"会诸将议事江上"(《宋史·张浚传》),江上指镇江。 ③ 京西:指南宋西南路,即原来的襄阳府路。 ④ 定国军:节镇名,治所在今陕西大荔,当时属金,此系遥领。

原文

十年,金人攻拱①、亳②,刘锜告急,命飞驰援,飞遣张宪、姚政赴之。帝赐札曰:"设施之方,一以委卿,朕不遥度。"飞乃遣王贵、牛皋、董先、杨再兴、孟邦杰、李宝等分布经略西

翻译

绍兴十年(1140),金军进攻拱、亳二州,守将刘锜向朝廷告急,高宗命令岳飞迅速出兵支援,岳飞派遣张宪、姚政率军前往。高宗又赐手札给岳飞说:"所有与金人作战的计划安排,全部委托给你了,我不在朝廷进行遥控。"于是,岳飞就派遣王贵、牛皋、董先、杨再兴、孟邦杰、李宝等人分别领兵去攻取

京、汝③、郑、颍昌④、陈、曹⑤、光、蔡诸郡⑥，又命梁兴渡河，纠合忠义社，取河东、北州县。又遣兵东援刘锜、西援郭浩，自以其军长驱以阚中原。……未几，所遣诸将相继奏捷。大军在颍昌，诸将分道出战，飞自以轻骑驻郾城⑦，兵势甚锐。

西京、汝、郑、颍昌、陈、曹、光、蔡等州郡，又命令梁兴渡过黄河，招集太行山忠义社的人马，夺取金人控制下的河东、河北两路的州县。又派兵去东面支援刘锜，到西面支援郭浩，自己则率领主力大军浩浩荡荡向中原进发。……过了不久，所派出的各路将领都先后传来捷报。岳飞大军屯驻颍昌府，各路将领仍分几路出兵与金人交战，岳飞自己带领一部分轻锐骑兵驻扎在郾城，形成了锐不可当之势。

注释 ① 拱：即拱州，今河南睢县。 ② 亳(bó)：即亳州，今安徽亳州。 ③ 汝：即汝州，今河南临汝。 ④ 颍昌：即颍昌府，今河南许昌。 ⑤ 曹：即曹州，今山东曹县西北。 ⑥ 蔡：即蔡州，今河南汝南。 ⑦ 郾(yǎn)城：今河南郾城。

原文

兀术大惧，会龙虎大王议，以为诸帅易与，独飞不可当，欲诱致其师，并力一战。中外闻之，大惧，诏飞审处自固。飞曰："金人伎穷矣！"乃日出挑战，且骂之。兀术怒，合龙虎大王、盖天大王与韩常之兵逼郾城。飞遣子云领骑兵直贯

翻译

兀术极为害怕，赶忙和龙虎大王商议，认为其他的宋军统帅都容易对付，只有岳飞的军队不可抵挡，企图将岳飞的军队引诱过来，而金军则调动全部军力和岳飞的军队进行一场决战。南宋朝廷内外都听到了这一消息，极为恐惧，高宗下诏书要岳飞谨慎处理，保全自己。岳飞说："金人已经到了无计可施的地步！"于是每天主动出去挑战并责骂金人。兀术大怒，集合龙虎大王、

其阵,戒之曰:"不胜,先斩汝!"鏖战数十合,贼尸布野。初,兀术有劲军,皆重铠,贯以韦索,三人为联,号"拐子马"①,官军不能当。是役也,以万五千骑来,飞戒步卒以麻札刀入阵②,勿仰视,第斫马足。拐子马相连,一马仆,二马不能行,官军奋击,遂大败之。兀术大恸曰:"自海上起兵,皆以此胜,今已矣!"兀术益兵来。部将王刚以五十骑觇敌,遇之,奋斩其将。飞时出视战地,望见黄尘蔽天,自以四十骑突战,败之。方郾城再捷,飞谓云曰:"贼屡败,必还攻颍昌,汝宜速援王贵。"既而,兀术果至,贵将游奕③,云将背嵬,战于城西。云以骑兵八百挺前决战,步军张左右翼继之,杀兀术婿夏金吾、副统军粘罕索孛堇,兀术遁去。

盖天大王和韩常的军队进逼郾城。岳飞派遣他儿子岳云率领骑兵直接冲入敌阵,并警告岳云说:"如果不打胜这一仗,先斩你的首级!"岳云与金军激战几十回合,敌人的尸体遍布原野。当初,兀术有一支精锐部队,全都是身穿厚厚的铁甲,骑士和战马都用皮绳串连起来,每三人为一组,称为"拐子马",宋朝的军队不能抵挡。这一战役中,兀术出动了一万五千名拐子马骑兵,岳飞命令步兵手拿麻札刀冲入敌人阵营,不要抬头看,只管依次砍战马的脚。拐子马是用皮绳连起来的,一匹马倒下,其他的两匹马就无法行走,宋军奋力杀敌,于是大败金军。兀术痛哭说:"我自从海上起兵以来,都是依靠拐子马取胜,今天彻底完蛋了!"兀术增补了军队,又来到郾城。岳飞部将王刚带领五十名骑兵正在侦察敌情,恰巧碰上了金军,王刚奋力斩杀了金军将领。当时岳飞正好出外巡视战地,看见前面黄尘滚滚,遮天蔽日,亲自率领四十名骑兵突入敌群,又将金军打败。当第二次在郾城打败金军时,岳飞对岳云说:"金人屡次失败,必然会回军还攻颍昌,你应当迅速去支援王贵。"不久,兀术果然来到了颍昌,王贵指挥游奕军,岳云指挥背嵬军,与金军大战于颍昌城西。岳云带领八百名骑兵冲到阵前与敌军决战，步兵分成左右两翼紧随骑兵之后，杀死兀术的女婿夏金吾、副统军粘罕索孛堇等，兀术逃去。

注释　① 拐子马：邓广铭先生认为是左右翼骑兵，不是连环马，此处译文仅从原文。　② 麻札刀：可能是长柄刀，又称斩马刀。　③ 游奕：军名，一种负责巡逻的军队。

原文

梁兴会太行忠义及两河豪杰等，累战皆捷，中原大震。飞奏："兴等过河，人心愿归朝廷。金兵累败，兀术等皆令老少北去，正中兴之机。"飞进军朱仙镇①，距汴京四十五里，与兀术对垒而阵，遣骁将以背嵬骑五百奋击，大破之，兀术遁还汴京。……

翻译

梁兴汇集了太行山忠义社的民兵以及河东、河北的英雄豪杰在金人后方与敌作战，屡战屡胜，引起了中原地区的极大震动。岳飞上书朝廷说："梁兴等人渡过黄河后，河北人民的心愿都希望归附朝廷。金军多次大败，兀术等人已下令将河北地区的人民往北方迁徙，这正是收复失地、中兴宋朝的机会。"岳飞大军进入朱仙镇，离北宋故都汴京只有四十五里，与兀术的军队列阵对峙，岳飞派一员猛将带五百名背嵬骑兵奋勇冲击敌阵，大破金军阵营，兀术逃回汴京。……

注释　① 朱仙镇：今河南开封西南。

原文

先是，绍兴五年，飞遣梁兴等布德意，招结两河豪杰，山砦韦铨、孙谋等敛兵固堡，以待王师；李通、胡清、李宝、李兴、张恩、孙琪等举众来归。金人动息，山川险要，一时皆得其实。尽磁、相、开德、泽①、潞②、晋③、绛④、汾⑤、隰⑥之境，皆期日兴兵，与官军会。其所揭旗以"岳"为号，父老百姓争挽车牵牛，载粮粮以馈义军，顶盆焚香迎候者，充满道路。自燕以南⑦，金号令不行，兀术欲签军以抗飞⑧，河北无一人从者。乃叹曰："自我起北方以来，未有如今日之挫衄。"金帅乌陵思谋素号桀黠，亦不能制其下，但谕之曰："毋轻动，俟岳家军来即降。"金统制王镇、统领崔庆、将官李觊、崔虎、华旺等皆率所部降，以至禁卫龙虎大王下忔查

翻译

当初，绍兴五年（1135），岳飞派梁兴等人渡过黄河传布宋朝的恩意，招纳集结河东、河北的英雄豪杰，山寨中的韦铨、孙谋等人都收集自己的军队固守堡寨，等待宋朝军队到来；李通、胡清、李宝、李兴、张恩、孙琪等人则带领部众渡河归宋。金人的举动及两河地区的山川险要，宋军都获得了极为真实的情报。在磁、相、开德、泽、潞、晋、绛、汾、隰这些州郡境内的义军，都在约定日期一齐起兵，与宋朝的军队会合。他们所举的旗帜都以"岳"字为标志。父老百姓们都争先恐后拉着牛车，满载干粮，赠送给义军，头上顶着烧着香的盆子等候迎接宋军的人充满了道路。从燕京以南，金国的命令不能通行，兀术想强征壮丁来抵挡岳飞，河北地区没有人顺从。兀术于是叹息说："自从我朝在北方兴起以来，还从来没有遭受过今天这样的挫折和失败啊。"金军元帅乌陵思谋平日以凶暴狡诈著称，也制服不了他的部下，只好劝谕他们说："不要轻举妄动，等岳家军一来，我们就立即投降。"金军统制王镇、统领崔庆、将官李觊、崔虎、华旺等人都率领自己的部下来投

千户高勇之属⑨,皆密受飞旗榜,自北方来降。金将军韩常欲以五万众内附。飞大喜,语其下曰:"直抵黄龙府⑩,与诸君痛饮尔!"

降,以至掌握禁卫军的龙虎大王属下的忙查千户高勇之流,都秘密地接受了岳飞的旌旗和文告,从北方来投降。金朝大将军韩常也准备带领五万军队内附宋朝。岳飞极为高兴,对他的部将说:"我军一直打到黄龙府那一天,我将和大家一起开怀痛饮!"

注释 ①泽:即泽州,今山西晋城。 ②潞:即潞州,今山西长治。 ③晋:即晋州,今山西临汾。 ④绛:即绛州,今山西新绛。 ⑤汾:汾州,今山西汾阳。 ⑥隰(xí):隰州,今山西隰县。 ⑦燕:即燕京,金国的南京,今北京西南。 ⑧签军:金遇战事,强迫壮男当兵称签军。 ⑨忙查:忙当作挖(gé),挖查即女真语亲军之意,《金史》称合扎。 ⑩黄龙府:今吉林农安,岳飞实指应是燕京城。

原文

　　方指日渡河,而桧欲画淮以北弃之,风台臣请班师。飞奏:"金人锐气沮丧,尽弃辎重,疾走渡河。豪杰向风,士卒用命,时不再来,机难轻失。"桧知飞志锐不可回,乃先请张俊、杨沂中等归,而后言飞孤军不可久留,乞令班师。一日奉十二金字牌,飞愤惋泣下,东向再拜曰:"十年之力,废于一

翻译

　　岳飞正准备很快渡过黄河,然而秦桧却想将淮河以北的疆土划出去,放弃给金人,并示意谏司的官员奏请高宗,要求北伐的军队班师回朝。岳飞上书说:"现在金军士气低落,把军用物资全部抛弃,匆忙渡河逃走。两河豪杰,纷纷归附,我军士卒,拼死效命,这样的时机不会再来,这样的机会切切不可让它轻易丢失。"秦桧知道岳飞北伐之志极为坚决,不可改变,就请求高宗下诏,先将张俊、杨沂中的两支军队调回,然后,就说岳飞孤军深入,不能久留敌人心腹

旦。"飞班师,民遮马恸哭,诉曰:"我等戴香盆、运粮草以迎官军,金人悉知之。相公去,我辈无噍类矣①。"飞亦悲泣,取诏示之曰:"吾不得擅留。"哭声震野。飞留五日以待其徙,从而南者如市。……方兀术弃汴去,有书生叩马曰:"太子毋走②,岳少保且退矣③。"兀术曰:"岳少保以五百骑破吾十万,京城日夜望其来,何谓可守?"生曰:"自古未有权臣在内④,而大将能立功于外者;岳少保且不免,况欲成功乎?"兀术悟,遂留。飞既归,所得州县,旋复失之。飞力请解兵柄,不许。……

之地,请求下令要岳飞班师。一天之内,岳飞收到了朝廷降下的金字牌十二块,岳飞悲愤到了极点,热泪长流,向着东面拜了两拜,说:"十年的努力,一下子就全部毁弃了。"岳飞只好班师,沿途百姓拦住他的马大声痛哭,并向岳飞诉说:"我们顶着香盆、运送粮草迎接宋朝的官军,这是金人都知道的事情。您这一走,我们就会被杀得不剩一人了。"岳飞也悲痛流泪,拿出皇帝的诏令给大家看,说:"我不能擅自留在这里。"百姓痛哭之声震撼原野。岳飞停留了五天,等待中原地区的人民向南方迁徙,到撤军时,跟随他迁往南方的百姓就像集市上的人群一样多。……在兀术正准备放弃汴京逃走时,有一个书生拉住兀术的马说:"太子你不要走,岳少保的军队就要退兵了!"兀术说:"岳少保用五百名骑兵打败我十万大军,汴京的老百姓日夜都盼望他来,怎么还说可以守得住呢?"书生说:"自古以来,没有权臣执掌朝政而大将可以在外立功的事;岳少保自身都难保,还想成功吗?"兀术醒悟过来,就留在汴京没有走。岳飞的军队一撤走,原来夺回的州县,又立刻丧失。岳飞极力请求解除自己的兵权,高宗不答应。……

注释 ① 噍(jiào)类:指活着的人。 ② 太子:兀术为金太祖的第四子,故称他为四太子。 ③ 岳少保:岳飞绍兴五年加官检校少保。 ④ 权臣:多指掌权而又专横的大臣。

原文

时和议既决,桧患飞异己,乃密奏召三大将论功行赏。韩世忠、张俊已至,飞独后。……既至,授枢密副使,位参知政事上,飞固请还兵柄。

初,飞在诸将中年最少,以列校拔起,累立显功,世忠、俊不能平,飞屈己下之,幕中轻锐教飞勿苦降意①。金人攻淮西,俊分地也,俊始不敢行,师卒无功。飞闻命即行,遂解庐州围,帝授飞两镇节,俊益耻。杨么平②,飞献俊、世忠楼船各一③,兵械毕备,世忠大悦,俊反忌之。……桧逐赵鼎④,飞每对客叹息;又以恢复为己任,不肯附和议。……兀术遗桧书曰:"汝朝夕以和请,

翻译

这时,宋金和议已经签订,秦桧害怕岳飞反对自己,就秘密地给高宗上奏章,请高宗将三大将召回朝廷论功行赏。韩世忠、张俊已经到了临安,岳飞一人后到。……岳飞到临安后,被授官为枢密副使,位于参知政事之上。岳飞坚决请求交还兵权。

当初,岳飞在各位大将之中是年纪最小的一位,从一员小军官而逐渐提拔起来,多次建立大功,韩世忠、张俊都不服气,岳飞总是委曲求全,自己愿意居于他们之下。岳飞幕府中一些年轻气盛的官员就劝告岳飞,不要这样一味苦苦贬抑自己。金军进攻淮西,这是张俊负责防守的地方,而张俊开始不敢迎敌,所以淮西一仗张俊没有立功。岳飞接到命令后,立刻奔向淮西,随即解了庐州之围,高宗授予岳飞两个节度使的职位,张俊越发感到了莫大的耻辱。平定杨么后,岳飞将缴获的楼船赠送给韩世忠、张俊每人一只,船上兵杖器械齐备,韩世忠十分高兴,而张俊却反而更

而岳飞方为河北图，必杀飞，始可和。"桧亦以飞不死，终梗和议，己必及祸，故力谋杀之。以谏议大夫万俟卨与飞有怨⑤，风卨劾飞，又风中丞何铸、侍御史罗汝楫交章弹论，大率谓："今春金人攻淮西，飞略至舒⑥、蕲而不进⑦；比与俊按兵淮上，又欲弃山阳而不守。"飞累章请罢枢柄，寻还两镇节，充万寿观使、奉朝请⑧。桧志未伸也，又谕张俊令劫王贵、诱王俊诬告张宪谋还飞兵，桧遣使捕飞父子证张宪事。使者至，飞笑曰："皇天后土，可表此心。"初命何铸鞫之，飞裂裳以背示铸，有"尽忠报国"四大字，深入肤理。既而阅实无左验，铸明其无辜。改命万俟卨。卨诬飞与宪书，令虚申探报以动朝廷；云与宪书，令措置使飞还军；且言其书已焚。飞坐系两月，无可证者。……岁

加忌恨岳飞。……秦桧将赵鼎排挤出了朝廷，岳飞常对自己的幕客叹息；他又以恢复中原为自己的责任，不肯附和秦桧的议和主张。……兀术给秦桧写信说："你每天都在请求议和，而岳飞却正在准备攻取河北，一定要杀掉岳飞，才可以议和。"秦桧也认为岳飞不死，始终会阻止议和，自己必然会受到危害，因此，竭尽全力谋害岳飞。他想到谏议大夫万俟卨与岳飞有仇，就示意万俟卨弹劾岳飞，又示意御史中丞何铸、侍御史罗汝楫接连上书指斥岳飞，大致是说："今年春天金军进攻淮西，岳飞军队已经接近舒、蕲二州，却不继续前进；近来，他与张俊屯兵驻扎淮河之上，又想放弃山阳不去防守。"岳飞几次上奏章请求罢免枢密副使之职，不久，又交还了两节度使的职位，充任万寿观使、奉朝请。岳飞虽罢官，秦桧的阴谋还没有完全得逞，于是又命令张俊逼勒王贵、引诱王俊诬告张宪，说张宪阴谋兵变，要挟朝廷交还岳飞兵权，秦桧又派人逮捕岳飞、岳云父子来对证张宪之事。使者到时，岳飞笑着说："上有天，下有地，都可以证明我这颗心。"开始秦桧命令何铸审问岳飞，岳飞撕破衣裳，将背脊给何铸看，背上刺有"尽忠报国"四个大字，

暮,狱不成,桧手书小纸付狱,即报飞死,时年三十九。云弃市,籍家资,徙家岭南。幕属于鹏等从坐者六人。……

都深深地刺进了皮肤的纹理之中。不久,查明情况,没有见证人,何铸证明岳飞无罪。秦桧又撤换何铸,改命万俟卨为主审官。万俟卨诬告岳飞曾经给张宪写过信,命令张宪谎报军情来引起朝廷的震动;又诬告岳云写信给张宪,要张宪想办法让岳飞回到军队中去;并且还说,这些信都已经被烧毁。岳飞被关押了两个月,加给他的罪名没有一条可以验证。……已经到了年底,这一桩讼案还无法定下来,秦桧亲手写了一张小纸条交给了狱中小吏,接着就传出岳飞已死的消息,这时,岳飞三十九岁。岳云被斩首,岳飞的家产被抄没,他全家被迁徙到岭南。岳飞幕府中的僚属于鹏等六人也被牵连定罪。……

注释 ① 幕:即幕府,指将帅在外的营帐。 ② 杨幺:南宋时聚集在洞庭湖一带的农民起义军领袖。 ③ 楼船:有几层舱房的大船,多用作战船。 ④ 赵鼎:南宋时主战派领袖,与秦桧意见不合,被秦桧排挤出朝廷,最后贬到吉阳军,即今海南三亚,绝食而死。 ⑤ 谏议大夫:朝中掌规谏讽谕的官员。万俟卨:音 mò qí xiè。 ⑥ 舒:即舒州。 ⑦ 蕲:即蕲州,今湖北蕲春。 ⑧ 万寿观使:祠禄官的一种。奉朝请:官员任宫观官或免去职务守本官后,有些人逢一、五日仍然朝见皇帝,称"奉朝请"。

原文

狱之将上也,韩世忠不平,诣桧诘其实,桧曰:"飞子云与张宪书虽不明,其事

翻译

岳飞这一案件正准备上报时,韩世忠愤愤不平,到秦桧府上质问真实情况,秦桧说:"岳飞的儿子岳云写信给张

体莫须有。"世忠曰:"'莫须有'三字,何以服天下?"时洪皓在金国中,蜡书驰奉,以为金人所畏服者惟飞,至以父呼之,诸酋闻其死,酌酒相贺。……

宪这件事虽然不太清楚,但这件事本身是或许有的。"韩世忠说:"'或许有'三个字怎么能使天下人信服呢?"当时,洪皓正在金国,他写了一封信封在蜡丸里派人飞速骑马向高宗报告,谈到金人所畏惧而佩服的人只有岳飞,以至于称岳飞为"岳爷爷",金国的首领听到岳飞已死,高兴得举酒互相祝贺。……

虞 允 文 传

导读

绍兴三十一年(1161)，金帝完颜亮率领"百万"大军向南宋政权发动了一场大规模的军事进攻，庐州失守，扬州失守，两淮地区完全丢失，南宋政权已经到了危险的边缘。然而，宋金采石一战，完全扭转了整个局势，南宋政权转败为胜。指挥这一重要战役的就是虞允文(1110—1174)。

虞允文是南宋中期主战派的著名领袖，他出将入相近二十年，一直与议和派史浩、汤思退等进行不妥协的斗争。采石之战胜利后，虞允文声名大振，宋高宗将他比作唐代的裴度。虞允文又是一位优秀的政治家，极为重视人才，在他当政期间，推荐和选拔了一大批出色的人物，如胡铨、洪适、汪应辰、周必大、王十朋、赵汝愚、晁公武、李焘等，其中有的成为南宋中期的名相，有的成为南宋有名的学者。南宋孝宗朝一时人物之盛，虞允文举荐之功是不可埋没的。(选自卷三八三)

原文

虞允文，字彬甫，隆州仁寿人^①。……父死，绍兴二十三年始登进士第，通判彭州^②。……

翻译

虞允文，字彬甫，隆州仁寿人。……父亲去世后，他在绍兴二十三年(1153)才去考进士，考中后，被任命为彭州通判。……

注释 ① 隆州：治所在今四川仁寿。仁寿：今四川仁寿。 ② 彭州：今四川彭州。

原文

秦桧当国，蜀士多屏弃。桧死，高宗欲收用之，中书舍人赵达首荐允文①。……除秘书丞，累迁礼部郎官。金主亮修汴，已有南侵意。王纶还，言敌恭顺和好。汤思退再拜贺②，置边备不问。及金使施宜生颇泄敌情③，张焘密奏之。亮又隐画工图临安湖山以归，亮赋诗④，情益露。允文上疏言："金必败盟⑤，兵出有五道，愿诏大臣豫思备御。"时三十年正月也。十月，借工部尚书充贺正使，与馆伴宾射⑥，一发破的，众惊异之。允文见运粮造舟者多，辞归，亮曰："我将看花洛阳。"允文还，奏所见及亮语，申言淮、海之备⑦。……

翻译

秦桧执掌国家大权时，很多四川人被排斥不用。秦桧死后，高宗想收用四川的人才，中书舍人赵达第一个推荐虞允文。……被任命为秘书丞，其后多次升官至礼部的郎官。金国皇帝完颜亮修筑汴京，已经有向南方侵略的意图。王纶出使金国回来，说敌人恭敬顺从，和平友好。汤思退再拜祝贺，把边境的战备放在一边，不予过问。等金国的使者施宜生稍许泄露了敌人的情况时，张焘秘密向高宗作了汇报。而完颜亮又让画工隐藏在使者随员中，画下临安的西湖山水带回，完颜亮并在画上题诗，这就更加暴露了他的意图。虞允文上奏疏说："金国必然会撕毁和约，金国要出兵有五条道路，希望让大臣们预先考虑抵御敌军的方法。"这是绍兴三十年(1160)正月的事。十月，虞允文以工部尚书的名义充当祝贺金国元旦的使者，同宾馆中的金国接待人员一起射箭，一箭射破箭靶，大家都对他感到惊奇。虞允文看到运粮造船的人很多，返回告别时，完颜亮说："我将在洛阳看花。"虞允文回来后，报告自己所看到的情况以及完颜亮所说的话，陈述了淮、海一线的战备情况。……

注释　①中书舍人：官名，负责起草一般的诏令。　②汤思退：当时任宰相，一力主和。　③泄敌情：施宜生对宋方接待人员以隐语说"今日北风甚劲"，又取桌上的笔敲桌子说"笔来，笔来"，暗示北军必来。　④亮赋诗：诗曰："提兵百万西湖侧，立马吴山第一峰。"⑤盟：指绍兴十二年(1142)宋金和约。　⑥馆伴宾：宋辽与宋金间互派使臣来往时，进入对方统治区后，有人迎接，称接伴使。至对方京城后，另有人相伴，称馆伴使。返回时有人相送，称送伴使。这里所说的馆伴宾，指虞允文所住客馆中来陪伴他的金国官员。宾，同"傧"，指赞引接待宾客者。　⑦淮、海：当时宋金以淮水为界，东至大海，此处的淮、海，指沿淮水到海的边界。

原文

　　金使王全、高景山来贺生辰，口传亮悖慢语，欲得淮南地，索将相大臣议事。于是召三衙大将赵密等议举兵①，侍从、台谏集议。宰臣陈康伯传上旨："今日更不问和与守，直问战当如何。"遣成闵为京②、湖制置使③，将禁卫五万御襄④、汉上流⑤。允文曰："兵来不除道，敌为虚声以分我兵，成其出淮奸谋尔。"不听，卒遣闵。七月，金主亮徙汴，允文复语康伯："闵军约程在江⑥、池⑦，宜令到池者驻池，到江者驻江。若敌兵出

翻译

　　金国使者王全、高景山来祝贺高宗生日，口述了完颜亮狂妄傲慢的话，要求得到淮南地区，还要求南宋的将相大臣去金国商议事情。于是，朝廷召集三衙的大将赵密等人商量征发军队，并命侍从官与政府主要部门的官员会集讨论。宰相陈康伯传达高宗的旨意说："今天不再讨论和好与坚守的问题，直接讨论如何作战。"朝廷派遣成闵任京湖制置使，率领禁卫军五万人守卫襄阳和汉水上游地区。虞允文说："军队要来是不先清扫道路的，敌人虚张声势来分散我们的兵力，是要实现他们进军淮南的阴谋计划而已。"朝廷不接受虞允文的意见，终于还是派出了成闵。七月，金国皇帝完颜亮迁都到汴京，虞允文又对陈康伯说："按行程估计，成闵的

上流,则荆湖之军捍于前,江、池之军援于后;若出淮西,则池之军出巢县⑧,江州军出无为⑨,可为淮西援。是一军而两用之。"康伯然其说,而闵军竟屯武昌⑩。

部队大概在江州与池州之间,应该下令,到达池州的部队就驻扎在池州,到达江州的部队就驻扎在江州。如果敌人的军队进攻上游地区,那么,荆湖的部队在前面防御,江州、池州的部队在后面支援;如果敌军进攻淮西地区,那么,池州的部队从巢县进军,江州的部队从无为进军,可以支援淮西地区。这样,一支部队可以在两处都用上了。"陈康伯同意他的意见,但成闵的部队却驻扎在武昌。

注释　①三衙:指殿前、侍卫马军、侍卫步军三司,掌管中央军队训练的机构。②京:即京西南路。　③湖:即荆湖南、北路。　④襄:襄阳府,今湖北襄阳。⑤汉:汉水。　⑥江:即江州,今江西九江。　⑦池:池州,今安徽贵池。　⑧巢县:今安徽巢湖。　⑨无为:今安徽无为。　⑩武昌:今湖北鄂州。

原文

　　九月,金主命李通为大都督,造浮梁于淮水上。金主自将,兵号百万,毡帐相望,钲鼓之声不绝。十月,自涡口渡淮①。先是,刘锜措置淮东②,王权措置淮西③。至是,权首弃庐州,锜亦回扬州,中外震恐。上欲航海,陈康伯力赞亲征。是

翻译

　　九月,金国皇帝任命李通为大都督,在淮河上建造浮桥。金国皇帝亲自领兵,军队号称有一百万人,毡房帐篷绵延不绝,金鼓的声音不断传来。十月,金军从涡口渡过淮河。在这以前,朝廷派刘锜处理淮东军事,王权处理淮西军事。到这时,王权首先丢弃庐州逃跑,刘锜也回到扬州,朝廷内外都震惊恐慌起来。高宗想从海上逃走,陈康伯

月戊午④,枢臣叶义问督江、淮军,允文参谋军事。权又自和州遁归⑤,锜回镇江,尽失两淮矣。

极力主张高宗亲自出征。十月十九日,派知枢密院事叶义问督率江淮一带的军队,虞允文任军事参谋。王权又从和州逃回,刘锜回到镇江,两淮地区全部丢失了。

注释 ① 涡(guō)口:指涡水入淮河处,在今安徽怀远。 ② 淮东:即淮南东路,大致相当于今苏北。 ③ 淮西:即淮南西路,大致相当于今皖北。两淮大致相当于淮河以南,长江以北的今江苏、安徽地区。 ④ 戊午:为十九日,古代的干支纪日。 ⑤ 和州:今安徽和县。

原文

十一月壬申①,金主率大军临采石②,而别以兵争瓜洲③。朝命成闵代锜,李显忠代权,锜、权皆召。义问被旨,命允文往芜湖趣显忠交权军④,且犒师采石,时权军犹在采石。丙子⑤,允文至采石,权已去,显忠未来,敌骑充斥。我师三五星散,解鞍束甲坐道旁,皆权败兵也。允文谓坐待显忠则误国事,遂立招诸将,勉以忠义,曰:"金帛、告命皆在此⑥,待有功。"众曰:"今

翻译

十一月四日,金国皇帝率领大军到达采石,另派一支军队去争夺瓜洲。朝廷任命成闵代替刘锜,李显忠代替王权,刘锜、王权都被召回。叶义问接受了高宗的旨意,命令虞允文到芜湖去催促李显忠接收王权的部队,并且到采石犒赏军队,因为当时王权的部队还在采石。十一月八日,虞允文到了采石,王权已经离开了部队,李显忠还没有来,敌人的骑兵已处处可见。宋朝的军队三五成群,星散分布,解下马鞍,卷起甲衣,坐在路旁,都是些王权的败兵。虞允文认为,坐着等待李显忠,就耽误了国家大事,于是马上招集将领们,用忠义的道理鼓励他们,说:"金帛、告命都

既有主,请死战。"或曰:"公受命犒师,不受命督战,他人坏之,公任其咎乎?"允文叱之曰:"危及社稷,吾将安避?"

在这里,只等赐予有功的人。"将领们都说:"现在既然有了主将,我们愿意同敌人决一死战。"有人对虞允文说:"你接受的命令是犒赏部队,不是督率作战,如果别人坏了大事,你能承担罪责吗?"虞允文斥责他说:"国家已经处于危急的地步,我难道还会去逃避责任吗?"

注释　①壬申:为四日。　②采石:今安徽采石。　③瓜洲:今属江苏省,与镇江隔长江相望。　④芜湖:今安徽芜湖。　⑤丙子:为八日。　⑥告命:亦名告身,古代授官的凭证,类似后世的委任状。

原文

至江滨,见江北已筑高台,对植绛旗二、绣旗二,中建黄屋①,亮踞坐其下。谍者言,前一日刑白黑马祭天,与众盟,以明日济江,晨炊玉麟堂,先济者予黄金一两。时敌兵实四十万,马倍之,宋军才一万八千。允文乃命诸将列大阵不动,分戈船为五②,其二并东西岸而行,其一驻中流,藏精兵待战,其二藏小港,备不测。部分甫毕,敌已大呼,亮操

翻译

虞允文率部赶到长江边上,望见长江北岸已建起了高台,两边插着两面深红色的旗,两面五彩旗,中间树起一个黄色的车盖,完颜亮傲然坐在下面。侦察的人说,前一天,完颜亮已杀了白马和黑马祭天,与军士们约定,在明天渡过长江,到玉麟堂吃早饭,先过江的人赏给一两黄金。当时,敌人的军队实际有四十万人,马匹的数量是部队人数的两倍,而宋军才有一万八千人。虞允文就命令将领们排列成大的阵式,按兵不动,把戈船分作五队,其中两队沿着东西江岸运行,一队停驻在江的中间,里面埋伏精兵,等待交战,另两队藏在小

小红旗麾数百艘绝江而来，瞬息，抵南岸者七十艘，直薄宋军，军小却。允文入阵中，抚时俊之背曰："汝胆略闻四方，立阵后则儿女子尔。"俊即挥双刀出，士殊死战。中流官军亦以海鳅船冲敌③，舟皆平沉，敌半死半战，日暮未退。会有溃军自光州至，允文授以旗鼓，从山后转出，敌疑援兵至，始遁。又命劲弓尾击追射，大败之，僵尸凡四千余，杀万户二人④，俘千户五人及生女真五百余人。敌兵不死于江者，亮悉敲杀之，怒其不出江也。以捷闻，犒将士，谓之曰："敌今败，明必复来。"夜半，部分诸将，分海舟缒上流，别遣兵截杨林口⑤。丁丑⑥，敌果至，因夹击之，复大战，焚其舟三百，始遁去。再以捷闻。既而敌遣伪诏来谕王权，似有宿约。允文曰："此反间也。"

港里，防备意外的事情出现。他刚指挥布置完毕，敌军已经在大声呼叫，完颜亮手持小红旗，指挥数百艘战船渡江而来，一会儿便有七十艘船抵达南岸，直接向宋军发动进攻，宋军向后退却了一些。虞允文进入战阵中，拍着时俊的背说："你的胆略是四方有名的，停在部队后面，就是妇人孩子了。"时俊马上挥舞双刀出阵，战士们都拼死力战。江中间的官军也用海鳅船冲击敌船，敌船或沉入江中，或半浮水面，敌人有一半被打死，另一半仍然在战斗，天色已晚还不撤退。这时恰好有一支溃散的部队从光州来到，虞允文交给他们军旗和战鼓，让他们从山后面转出来，敌人怀疑是增援部队到了，这才逃走。虞允文又命令使用强劲的弓箭在后面追赶射击，大败金军，敌人被杀死而留下尸体的有四千多，杀死万户两人，俘虏千户五人和生女真五百多人。敌人的士兵没有死于长江中的，完颜亮恨他们不出江作战，命令把他们全部杀掉。虞允文命人到朝廷去报捷，同时犒劳奖赏将士们，对他们说："敌人今天失败了，明天必然会再来的。"半夜，虞允文指挥将领们把海船拉往上游地区，另外派遣部队在杨林口截击敌军。十一月九日，敌军果然

仍复书言："权已寘典宪，新将李世辅也，愿一战以决雌雄。"亮得书大怒，遂焚龙凤车，斩梁汉臣及造舟者二人，乃趋瓜洲。汉臣，教亮济江者也。

来了，宋军两路夹击，再次发生激烈战斗，焚毁了敌军三百只船，敌军才逃去。虞允文再次派人去朝廷报捷。不久，敌人派人带着诏书来指示王权，好像原来就有约定似的。虞允文说："这是反间计。"便回复他们信说："王权已经被依法处理了，新将是李世辅，愿意和你决一死战，分个高下。"完颜亮见信后大为恼怒，烧毁了龙凤车，杀死梁汉臣和两个造船的人，领兵去了瓜洲。梁汉臣就是建议完颜亮渡江的人。

注释 ① 黄屋：指皇帝的车顶，用黄缯包盖。 ② 戈船：是一种古代的战船。 ③ 海鳅（qiū）船：一种大型战舰。 ④ 万户：金官名，世袭军职。 ⑤ 杨林口：即杨林渡，在今安徽和县东。 ⑥ 丁丑：为十一月九日。

原文

显忠至自芜湖，允文语之曰："敌入扬州，必与瓜洲兵合，京口无备①，我当往，公能分兵相助乎？"显忠分李捧军万六千往京口，叶义问亦命杨存中将所部来会②。允文还建康③，即上疏言："敌败于采石，将徼幸于瓜洲，今我精兵聚京口，持重待之，可一战而胜。乞

翻译

李显忠从芜湖来到军中，虞允文对他说："敌军进入扬州后，必然会与瓜洲的部队会合，京口没有防备，我应当去那里，您能分派部队去帮助吗？"李显忠分派李捧率领部队一万六千人前去京口，叶义问也命令杨存中率领部队来会合。虞允文回到建康，就上奏疏说："敌人在采石失败后，将会企图在瓜洲侥幸取胜。现在我军精兵集合在京口，如果能慎重对待战事，可以一战而获胜。请

少缓六飞之发④。"

稍微推迟一下皇帝车驾出发的时间。"

注释 ①京口:即镇江。 ②杨存中:即杨沂中。 ③建康:今江苏南京。 ④六飞:指皇帝的车驾。

原文

甲申①,至京口。敌屯重兵滁河②,造三闸储水,深数尺,塞瓜洲口。时杨存中、成闵、邵宏渊诸军皆聚京口,不下二十万,惟海鳅船不满百,戈船半之。允文谓遇风则使战船,无风则使战舰。数少恐不足用,遂聚材冶铁,改修马船为战舰,且借之平江③。命张深守滁河口,扼大江之冲,以苗定驻下蜀为援④。庚寅⑤,亮至瓜洲,允文与存中临江按试,命战士踏车船中流上下,三周金山,回转如飞,敌持满以待,相顾骇愕。亮笑曰:"纸船耳。"一将跪奏:"南军有备,未可轻,愿驻扬州,徐图进取。"亮怒,欲斩之,哀谢良久,杖之五十。乙未⑥,亮

翻译

十一月十六日,虞允文到达京口。敌人在滁河驻扎了大量军队,建造了三个闸来储存江水,水有几尺深,并堵塞住瓜洲口。当时,杨存中、成闵、邵宏渊等人率领部队都聚集在京口,人数不下二十万,只是海鳅船不到一百艘,戈船只有海鳅船的一半。虞允文认为有风的时候应使用战船,没有风的时候就使用战舰,只是数量少恐怕不够用,于是收集木材,打造铁器,把马船改装为战舰,并向平江府借用战舰。虞允文命令张深守住滁河口,扼守住长江上的交通要道,派苗定作为援军驻扎在下蜀。十一月二十二日,完颜亮到达瓜洲,虞允文与杨存中到江边检查试验战舰的性能,命令战士踏动车船在长江中间前后行驶,环绕金山三圈,来回转动好像飞一样。敌军拉满了弓弦等候交战,看见车船如飞,不由得面面相觑,心中害怕。完颜亮笑着说:"这是纸船罢了。"一个将领跪下上奏说:"南军有防备,不能轻

为其下所杀。……

视,希望驻扎在扬州,慢慢计划进攻的事。"完颜亮发怒,要杀死他,这位将领哀求请罪,过了许久,完颜亮才饶恕了他,但仍打了五十大板。十一月二十七日,完颜亮被他部下的将士杀死。……

注释 ① 甲申:为十一月十六日。 ② 滁河:长江下游支流,自今安徽肥东发源,至南京六合入江,入江口称瓜步。 ③ 平江:节镇名,治所在今江苏苏州。 ④ 下蜀:在今江苏句容北。 ⑤ 庚寅:为十一月二十二日。 ⑥ 乙未:为十一月二十七日。

原文

丙申①,敌人退屯三十里,遣使议和。己亥②,奏闻。召入对,上慰藉嘉叹,谓陈俊卿曰:"虞允文公忠出天性,朕之裴度也③。"诏免扈从,往两淮措置。允文至镇江,奏收两淮三策,不报。……

翻译

十一月二十八日,敌军后退三十里扎营,派遣使者来议和。十二月一日,虞允文上报朝廷。高宗召虞允文入朝参见,加以抚慰称赞,对陈俊卿说:"虞允文公正忠诚,出自天性,是我的裴度啊。"于是下诏,不要虞允文在侍从行列,而派他去淮东、淮西处理事务。虞允文到达镇江,提出收复两淮地区的三条计划,上奏朝廷,却不见答复。……

注释 ① 丙申:为十一月二十八日。 ② 己亥:为十二月一日。 ③ 裴度:唐宪宗时宰相,在实现唐中叶的暂时统一中起了重大作用。曾督师讨伐淮西,攻破蔡州,擒获淮西节度使吴元济,使唐朝的东都洛阳和江淮地区免去威胁。其他藩镇恐惧,开始陆续表示服从中央。

原文

孝宗受禅……参知政事史浩议①,欲尽弃陕西。……上将召允文问陕西事②。……隆兴元年入对。史浩既素主弃地,及拜相,亟行之,且亲为诏,有曰:"弃鸡肋之无多,免狼心之未已。"允文入对,言:"今日有八可战。"上问及弃地,允文以笏画地,陈其利害。上曰:"此史浩误朕。"以敷文阁待制知太平州③,寻除兵部尚书、湖北④、京西宣抚使⑤,改制置使。……

翻译

宋孝宗接受高宗让位做了皇帝后……参知政事史浩主张把陕西全部放弃给金人。……宋孝宗准备召虞允文到朝廷,询问他关于陕西问题的意见。……隆兴元年(1163),虞允文入朝参见。史浩既然一直主张放弃陕西地区,到担任宰相以后,马上实行这项主张,并且亲自写诏书,诏书中有这样的话:"放弃的鸡肋没有多少,却可避免豺狼不足的贪心。"虞允文入朝参见,回答孝宗询问时说:"现在有八项能够作战的条件。"孝宗问到放弃陕西的问题,虞允文用所执的手板在地上比画,说明这件事的危害。孝宗说:"这是史浩害得我弄错了。"于是任命他为敷文阁待制,担任太平州知州。接着,授予兵部尚书的官职,派他担任湖北、京西宣抚使,改任制置使。……

注释 ① 史浩:隆兴元年正月史浩自参知政事升为宰相兼枢密使。 ② 虞允文当时充任川陕宣谕使。 ③ 太平州:今安徽当涂。 ④ 湖北:即荆湖北路。 ⑤ 京西:即京西南路。

原文

乾道元年,拜参知政事兼知枢密院事。……三年

翻译

乾道元年(1165),虞允文担任参知政事,兼管枢密院的事。……乾道三年

二月,吴璘卒[1],议择代,上谕允文曰:"吴璘既卒,汪应辰恐不习军事,无以易卿。凡事不宜效张浚迂阔,军事前,卿一一亲临之。"即拜资政殿大学士、四川宣抚使[2],寻诏依旧知枢密院事。归蜀一月,召至阙,不数月,复使蜀。太上赐御书《圣主得贤臣颂》[3],上又为之制跋[4];陛辞,复以所御双履及甲胄赐焉。……

(1167)二月,吴璘去世,大臣们商量选择一个代替吴璘的人。孝宗告诉虞允文说:"吴璘已经去世,汪应辰恐怕不熟悉军事,没有比你更合适的了。遇到事情不要像张浚那样迂阔,军队里的事,你要每件都亲自去处理。"就任命他为资政殿大学士、四川宣抚使,接着又下诏书,让他依旧掌管枢密院的事情。虞允文到四川一个月后,又被召回朝廷;没有几个月,又再派他出使四川。太上皇亲自写了《圣主得贤臣颂》赐给他,孝宗又在这篇文章的后面写了跋语;上朝告辞时,孝宗又把自己穿的两双鞋以及铠甲和头盔赐给他。……

注释 ① 吴璘:南宋抗金名将,守蜀二十余年。 ② 四川:即今四川省,当时包括益、梓、利、夔四路,故称四川。 ③ 太上:即太上皇,指高宗,当时已退位。 ④ 跋:文体的一种,写在书或文章的后面,说明它的内容、要点和意义。

原文

五年八月,拜右仆射、同中书门下平章事兼枢密使。允文多荐知名士,如洪适[1]、汪应辰。及为相,籍人才为三等,有所见闻即记之,号《材馆录》。凡所举,

翻译

乾道五年(1169)八月,任命虞允文为右仆射、同中书门下平章事,兼任枢密使。虞允文常推荐有名的士人,如洪适、汪应辰就是。到当宰相以后,他把人才分作三个等级,有所见所闻,都记下来,称为《材馆录》。只要是他所推荐的人,孝宗都加以收用,如胡铨、周必

上皆收用，如胡铨②、周必大③、王十朋④、赵汝愚⑤、晁公武⑥、李焘⑦，其尤章明者也。上以兵冗财匮为忧，允文与陈俊卿议革三衙杂役，汰冗籍，三军无怨言。……

大、王十朋、赵汝愚、晁公武、李焘，是其中最为有名的了。孝宗因为军队太多、财力缺乏而担忧，虞允文与陈俊卿商议，革除三衙的杂役，淘汰多余的士兵，三军都没有怨言。……

注释 ① 洪适：南宋学者，孝宗时官至宰相。 ② 胡铨：秦桧主和，他力斥和议，曾上书乞斩秦桧，被贬岭南。孝宗即位被起用，官至兵部侍郎。 ③ 周必大：孝宗时官至枢密使、丞相，工文词。 ④ 王十朋：南宋名臣，文学家，孝宗时力陈抗金北伐，恢复中原失地。 ⑤ 赵汝愚：宋宗室，曾定议立宁宗，为丞相。 ⑥ 晁公武：宋代著名目录学家。 ⑦ 李焘：南宋著名历史学家。

原文

上以仆射名不正①，改为左、右丞相。八年二月，授允文特进、左丞相兼枢密使，梁克家为右丞相。……四月，御史萧之敏劾允文，允文上章待罪。上过德寿宫②，太上曰："采石之功，之敏在何许？毋听其去。"上为出之敏，且书扇制诗以留之。允文言之敏端方，请召归以辟言路。上谓其言宽厚，命曾怀书之《时政记》③。

翻译

孝宗认为仆射的名称不正规，改为左、右丞相。乾道八年（1172）二月，任命虞允文为特进、左丞相兼枢密使，梁克家任右丞相。……四月，御史萧之敏弹劾虞允文，虞允文献上表章，等候处理。孝宗去德寿宫，太上皇说："采石立功的时候，萧之敏在哪里呢？不要让虞允文离开朝廷。"孝宗因此将萧之敏贬到外地去做官，并且作诗题在扇子上用来挽留虞允文。虞允文说萧之敏正直，请求召回朝廷仍做御史，以便开通言路。孝宗说他的话是宽厚的，命令曾怀写进《时政记》中。

注释 ① 仆射:官名,尚书省长官,唐宋时曾以左、右仆射为左、右丞相之职。 ② 德寿宫:高宗退位后称太上皇帝,所住的宫殿名德寿宫。 ③《时政记》:记载廷议奏对的记录。

原文

上命选谏官,允文以李彦颖、林光朝、王质对,三人皆鲠亮,又以文学推重于时,故荐之,久不报。曾觌荐一人①,赐第,擢谏议大夫。允文、克家争之,不从。允文力求去,授少保、武安军节度使②、四川宣抚使,进封雍国公。……

淳熙元年薨。后四年,上幸白石大阅③,见军皆少壮,谓辅臣曰:"虞允文行沙汰之效也。"寻诏赠太傅,赐谥忠肃。……

翻译

孝宗命令挑选谏官,虞允文推荐李彦颖、林光朝、王质,三个人都正直坦白,又都以文学而被人们推崇看重,所以推荐他们,但孝宗长时间不答复。曾觌推荐了一个人,却马上赐给他进士,升任谏议大夫。虞允文和梁克家争论规谏,孝宗不听从他们的意见。虞允文坚决要求辞职,于是被任命为少保、武安军节度使、四川宣抚使,并加封他为雍国公。……

淳熙元年(1174),虞允文去世。死后第四年,孝宗到白石检阅军队,看见部队都是年轻力壮的人,对辅臣说:"这是虞允文实行淘汰的效果啊。"不久,孝宗下诏,给虞允文赠官太傅,赐给忠肃的谥号。……

注释 ① 曾觌(dí):孝宗宠臣,权震中外,用事近二十年。 ② 武安军:治潭州,今湖南长沙。 ③ 白石:在今杭州附近。

朱 熹 传

在十二世纪中叶,出现了一位对我国封建社会后期影响最大的理学家,他的名字叫朱熹(1130—1200)。

有人将朱熹称为中国古代学术史上三个最伟大的人物之一,孔子集唐虞三代以来学术之大成,郑玄集汉学之大成,朱熹则是集宋学之大成者。朱子的学说从宋末确立以来,历元明清三朝六百余年而不衰,他阐发儒家思想中的"仁"和《大学》《中庸》的哲学思想,并继承和发展了二程(程颢、程颐)理气关系的学说,后世并称为"程朱"。

朱熹不仅是一位大思想家,还是一位大教育家、大学问家,他一生讲学五十余年,曾修复和创建白鹿洞、岳麓、武夷等书院,他著书数十种,编书千余卷,对经学、史学、文学、乐律乃至自然科学都有自己的贡献。(选自卷四二九)

原文

朱熹,字元晦,一字仲晦,徽州婺源人①。……熹幼颖悟,甫能言,父指天示之曰:"天也。"熹问曰:"天之上何物?"松异之②。就傅,授以《孝经》,一阅,题其上曰:"不若是,非人也。"尝

翻译

朱熹,字元晦,又作仲晦,徽州婺源人。……他从小就聪慧过人,刚能够讲话时,父亲指着天告诉他说:"这就是天。"朱熹问道:"天的上面是什么?"父亲觉得十分惊奇。到他入学跟从老师读书时,老师教他读《孝经》,他看过一遍,就在书上写道:"不这样做,就不能

原文

从群儿戏沙上,独端坐以指画沙,视之,八卦也。年十八贡于乡③,中绍兴十八年进士第。主泉州同安簿④,选邑秀民充弟子员,日与讲说圣贤修己治人之道,禁女妇之为僧道者。罢归请祠⑤,监潭州南岳庙⑥。……

翻译

算作一个人。"他曾经和一群小孩在沙上玩耍,独自一人端端正正坐着用手指在沙地上画,别人一看,原来是一幅八卦图形。十八岁那年,他参加乡贡考试合格,后来考中了绍兴十八年(1148)的进士。在出任泉州同安县的主簿期间,他挑选本县德才优异的人当自己的学生,每天给他们讲授古圣先贤讲求自身修养和治理人民的学问,他还下令禁止妇女出家当尼姑道士。后来罢官归乡,请求给予祠官俸禄,被派去做监潭州南岳庙。……

注释 ① 徽州:今安徽歙县。婺源:今江西婺源,当时属徽州。 ② 松:朱熹之父朱松。 ③ 贡于乡:即乡贡,唐以来的取士办法,先参加州县的乡贡考试,合格者送京城参加会试。 ④ 泉州:今福建泉州。同安:今福建同安。 ⑤ 请祠:宋代没有祠禄之官,又称官观官。是以道教宫、观为名,给予一定的俸禄待遇,没有实际职事。最低一级为"监狱庙",如果不是由自己陈请而由朝廷委派,则带有贬谪意味。 ⑥ 南岳:即今湖南衡山。

原文

孝宗即位,诏求直言,熹上封事言:"圣躬虽未有过失,而帝王之学不可以不熟讲。朝政虽未有阙遗,而修攘之计不可以不早定。利害休戚虽不可遍举,而本

翻译

宋孝宗即皇帝位后,下诏书要求臣下上书直言朝政,朱熹密封奏章进言说:"皇帝您本身虽然没有什么过失,但是,关于圣明帝王的学问却不可以不经常讲习。朝廷的施政虽然没有什么缺陷,但是,修明内政,抵御外敌的计划却

原之地不可以不加意。陛下毓德之初，亲御简策，不过风通文辞，吟咏情性，又颇留意于老子①、释氏之书②。夫记诵词藻，非所以探渊源而出治道；虚无寂灭③，非所以贯本末而立大中④。帝王之学，必先格物致知，以极夫事物之变，使义理所存，纤悉毕照，则自然意诚心正，而可以应天下之务。"次言："修攘之计不时定者，讲和之说误之也。夫金人于我有不共戴天之仇，则不可和也明矣。愿断以义理之公，闭关绝约，任贤使能，立纪纲，厉风俗。数年之后，国富兵强，视吾力之强弱，观彼衅之浅深，徐起而图之。"次言："四海利病，系斯民之休戚，斯民休戚，系守令之贤否。监司者，守令之纲，朝廷者，监司之本也。欲斯民之得其所，本原之地亦在朝廷而已。

不可以不早日制定。有关人民的利益、危害、喜乐、忧虑的问题虽然不可能全面列举，但是，事关本原的地方却不可以不给予重视。陛下开始培育自己品德的时候，亲自披览文献书籍，但只不过是诵读诗文章句，吟咏情性，又颇为喜欢读道家和佛家的书。可是，记诵浮华的词藻，并不能探索出事物的本源，从而提出治理国家的道理；道家的虚无和佛门的寂灭，并不能使人理解天地万物的本末而立至大中正之道。圣帝明王的学问，必须先穷究事物的本原道理而获得知识，以便透彻地认识事物的变化，使有关天下万物的道理都能存在于心中，则对事物的细微末节便都可以看得澄明透彻，这样，就自然会意念诚实无妄，心地端正纯直，也就可以治理好天下的事情。"其次说："修治内政、抵御外敌的大计不能及时制订的原因，在于被和谈说法给耽误了。金人是我朝不共戴天之仇敌，不可能和好，这是明摆着的事。我希望作出公正合理的决断，关闭与金人贸易的市场，断绝同金人的一切交往，任用贤明能干的人才，建立国家法度，振奋民风士俗。几年以后，国家富庶，军力强盛，衡量自己力量的强弱，观察敌人内部裂痕的深浅，我们

今之监司,奸赃狼籍,肆虐以病民者,莫非宰执⑤、台谏之亲旧宾客⑥。其已失势者,既按见其交私之状而斥去之,尚在势者,岂无其人?顾陛下无自而知之耳。"……

再慢慢设法消灭他们。"接着又说:"国家措施的有利或有害,关系到人民的忧乐,人民的忧乐,又与国家官员的好坏有着密切的关系。监察机构是监督官吏们遵守法度的主要机关,而朝廷却是委任监察官员的根本之地。要想让人民安居乐业,各得其所,最为重要的根本之地也在于朝廷。现在监察机构的官员,贪赃枉法、声名狼藉、任意残害人民的人,没有一个不是当今宰执、台谏的亲戚、朋友和宾客。对于已经失去权势的官员,虽然已经查出他们勾结营私的情况而罢免斥退了,但现在还有权势的官员中,难道就没有那样的人了吗?只不过陛下无从知道罢了。"……

注释 ① 老子:李耳,即老聃,春秋时人。 ② 释氏:即释迦牟尼,印度佛教创始人。 ③ 虚无:道家指"道"的本体,谓其无所不在,但又无形可见。寂灭:佛教语,意为超脱一切境界,入于不生不灭之门。 ④ 大中:尊大而居中,泛指无过无不及,恰如其分的道理,又称"大中之道"。 ⑤ 宰执:宋代的宰相、参知政事及正、副枢密使统称宰执。 ⑥ 台谏:台指御史台,有侍御史、殿中侍御史、监察御史等。谏指谏院,有谏议大夫、拾遗、补阙等,合称台谏。

原文

(淳熙)五年,史浩再相,除知南康军①。……至郡,兴利除害,值岁不雨,讲

翻译

淳熙五年(1178),史浩第二次当宰相,朱熹被任命为南康军知军。……朱熹到任后,为百姓兴利除害。正逢那一

求荒政，多所全活。讫事，奏乞依格推赏纳粟人。间诣郡学，引进士子与之讲论。访白鹿洞书院遗址②，奏复其旧，为《学规》俾守之。……

年很久没有下雨，出现旱灾，朱熹非常重视救济饥荒的处置措施，救活的百姓很多。事情结束后，朱熹奏请朝廷按照规矩奖赏主动献纳粮食救荒的人。他一有时间便到州郡的学校里去，找一些学生来，和他们讲论学问。还找到了白鹿洞书院的遗址，奏请朝廷重新修复，并亲自制订《白鹿洞书院学规》，让学生们遵守。……

注释　①南康军：今江西星子。　②白鹿洞书院：宋代著名书院，位于江西庐山五老峰下，南唐时始修，后朱熹重新修复。

原文

　　会浙东大饥，宰相王淮奏改熹提举浙东常平茶盐公事①，即日单车就道。复以纳粟人未推赏，辞职名，纳粟赏行，遂受职名。……即移书他郡，募米商，蠲其征，及至，则客舟之米已辐凑。熹日钩访民隐，按行境内，单车屏徒从，所至人不及知。郡县官吏惮其风采，至自引去，所部肃然。凡丁钱②、和买③、役法、榷酤之

翻译

　　不久，适逢浙东地区发生大饥荒，宰相王淮上书请求改任朱熹为提举浙东常平茶盐公事，并要他马上单人赴任。朱熹以朝廷对南康军主动献纳粮食救荒的人没有给予奖赏，辞谢了这一职务，等到朝廷的奖赏颁发后，他才受职赴任。……他接受任命后，随即写信到其他州郡，招募米商，蠲免他们的商税，要他们运粮食到浙东救灾。等他到任时，外地身船运来的米已经堆积如山。朱熹每天出外调查访问人民的疾苦，走遍浙东全境，都是单人独车，不带随从，所到之地，人们都不知他是什么

政,有不便于民者,悉厘而革之。于救荒之余,随事处画,必为经久之计。有短熹者,谓其疏于为政,上谓王淮曰:"朱熹政事却有可观。"……

人。州县的官吏们害怕他的严峻作风,一听说他到来,有些人甚至自动弃职逃走,于是他所管辖的境内,风纪肃然。凡是丁钱、和买、役法、榷酤这一类政事,只要有对百姓不方便的地方,朱熹全部予以改正、革除。每次在救济灾荒之后,他都要按照实际情况规划处置,必定作长久之计。有人攻击朱熹,说朱熹不好好处理政务,孝宗对王淮说:"朱熹处理政务的成绩却大有可观。"……

注释 ① 提举浙东常平茶盐公事:高宗时,将提举茶盐官和提举常平官合为一职,掌各路役钱、青苗钱、义仓、赈济、水利、茶盐等事。 ② 丁钱:即身丁钱,宋南方按身丁征收丁钱。 ③ 和买:指预先买油绢,春季民困,预贷库钱,至夏秋随税输油绢还官。

原文

时郑丙上疏诋程氏之学以沮熹①,淮又擢太府寺丞陈贾为监察御史②。贾面对③,首论近日搢绅有所谓"道学"者④,大率假名以济伪,愿考察其人,摈弃勿用。盖指熹也。……

翻译

当时,郑丙上书以攻击程氏兄弟的学术来败坏朱熹,王淮又提升太府寺丞陈贾为监察御史。陈贾向孝宗当面上奏时,首先论到近日士大夫中有所谓称为"道学"的人,大都是借用道学之名来宣传骗人之学的,希望朝廷严格考察这些人,把他们清除出去,不再起用。这些话都是针对朱熹而讲的。……

注释 ① 郑丙：当时为吏部尚书，首先提出"道学"的名目加以抨击。程氏之学：即二程（程颢、程颐）的学说。二程是宋代理学创始人。二程的学术当时称"洛学"，朱熹为嫡传弟子，后发展了二程之学。 ② 太府寺丞：太府寺官员，太府寺掌管国家财货政令及库藏出纳、商税等事。 ③ 面对：按照皇帝规定的日期，百官轮流上殿面奏时政得失等国家政事。 ④ 道学：即理学。自周敦颐、二程到朱熹完成的以儒家为主，兼容佛、道思想中某些内容的一种思想体系。

原文

光宗即位……改知漳州①。奏除属县无名之赋七百万，减经总制钱四百万②。以习俗未知礼，采古丧葬嫁娶之仪，揭以示之，命父老解说，以教子弟。土俗崇信释氏，男女聚僧庐为传经会，女不嫁者为庵舍以居，熹悉禁之。常病经界不行之害③，会朝论欲行泉④、汀⑤、漳三州经界，熹乃访事宜，择人物及方量之法上之。而土居豪右侵渔贫弱者以为不便，沮之。宰相留正，泉人也，其里党亦多以为不可行，布衣吴禹圭上书讼其扰人，诏且需后。有旨先行漳州经界。明年，以子

翻译

宋光宗当皇帝后……朱熹调任漳州知州。他上奏章请朝廷免除了漳州所属各县的无名杂税七百万贯，减掉经总制钱四百万贯。他又见漳州地方的许多风俗习惯不合礼仪，于是采用古代丧葬嫁娶的礼仪，张贴出来告诉大家，命令当地的父老进行解说，教给他们的子弟。漳州本地风俗崇信佛教，男男女女经常聚集在庙里让和尚传授佛经，妇女不出嫁的就到尼姑庵里居住，朱熹对这些事都下令禁止。朱熹还常常忧虑经界法不能推行的危害，正好朝廷有人议论准备在泉、汀、漳三州推行经界法，他就调查访问有关事宜，选择了一些承办人员并制订了丈量土地的办法，写成奏章上报朝廷。然而，当地一贯侵夺贫弱百姓财产的豪强认为推行经界法对他们不利，就极力阻止。当时的宰相留正是泉州人，他的乡里亲友大多数认为

丧请祠。……

经界法不可以推行，又有一个名叫吴禹圭的平民上书争论，指责经界法骚扰百姓。光宗下诏缓行，又降旨先在漳州实行。第二年，朱熹因为儿子的死，请求告假归家，只担任领干薪的宫观官。……

注释　①漳州：今福建漳州。　②经总制钱：南宋时政府向地方征调若干财赋和杂税的总称。　③经界：南宋丈量田地，重定税额的措施。　④泉：即泉州。　⑤汀州：今福建长汀。

原文

宁宗即位，赵汝愚首荐熹及陈傅良，有旨赴行在奏事，除焕章阁待制①、侍讲。……始，宁宗之立，韩侂胄自谓有定策功②，居中用事。熹忧其害政，数以为言，且约吏部侍郎彭龟年共论之。会龟年出护使客，熹乃上疏斥言左右窃柄之失，在讲筵复申言之。御批云："悯卿耆艾③，恐难立讲，已除卿宫观④。"……

翻译

宋宁宗登上皇帝位后，赵汝愚向宁宗首先推荐了朱熹和陈傅良，宁宗降旨，要求朱熹到临安来奏事，并任命他为焕章阁待制、侍讲。……宁宗即位之初，韩侂胄自认为有拥立的大功，在朝廷窃取了大权。朱熹入朝后，担心韩侂胄当权将危害国政，几次上书议论这件事，而且还约吏部侍郎彭龟年共同上章论奏。恰好彭龟年出朝护送外国使臣，朱熹就独自一人上奏札，指陈皇帝大权被左右窃取的危害，在讲席上又对宁宗反复讲到此事。宁宗在朱熹的奏札上批复说："我怜恤您年岁已高，恐怕很难这么站着给我讲课，已决定优待您，授给您宫观官职了。"……

注释 ① 焕章阁:孝宗时建,藏高宗御制诏令、敕文等。 ② 定策功:指拥立皇帝的功劳。宋光宗即位后,与太上皇(孝宗)不和,又患精神病,不能理政。孝宗死,光宗不执丧,赵汝愚、韩侂胄等人逼光宗退位,拥立光宗子嘉王赵扩为皇帝,即宁宗。 ③ 耆(qí)艾:古称六十岁为耆,五十岁为艾,此处泛指年老。 ④ 官观:祠禄官,通常为皇帝安排有名望的大臣养老的职务。

原文

(庆元)二年,沈继祖为监察御史,诬熹十罪,诏落职罢祠,门人蔡元定亦送道州编管①。四年,熹以年近七十,申乞致仕。五年,依所请。明年卒,年七十一。……

翻译

庆元二年(1196),沈继祖任监察御史,上书诬告朱熹,罗列了朱熹十大罪状,宁宗下诏免掉了朱熹的职务,也取消了朱熹的祠官俸禄,朱熹的学生蔡元定也被流放到道州,在地方官吏监管下居住。庆元四年(1198),朱熹以自己快满七十岁为理由,申请退休。庆元五年(1199),宁宗同意了他的请求。庆元六年(1200),朱熹逝世,享年七十一岁。……

注释 ① 道州:今湖南道县。编管:官员被贬谪,或其他人等触犯皇帝,被送到指定地区予以管制。

原文

熹登第五十年,仕于外者仅九考①,立朝才四十日。家故贫,少依父友刘子羽,寓建之崇安②,后徙建阳之考亭③,箪瓢屡空,晏如也。

翻译

朱熹在考中进士以后的五十年中,在外面做官只有九年,在朝中做官才四十天。他家中一向贫困,少年时便依靠父亲的好友刘子羽,寄住在建州的崇安,后来迁居到建阳的考亭。虽然经常穷得揭不开锅,却处之安然。很多学生

诸生之自远而至者,豆饭藜羹,率与之共。往往称贷于人以给用,而非其道义则一介不取也。……

从远方来向他请教学问,他以豆饭藜汤这类粗劣的饭食招待客人,并与客人共食。他家的生活费用经常是向别人借贷来的,然而,对于不合乎道义的钱,他却一分也不取。……

注释 ① 考:宋制,由吏部等每年对官员进行考察,任满一周年为一"考"。欠日不能成考。 ② 建:即建州,今福建建瓯。崇安:今福建崇安,宋属建州。 ③ 建阳:今福建建阳,宋属建州。考亭:今福建建阳县西南,即望考亭。

原文

其为学,大抵穷理以致其知,反躬以践其实,而以居敬为主①。尝谓圣贤道统之传散在方册②,圣经之旨不明,而道统之传始晦。于是竭其精力,以研穷圣贤之经训。所著书有《易本义》《启蒙》《蓍卦考误》《诗集传》《大学中庸章句》《或问》《论语》《孟子集注》《太极图》《通书》《西铭解》《楚辞集注》《辨证》《韩文考异》;所编次有《论孟集议》《孟子指要》《中庸辑略》《孝经刊误》《小学书》《通鉴纲目》

翻译

朱熹做学问,主要是通过深入研究事物的"理"而取得知识,反过来身体力行所获得的知识,而强调以"居敬"——敬事上天、加强自我修养——为主要途径。他曾说过,古代圣贤道统的传授流散在典籍之中,由于对圣贤经书的宗旨和主要含义弄不清楚,因此,道统的传授情况也就开始隐晦含混。于是,朱熹竭尽精力,刻苦钻研,穷究经书中圣贤的学说。他所著的书有《易本义》《启蒙》《蓍卦考误》《诗集传》《大学中庸章句》《或问》《论语》《孟子集注》《太极图》《通书》《西铭解》《楚辞集注》《辨证》《韩文考异》;他所编写的书有《论孟集议》《孟子指要》《中庸辑略》《孝经刊误》《小学书》《通鉴纲目》《宋名臣言行录》《家

《宋名臣言行录》《家礼》《近思录》《河南程氏遗书》《伊洛渊源录》，皆行于世。熹没，朝廷以其《大学》《语》《孟》《中庸》训说立于学官。又有《仪礼经传通解》未脱稿，亦在学官。平生为文凡一百卷，生徒问答凡八十卷，《别录》十卷。……

礼》《近思录》《河南程氏遗书》《伊洛渊源录》，这些书都流传于世。朱熹死后，朝廷将他注释的《大学》《论语》《孟子》《中庸》四书定为学校的课本。他还写了一部未定稿的《仪礼经传通解》，也作为学校的课本。朱熹一生写的文章共一百卷，他与学生的问答有八十卷，还有《别录》十卷。……

注释 ① 居敬：朱熹认为："万物各具一理，而万理同出一原，此所以可推而无不通也。"就是说，只要认识部分事物的理，就可以推出天下万物的理，所以实际并不要求深入研究事物。他又说"心包万理，万理具于一心"。人只要"究其心之本体"就能认识"天理"，并不要去"泛穷天下万物之理"。他主张"居敬"，认为人心居敬，是通向天理的道路。"敬"带有敬事上天的宗教精神状态，而所说的居敬，加强自身修养，实际是指严守封建道德规范，认为这些是万物的"当然之则，所谓理也"。② 道统：指儒家圣道承继的系统。

辛 弃 疾 传

导读

　　辛弃疾(1140—1207)是一位才华横溢的著名诗人,又是一位具有极高政治军事才能的杰出人物,陆游将他比作管仲、萧何,洪迈将他比作周瑜、谢安,刘过则称颂他"古岂无人,可比似吾稼轩者谁"? 简直是一位横空出世的旷世奇才。

　　然而,在那个压抑人才的时代,"真鼠"可以得到重用,"真虎"却往往无人敢用。辛弃疾南渡以后,虽然在《美芹十论》《九议》等一系列"万字平戎策"中一再表现了他那超人的军事战略思想和远见卓识的政治主张,但是,南宋统治者对他并没有重用,除了任命他在南方当过几任地方官外,他绝大部分时间都在隐居生活中度过。他那猛志常在的豪情并没有在平庸的生活中消平,而是以强烈的爱国热情、豪爽的英雄本色和充沛的创作精力从事诗词创作。他的词慷慨纵横、悲壮激烈,继苏轼以后,成为浪漫主义豪放派词人中最杰出的代表。辛词的思想高度,辛词的创作方法,辛词的艺术风格,在中国文学史上都是永远令人瞩目的。(选自卷四〇一)

原文

　　辛弃疾,字幼安,齐之历城人①。少师蔡伯坚②,与党怀英同学③,号辛、党。始筮仕,决以蓍,怀英遇

翻译

　　辛弃疾,字幼安,山东历城县人。少年时拜蔡伯坚为师,与党怀英同学,当时人称他们为"辛、党"。最初准备出来做官时,他们去占卜,用蓍草来决定

《坎》④，因留事金，弃疾得《离》⑤，遂决意南归。

凶吉，党怀英得到的是《坎》卦，因此留在北方为金朝服务，而辛弃疾得到的是《离》卦，于是决心南下归附宋朝。

注释 ① 齐：指战国时齐国，今山东泰山以北之地及胶东半岛。历城：今山东济南。 ② 蔡伯坚：即蔡松年，金海陵王时任尚书右丞相，有文名。 ③ 党怀英：金代著名文学家。 ④ 坎：八卦之一，卦象为水，象征北方。 ⑤ 离：八卦之一，卦象为火，象征南方。

原文

金主亮死①，中原豪杰并起。耿京聚兵山东，称天平节度使，节制山东、河北忠义军马②，弃疾为掌书记，即劝京决策南向。僧义端者，喜谈兵，弃疾间与之游。及在京军中，义端亦聚众千余，说下之，使隶京。义端一夕窃印以逃，京大怒，欲杀弃疾。弃疾曰："丐我三日期，不获，就死未晚。"揣僧必以虚实奔告金帅，急追获之。义端曰："我识君真相，乃青兕③也，力能杀人，幸勿杀我。"弃疾斩其首归报，京益壮之。

翻译

金国皇帝完颜亮死后，中原地区的英雄好汉纷纷起兵反金。耿京在山东聚集了一支人马，自称为天平节度使，控制管辖山东及河北地区的抗金武装力量，辛弃疾在耿京幕下当天平节度掌书记，他力劝耿京拿定主意南下投宋。有一个叫义端的和尚，喜爱谈论军事，辛弃疾间或与义端一起游玩。辛弃疾到耿京军中后，义端也聚集了一千多人马，辛弃疾说服义端，使他归属了耿京。有一天傍晚，义端偷了天平节度使大印逃走，耿京大怒，要杀掉辛弃疾。辛弃疾说："请给我三天的期限，抓不到义端，回来您再处死我也不晚。"辛弃疾估计义端必定是向金军统帅报告义军的情况去了，就急忙追赶，抓到了义端。义端说："我认识您的本来面目，您是一头黑色的犀牛，力气足以杀人，希望您不要杀我。"辛弃疾斩了义端的头回来献给耿京，从此，耿京对辛弃疾更加器重。

注释　① 金主亮：即完颜亮，又称海陵王，金朝第四个皇帝。　② 忠义军马：指北方汉人抗金武装力量。　③ 兕：古代犀牛一类的兽名，独角，皮厚可制甲。

原文

绍兴三十二年，京令弃疾奉表归宋①，高宗劳师建康②，召见，嘉纳之，授承务郎③、天平节度掌书记，并以节使印告召京④。会张安国、邵进已杀京降金⑤，弃疾还至海州⑥，与众谋曰："我缘主帅来归朝，不期事变，何以复命？"乃约统制王世隆及忠义人马全福等径趋金营，安国方与金将酣饮，即众中缚之以归，金将追之不及。献俘行在，斩安国于市。仍授前官，改差江阴金判⑦。弃疾时年二十三。

翻译

绍兴三十二年(1162)，耿京命令辛弃疾带着书表归顺宋朝，宋高宗当时正在建康慰劳军队，召见辛弃疾，对他进行了表彰并收纳了他们的书表，授予他承务郎、天平节度掌书记之官，并且用节度使的印信和告身去召耿京归顺。然而，耿京的部下张安国、邵进已将耿京杀害并投降了金国。辛弃疾回到海州，与耿京的旧部商量说："我是根据主帅的意见去联系归顺朝廷，不料事情发生了变化，怎么去回复朝廷的命令呢？"于是邀约统制王世隆和抗金忠义人士马全福等直接冲向金军大营。这时，张安国正在和金军将领们畅饮美酒。辛弃疾在千军万马中将他捆绑出营，急驰南归，金军将领追赶不及。辛弃疾将俘虏送到行在临安献给高宗皇帝，高宗下令将张安国斩杀在街市之中，仍旧授给辛弃疾原先所授的官位，改任为江阴县金判。这时，辛弃疾正好二十三岁。

注释 ①表:古代下言于上的一种文牍。 ②建康:今江苏南京。 ③承务郎:宋代寄禄官名。 ④印告:印,指印信。告,指告身。古代授官的凭证。 ⑤张安国、邵进:均为耿京的部属。 ⑥海州:今江苏连云港。 ⑦江阴:今江苏江阴。金判:宋代京官以上充州府判官称金书判官厅公事,简称金判。

原文

乾道四年,通判建康府……寻知潭州兼湖南安抚①。盗连起湖湘,弃疾悉讨平之。遂奏疏曰:"今朝廷清明,比年李金、赖文政、陈子明、陈峒相继窃发②,皆能一呼啸聚千百,杀掠吏民,死且不顾,至烦大兵翦灭。良由州以趣办财赋为急,吏有残民害物之政③,而州不敢问;县以并缘科敛为急④,吏有残民害物之状,而县不敢问。田野之民,郡以聚敛害之,县以科率害之,吏以乞取害之,豪民以兼并害之,盗贼以剽夺害之,民不为盗,去将安之?夫民为国本,而贪吏迫使为盗,今年剿除,明年划荡,譬之木

翻译

乾道四年(1168),辛弃疾任建康通判……不久又提升为潭州知州兼湖南安抚使。当时盗贼接二连三地在湖南境内兴起,辛弃疾把他们全部平定。于是,上奏章给孝宗皇帝说:"现在朝廷的政治清明,近几年来李金、赖文政、陈子明、陈峒等人接连发动叛乱,都能够呼喊一声,就聚集起千百人来,杀害官吏,抢劫民财,他们连死都不惧怕,以致必须用大军去消灭他们。这是因为各州征收钱财赋税过于急迫,衙吏们有残害百姓的劣绩,而州官不敢过问;各县也是征收额外赋税过于急迫,衙吏们有残害百姓的现象,而县官不敢过问。农村的老百姓,州郡的官吏用聚敛来迫害他们,县里的官吏以额外征收迫害他们,衙吏们以勒索讨取来迫害他们,豪强地主们以侵吞土地来迫害他们,强盗们以抢夺掠劫来迫害他们,他们不去当强盗,还有什么路可走呢?人民是国家的根本,而贪官污吏却迫使他们成为强

焉，日刻月削，不损则折。欲望陛下深思致盗之由，讲求弭盗之术，无徒恃平盗之兵。申饬州县，以惠养元元为意，有违法贪冒者，使诸司各扬其职，无徒按举小吏以应故事，自为文过之地。"诏奖谕之。

盗，今年剿除，明年扫荡，就比如一棵树，天天刻、月月削，不死掉也会折断。希望陛下仔细考虑引起盗贼发生的原因，讲求消灭盗贼的办法，不要只依靠平定盗贼的军队。要告诫各地方州县官员，要把关爱百姓一事放在心头，凡有违反国家法纪贪图财利的人，让各级机构都担负起自己的职责，绝不能像过去那样仅审查检举基层小吏搪塞，而为掩饰自己的过错找替身。"孝宗下诏对辛弃疾进行奖励。

注释 ① 潭州：治今湖南长沙。湖南：指南宋的荆湖南路。安抚：安抚使之略称，宋代负责军务、治安的路一级长官。 ② 李金、赖文政、陈子明、陈峒(tóng)：均为南宋湖南地区人民起义首领。 ③ 政：同"征"，指征收赋税。 ④ 科敛：即科配，指国家赋税外的额外征收。

原文

又以湖南控带二广①，与溪峒蛮獠接连②，草窃间作，岂惟风俗顽悍，抑武备空虚所致。乃复奏疏曰："军政之敝，统率不一，差出占破③，略无已时。军人则利于优闲窠坐，奔走公门，苟图衣食，以故教阅废弛，逃亡者不追，冒名者不举。

翻译

辛弃疾又认为，湖南地势控制两广，又与溪峒蛮獠地域相连，草野盗贼经常作乱，这不仅仅是由于风俗顽钝剽悍，也是由于这里的武备空虚。于是又上奏章说："军中政务的弊病就在于不能统一指挥，以各种名目拘占兵员派做杂役的事，从来没停止过。军官们贪图悠闲自在的生活，只是坐在营帐之中无所事事，他们忙碌奔走于衙门之内，只平居则奸民无所忌惮，缓急则卒伍不堪征行。至调大军，千里讨捕，胜负未决，伤威损重，为害非细。乞依广东摧锋，荆南神劲，福建左翼例④，别创一军，以湖南飞虎为名，止拨属三牙⑤、密院⑥，专听帅臣节制调度，庶使夷獠知有军威，望风慑服。"

求有衣穿、有饭吃。因此，军队的教习训练废除，兵丁逃亡无人追赶，冒名吃军饷的没有人检举。平时为非作歹之徒根本无所畏惧，一有危急情况，士兵们又都不能行军打仗，只得从千里之外调大军来讨伐捕捉，胜负还没有定，军队的威名已经受到损伤，损失又很严重，危害实在不小。请依照广东摧锋、荆南神劲、福建左翼三军的例子，在这里另创建一支军队，以湖南飞虎命名，只隶属于三衙和枢密院，专门听从湖南军事统帅的管辖和调遣，这样可以使心怀不轨的人知道我军的威力，听到我军的声势便害怕而屈服。"

注释 ① 二广：指南宋的广南东、西两路。 ② 溪峒蛮（dòng）獠：溪，指五溪之地，今湘西土家族苗族自治州一带。峒，对广西、贵州少数民族居地的泛称。蛮獠，这里指宋代湖南、广西、贵州等地的少数民族。 ③ 占破：为当时军队中习用语。这里指主兵官占留兵员，使他们不参加校阅而做其他杂役。 ④ 摧锋、神劲、左翼：均为南宋地方军队之名。 ⑤ 三牙：即三衙。 ⑥ 密院：即枢密院。

原文

诏委以规画，乃度马殷营垒故基①，起盖砦栅，招步军二千人，马军五百人，傔人在外②，战马铁甲皆备。先以缗钱五万于广西买马

翻译

宋孝宗下诏委任辛弃疾规划建军，于是，他就在当年马殷所建营垒的基础上进行测量，在那里筑起了营寨木栅，招来步军二千人，马军五百人，傔人除外。战马、铁甲也都准备齐全。开始

五百匹,诏广西安抚司岁带买三十匹。时枢府有不乐之者,数沮挠之,弃疾行愈力,卒不能夺。经度费巨万计,弃疾善斡旋,事皆立办。议者以聚敛闻,降御前金字牌③,俾日下住罢。弃疾受而藏之,出责监办者,期一月飞虎营栅成,违坐军制。如期落成,开陈本末,绘图缴进,上遂释然。军成,雄镇一方,为江上诸军之冠。……

时,先用五万贯钱在广西买马五百匹,又下诏命广西安抚司每年附带为湖南飞虎军买马三十匹。当时,枢密院官员中有不喜欢辛弃疾的,几次加以阻挠和制止,辛弃疾却进行得更加坚决,这件事终于没有被他们破坏掉。建立飞虎军用的钱有许多万贯,由于辛弃疾善于经营调整,许多事情都很快地办成。朝廷中有人上奏章议论辛弃疾大肆搜刮民财,孝宗于是颁下御前金字牌,让辛弃疾在接到金字牌的那一天起就停止飞虎军的建设。辛弃疾接到了金字牌,却把它藏起来,仍然出来督促负责建造的人,命令他们在一个月内将飞虎军的营栅建成,没有完成则按军法处置。飞虎军营栅按时完成,辛弃疾这才上书,向孝宗陈述营建的原委,并绘制了一幅飞虎军营寨图呈献给孝宗,孝宗于是消释了心中的疑虑。飞虎军建成后,军势雄镇一方,成为当时长江沿线战斗力最强的一支军队。……

注释 ① 马殷:五代时楚国的创建者。 ② 傔(qiàn)人:唐制,节度使、副使都有傔人,相当于副官之职。 ③ 金字牌:木牌朱漆黄金字,传达皇帝紧急命令时用的信符。

原文

差知隆兴府兼江西安

翻译

朝廷又派辛弃疾到隆兴府当知府,

抚。时江右大饥,诏任责荒政。始至,榜通衢曰:"闭籴者配①,强籴者斩。"次令尽出公家官钱、银器,召官吏、儒生②、商贾、市民各举有干实者,量借钱物,逮其责领运籴,不取子钱③,期终月至城下发粜。于是连樯而至,其直自减,民赖以济。时信守谢源明乞米救助④,幕属不从,弃疾曰:"均为赤子,皆王民也。"即以米舟十之三予信。帝嘉之,进一秩⑤。……

并兼任江西安抚使。当时,江西正在发生大饥荒,孝宗下诏要辛弃疾负责救济灾荒。辛弃疾一到隆兴府,就在大街上张贴告示说:"囤粮不卖的人发配,向粮户强行购买的人处斩。"接着又命令将公家仓库的钱、银器全部拿出来,又召集城中的官吏、儒生、商人和市民,让他们各自推举其中有钱有才干的人,酌量借给他们钱财物品,责令他们负责买粮运进城,所借钱不向他们收取利息,限期在月底前运粮到隆兴府城下发卖。于是,运送粮食的船只接连而来,粮食的价格自动下降,老百姓靠这些粮食才得以度过灾荒。当时,信州知州谢源明向辛弃疾请求拨一些粮食来帮助他们救荒,辛弃疾部下的属官都不同意,辛弃疾说:"同是百姓,都是皇上的臣民啊!"就将装有粮食的船只拨十分之三给信州。宋孝宗对辛弃疾进行了表彰,并给他提官一级。……

注释　①闭籴者配:疑误,"籴"当作"粜"。　②儒生:古代泛指知识分子。　③子钱:出借钱物收取的息钱。　④信:即信州,今江西上饶。信守:即信州知州。　⑤秩:指古代官吏的职位或品级。

原文

弃疾豪爽尚气节,识拔

翻译

辛弃疾为人性格豪爽,崇尚气节,

英俊，所交多海内知名士。尝跋绍兴间诏书曰："使此诏出于绍兴之前，可以无事仇之大耻①；使此诏行于隆兴之后，可以卒不世之大功。今此诏与仇敌俱存也，悲夫！"人服其警切。……尝谓："人生在勤，当以力田为先。北方之人，养生之具不求于人，是以无甚富甚贫之家。南方多末作以病农②，而兼并之患兴，贫富斯不侔矣。"故以"稼"名轩③。为大理卿时④，同僚吴交如死，无棺敛，弃疾叹曰："身为列卿而贫若此⑤，是廉介之士也！"

只要他认为是有用的人才都给以提拔，所交结的朋友大都是海内的知名人士。有一次，他曾在一份绍兴年间的诏书后面写了一段题跋说："假如这份诏书是绍兴之前颁发的，那就可以避免今天伺奉金国的奇耻大辱；假如这份诏书出现在隆兴以后，那就可以建成盖世的大功。现在，这份诏书是与仇敌同时并存，真可悲啊！"人们都非常佩服他这段题跋的精炼切要和含义深妙。……他曾经说过："人的一生在于勤劳，应当把努力耕田当作最首要的事。北方的人，维持生计的办法，不求别人，因此没有什么特别富或者特别穷的人家。南方从事工商业的人多，有害于农，因此，兼并土地的祸患就大大兴起，贫富之间就差距太大了。"因此，他用"稼"字来给自己家里的轩堂命名。他担任大理卿时，同在大理寺任职的官员吴交如死了，没有棺材收敛尸体，辛弃疾叹息说："身在九卿之列，但穷困到这种程度，真是一位清廉不贪取财物的官员啊！"

注释 ①仇：指金国。 ②末作：古代以农为本，工商为末，末作指工商。 ③轩：堂的前沿，外围栏杆。 ④大理卿：即大理寺卿，大理寺长官，掌全国司法、刑狱。 ⑤列卿：指九卿之列，九卿，指古代九种高官。吴交如曾任大理寺卿，故辛弃疾说他"身为列卿"。

原文

既厚赙之，复言于执政，诏赐银绢。弃疾尝同朱熹游武夷山①，赋《九曲棹歌》，熹书"克己复礼""夙兴夜寐"题其二斋室②。熹殁，伪学禁方严③，门生故旧至无送葬者。弃疾为文往哭之曰："所不朽者，垂万世名。孰谓公死，凛凛犹生！"弃疾雅善长短句，悲壮激烈，有《稼轩集》行世。……

翻译

于是厚赠吴交如家，助丧葬费，又告知执政，孝宗因此下诏赐给吴家银两和绢匹。辛弃疾曾经同朱熹一起到武夷山游玩，作了一首《九曲棹歌》，朱熹则写了"克己复礼"和"夙兴夜寐"这两句话分别题在辛弃疾的两处书房的横匾上。朱熹死时，对伪学的禁令正严，以至于朱熹的学生和原来的朋友竟没有一人去送葬。辛弃疾作了一篇祭文，前往朱熹家流涕吊唁，祭文中说："永垂不朽，万代传名。谁说您已死去，凛凛神貌如生！"辛弃疾最擅长于填词，他的词风格悲壮激烈，有《稼轩集》流传于世。……

注释　①武夷山：今福建西北部之武夷山。　②克己复礼：《论语》语，意为约束自己，使言行符合于礼。夙兴夜寐：《诗经》语，意为早起晚睡。　③伪学：宋宁宗时，韩侂胄执政，与赵汝愚相倾轧，斥亲近赵汝愚的朱熹等所倡导的理学为伪学。

陆　游　传

导读

　　作为一位诗人,陆游在中国诗史上可以称为一座灿烂夺目的丰碑。他一生不仅写了巨量的诗作,而且在他的诗作中始终贯穿着一个鲜明的特色,即伟大的爱国主义精神。

　　陆游生长在一个民族矛盾异常尖锐的时代。他虽然出身在一个世代书香的封建地主家庭,但从小就饱尝了故土沦陷、民族遭侮的耻辱,因此,在他的一生中,一直怀着对祖国的忧虑,一直没有忘记要洗雪国耻。他怀着满腔热情向南宋朝廷提出过许多抗敌复国的军事策略和政治措施,但都没有被最高统治者采纳,在政治上始终不得志。然而,政治上的失意并没有使陆游衰颓,他将自己烈火一般的爱国热情全部倾注到诗歌创作之中,写出了一首又一首感情激昂、气魄宏伟的诗篇,唱出了那个时代爱国主义的强音。

　　陆游一生创作诗歌近万首,题材丰富,多清新之作。他的诗既能吸收前代作家的许多优点而又有新的创造,自成一家,对后代诗歌有深远的影响。(选自卷三九五)

原文

　　陆游,字务观,越州山阴人①。年十二能诗文,荫补登仕郎②。锁厅荐送第一③,秦桧孙埙适居其次④,

翻译

　　陆游,字务观,越州山阴县人。十二岁时,他就能写诗作文章,以祖上有功补官为登仕郎。后来参加贡举考试,以第一名的成绩荐举给朝廷,而当朝的桧怒,至罪主司。明年,试礼部,主司复置游前列,桧显黜之,由是为所嫉。桧死,始赴福州宁德簿⑤,以荐者除敕令所删定官⑥。

宰相秦桧的孙子秦埙恰好名次在陆游的后面,秦桧大发脾气,以致处罚了主考官。第二年,参加礼部的考试,主考官又将陆游的名字排在前列,而秦桧却十分明显地予以抑黜,因此,陆游一直为秦桧所忌恨。秦桧死后,陆游才得到福州宁德县主簿的职位,后又因为有人推荐,进了编修敕令所当删定官。

注释 ① 越州:今浙江绍兴。山阴:今浙江绍兴,山阴为越州属县。 ② 荫补:古代子孙因祖先有功勋可以推恩补官。登仕郎:宋代准备入选的阶官。 ③ 锁厅:即锁厅试,宋代贡举考试方式之一,现任官员参加考试,锁官厅而出。 ④ 埙:音 xūn。 ⑤ 福州:今福建福州。宁德:今福建宁德。簿:即主簿,县衙属官。 ⑥ 敕令所:即编修敕令所,编修皇帝诏旨的机构。删定官:敕令所属官。

原文

时杨存中久掌禁旅①,游力陈非便,上嘉其言,遂罢存中。中贵人有市北方珍玩以进者,游奏:"陛下以'损'名斋②,自经籍翰墨外,屏而不御。小臣不体圣意,辄私买珍玩,亏损圣德,乞严行禁绝。"……

翻译

当时,大将杨存中任殿前都指挥使,执掌禁军已经有很长时间了,陆游上书极力陈述这种情况的危害。宋高宗很赞赏陆游的话,于是就罢免了杨存中殿前都指挥使之职。有宦官买了一批北方的珍贵玩物进献给高宗皇帝,陆游上表奏说:"陛下用'损'字作为自己书房的名字,除了书籍笔墨,其他的东西都屏弃不用。小臣不能体会陛下的心意,就私下购买珍贵玩物,亏损陛下的德行,请求下令严厉禁绝。"……

注释 ① 杨存中:南宋大将,官殿前都指挥使,任殿帅三十年。 ② 以"损"名斋:绍兴末年,高宗建书斋,题名"损斋",贮藏经史典籍,为闲居读书休息之所。

原文

孝宗即位,迁枢密院编修官兼编类圣政所检讨官①。史浩、黄祖舜荐游善词章,谙典故,召见,上曰:"游力学有闻,言论剀切②。"遂赐进士出身③。入对,言:"陛下初即位,乃信诏令以示人之时,而官吏将帅一切玩习,宜取其尤沮格者,与众弃之。"

翻译

宋孝宗继承皇帝位后,调升陆游到枢密院当编修官,并兼任编类圣政所检讨官。史浩、黄祖舜向孝宗推荐陆游,说他擅长诗词文章,对历史典故也很熟悉。孝宗召陆游进见,孝宗说:"陆游学问很深,有见识,言谈议论切合实际。"于是,赐陆游进士出身。陆游应诏入对,向孝宗说:"陛下刚登帝位,正是应当向人们显示诏令威信的时候,对现今官吏将帅的一切玩忽职守的习惯,应该抓住其中违旨最突出的人,当众撤职。"

注释 ① 编修官:这是枢密院中掌编纂之事的官员。编类圣政所:由旧有的编修敕令所改置,是编修诏旨条例的重要官署。检讨官:崇文院、史馆及修政局、圣政所内的属官。 ② 剀(kǎi)切:切实恳切。 ③ 赐进士出身:进士等第分五等,一、二等称及第,三等称出身,四、五等称同出身,皇帝平时也可以赐这些等第。

原文

和议将成①,游又以书白二府曰:"江左自吴以来②,未有舍建康他都者。驻跸临安出于权宜③,形势

翻译

隆兴二年(1164)宋金和议即将签订,陆游又写信给中书省和枢密院说:"江东地区自从孙吴建国以来,从来没有抛开建康而在其他地方建都的朝代。

不固，馈饷不便，海道逼近，凛然意外之忧，一和之后，盟誓已立，动有拘碍。今当与之约，建康、临安皆系驻跸之地，北使朝聘④，或就建康，或就临安，如此则我得以暇时建都立国，彼不我疑。"

皇上车驾停驻临安，是临时变通的办法。临安城地理形势不险固，军粮运输不方便，加上与大海靠得太近，使人不得不担心会有意外发生的危险。只要宋金和议一成，盟约誓言已经订立，那时一举一动都会受到约束阻碍。现在应当与金国约定，建康和临安都是皇帝驻跸的地方，金国的使臣来朝觐及进献礼品时，或者到建康，或者到临安。这样，我们就能够抽空闲时间来建立新的国都，他们也就不会怀疑我们了。"

注释 ① 和议：指隆兴二年的宋金和议。 ② 吴：指三国时代的吴国。 ③ 驻跸：皇帝出行，临时暂住。临安：今浙江杭州，南宋都城。 ④ 北使：宋金南北对峙，故称金为北朝，其使称北使。

原文

时龙大渊、曾觌用事，游为枢臣张焘言："觌、大渊招权植党，荧惑圣听，公及今不言，异日将不可去。"焘遽以闻，上诘语所自来，焘以游对。上怒，出通判建康府，寻易隆兴府。言者论游交结台谏，鼓唱是非，力说张浚用兵，免归。久之，通

翻译

当时，朝中龙大渊、曾觌掌权，陆游对枢密大臣张焘说："曾觌、龙大渊揽权树势，培植党羽，迷惑皇帝的视听，您到今天还不讲话，以后恐怕就没办法去除他们了。"张焘立即就上奏孝宗。孝宗反问这些话是从哪里来的，张焘回答说是陆游所说。孝宗很生气，将陆游调出京城，到建康府任通判，不久又改任隆兴府通判。当时有谏官弹劾陆游，说他交结御史台和谏院的官员，挑起朝廷的

判夔州^①。

是非，极力鼓动张浚对金发动军事进攻。于是，孝宗将陆游免官回乡。过了很久，才起用他到夔州担任通判。

原文

王炎宣抚川、陕^①，辟为干办公事^②。游为炎陈进取之策，以为经略中原必自长安始^③，取长安必自陇右始^④。当积粟练兵，有衅则攻，无则守。吴璘子挺代掌兵^⑤，颇骄恣，倾财结士，屡以过误杀人，炎莫谁何。游请以玠子拱代挺^⑥。炎曰："拱怯而寡谋，遇敌必败。"游曰："使挺遇敌，安保其不败？就令有功，愈不可驾驭。"及挺子曦僭叛^⑦，游言始验。

翻译

王炎担任川、陕宣抚使时，邀请陆游到他的幕下任干办公事。陆游向王炎进献收复中原的方策，认为要收复中原，必须先收复长安，要夺取长安又必须先夺取陇右。现在应当积极储备粮食，训练士卒，敌方如有可乘之机，我们就发动进攻，没有可乘之机，我们就加强防守。吴璘的儿子吴挺代替他父亲掌握兵权，极为骄狂放纵，竭尽钱财广交天下豪俊之士，屡次因为别人的一点过失错误，就把人家杀掉，王炎也拿他无可奈何。陆游请求用吴玠的儿子吴拱代替吴挺。王炎说："吴拱这人胆小怕事而又缺少谋略，如果和敌人交战，必然失败。"陆游说："倘若吴挺遇到敌人，又怎么能保证他就不会失败呢？就算他能打胜仗建功勋，那就更没人能控制得住他了。"后来，到吴挺的儿子吴曦自称蜀王叛乱时，陆游的话开始应验了。

注释 ①川：指四川。陕：指陕西。 ②干办公事：各路安抚使、制置使的属官。③长安：今陕西西安。 ④陇右：指陇山以西地区，即今甘肃东南部。 ⑤吴璘：南宋抗金著名将领，其子吴挺亦为重要抗金将领。 ⑥玠：指吴璘之兄吴玠，南宋著名抗金将领。 ⑦曦：即吴曦，宋宁宗时，吴曦叛宋投金，被封为蜀王，并约金共同攻宋，后为安丙等人所杀。

原文

范成大帅蜀①，游为参议官②，以文字交，不拘礼法，人讥其颓放，因自号"放翁"。后累迁江西常平提举，江西水灾，奏："拨义仓振济，檄诸郡发粟以予民。"召还。给事中赵汝愚驳之③，遂与祠。起知严州，过阙，陛辞，上谕曰："严陵山水胜处④，职事之暇，可以赋咏自适。"再召，入见，上曰："卿笔力回斡甚善，非他人可及。"……

翻译

范成大任四川地区军事统帅时，陆游担任他的参议官，两人以文字相交，不拘礼法。同僚们讥讽议论他，说他颓唐放浪，他因而干脆以"放翁"为自己的号。后来，他又经过多次升迁，做到江南西路提举常平茶盐公事。江西发生了水灾，陆游上奏说："请朝廷批准拨出义仓中的粮食来救济灾民，并请朝廷发檄文，命令江西所属各个州郡将官仓中的粮食分发给灾民。"朝廷把陆游召回。给事中赵汝愚驳斥陆游，于是，朝廷让他请祠，赐给他一个虚职的宫观官领取祠禄。后来，陆游又被起用为严州知州。路过京城时，他到宫中向皇帝告辞，宋孝宗对他说："严陵是一个山水优美的地方，你在处理完公务之后的空闲时间里，可以赋诗自娱。"不久，陆游再次被召回朝廷觐见皇帝，孝宗说："你写的诗气势回旋雄荡，不是其他人可以达到的。"……

注释　① 范成大：孝宗时为四川制置使。　② 参议官：制置使、安抚使下的属官。
③ 赵汝愚驳之：《宋史》此处未著录所驳缘由，此句词意含混，如与上文连续，似因
赈济饥民而起，但实际是抨击放翁"疏放"不检。　④ 严陵：即严陵山，原为富春山，
东汉严子陵隐居于此，后人故称严陵山。

原文

　　游才气超逸，尤长于
诗。……嘉定二年卒，年八
十五。……

翻译

　　陆游的才气超群出众，特别擅长写
诗。……嘉定二年（1209）去世，享年八
十五岁。……

文 天 祥 传

导读

"人生自古谁无死？留取丹心照汗青！"当人们诵读起这两句充满着浩然正气和爱国激情的诗句时，谁也不会忘记这诗句的作者，伟大的民族英雄文天祥(1236—1283)。

文天祥少年时就才气横溢，二十岁考中状元。然而，他刚一登上政治舞台，就面临着蒙古军队侵入南宋疆土的严重形势。等蒙古军渡过长江进逼南宋朝廷时，文天祥抛弃了个人的一切，毅然以抗敌救国为己任，毁家集兵，仗义勤王，流离颠沛，出生入死，为祖国的存续而竭尽了个人的最大努力。最后兵败被俘，誓死不降，表现了极为崇高的气节。

文天祥也是一位有名的诗人，他的重要作品都收在《指南录》和《指南后录》中。他的诗沉郁悲壮，动人心魄。其中有不少杰出的作品，例如《正气歌》，几百年来一直鼓舞着人们的爱国热情，至今仍为人们所喜爱。(选自卷四一八)

原文

文天祥，字宋瑞，又字履善，吉之吉水人也①。……自为童子时，见学宫所祠乡先生欧阳修、杨邦乂②、胡铨像，皆谥忠，即欣然慕之。曰："没不俎豆其间，非夫

翻译

文天祥，字宋瑞，又字履善，吉州吉水县人。……当他还是儿童的时候，看到学校里供奉祭祀着同乡先辈欧阳修、杨邦乂、胡铨的画像，他们的谥号中都有忠字，就非常羡慕他们。他说："如果死后不能在他们中间一同享受祭奉，那

也。"年二十举进士,对策集英殿。……帝亲拔为第一。考官王应麟奏曰③:"是卷古谊若龟鉴④,忠肝如铁石,臣敢为得人贺。"寻丁父忧,归。

就不是大丈夫。"二十岁时,文天祥考中了进士,在集英殿考策论。……皇帝亲自提升为第一名。考官王应麟上奏章时说:"这份卷子所讲的古朴道理就像龟鉴一样,忠诚的心像铁石一样,我为陛下获得人才而表示祝贺。"不久,文天祥因父亲去世,他回到家中。

注释 ① 吉:吉州,今江西吉安。吉水:今江西吉水。 ② 杨邦乂:吉水人,建炎三年(1129),拒降金兀术效降而死。 ③ 王应麟:宋末元初的著名学者,著有《困学纪闻》《玉海》等多种著作。 ④ 龟鉴:龟,龟卜。鉴,镜子。龟鉴,比喻可资借鉴之物。

原文

开庆初,大元兵伐宋,宦官董宋臣说上迁都①,人莫敢议其非者。天祥时入为宁海军节度判官②,上书"乞斩宋臣,以一人心"。不报,即自免归。……

翻译

宋理宗开庆初年,元朝的军队进攻宋朝,宦官董宋臣劝理宗迁移首都,没有人敢说他的建议不对。当时,文天祥任宁海军节度判官,向皇帝上奏书说"请杀掉董宋臣,以便统一人心"。朝廷没有答复,他就自己辞职回家了。……

注释 ① 董宋臣:宋理宗朝宦官,深受理宗宠爱,招权纳贿,无恶不作。 ② 宁海军:节镇名,治所在杭州。

原文

咸淳九年,起为湖南提刑,因见故相江万里①。万

翻译

宋度宗咸淳九年(1273),朝廷起用文天祥为湖南提刑,他因而见到从前的

里素奇天祥志节,语及国事,愀然曰:"吾老矣,观天时人事当有变。吾阅人多矣,世道之责,其在君乎?君其勉之。"十年,改知赣州②。

宰相江万里。江万里一直很看重文天祥的志气节操,与他谈到国家大事时,神情黯淡地说:"我已经老了,看来天时、人事都会有变化。我见过的人多了,振兴国家的责任,恐怕就要落在你的身上了吧?希望你努力去做。"咸淳十年(1274),文天祥改任赣州知州。

注释 ① 江万里:咸淳五年三月至六年正月为左丞相兼枢密使。 ② 赣州:今属江西。

原文

德祐初①,江上报急,诏天下勤王。天祥捧诏涕泣,使陈继周发郡中豪杰,并结溪峒蛮,使方兴召吉州兵,诸豪杰皆应,有众万人。事闻,以江西提刑安抚使召入卫。其友止之,曰:"今大兵三道鼓行,破郊畿,薄内地,君以乌合万余赴之,是何异驱群羊而搏猛虎?"天祥曰:"吾亦知其然也。第国家养育臣庶三百余年,一旦有急,征天下兵,无一人一骑入关者,吾深恨于此。故不

翻译

宋恭宗德祐初年,长江上的守将告急,朝廷下诏书,号召天下的人勤王。文天祥捧着诏书,流下了眼泪,他让陈继周发动州郡里的豪杰,并且联络溪峒少数民族,又派方兴召来吉州的部队,赣州各地的豪杰都响应他的号召,于是聚集了一万人。文天祥将这一情况上报后,朝廷任命他为江西提刑安抚使,召唤他进京保卫朝廷。他的朋友制止他入朝,说:"现在,元朝的军队分三路行进,攻破京城附近地区,直逼内地,你用一万多乌合之众前去迎战,这和赶着一群羊去和猛虎搏斗有什么区别呢?"文天祥说:"我也知道是这样。但是,国家培养教育大臣和百姓已有三百多年,

自量力，而以身徇之，庶天下忠臣义士将有闻风而起者。义胜者谋立，人众者功济。如此则社稷犹可保也。"……

注释 ① 德祐：宋恭宗年号。

原文

八月，天祥提兵至临安，除知平江府。……天祥陛辞，上疏言："……宋惩五季之乱，削藩镇，建郡邑，一时虽足以矫尾大之弊，然国亦以浸弱。故敌至一州则破一州，至一县则破一县，中原陆沉，痛悔何及。今宜分天下为四镇，建都督统御于其中。以广西益湖南而建阃于长沙①；以广东益江西而建阃于隆兴；以福建益江东而建阃于番阳；以淮西益淮东而建阃于扬州。责长沙取鄂，隆兴取蕲、黄，番

翻译

八月，文天祥率领部队到达临安，被任命为平江知府。……文天祥上殿告辞，上疏说："……宋朝鉴于五代的混乱，削去藩镇，建立郡县，虽然暂时足以矫正藩镇尾大不掉的弊病，但是国家因此衰弱了。所以敌人到一个州就攻破一个州，到一个县就攻破一个县，遂至中原沦陷，痛恨后悔也来不及了。现在应当把天下分为四镇，各自设立都督加以统率管理。以广西加上湖南为一个镇，都督府设在长沙；以广东加上江西，在隆兴设立都督府；以福建加上江东，在番阳设立都督府；以淮西加上淮东，在扬州设立都督府。责成长沙都督府攻取鄂州，隆兴都督府攻取蕲州、黄州，番阳都督府攻取江东，扬州都督府攻取

阳取江东，扬州取两淮，使其地大力众，足以抗敌。约日齐奋，有进无退，日夜以图之，彼备多力分，疲于奔命，而吾民之豪杰者又伺间出于其中，如此则敌不难却也。"时议以天祥论阔远，书奏不报。

十月，天祥入平江，大元兵已发金陵入常州矣。天祥遣其将朱华、尹玉、麻士龙与张全援常。至虞桥，士龙战死，朱华以广军战五牧，败绩，玉军亦败。争渡水，挽全军舟，全军断其指，皆溺死。玉以残兵五百人夜战，比旦皆没。全不发一矢，走归。大元兵破常州，入独松关^②。宜中、梦炎召天祥弃平江^③，守余杭。

两淮地区，使他们地大人多，足以抵抗敌人。然后，约定日期，四个镇一齐发动，有进无退，日夜不停地进攻。敌人多处防备就力量分散，疲于奔命，而我们人民中间的豪杰们又乘机出没在敌人中间，这样，敌人就不难被打退了。"当时朝廷中的议论认为文天祥的建议空洞不实际，奏疏虽上了，却没有答复。

十月，文天祥到达平江，元朝的部队已经离开金陵进入常州了。文天祥派遣部将朱华、尹玉、麻士龙同张全去支援常州。到达虞桥，与元军交战，麻士龙战死，朱华率领广军在五牧与元军交战，也被元军打得大败，尹玉的部队也失败了。败军都抢着渡河，跳入水中，攀住张全部队的船舷，张全的军士砍断他们的手指，结果全部淹死。尹玉率领残军五百人，在夜里和元军交战，到早晨时全部被消灭。张全的部队一箭不发逃回。元军于是攻破常州，进入独松关。陈宜中、留梦炎召呼文天祥放弃平江府，去坚守余杭县。

注释 ① 阃(kǔn)：统兵在外的机构。 ② 独松关：在今浙江安吉南。 ③ 宜中、梦炎：当时分任右丞相与左丞相。

原文

明年正月，除知临安府。未几，宋降，宜中、世杰皆去①。仍除天祥枢密使。寻除右丞相兼枢密使，使如军中请和，与大元丞相伯颜抗论皋亭山②。丞相怒拘之，偕左丞相吴坚、右丞相贾余庆、知枢密院事谢堂、签书枢密院事家铉翁、同签书枢密院事刘岊③，北至镇江。天祥与其客杜浒十二人，夜亡入真州④。苗再成出迎，喜且泣曰："两淮兵足以兴复，特二阃小隙⑤，不能合从耳。"天祥问："计将安出？"再成曰："今先约淮西兵趋建康，彼必悉力以扞吾西兵。指挥东诸将，以通⑥、泰兵攻湾头⑦，以高邮⑧、宝应⑨、淮安兵攻杨子桥⑩，以扬兵攻瓜步，吾以舟师直捣镇江，同日大举。湾头、杨子桥皆沿江脆兵，且日夜望我师之至，攻之即下。合攻

翻译

第二年正月，文天祥被任命为临安知府。没有多久，宋朝皇帝投降，陈宜中、张世杰都离开了临安。朝廷就任命文天祥为枢密使，接着又任命为右丞相兼枢密使，派他到元军去讲和，他和元朝丞相伯颜在皋亭山争执起来。伯颜丞相发怒，扣留了他，把他和左丞相吴坚、右丞相贾余庆、知枢密院事谢堂、签书枢密院事家铉翁、同签书枢密院事刘岊等人一起押送北行，到达镇江。文天祥与他的门客杜浒等十二人，在夜里逃入真州。守将苗再成出来迎接他们，高兴地流着泪说："两淮的部队足以发动起来收复失地，就是两位元帅有些矛盾，不能够联合行动。"文天祥问："那你说怎样办呢？"苗再成说："现在先联络淮西的部队，让他们向建康进发，他们一定会全力抵御我们西面的敌军。我们便可以指挥东面的将领们，用通州、泰州的部队攻打湾头，用高邮、宝应、淮安的部队攻打杨子桥，用扬州的部队攻打瓜步，我用水军直捣镇江，同一天大举进攻。守卫湾头、杨子桥的，都是长江边上的弱兵，而且日夜盼望我军的到来，所以可以很快攻下两地。然后在陆上三面合攻瓜步，我从江中攻击它的另

瓜步之三面,吾自江中一面薄之,虽有智者,不能为之谋矣。瓜步既举,以东兵入京口,西兵入金陵,要浙归路,其大帅可坐致也。"天祥大称善,即以书遗二制置,遣使四出约结。

一面,就是有智能之士,也无法为他们出谋解救了。瓜步攻克以后,用东面的部队攻入京口,西边的部队攻入金陵,截断元军从浙江返回的路,他们的大帅就会被我们稳稳擒来了。"文天祥大声赞好,马上写信给两个制置使,派遣使者四出去联络约定此事。

注释 ① 张世杰:宋末抗元名将,最后兵败溺死。 ② 皋亭山:在今杭州北。 ③ 吕:音 jié。 ④ 真州:今江苏仪征。 ⑤ 二闸:指淮东制置使李庭芝(驻扬州)与淮西制置使夏贵(驻庐州)。 ⑥ 通州:今江苏南通。 ⑦ 泰州:今江苏泰州。 ⑧ 高邮:今江苏高邮。 ⑨ 宝应:今江苏宝应。 ⑩ 淮安:今江苏淮安。

原文

天祥未至时,扬有脱归兵言:"密遣一丞相入真州说降矣。"庭芝信之,以为天祥来说降也。使再成亟杀之。再成不忍,给天祥出相城垒,以制司文示之,闭之门外。久之,复遣二路分觇天祥①,果说降者即杀之。二路分与天祥语,见其忠义,亦不忍杀,以兵二十人道之扬。四鼓抵城下②,闻候门者谈,制置司下令备文

翻译

还在文天祥没有到真州的时候,有一个逃回扬州的士兵说:"元军已经秘密派一位丞相到真州劝宋将投降了。"李庭芝相信了他的话,以为文天祥就是来劝降的人,让苗再成赶快杀掉他。苗再成不忍心这样做,便骗文天祥出城去看城上的堡垒,把制置司的公文给他看后,把他关在城门之外。过了很长时间,苗再成又派了两位路分官来试探文天祥,如果他真是劝降的人,就把他杀掉。两位路分官和文天祥交谈后,看到了他的忠义之心,也不忍心杀他,于是派兵二十人,引导他去扬州。四鼓时

丞相甚急。众相顾吐舌，乃东入海道。遇兵，伏环堵中得免。然亦饥莫能起，从樵者乞得余糁羹③。行人板桥，兵又至，众走伏丛筱中④，兵入索之，执杜浒、金应而去。虞侯张庆矢中目，身被二创，天祥偶不见获。浒、应解所怀金与卒，获免，募二樵者以蒉荷天祥至高邮，泛海至温州⑤。

分，他们一行到达扬州城下，正好听到等候开城门的人们说，制置司紧急下令，防备文丞相。大家互相看着，吃惊得吐舌头，于是向东走上入海的道路。中途遇到军队，他们躲在四周土墙中才得以逃脱。但是已饿得爬不起来了，好容易才向樵夫讨到一点吃剩的米粥来充饥。走到板桥，军队又来了，大家躲藏在小竹丛中，军队进来搜索，把杜浒、金应抓走了。虞侯张庆眼睛被箭射中，身上中了两箭，文天祥侥幸未被捉到。杜浒、金应把怀里的金子送给抓他们的兵丁，才得以被释放，找到两个樵夫用草筐子抬着文天祥走到了高邮，又从海路到达温州。

注释 ①路分：即路分都监的简称，官名，当时是虚衔或闲职。 ②四鼓：即四更，更是古时的夜间计时单位，一更约两个小时。 ③糁(sǎn)：米饭粒。 ④筱(xiǎo)：细竹。 ⑤温州：今浙江温州。

原文

闻益王未立①，乃上表劝进②，以观文殿学士、侍读召至福，拜右丞相。寻与宜中等议不合，七月，乃以同都督出江西，遂行，收兵入汀州。十月，遣参谋赵时

翻译

文天祥听说益王还没有立为皇帝，便上表劝进，被任命为观文殿学士、侍读，召到福州，任命他为右丞相。不久，由于和陈宜中等人意见不一致，七月，文天祥被命担任同都督去江西，于是离开了福州去上任，收集部队进入汀州。

赏、谘议赵孟溁将一军取宁都③,参赞吴浚将一军取雩都④,刘洙、萧明哲、陈子敬皆自江西起兵来会。邹㵮以招谕副使聚兵宁都,大元兵攻之,㵮兵败,同起事者刘钦、鞠华叔、颜斯立、颜起岩皆死。武冈教授罗开礼⑤,起兵复永丰县⑥,已而兵败被执,死于狱。天祥闻开礼死,制服哭之哀。

十月,文天祥派参谋赵时赏、谘议赵孟溁率领一支部队攻打宁都,参赞吴浚率领一支部队攻打雩都,刘洙、萧明哲、陈子敬等人都从江西率领部队来汀州会合。邹㵮以招谕副使的身份在宁都聚集部队,元军进攻宁都,邹㵮的部队失败,一同起事的刘钦、鞠华叔、颜斯立、颜起岩等都战死了。武冈的县学教授罗开礼起兵收复了永丰县,不久战败被俘,死在监狱中。文天祥听到罗开礼的死讯,穿上丧服,悲伤地哭着祭奠他。

注释 ① 益王:即宋端宗赵昰,当时在福州。 ② 劝进:指劝人做皇帝。 ③ 溁:音 yíng。宁都:今江西宁都。 ④ 雩(yú)都:今江西于都。 ⑤ 武冈:今湖南武冈。 ⑥ 永丰:今江西永丰。

原文

至元十四年正月①,大元兵入汀州,天祥遂移漳州,乞入卫。时赏、孟溁亦提兵归,独浚兵不至。未几,浚降,来说天祥。天祥缚浚,缢杀之。……七月,遣参谋张汴、监军赵时赏、赵孟溁等盛兵薄赣城②,邹㵮以赣诸县兵捣永丰,其副

翻译

至元十四年(1277)正月,元军进入汀州,文天祥率部转移到漳州,上书请求入朝保卫皇上。赵时赏、赵孟溁也率领部队回到漳州,只有吴浚的部队没有到。不多久,吴浚投降元军,被派来劝说文天祥投降。文天祥把吴浚捆起来,勒死了他。……七月,文天祥派遣参谋张汴、监军赵时赏、赵孟溁等率领大军进逼赣州城,邹㵮率领赣州各县的兵攻

原文

黎贵达以吉诸县兵攻泰和③。吉八县复其半，惟赣不下。临洪诸郡④，皆送款。潭赵璠、张虎、张唐、熊桂、刘斗元、吴希奭、陈子全、王梦应起兵邵⑤、永间⑥，复数县，抚州何时等皆起兵应天祥⑦。分宁、武宁⑧、建昌三县豪杰⑨，皆遣人如军中受约束。

翻译

打永丰县，他的副手黎贵达率领吉州各县的兵攻打泰和县。吉州八个县，被他们收复了一半，只有赣州城没有攻下来。洪州附近的各州，也都派人来表示投诚。潭州的赵璠、张虎、张唐、熊桂、刘斗元、吴希奭、陈子全、王梦应在邵州、永州之间起兵，收复了几个县，抚州的何时等人也组织部队响应文天祥的行动。分宁、武宁、建昌三县的豪杰，都派人到文天祥军中，表示愿意听从指挥。

注释　① 至元：元世祖年号。《宋史》为元人修，故用元年号，时为宋端宗景炎二年。　② 赣城：即赣州。　③ 泰和：今江西泰和。　④ 临洪诸郡：指临近洪州（今江西南昌）的抚州、临江军、袁州、筠县等州军。　⑤ 邵州：今湖南邵阳。　⑥ 永州：今湖南永州零陵。　⑦ 抚州：今江西抚州。　⑧ 分宁：今江西修水。武宁：今江西武宁。时属隆兴府。　⑨ 建昌：今江西永修，时属南康军。

原文

江西宣慰使李恒遣兵援赣州，而自将兵攻天祥于兴国①。天祥不意恒兵猝至，乃引兵走，即邹洬于永丰。洬兵先溃，恒穷追天祥方石岭②。巩信拒战，箭被体，死之。至空坑③，军士皆

翻译

元朝的江西宣慰使李恒派遣部队支援赣州，自己率领部队到兴国去进攻文天祥的部队。文天祥没有料到李恒的部队突然来到，便率领部队转移，去永丰会合邹洬的部队。而邹洬所部却已经先自溃散了，李恒率部穷追文天祥，直追到方石岭。巩信抗击元军，身上中满了箭，战死了。文天祥走到空坑

溃,天祥妻妾子女皆见执。时赏坐肩舆④,后兵问谓谁,时赏曰:"我姓文。"众以为天祥,禽之而归,天祥以此得逸去。……

时,军士们都惊慌逃散了,他的妻子、妾和儿子、女儿也都被元兵俘虏。赵时赏坐在轿子里,后面的追兵问他是谁,赵时赏说:"我姓文。"元兵以为是文天祥,就把他俘虏走了,文天祥因此得以逃脱。……

注释 ① 兴国:今江西兴国,时属赣州。 ② 方石岭:在今江西吉安南、兴国东北几十公里之东固。 ③ 空坑:在今江西永丰境内。 ④ 肩舆:即轿子。

原文

天祥收残兵奔循州①,驻南岭②。黎贵达潜谋降,执而杀之。至元十五年三月,进屯丽江浦③。……八月,加天祥少保、信国公。军中疫且起,兵士死者数百人。天祥惟一子,与其母皆死。十一月,进屯潮阳县④。……十二月,趋南岭。……天祥方饭五坡岭⑤,张弘范兵突至⑥。……天祥仓皇出走,千户王惟义前执之。天祥吞脑子,不死。邹㵯自颈,众扶入南岭死。官属士卒得脱空坑者,至是刘子俊、陈

翻译

文天祥收集残部奔往循州,驻扎在南岭。黎贵达暗地打算投降,被文天祥捉住杀死。至元十五年(1278)三月,文天祥率军进驻丽江浦。……八月,朝廷给他加官少保、信国公。这时,部队中瘟疫流行,士兵死亡数百人。文天祥唯一的一个儿子,连同他的母亲,也都因瘟疫而死。十一月,文天祥率部进驻潮阳县。……十二月,又转移到海丰北面的南岭。……一天,正当他们在五坡岭吃饭时,元朝张弘范的部队突然来到。……文天祥仓皇逃走,元军千户王惟义上前捉住了他。文天祥吞下冰片自杀,却没有死。邹㵯自杀,人们把他扶到南岭就死去了。到这时,逃脱空坑之难的文天祥的部属和士兵中,刘子

龙复、萧明哲、萧资皆死。杜浒被执，以忧死。惟赵孟溁遁，张唐、熊桂、吴希奭、陈子全兵败被获，俱死焉。……

俊、陈龙复、萧明哲、萧资都死了。杜浒被捉住，忧愤而死。只有赵孟溁逃走，而张唐、熊桂、吴希奭、陈子全作战失败被俘，也都死了。……

注释 ① 循州：今广东龙川西。 ② 南岭：在循州境内；下文之南岭在海丰北。 ③ 丽江浦：在今广东海丰南。 ④ 潮阳县：今广东潮阳。 ⑤ 五坡岭：山名，在今广东海丰北。 ⑥ 张弘范：当时为蒙古汉军都元帅。

原文

天祥至潮阳，见弘范，左右命之拜，不拜，弘范遂以客礼见之，与俱入厓山①，使为书招张世杰。天祥曰："吾不能扞父母②，乃教人叛父母，可乎？"索之固，乃书所过零丁洋诗与之。其末有云："人生自古谁无死？留取丹心照汗青！"弘范笑而置之。厓山破……遣使护送天祥至京师③。

翻译

文天祥被押到潮阳，见到张弘范。张弘范左右的人叫他下拜，文天祥不肯，张弘范于是用见客人的礼节见他，带着他一同到了厓山，让他写信劝张世杰投降。文天祥说："我不能够保护皇上，而教别人背叛皇上，行吗？"张弘范坚持要他写信，文天祥便写下他过零丁洋时作的诗交给张弘范。诗的末句说："人生自古谁无死？留取丹心照汗青！"张弘范笑笑，就不再难为他了。厓山被攻破以后……张弘范派人护送文天祥去京城大都。

注释 ① 厓山：在今广东新会。 ② 扞：同"捍"，保卫。父母：指君主、皇帝。 ③ 京师：指元的首都大都，今北京。

原文

天祥在道,不食八日,不死,即复食。至燕,馆人供张甚盛,天祥不寝处,坐达旦。遂移兵马司,设卒以守之。时世祖皇帝多求才南官,王积翁言①:"南人无如天祥者②。"遂遣积翁谕旨,天祥曰:"国亡,吾分一死矣。……"积翁欲合宋官谢昌元等十人请释天祥为道士,留梦炎不可,曰:"天祥出,复号召江南③,置吾十人于何地?"事遂已。天祥在燕凡三年,上知天祥终不屈也,与宰相议释之,有以天祥起兵江西事为言者,不果释。

翻译

在路上,文天祥绝食了八天,没有死,只好恢复饮食。到北京后,宾馆的接待和供应很隆重丰盛,文天祥不睡觉,坐到天明。元朝于是把他转移到兵马司,派兵看守他。当时,元世祖常从南宋的官吏中寻求有才能的人,王积翁说:"南人没有能比得上文天祥的。"世祖就派王积翁去向文天祥宣告皇帝的意思,文天祥说:"国家灭亡了,一死就是我的分内事了。……"王积翁要集合南宋投降的官员谢昌元等十个人,一道去请求元世祖释放文天祥,让他做道士,留梦炎认为不行,说:"文天祥出去以后,又去号召江南的人反抗,那我们十个人将处在什么地位呢?"这事于是中止。文天祥在北京共住了三年,元世祖知道文天祥终究不会屈服,便和宰相商议,要释放他,有人说起文天祥在江西起兵的事,结果没有获得释放。

注释 ① 王积翁:宋官降元者。 ② 南人:指南宋之人。元分境内人为四等:蒙古、色目、汉人、南人。 ③ 江南:指长江以南地区。

原文

至元十九年,有闽僧言土星犯帝坐,疑有变。未

翻译

至元十九年(1282),有个福建的和尚说,天象上土星侵犯帝座,可能要有

几,中山有狂人自称"宋主"①,有兵千人,欲取文丞相。京城亦有匿名书,言某日烧蘘城苇,率两翼兵为乱,丞相可无忧者。时盗新杀左丞相阿合马,命撤城苇,迁瀛国公及宋宗室开平②,疑丞相者天祥也。召入谕之曰:"汝何愿?"天祥对曰:"天祥受宋恩,为宰相,安事二姓?愿赐之一死足矣。"然犹不忍,遽麾之退。言者力赞从天祥之请,从之,俄有诏使止之,天祥死矣。天祥临刑殊从容,谓吏卒曰:"吾事毕矣。"南乡拜而死③。数日,其妻欧阳氏收其尸,面如生,年四十七。其衣带中有赞曰:"孔曰成仁,孟曰取义,惟其义尽,所以仁至。读圣贤书,所学何事?而今而后,庶几无愧。"……

事变。不多久,中山有一个狂人,自称"宋主",拥有一千多士兵,要夺取文丞相。京城也有人投匿名信,说某天要烧掉覆盖城墙的芦苇,率领两翼的士兵发动兵变,丞相可以不必忧虑。当时,盗贼刚杀了左丞相阿合马,元世祖于是下令撤去覆盖城墙的芦苇,把瀛国公和南宋宗室的人迁到开平,同时怀疑所谓的丞相就是文天祥。于是召他入朝,对他说:"你有什么愿望?"文天祥回答说:"我蒙受宋朝的恩典,担任宰相,怎么能服事另一个姓的人呢?希望让我死就满足了。"元世祖还不忍心杀他,马上让他退下去。有人上言,极力赞成满足文天祥的请求,元世祖同意,但过了一会儿,又下诏书停止杀他,可是文天祥已经死了。文天祥临受刑前很从容,对看守人员和士兵们说:"我的事情已结束。"向南朝拜后死去。几天后,他的妻子欧阳氏去收殓他的尸体时,见他的脸色依然如生前一样,他死时年纪才四十七岁。在他束衣服的衣带中,有一篇《赞》说:"孔子说杀身以成仁,孟子说舍身而取义,正因尽到了人生应尽的大义天职,才能达到至高无上的仁人境地。读孔孟圣贤的经书,所学的该是什么呢?今日为国就义而死,此心也就可以无愧。"……

注释 ① 中山:即定州,今河北定州。 ② 瀛国公:即宋恭帝,1274 年即位,1276 年奉表降元,后出家为僧。 ③ 南乡:南宋都城临安在北京之南,南乡表示怀念南方故国。